Günter de Bruyn

Als Poesie gut

Schicksale
aus Berlins Kunstepoche
1786 bis 1807

S. Fischer

© S. Fischer Verlag GmbH, Frankfurt am Main 2006
Satz: Pinkuin Satz und Datentechnik, Berlin
Abbildungen: Druckerei Fischer, Tauche
Druck und Bindung: Clausen & Bosse, Leck
Printed in Germany
ISBN-13: 978-3-10-009638-8
ISBN-10: 3-10-009638-X

Inhalt

Ende und Anfang	7
Krieg und Frieden	13
Vom Lehrjungen zum Meister	24
Das Tor	35
Die Prinzessinnen	44
Ein Soldat, was sonst	52
Ein Monument der Tyrannei	57
Zither und Schwert	66
Sokrates im Havelland	74
Der Singemeister	84
Die Dachstube	91
Vertraute Briefe	106
Waldeinsamkeit	122
Erfahrungsseelenkunde	144
Die Kinder der Aufklärung	156
Seelenfreundschaft	168
Thronwechsel	179
Lehrer und Schüler	194
Der Lakai der Königin	202
Die Maske	207
Bildungsreise	212
Königlicher Landaufenthalt	219
Garnisonsleben	223
Goethe-Verehrung	232
Einfalt und Natur	241
Von Teetisch zu Teetisch	254
Von Liebe und Tod	266

Das Selbstbildnis	272
Coffée und Tobak	279
Minnelieder	287
Das Andenken der Väter	297
Ein Gast aus Frankreich	302
Schiller in Berlin	312
Sophie und ihre Söhne	322
Die Sanders	334
Die Luisenburg	341
Der Freimütige	345
Bittsteller Kleist	352
Sommerliche Schlittenfahrt	359
Vom Kriege	365
Der Kriegsgott am Klavier	379
Professorennöte	397
Franzosen-Billigkeit	403
In den Sümpfen der Ucker	416
Auf hoher See	421
In der Festung	433
Kriegsregeln	439
Zensur mit tödlichem Ausgang	447
Ende und Anfang	456
Zitatennachweis	470
Abbildungsnachweis	491
Bibliographie	492
Zeittafel	507
Namenregister	511

Ende und Anfang

Die Frauen und Männer, die die preußische Hauptstadt in den kommenden Jahrzehnten zu einem Zentrum der Kunst und Kultur machen sollten, waren in der Mehrzahl noch Kinder, als am 17. August 1786, morgens zwei Uhr und zwanzig Minuten, König Friedrich II., auch genannt der Große oder der Einzige, in Sanssouci starb. Schon wenige Stunden später, um acht Uhr morgens, versammelten sich die in Potsdam stationierten Regimenter, um sich auf den neuen König vereidigen zu lassen. Friedrichs Leichnam wurde auf einem achtspännigen Wagen zum Potsdamer Stadtschloß gefahren, wo er im gelben Audienzsaal einen Tag aufgebahrt blieb.

Die Menge, die den Leichenzug schweigend begleitet und dann dem ankommenden Thronfolger zugejubelt hatte, nahm wieder Trauermiene an, als sie das Stadtschloß betrat. Da die Anordnung des Sterbenden, ihn nicht umzukleiden, sondern nur mit einem Soldatenmantel zu bedecken, nicht befolgt worden war, sahen die Untertanen den Leichnam des Mannes, der sie (nach Rechnung der »Berlinischen Nachrichten von Staats- und gelehrten Sachen«) 46 Jahre, 2 Monate und 17 Tage regiert hatte, in den blauen Rock mit roten Aufschlägen und gelber Weste gekleidet, in die Paradeuniform des 1. Gardebataillons, dessen Chef er gewesen war. Sein Körper, dem man durch Punktion das Wasser entzogen hatte, glich dem eines Kindes. Sein spärliches Haar hatte man gepudert. Krückstock, Schärpe und Degen lagen neben ihm.

Zu den Trauernden, die an dem Toten vorbeidefilierten, gehörte auch ein Patenkind des Königs, der zehnjährige Friedrich de la Motte Fouqué, der sich noch fünfzig Jahre später in seiner »Lebensgeschichte« an Einzelheiten dieses Ereignisses erinnern konnte: an die

Als Poesie gut

halbhohen Brüstungen, zwischen denen die Trauernden sich bewegen mußten, an die Regelung, daß diejenigen Familien, die, wie die Fouqués, als dem König nahestehend galten, näher an den Toten herantreten und länger verweilen durften, an die zusammengepreßten Lippen des Toten, an die wie vergrößert wirkende Nase und auch an den Kammerhusaren, der, zu Häupten der Leiche stehend, mit einem Wedel aus Pfauenfedern die Fliegen vertrieb.

Noch am selben Abend erfolgte die Beisetzung, jedoch nicht, wie der König gewünscht hatte, in seinem Sanssouci, auf der Terrasse, wo auch seine Hunde begraben lagen, sondern in der Garnisonkirche, in der Gruft unter der Kanzel, wo der Sarg seines Vaters schon stand. Bis der jetzt noch unbekannte siebzehnjährige Artillerieleutnant Napoleon Bonaparte den Triumph auskosten wird, hier an Friedrichs Sarg als Sieger stehen zu können, werden noch zwanzig Jahre vergehen.

Da die Trauerfeier für den Verstorbenen erst am 9. September stattfand, hatten Dichter und Pfarrer genügend Zeit, um Trauer-Oden und Trauer-Predigten zu verfassen und, wie damals üblich, in Kleinschriften drucken zu lassen. Die Karschin, die schon die Siege Friedrichs bedichtet hatte, verglich ihn nun mit der lebenspendenden Sonne. Ihr Freund Gleim in Halberstadt nannte ihn den »Ewiglebenden«. Schubart, vom Hohenasperg her, versprach ihm auch im Himmel die Herrscherkrone. Für Trenck, der Grund gehabt hätte, Friedrich zu hassen, hatte er den »höchsten Gipfel möglichster menschlicher Größe« erklommen. Ein Pfarrer verstieg sich dazu, das Leben des Königs mit dem des Jesus von Nazareth zu vergleichen. Und alle schlossen am Ende den neuen König mit Worten, die Hoffnung auf bessere Zeiten verhießen, in ihre Lobpreisung mit ein.

Der Oberst von Massenbach dagegen, der später mit seinen Schriften noch oft Anstoß erregen sollte, machte sich über die Zukunft des preußischen Staates Sorgen: »Mein Gemüt ward tief erschüttert. Diese auf der Kraft eines einzigen Mannes ruhende, mit diesem Manne in das Grab sinkende Macht! Welch bange Ahnungen füllten meine Brust! Tränen der tiefsten Wehmut netzten meine Wangen. Zwar versprach der heitere Himmel einen schönen Tag; aber kaum war der

Ende und Anfang

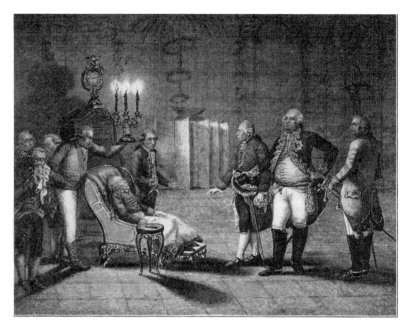

Tod Friedrichs des Großen. Kupferstich nach einem Gemälde des Potsdamer Malers Friedrich Bock

Sarkophag in das Mausoleum getragen, als Wolken den Tag trübten; die Natur hüllte sich in Flor. Sie trauerte, weil sie ihrem edlen Werke die Unsterblichkeit nicht erteilt hatte.«

In einer Sammlung von Flugschriften aus dem Todesjahr Friedrichs findet sich auch ein zeitgenössischer handschriftlicher Beitrag, vielleicht eine Abschrift, möglicherweise aber auch das Manuskript eines Textes, der seiner kritischen Haltung wegen vom Verleger abgelehnt worden war. Ein anonym bleibender »Brenne« (gemeint ist: ein Brandenburger), »ein Greis, durch Mühseligkeit gehärtet«, trägt darin Friedrich Wilhelm II. anläßlich seiner Thronbesteigung die »Stimme des Volkes« vor. Ehrerbietig die Formen wahrend, zählt er alles auf, was in Preußen im argen liegt: die Mätressen- und Günst-

Als Poesie gut

lingswirtschaft des neuen Königs, die der verstorbene Friedrich nicht kannte, die Arroganz der Offiziere den Zivilisten gegenüber, die grausame Behandlung der Soldaten, die Ungerechtigkeit der Gerichte, diese »Spinngewebe, die große Insekten durchlassen und nur die kleinen und ohnmächtigen fangen«, die mangelnde Toleranz der Geistlichkeit, die geringe Besoldung der Lehrer, die Armut der Bauern und als schlimmstes Übel den Krieg: »Seien Sie friedfertig! Suchen Sie nie den Krieg! ... Opfern Sie nicht das Leben von Hunderttausenden auf! Gott hat sie Ihnen alle zugezählt, Ihre Untertanen. Einst wird er sie alle von Ihnen fordern.«

Stimmen wie diese mehrten sich mit den Jahren und wurden nach Ausbruch der Französischen Revolution unüberhörbar. Doch obwohl alle Einsichtigen wußten, daß der Staat reformiert werden mußte, änderte sich in den nächsten zwei Jahrzehnten, die sogar noch eine Vergrößerung Preußens brachten, nur wenig. Zwar war die Einführung des noch von Friedrich angeregten Allgemeinen Preußischen Landrechts (1794) für die Entwicklung des Rechtsstaates von großer Bedeutung, aber die Soldaten wurden noch immer geprügelt, die Bauern blieben, von Ausnahmen abgesehen, an ihre Gutsherren gebunden, die Toleranz wurde nicht beschützt, sondern beschnitten, und Kriege geführt wurden auch.

Als sich 1792 neben der österreichischen auch die preußische Armee, mit Goethe als Schlachtenbummler, über den Rhein nach Frankreich in Marsch setzte, um die Monarchie vor der Revolution zu schützen, marschierten in ihren Reihen einige der jungen Männer, die das geistige und politische Leben der nächsten Jahrzehnte beeinflussen sollten, wie Carl von Clausewitz aus Burg bei Magdeburg, dreizehnjährig, Friedrich de la Motte Fouqué aus Brandenburg an der Havel, fünfzehnjährig, und der ebenfalls minderjährige, aus Frankfurt an der Oder gebürtige Heinrich von Kleist.

Zu den Teilnehmern des Feldzuges gehörte aber auch der Kronprinz, der fünf Jahre später den Thron besteigen und als Friedrich Wilhelm III. Preußen in den Jahren seines kulturellen Glanzes regieren sollte, ohne begreifen zu können, was da geschah. Als er im

Ende und Anfang

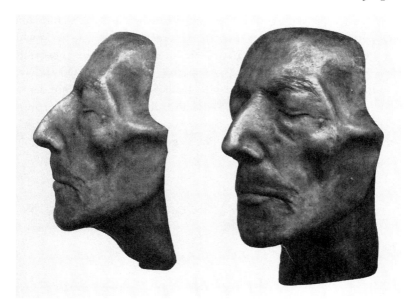

*Wachsausguß der von Johann Eckstein abgenommenen
Totenmaske Friedrichs des Großen*

Jahre 1811 eine militärische Denkschrift ablehnte und ihm dazu die ironisch gemeinten Worte: »Als Poesie gut!« einfielen, weil er Poesie mit Gefühlsüberschwang und Phantastik gleichsetzte, machte er damit deutlich, daß er vom Geist seiner Zeit, der auch das kommende Jahrhundert bestimmen sollte, kaum berührt worden war. Er war im Berlin der Aufklärung geboren und in deren Sinne erzogen worden, hatte geglaubt, noch wie sein Großonkel Friedrich der Große ohne Rücksicht auf kulturelle Veränderungen und die Stimmungen seiner Untertanen regieren zu können, und hatte deshalb auch nicht begriffen, daß nach der Revolution in Frankreich und dem kulturellen Bewußtwerden des Nationalen in Deutschland das Poetische, das in seinem Verständnis mit Politik nichts zu tun hatte, durchaus ernstzunehmen war. Bedenkt man, daß er mit der schönen und sensiblen,

Als Poesie gut

vielbedichteten und vom Volk geliebten Luise, mit der er sich in den Feldzugstagen am Rhein verlobt hatte, einen Beweis für die Macht des Poetischen an der Seite hatte, scheint seine Ignoranz unbegreiflich. Sicher hat er auch nicht verstanden, was ihm der Oberst von Gneisenau, von dem die militärische Denkschrift stammte, auf deren Ablehnung zu antworten hatte: Daß nämlich allen patriotischen, religiösen und sittlichen Gefühlen Poesie zugrunde läge und somit auch »die Sicherheit der Throne« auf Poesie gegründet sei.

Krieg und Frieden

Drei Jahre nach dem Tod Friedrichs des Großen begann in Frankreich die Revolution, die mit ihren Folgeerscheinungen Europa fünfundzwanzig Jahre lang in Kriege verwickelte und einen geistigen, wirtschaftlichen, politischen und militärischen Umwälzungsprozeß in Gang setzte, dem kein Staat sich entziehen konnte, auch Preußen nicht.

Friedrichs Staat war zeitweilig der modernste Europas gewesen, doch hatte er sich schon in den letzten Lebensjahren des Königs in Teilen als veränderungsbedürftig erwiesen, und Einsichtige hatten das auch erkannt. Starrsinnig hatte der alte König am absolutistischen Regierungssystem, an der strengen Ständeordnung und dem merkantilistischen Wirtschaftssystem mit seinen staatlichen Monopolen festgehalten, und die klassizistische französische Bildung, die ihn in der Jugend kulturell geprägt hatte, blieb bis an sein Lebensende Maßstab für ihn. Die deutsche Literatur und Kunst dagegen, die sich seit der Jahrhundertmitte kräftig entwickelt hatte, war ihm so fremd geblieben wie das damit zusammenhängende Nationalbewußtsein der gebildeten jüngeren Generation. Blamiert hatte sich Friedrich sechs Jahre vor seinem Tode mit einer Schmähung der deutschen Literatur, die er kaum kannte. Auf seine 1780 in französischer Sprache veröffentlichte Schrift mit dem anmaßenden Titel »Über die deutsche Literatur, die Mängel, die man ihr vorwerfen kann, die Ursachen derselben und die Mittel, sie zu verbessern« reagierten die deutschen Autoren selbstbewußt, teils auch polemisch. Mit Recht galt Friedrich hier als inkompetent.

Bei aller Verehrung, die man Friedrich auch im Alter entgegengebracht hatte, war bei seinem Tod aber nicht nur Trauer, sondern auch Erleichterung zu spüren, weil man sich von seinem Nachfolger, Friedrich Wilhelm II., mancherlei Änderungen versprach. Doch fehlte dem wohlbeleibten Mann, der alle Welt um einen Kopf überragte, zur Durchsetzung wirklicher Reformen die nötige Charakterstärke. Er war sehr liebebedürftig und deshalb leicht zu beeinflussen, hielt sich Mätressen, zeugte uneheliche Kinder, verbrauchte in sinnlosen Feldzügen den Staatsschatz, den Friedrich angehäuft hatte, und erwies sich teilweise als ein Gegner der Aufklärung, der christliche Frömmigkeit in eigenartiger Weise mit Okkultismus verband. Er war Miträuber bei den Teilungen Polens, durch die Preußen sich kurzzeitig bis nach Warschau erstreckte. Er war aber auch ein Freund und Förderer der Künste, dem Potsdam das Marmorpalais und Berlin das Brandenburger Tor verdankte, und er schloß 1795 den Frieden von Basel, der Norddeutschland ein Friedensjahrzehnt bescherte, das man berechtigterweise auch das große Jahrzehnt der deutschen Literatur genannt hat.

Glanzzeiten Preußens kann man die elf Regierungsjahre Friedrich Wilhelms II. weder in außen- noch in innenpolitischer Hinsicht nennen, aber für die Kultur begann in diesen Jahren eine Periode, in der Preußen für Deutschland bedeutsam wurde und Berlin sich zu einem geistigen Zentrum entwickelte, das dem in Weimar gleichwertig und ihm vielfach verbunden war.

Die Koalitions-, Interventions- oder Revolutionskriege, die in Preußen meist Rheinfeldzüge hießen und von Goethe »Kampagne in Frankreich« genannt wurden, zogen sich mit Unterbrechungen von 1792 bis 1794 hin. Eine Koalition von Österreichern, Preußen und kleineren Reichsfürsten kämpfte hier, unterstützt von französischen Emigranten und gefördert durch englische Hilfsgelder, gegen die Armee des revolutionären Frankreich. Doch wurde der Krieg, da die Verbündeten sich gegenseitig mißtrauten und Preußen auch Truppen in Polen brauchte, nur halbherzig geführt.

Kein Krieg war in Preußen so unpopulär wie dieser, und zwar nicht nur bei der Bevölkerung und den Soldaten, die besonders unter ihm litten, sondern auch bei Ministern und Generälen, die fast alle noch aus der friderizianischen Schule kamen, in Österreich, dem sie nun Hilfsdienste leisten mußten, noch immer den Hauptgegner sahen und richtig erkannten, daß selbst im Falle eines Sieges für Preußen aus diesem Krieg kein Vorteil zu ziehen war. Hinzu kamen die traditionellen Sympathien für Frankreich, die trotz der Revolution noch vorhanden oder durch diese verstärkt worden waren. Goethe berichtet in seiner »Kampagne«, unter dem 26. Mai 1793, von preußischen Offizieren, die abends beim Marketender Champagner trinken und sich von den Hoboisten »Ça ira« und die Marseillese vorspielen lassen, und Fouqué, der im Kürassierregiment »Herzog von Weimar« diente, in dem als Chef Goethes Mäzen Carl August fungierte, erzählt von einer kurz nach dem Krieg in einem westfälischen Gasthaus spielenden Szene, in der Offiziere des Regiments, veranlaßt durch die »wachsende Teilnahme für Frankreich« und »die Irrmeinung, Preußen und Frankreich seien eigentlich natürliche Verbündete«, begeistert die »Marseiller Hymne« anstimmten, wobei der Kornett Fouqué ihr Vorsänger war.

Auch der spätere Feldmarschall Hermann von Boyen, der zu dieser Zeit als junger Soldat in Polen kämpfte, weiß in seinen »Erinnerungen« von Sympathien für das revolutionäre Frankreich zu berichten, die man nicht als Widerspruch zum preußischen Patriotismus empfand. Boyen bedauert, daß sich der König durch Österreich und die französischen Emigranten zu diesem »Prinzipienkriege« habe verführen lassen, um, »wie unklugerweise angekündigt wurde«, »alle Mißbräuche, welche die Revolution abgeschafft hatte, wiederherstellen zu wollen«; und er nennt das nicht nur »eine Verhöhnung von Vernunft und Moral«, sondern auch »einen indirekten Vorwurf gegen den Entwicklungsgang des preußischen Staates, dessen große Könige ja einen bedeutenden Teil der Mißbräuche, von denen sich die Franzosen jetzt befreien, nach und nach abgeschafft hatten«.

Ähnlich dachte auch der Leutnant Karl Friedrich von Knesebeck aus Karwe bei Neuruppin, der ein eifriges Mitglied der Halberstädter Literarischen Gesellschaft war. In seinen Briefen vom Rheinfeldzug klingt der Widerwille, mit dem dieser Krieg von ihm geführt wur-

Als Poesie gut

Aufruf
an die
gedrückte Menschheit in Deutschland,
im Namen der Franken-Republik
von
Adam Philipp Cüstine,
Fränkischen Bürger, und General der Armeen der Republik.

Als die Franken sich zum Kriege entschlossen, wurden sie dazu aufgefordert, um den ungerechten Angriff der Despoten, dieser in Vorurtheilen eingewiegten Menschen zurückzutreiben, welche sich einbilden, daß die Völker des Erdbodens aus keiner andern Absicht da sind, als vor ihren Unterdrückern zu knieen, und durch ihr Gold wie durch ihren blutigen Schweis den Stolz, die Habsucht, und die Wollust ihrer pflichtvergessenen Vorsteher zu sättigen.

Die Nation der Franken und ihre Repräsentanten werden nach ihrer Gerechtigkeit allezeit die Völker unterscheiden, welche unglücklich genug sind, sich genöthiget zu sehen, ihre Häupter unter das entehrende Joch des Despotismus zu krümmen.

Aufruf des französischen Generals Adam Philipp Custine an die Deutschen 1792 nach der Eroberung von Mainz

de, immer wieder durch. Als seine Truppe sich über den Rhein zurückziehen muß, sieht er darin nichts als Friedenshoffnungen, und sein schlichtgereimtes Gedicht »An die Franzosen«, das er den Vereinsbrüdern nach Halberstadt sendet, preist Frankreichs Reichtum, Kraft und Mut und endet mit den Versen: »Und willig reichen wir die Hand / Dir hin zum brüderlichen Band.«

Karl Friedrich Klöden, der spätere Direktor der ersten Berliner Gewerbeschule, ein Soldatenkind, in einer Berliner Kaserne geboren, hat als Sechsjähriger sowohl die franzosenfreundliche Stimmung der Soldaten als auch das vom Krieg verursachte Elend miterlebt. Er berichtet in seiner Autobiographie darüber, »daß auch in Berlin das gewaltige Ereignis« der Französischen Revolution »große Teilnahme erregte« und die »meisten jungen Männer sich offen zugunsten der Revolution« aussprachen, bis die Ermordung Ludwigs XVI. die Stimmung umschlagen ließ. Er erzählt davon, daß der Vater, ein Unteroffizier, die in der Kaserne wohnende Familie nur notdürftig ernähren konnte und daß die Armut zum Elend wurde, als es den Vater mit der Armee an den Rhein verschlug. Die Stickarbeiten der Mutter, mit denen sie vor dem Krieg ein wenig dazuverdient hatte, brachten nichts mehr ein, als der Krieg die allgemeine wirtschaftliche Lage verschlechterte. »Wie oft sind wir, zumal die Mutter, hungrig zu Bett gegangen; wie oft hat sie allein gehungert, nur um uns Kinder satt zu machen. Dazu aber kam noch, daß mein Vater sie guter Hoffnung zurückgelassen hatte. Unter solchen Umständen den Lebensmut aufrechtzuerhalten, war schwer.«

Dorothea Veit, geborene Mendelssohn, die spätere Frau Friedrich Schlegels, bekundete ihre Sympathien für das revolutionäre Frankreich, als sie in Rheinsberg preußisches Elend sah. In einem Brief an Rahel Levin beschreibt sie im September 1792 den Reichtum des vom Prinzen Heinrich bewohnten Schlößchens und setzt das Elend dagegen, das zwei Straßen weiter herrscht. »Verdammte Aristokratie! Konnte ich mir nicht erwehren auszurufen. Es ward sehr lebendig in mir, wie ein ganzes Volk mit einem Male sich gegen die schwelgenden Tyrannen auflehnen kann.« Diese ließen sich, so heißt es weiter,

Als Poesie gut

»Symphonien vorspielen, um das Geschrei des Elends nicht hören« zu müssen. Und da sie gerade die Oper des Prinzen besucht hatte, fiel ihr ein, daß sich mit den Kosten einer einzigen Aufführung eines der »eingefallenen Häuschen wieder aufbauen« ließe. »Ich dachte mir ganz Frankreich so, und nun verstand ich die Franzosen.« Wenn der Gefreitenkorporal Heinrich von Kleist von seiner Stellung am Rhein her in einem Brief vom 25. Februar 1795 an seine Schwester Ulrike die Hoffnung auf einen baldigen Frieden äußert, damit »wir die Zeit, die wir hier so unmoralisch töten, mit menschenfreundlicheren Taten bezahlen« können, so kann das wohl kaum als frühe Ankündigung seines späteren Abscheus vor der »Tyrannei« des Militärs verstanden werden; wahrscheinlicher ist, daß der Heranwachsende hier nur wiedergab, was in seiner Umgebung dauernd zu hören war.

Die Truppe, die hier fern der preußischen Grenzen an Vaterlandsverteidigung nicht glauben konnte und keinen Haß auf die Franzosen spürte, war des Krieges ebenso müde wie die Minister, die den Staatsschatz schwinden sahen. Die Feldzüge kosteten den Staat mehr Geld, als er hatte. Im Gegensatz zu den Revolutionstruppen, für deren Verpflegung das von ihnen besetzte Land aufkommen mußte, verpflegten sich die preußischen Truppen, wie zu Friedrichs Zeiten, noch selbst. »Wir hatten damals«, heißt es bei Marwitz, »das Rauben und Plündern von den Franzosen noch nicht gelernt; alles wurde bar bezahlt«. Und da überdies in Polen Aufruhr herrschte, mußte schließlich auch der König, der sich lange gegen die Ratschläge seiner Minister gesträubt hatte, in den Separatfrieden mit Frankreich einwilligen, der im April 1795 zustande kam.

Um das Ausscheiden aus der Koalition, das vom Kaiser und den süd- und westdeutschen Staaten als Verrat an der antirepublikanischen Sache angesehen werden mußte, zu rechtfertigen, wurde eine mit »Berlin, den 1sten Mai 1795« datierte »Erklärung im Namen Seiner Königlichen Majestät von Preußen« herausgegeben, die mit folgenden Sätzen begann: »Seine Königliche Majestät von Preußen sehen Sich itzt in dem angenehmen Fall, Ihren Höchst- und hohen

Krieg und Frieden

Reichs-Mitständen eine Begebenheit anzukündigen, deren frohe und glückliche Folgen das gesamte Deutsche Vaterland sehr nahe mit angehen. Der verhängnisvolle Krieg, welcher lange genug für die leidende Menschheit Tod und Verheerung in so weitem Umfang verbreitete, hat nun von Höchst Ihrer Seite sein Ziel gefunden. Ein glücklicher Friedensschluß ist zwischen seiner Majestät und der Französischen Republik am 5ten April 1795 zu Basel unterzeichnet und nachher beiderseits ratifiziert worden; derselbe gewähret den Preußischen Staaten wieder Ruhe und ungestörtes Wohlergehen, eröffnet aber auch zugleich allen Reichsständen einen gebahnten Weg, um gleichfalls zur Wohltat des Friedens zu gelangen und giebt schon augenblicklich einem großen Theil Deutschlands Schutz und Sicherheit gegen die Leiden und Zerstörungen des Krieges. Mit gerechtem Vertrauen auf die Zustimmung und den Beifall des gesamten Deutschen Reiches verweilen daher des Königs Majestät nicht, Ihre Beweggründe, Ihre Gesinnungen und Wünsche bei diesem Friedensschluß mit Offenheit darzulegen.«

Unumwunden wird in der 32 Seiten langen Erklärung zugegeben, daß es vor allem der Geldmangel ist, der es Preußen verbietet, noch länger fern seiner Grenzen Kriege zu führen, so daß es die Friedensbedingungen, die eine Neutralisierung Preußens und ganz Norddeutschlands vorsehen, trotz der Preisgabe der linksrheinischen Gebiete, als einen Glücksfall betrachten muß.

Und als solcher wurde er in Preußen auch vorwiegend empfunden. Der Maler Friedrich Georg Weitsch schuf als Allegorie auf den Baseler Frieden ein fast drei Meter hohes Gemälde mit dem Titel: »Die Prinzessinnen Luise und Friederike von Preußen bekränzen die Büste Friedrich Wilhelms II.«, und in Königsberg veröffentlichte Immanuel Kant, der sich mit wachsendem Alter immer mehr für politische Vorgänge interessierte, seinen vieldiskutierten Traktat »Zum ewigen Frieden«, in dem er, teilweise in ironischen Formen – schon der Titel ist doppeldeutig – theoretische Gründlichkeit mit politischer Aktualität verband.

Der Krieg, der damit für Preußen, nicht aber für Österreich, ende-

Als Poesie gut

Die Prinzessinnen Luise und Friederike bekränzen die Büste
Friedrich Wilhelms II. anläßlich des Friedens zu Basel.
Gemälde von Friedrich Georg Weitsch, 1795

Krieg und Frieden

te, war ein neuartiger gewesen, für den Goethe mit seinem »Von hier und heute geht eine neue Epoche der Weltgeschichte aus« das rechte Geflügelte Wort gefunden hatte – wenn auch wahrscheinlich erst dreißig Jahre danach. Die neue Epoche, nämlich die der Revolution, des Bürgertums und der Nationalstaatswerdung, war den Truppen der Fürsten in Form eines Revolutionsheeres entgegengetreten, das mit Begeisterung für Freiheits- und Gleichheitsutopien focht. Aus den Kabinettskriegen wurden nun Volks- und Weltanschauungskriege, die die Gefechtstaktik veränderten, alle Einwohner mit in den Strudel des Krieges zogen und auch eine geistige Beeinflussung nötig machten, die später psychologische Kriegführung hieß.

So erzählt Laukhard, der Magister, der sich in Halle als preußischer Musketier hatte anwerben lassen, von Flugblättern der Neufranken, wie man die revolutionären Franzosen damals nannte, die die preußischen und österreichischen Soldaten zum Überlaufen verleiten sollten. In ihnen wird das neue Frankreich als Land der Glücklichen und Gleichen beschrieben, und den Überläufern werden reichlicher Sold und sogar Pensionen versprochen. »Kommt also hin nach Frankreich ins Land der Gleichheit und der Freude! Verlaßt die Edelleute und die Könige, für welche Ihr wie eine Herde Schafe zur Schlachtbank geht, und kommt zu uns, Euren Brüdern, ein Glück zu suchen, welches der Menschen würdig ist. Wir schwören es Euch, daß wir Euch hernach helfen wollen, Eure Weiber, Eure Kinder, Eure Brüder, Eure Schwestern aus der Sklaverei zu erretten, und Ihr sollt mit uns den Ruhm teilen, allen Völkern von Europa die Freiheit zu schenken.«

Auch von politischen Streitgesprächen zwischen den Soldaten beider Seiten weiß Laukhard zu berichten, wie sie bei der Belagerung von Mainz stattfanden, wo sich zufällig, aber doch wie bezeichnend für die Ideologisierung der Krieges, unter den Belagerern neben Laukhard und Goethe auch Kleist und Clausewitz befanden, unter den Belagerten aber Georg Forster und Caroline Böhmer, die spätere Frau August Wilhelm Schlegels und Schellings. Da lagen die Vorposten beider Seiten in Hörweite hinter ihren Wällen, so daß sie sich gegenseitig als Königsmörder und Tyrannenknechte beschimpfen konnten, sich später dann aber auch Kamerad nannten, »oft sogar Kartell unter sich machten, versprachen, sich nicht zu schießen, auf die Verschanzung traten, wo sie sich ganz freundschaftlich miteinander unterhielten«.

»Preuße: Ihr Spitzbuben habt euern König ermordet und dafür müßt ihr alle zum Teufel fahren.

Franzose: Wenn ihr keine Hundsfötter wäret, so würdet ihr es allen Tyrannen ebenso machen. Wenn ihr das tätet, so wäret ihr noch Menschen, so aber seid ihr Tyrannensklaven und verdient alle Prügel, die ihr bekommt.

Preuße: Wenn ihr nur euren König nicht umgebracht hättet!

Franzose: Kamerad, sei kein Narr! Es ist nun einmal so, und weils einmal so ist, so wollen wir auch dafür sorgen, daß weder euer König, noch der Kaiser, noch der Teufel uns wieder einen geben soll.

Preuße: Aber wo kein König ist, da sind doch auch keine Soldaten.

Franzose: Ja, freilich, solche Soldaten gibt es dann nicht wie du und deinesgleichen. Ihr seid Sklaven, leibeigne Knechte, die einen Tyrannen über sich haben müssen, der ihnen kaum halbsatt zu essen gibt und sie prügeln, spießrutenlaufen und krummschließen läßt, wenns ihm einfällt. Solche Soldaten sind wir nicht, wir sind freie Leute, republikanische Krieger.«

Und diese waren, so räubermäßig sie anfangs auch aussahen, für die preußische und österreichische Armee ernsthafte Gegner, wie nicht nur der Rückzug bei Valmy, auf den Goethes Geflügeltes Wort gemünzt war, bewies. Clausewitz, der seine ersten militärischen Erfahrungen, die später auch in sein kriegsphilosophisches Hauptwerk eingingen, auf den Mainzer Belagerungswällen gemacht hatte, weiß davon zu berichten, daß die Verbündeten 1792 eine von der Revolution geschwächte französische Streitmacht erwartet hatten und von einer gestärkten überrascht wurden, weil der Krieg Sache des Volkes geworden war. Die gut gedrillten und glänzend aussehenden Armeen der alten Mächte standen Soldaten gegenüber, die schlecht gekleidet und bewaffnet waren, ihre technischen und organisatorischen Schwächen aber durch staatsbürgerliche Motivation wettmachen konnten.

Krieg und Frieden

Der Kornett Fouqué war von dem Patriotismus, den er bei französischen Kriegsgefangenen erlebte, tief beeindruckt, und als er 1796 und 1797 von den glänzenden Siegeszügen des Generals Bonaparte in Italien hörte, versetzte ihn die Erwägung, im Gefolge dieses »Heldenjünglings« fechten zu dürfen, in einen »seligen Taumel«, den er später in seinem Roman »Abfall und Buße« darzustellen versuchte.

Die Preußen standen hier der Armee gegenüber, die wenige Jahre später, nachdem Napoleon sie diszipliniert und vervollkommnet hatte, fast alle Länder Europas erobern, unterdrücken und teilweise auch modernisieren sollte – mit dem Ergebnis, daß nach diesem fünfundzwanzigjährigen Kriege nichts mehr so war wie zuvor.

Vom Lehrjungen zum Meister

Johann Gottfried Schadow, Sohn eines Berliner Schneidermeisters, der es sich am Ende seines Lebens leisten konnte, die Annahme des Pour le mérites von Bedingungen abhängig zu machen, war zweiundzwanzig, als König Friedrich in Sanssouci starb. Um seine Bildhauerausbildung zu vervollständigen, lebte er zu dieser Zeit in Italien, wurde bald nach seiner Rückkehr Hofbildbauer und schon nach seinen ersten Arbeiten, zu denen auch die Quadriga des Brandenburger Tores gehörte, in Europa bekannt.

Sein Geburtsjahr war 1764, das erste Jahr des Friedens nach dem verlustreichen Siebenjährigen Kriege, sein Geburtsort die Lindenstraße, nahe dem Halleschen Tor, in Berlin. Seine Eltern kamen aus bäuerlichen Familien der Zossener Gegend, die Mutter aus Mellen, der Vater aus Saalow (das Fontane in seinen »Wanderungen durch die Mark Brandenburg« fälschlich für Schadows Geburtsort hielt). Die Mutter war schon als Kind nach Berlin gekommen und bei einem Onkel, der Buchdrucker gelernt hatte, erzogen worden, weshalb sie, wie Schadow meinte, die »Neigung zum Bücherlesen« lebenslang beibehielt. Der Vater, der sich seiner schwächlichen Statur wegen der Landarbeit nicht gewachsen gefühlt hatte, war erst nach der Heirat in die Residenzstadt gezogen, in der er sich mehr und bessere Kundschaft versprochen hatte, doch erfüllte sich diese Hoffnung wohl erst, als man aus dem Süden der Stadt ins Zentrum gezogen war. Die heute nicht mehr vorhandene Heiligegeiststraße, die, parallel zur Spandauer Straße verlaufend, die Poststraße nach Norden verlängerte, wurde nun zu Schneider Schadows Adresse, und die Familie vergrößerte sich um einen Bruder und zwei Schwestern; doch eiferte keines der Geschwister dem Ältesten nach. In der Stadtschule (nicht im Gymna-

Vom Lehrjungen zum Meister

Anna Catharina Schadow, die Mutter des Bildhauers. Zeichnung Johann Gottfried Schadows von etwa 1780

Gottfried Schadow, der Vater des Bildhauers. Zeichnung Johann Gottfried Schadows von etwa 1780

sium) zum Grauen Kloster lernte der Junge Rechnen, Schreiben und Lesen, konnte aber am Zeichenunterricht nicht teilnehmen, da man zu diesem zusätzliches Lehrgeld verlangte, das beim Schneidermeister nicht vorhanden war.

Von seinem Zeichentalent, das sich früh schon bemerkbar machte, erzählte Schadow später noch mit merkbarer Freude. Wenn in der Schule auf Schiefertafeln gerechnet werden mußte, »zeichnete er kleine Pferde mit solchem Beifall, daß die andern Schüler ihm ihre Tafeln heimlich zuschoben und ihm unterdessen die Rechenexempel machten«. Aber auch der Vater, »Herzvater« genannt, bemerkte das besondere Talent des Sohnes und ließ ihn zu Hause im Zeichnen unterrichten, und zwar von einem seiner Kunden, einem aus Italien stammenden Bildhauergesellen, der mit der Lehrtätigkeit seine Schneiderschulden beglich. Durch ihn erfuhr man in der Bildhauerwerkstatt von dem begabten Jungen, wodurch der Vierzehnjährige mit der Familie des Hofbildhauers bekannt wurde, die für sein weiteres Schicksal bestimmend war.

Der aus Antwerpen stammende Bildhauer Jean-Pierre Antoine Tassaert, den König Friedrich 1775 aus Paris nach Berlin geholt hatte, war mit einer französischen Miniatur- und Fächermalerin verheiratet, die, als Schadow ihr begegnete, schon eine beleibte und gichtgeplagte Dame war. Wenn sie den älteren ihrer acht Kinder Zeichenunterricht erteilte oder die Honoratioren der Französischen Kolonie um sich versammelte, war sie, wie Schadow erzählt, »in ihrem Fauteuil wie festgebannt«. Sie war des Deutschen, das sie verachtete, nicht mächtig, wollte aber, da sie die Zeichen der Zeit erkannte, ihre Kinder darin unterrichtet wissen und nahm deshalb den Schneidersohn Gottfried, dessen Zeichentalent ihr imponierte, als eine Art Pflegekind mit ins Haus. Die elterliche Wohnung in der Heiligegeiststraße war nun für den Jungen nur noch Schlafstelle, tagsüber lebte er im Tassaertschen Hause, das sich erst an der Friedrichwerderschen Kirche, später an der Königsbrücke, in der Nähe des heutigen Alexanderplatzes, befand. Er wurde von Hauslehrern mit den Tassaert-Kindern zusammen unterrichtet, lehrte sie Deutsch, lernte von ihnen Französisch und befreundete sich innig mit Jean-Joseph, dem ältesten Sohn seiner Pflegeeltern, der das Kunstinteresse mit ihm teilte und sich später für den Beruf des Kupferstechers entschied. Von Madame Tassaert gefördert, besuchten die Freunde häufig die Italienische Oper, also das Opernhaus Unter den Linden, und auch das deutsche Schauspiel auf der Döbbelinschen Bühne in der Behrenstraße, wo sie Stücke von Lessing kennenlernten und sich für Shakespeare begeisterten – den ihr König etwa zur selben Zeit in seiner engstirnigen und anmaßenden Abhandlung über die deutsche Literatur barbarisch fand.

Nachdem die Freunde auch die Zeichenschule der Akademie der Künste besucht hatten, ließ Madame Tassaert, die auch Unterricht im Malen erteilte, ihnen die freie Wahl zwischen den Kunstgattungen, und Schadow, der in der Werkstatt schon hatte helfen dürfen, entschied sich für die Bildhauerei.

Vom Lehrjungen zum Meister

In Tassaerts Werkstatt, die man erst im ehemaligen Grottensaal des vom Großen Kurfürsten erbauten Lusthauses, am Rande des Lustgartens, gleich neben der Domkirche, untergebracht hatte, bis der Hofbildhauer sie in seinem neuen Haus an der Königsbrücke einrichten konnte, arbeitete Schadow nun unter Tassaerts Leitung. »Nach Gips zeichnen«, so erzählte er später, »Ton kneten, bossieren, Formen in Gips ausgießen, reparieren, in Marmor ebauchieren, schleifen, dazwischen ausfegen, einheizen, Frühstück holen«, mit solchen Beschäftigungen vergingen die langen Arbeitstage, in denen der Lehrjunge und später Geselle zwar gründlich das Handwerk lernte, aber kaum Zeit für Weiterbildung und eigne Arbeiten fand. Sein Prinzipal, »ein Mann von rauher Gemütsart, groß, stark und von furchtbarem Ansehen«, vermied es, den Schüler zu loben oder auch nur zu ermutigen, so daß in diesem der Wunsch, endlich frei über seine Arbeitszeit verfügen zu können, von Tag zu Tag wuchs.

Im Hause Tassaert hätte man aber gern über seine Zukunft anders entschieden. Er sollte eine der Töchter (»ein artiges Kind, welches auch nachmals sein gutes Teil fand«, wie die alte Schadow meinte), eine angehende Pastellmalerin, heiraten und später Amtsnachfolger seines Gönners und Schwiegervaters werden. Da Schadow aber das Mädchen, das neben ihm wie eine Schwester aufgewachsen war, nicht liebte (»es hatte sich meine Neigung anderswo hingewendet«) und er schon der Generation angehörte, die gegen Konventionen ihre individuellen Glücksansprüche setzte, ging er, obgleich er sich wahrscheinlich undankbar vorkam, auf diesen Handel nicht ein. Sein Herz gehörte schon einer andern, und dieser opferte er die Sicherheit seines Fortkommens auf.

Die Erwählte, eine Wiener Jüdin von üppiger Schönheit aus reichem Hause, hieß Marianne Devidels und war sechs Jahre älter als er. Eines Fehltritts wegen, der eine uneheliche Geburt zur Folge gehabt hatte, war sie von ihren vornehmen Eltern erst in einem Kloster versteckt und dann nach Berlin geschickt worden, wo man in dieser Hinsicht wohl vorurteilsloser war. Sie hatte sich in der Heiligegeiststraße eingemietet, schnell Freunde und Verehrer, besonders in jüdischen

Als Poesie gut

Kreisen, gefunden und auch im geselligen Hause des Arztes Herz verkehrt. Hier, wo an zwei Abenden in der Woche Marcus Herz vor einer Versammlung von Gelehrten mit physikalischen Vorträgen glänzte, während im Nebenzimmer seine junge Frau Henriette, geborene de Lemos (die, nach Schadows Worten, »schon im fünfzehnten Jahr die junonische Gestalt erreicht hatte«, nach der die Männer sich umdrehen mußten), die Schöngeister um sich scharte, war die elegante Wienerin dem zwanzigjährigen Schadow begegnet, der, obwohl noch

Marianne Schadow, geb. Devidels, die Frau des Bildhauers.
Aquarell Johann Gottfried Schadows von etwa 1800

nicht volljährig, schnell zur Heirat entschlossen war. Die Einwilligung der Eltern war leicht zu erlangen. Der Schneidermeister und seine Frau wußten die Mitgift und das Erbe der Braut aus reichem Hause zu schätzen, und der Brautvater in Wien war wohl glücklich darüber, die Gefallene auf diese Weise unter die Haube gebracht zu sehen.

Anscheinend war es Schadow unmöglich, der Hofbildhauerfamilie, der er so viel verdankte, das Durchkreuzen ihrer Zukunftspläne durch sein Fremdgehen zu beichten. Und da er, eines Titelkupfers wegen, den er für einen gegen den Minister Hertzberg gerichteten satirischen Roman gemacht hatte, eventuell mit polizeilichen Weiterungen rechnen mußte, gab er alle Zukunftsaussichten auf und wählte (»in stiller Verlegenheit«, wie er espäter seinen Zustand beschrieb) die heimliche Flucht.

Nach einem Plan seiner tüchtigen Mutter und von dieser begleitet, floh er, ohne sich von seinem Freund Jean-Joseph zu verabschieden, mit der Geliebten bei Nacht und Nebel, erst nach Mellen bei Zossen, dem Heimatdorf seiner Mutter, wo deren Bruder mit dem Fuhrwerk schon wartete, um das Paar samt der Mutter nach Baruth in der Niederlausitz, nahe der sächsischen Grenze, zu fahren, wo angeblich ein Pastor heimliche Ehen schloß. Das Gerücht aber erwies sich als unrichtig. Der Pastor weigerte sich, ohne gesetzlich vorgeschriebenes Aufgebot tätig zu werden, und das Paar mußte, während Mutter und Onkel nach Mellen zurückkehrten, ungetraut mit der Postkutsche weiterreisen, über Dresden nach Wien. Dort aber konnte die Heirat aus Anstandsgründen auch nicht stattfinden, da der Brautvater sie öffentlich schon als bereits vollzogen gemeldet hatte, so daß die Reise des angeblich schon verheirateten Paares ohne kirchlichen Segen nach Rom weiterführte, wo nun aber eine Schwierigkeit neuer Art entstand. Die Braut hatte sich nämlich während ihres Aufenthalts im Kloster zum Katholizismus bekehren lassen, und da in Rom sogenannte Mischehen nicht geschlossen wurden, mußte auch der Protestant Schadow den Glauben wechseln – was dem im friderizianischen Rationalismus aufgewachsenen Einundzwanzigjährigen, der

Als Poesie gut

sich ohne Vorurteile in der katholischen Tassaert-Familie und in den reformjüdischen Kreisen um Marcus und Henriette Herz bewegt hatte, wohl keine Seelenqualen bereitet hat. In Berlin später fand er zum Luthertum wieder zurück.

Im Sommer 1785 wurde der Lebensbund endlich eingesegnet, im Jahr darauf der Sohn Ridolfo geboren (der selbstverständlich katholisch getauft werden mußte), und da der Wiener Schwiegervater reichlich Stipendium zahlte, die künstlerische Ausbildung, die teils in der Werkstatt des Schweizer Bildhauers Trippel, teils in den reichhaltigen Museen und Sammlungen stattfand, gute Fortschritte machte, bei einem Wettbewerb junger Künstler ein bedeutender Preis errungen wurde und sich Berliner Freunde, wie die Brüder Janus und Hans Christian Genelli, auch in Rom einfanden, war das Jahr 1786 (in dem Friedrich der Große starb und Goethe seine erste italienische Reise machte) für den angehenden Bildhauer ein großer Gewinn.

In diesem Jahr erreichte ihn auch ein Brief seiner Mutter (einer von dreien, die der Nachwelt erhalten blieben), der die wenig gebildete, aber kluge und tatkräftige Frau, und zwar nicht nur durch ihre abenteuerliche Rechtschreibung, trefflich charakterisiert. Nachdem der Sohn ihr aus Rom von seiner Auszeichnung berichtet hatte, schrieb sie an die »lieben Kinder« von der Freude, die man in der Familie darüber empfunden hatte: »Wie sprachlos stum wir uns anstaunten und mit einem wiederholten: ach Gott ist dass möglich, Gottfried eine Goldne Medalge – das hättet ihr sehn müssen, beschreiben kann ich es nicht. Kurtz, wir feierten diesen Tag recht festlich und unsere Freunde gingen erst nach Mitternacht zu Hause. Die Freude lis mir nicht schlaffen, der Gedancke diese Nachricht zu Deinem baldigen Vortheil am gehörigen Ort anzubringen war mein Hauptzweck. [...] Ich ging den andern Tag zu H. Meil, ich wis ihm Deinen Briff, versicherte ihm das er der erste wäre dem ich diese Nachricht brächte, sein Stoltz fand sich so geschmeichelt, und er war bei Lesung Deines Briffes gantz auser sich, seine Freundschaft gegen Tassa [gemeint ist Tassaert] war mir bekannt. Er behilt Deinen Briff, versicherte mir, er wollte ihn Selbst den Minister (Finkenstein) überreichen, welches denn auch geschahe, wobey er den Minister sagte: wen er die Mutter selb sprechen wollte, so würde sie ihm alles deutlich sagen können. Der Minister lis mich ruffen, man Empfing mich mit aller der Achtung als wen ich von Stande wäre, ich war nicht wenig Stoltz drauff Deine Mutter zu sein. Der Graf Solms, der Dockter, der Bergraht Gerhart waren bey ihm, ich sagte dem Bediente ich wollte warten bis die Weg wären, nein sagt er, Ihr Excellenz haben befohlen ihnen sogleich zu melden, und die andern mussten warten. Der Minister sprach ¾ Stunde mit mir, er wunderte sich nicht wenig dass Du ihm so unbekannt bis jetz wärs gewesen, er frug mich wie alt Du wärst, ich sagte ihm 23 jahr, ich habe ihn nichts verschwigen [...] Kan ich nichts zu sehn bekommen von Ihren Sohn? Ihro Exzelentz, ich habe noch Einige Schkizen, wen sie befelen – gut meine liebe Frau, schicke sie sie her aber morgen schon. Wird denn ihr Sohn wieder kommen? Ihr E., er hat mir in Einigen Briffen Schon versichert dass er wünschte in sein Vaterland zurück zu gehen, dass er aber zweifelte ohne Ettwas gewisses zu haben, hir sein Glück zu machen. [...] Und wo denkt den ihr Sohn sonst hin zu gehen, wen er nicht hier will kommen? Ihr E., ich weis nicht anders als nach Wien, weil er dort einen reichen Schwiger Vater hat welcher ihm versprochen, in welchen lande er sich niederlisse, ihm zu unterstützen, und nach seinem Tode ist die Tochter die einzige Erbin. – nu meine liebe Frau, wen sie ihren Sohn schreibt grüsse sie ihm von mir, und sage sie ihm, ich hätte mich recht gefreut, und er möchte mir doch eine Zeichnung schicken, ich würde gewis vor ihm sorgen – und so Endigte sich meine ambassade. Ich habe geglaubt, Reichtum ist eine bessere Empfelung wie armut. Ich habe ihm Deine besoffne Satirs und Einige Zeichnungen geschickt. Sage gar nichts an die Genellis. Sonst erfert Tassa alless wieder, er ärgert sich so genung dass wirs nicht haben melden lassen. – Dein Brieffff geht jetzt noch immer rum, jetzt hat ihn Her Berger, welcher mir so offt hat drum bitten lassen. Wie viel Complimente ich Dir zu machen, das weis ich wircklich selbst nicht mehr [...] nun meine liebe Tochter ich erwarte mit der grösten Sehnsucht die Nachricht einer glücklichen Entbindung, und freue mich

Als Poesie gut

Euch bald mit meinem kleinen Enckel zu umarmen, ich bin Eure Mutter Schadow.«

Schadows Rückkehr nach Berlin war also von der Mutter und anderen schon vorgearbeitet worden. Er kam im eignen Reisewagen, hatte für Ridolfo eine Kinderfrau bei sich und traf unangemeldet (der Brief kam eine Stunde später) am 5. November 1787, nachmittags um vier, in der Heiligegeiststraße ein. »Du kanst Dir den Schreck und die Freude dencken«, schrieb die Mutter nach Frankfurt an der Oder an ihren zweiten Sohn Rudolf. »Sie schickten die Frau [die Kinderfrau] mit dem Kinde zuerst rauf, da aber die Frau nicht bescheid wusste und sich lange in dem dustren angtre aufhielt, so fing das Kind an zu schreien, Lottchen [eine der Töchter] ging raus, Gottfried kommt zu, kennt Lotten nicht, fragt immer wer das ist, ich höre seine Stimme und schreie: ach Gottfried, und so war er in meine Arme; seine Frau sieht noch Eben so aus wie sonst, der Junge wie ein Engel, und Gottfried sieht aus wie ein Apoll. Sollte diese Zeichnung nicht richtig sein, so war es seine Mutter, die sie machte, genung, in meinen und seiner Frau Ihren Augen ist er Einer von den schönsten Männern.«

In Berlin hatte sich seit dem Tode des Alten Fritzen auch in den Bereichen von Kunst und Bau viel verändert; einheimische Künstler waren jetzt wieder stärker gefragt. Der Staatsminister Friedrich Anton von Heinitz, der Schadows Bedeutung frühzeitig erkannt hatte und jetzt dabei war, die unter Friedrich vernachlässigte Kunstakademie zu reformieren, machte den Vierundzwanzigjährigen, nachdem er ihn einige Zeit mit Hans Christian Genelli zusammen in der Königlichen Porzellanmanufaktur beschäftigt hatte, nach Tassaerts plötzlichen Tode zum neuen Hofbildhauer, in welchem Amt sich Schadow schon bei seinen ersten großen Arbeiten glänzend bewährte: bei der Quadriga für das Brandenburger Tor, bei dem Standbild der Kronprinzessin Luise und ihrer Schwester Friederike, und, ganz zu Anfang, 1788 bis 1789, bei einem aufwendigen Grabmal für die Dorotheenstädtische Kirche, das heute als Dauerleihgabe in der Alten Nationalgalerie steht. Es war das Grabmal für den sogenannten

Grafen von der Mark, einen mit achteinhalb Jahren gestorbenen unehelichen Sohn des nun regierenden Königs, den dieser sehr geliebt hatte und ihm auch in Potsdam, in der Nähe des Marmorpalais, ein Denkmal setze, in Form einer Ehrenurne, die sechzig Jahre nach dem Ende des Zweiten Weltkrieges aus dem Heiligen See geborgen werden konnte, in den sie 1945 geraten war.

Mutter des Gräfleins war Wilhelmine Enke, die Tochter eines Trompeters aus der Kapelle Friedrichs des Großen, die schon in jungen Jahren Friedrich Wilhelms Geliebte geworden war. Er, damals noch Thronfolger, sorgte für ihre Ausbildung, wobei er sie teilweise auch selbst unterrichtete, so daß das intelligente Mädchen nicht nur zur perfekten Dame wurde, die sich in der besseren Gesellschaft ohne Schwierigkeiten bewegen konnte, sondern später auch zu seiner Ratgeberin. Auf Verlangen Friedrich des Großen mußte sie eine Scheinehe mit dem Kämmerer Ritz eingehen, blieb aber auch als Madame Ritz und nach dem Ende sexueller Beziehungen die vertraute Freundin des Königs, wahrscheinlich der einzige Mensch, der ihm lebenslang wirklich nahe stand. Als Gräfin Lichtenau wurde sie 1796 von ihm geadelt und, zum Entsetzen des Kronprinzen, kurz danach auch bei Hofe offiziell eingeführt. Schadow hatte nicht ihr, wie manchmal behauptet wurde, sondern dem Minister von Heinitz den Auftrag für das Grabmal ihres Söhnleins zu danken, aber er schuf für sie sieben Reliefs mit Todessymbolen, mit denen sie ein Zimmer ihres Charlottenburger Landhauses schmückte, das dem Andenken ihres Sohnes gewidmet war. Persönlich ist er ihr wohl kaum nahe gekommen. Ihre einmalige knappe Erwähnung in seinen Erinnerungen bezieht sich auf ein mißglücktes Gespräch mit ihr. Wie er schreibt, hatte er ihr, wohl im Zusammenhang mit den Reliefs, seine »Aufwartung zu machen. Sie war bei der Toilette und umgeben von Dienerinnen. Es währte nicht lange, so« wurde aus dem Auftragsgespräch ein privates und sie »begehrte, ich sollte ihr meine Aventuren, meine Romane erzählen«, womit sie sein Liebes- und Fluchterlebnis meinte, das dem Klatsch natürlich nicht verborgen geblieben war. Er aber fand es würdelos, in dieser Umgebung von seinen Herzensangelegenheiten zu reden, mußte das Ansinnen also, »ungeschickt«, wie er schreibt, ablehnen, worauf sie ihn ungnädig gehen ließ. Diplomatisch geschickt vorzugehen, war nie seine Absicht. Sein Stil war das Berlinisch-Direkte, wie es auch die Anekdoten zeigen, die Fontane über den alten Schadow erzählt. Dazu gehört auch die Geschichte von seiner Art, einen Orden entgegenzunehmen. Als 1842 die Friedensklasse des Pour le Mérite gestiftet und an dreißig verdiente Männer verliehen wurde, stellte Schadow für seine Annahme die Bedingung, daß die Auszeichnung nach seinem Tode an seinen Sohn Wilhelm, den Maler, übergehen müßte. Und als Begründung sagte er, nach Fontane, zum König: »Was soll ich alter Mann noch mit'n Orden, Majestät?«

Neben den Phrasen von der hohen Sendung der Künstler war ihm, der auf gutes Handwerk hielt, auch alles vornehme Gehabe, wozu auch das Französichsprechen gehörte, immer zuwider. Seine unvollendeten Erinnerungsaufzeichnungen über die Lage der Künstler unter Friedrich dem Großen, also in seiner Jugend, schließen mit der Bemerkung, daß nach dem Tode des Königs die académie des sciences sich in die Akademie der Wissenschaften verwandelte und wieder auflebte, daß das deutsche Schauspiel aus dem Hinterhaus in der Behrenstraße als Nationaltheater auf den Gendarmenmarkt wechselte und daß auch die vornehmsten Leute sich änderten: Sie lernten jetzt nämlich richtig Deutsch.

Das Tor

Der Dicke Willem, wie die Berliner den Nachfolger des Alten Fritzen nannten, neigte nach außen zu Abenteuern, wie seine Feldzüge nach Holland, Frankreich und Polen zeigen, und ließ im Innern die Zügel schleifen, was nach dem strengen Regime seines Onkels für manche der Untertanen sicher wohltuend war. Er lebte liederlich und ließ Liederlichkeiten gelten, auch solche, die gegen die starren Regeln des Ständestaates verstießen, den zu reformieren er aber nicht fähig war. Bezeichnend dafür ist nicht nur die bekannte Geschichte seiner lebenslangen Geliebten, der Tochter des Musikers Enke, die er zur Gräfin Lichtenau machte und regelwidrig bei Hofe einführte, sondern auch der Aufstieg des Pastors und Pastorensohns Woellner, der unter Friedrich Wilhelm II. zu einem der mächtigsten Männer im Staate wurde und vor allem als Urheber des antiaufklärerischen Religions- und Zensuredikts von 1788 in schlechter Erinnerung blieb.

Auch Friedrich Wilhelms Verhältnis zu allem Deutschen war anders als bei seinem Onkel. Er fühlte sich stärker dem Reich und dem Kaiser verpflichtet und war schon vorwiegend von deutscher Kultur geprägt. Nach seiner Thronbesteigung ging es mit dem kulturellen Einfluß Frankreichs bei Hofe und in den Akademien zu Ende, wenn auch die Sprache der Diplomaten noch lange das Französische blieb. Schillers Feststellung, daß »Die deutsche Muse« (so der Titel seines Gedichts) weder Schutz noch Anerkennung »Von dem größten deutschen Sohne, / Von des großen Friedrichs Throne« zu erwarten gehabt hatte, galt nicht mehr für den Thron seines Nachfolgers. Für das deutsche Schauspiel zum Beispiel wurde Berlin nun wichtig, und die Akademie der Künste, die noch bis 1809 den Zusatz »... und der mechanischen Wissenschaften« im Namen führte und noch keine Ab-

Als Poesie gut

teilungen für Musik, Literatur und Schauspiel hatte, entwickelte sich nun zu einem städtischen Kulturzentrum, das für die Gesellschaft nicht weniger Bedeutung hatte als die sich in dieser Zeit herausbildenden Salons.

Büste Friedrich Wilhelms II.
von Johann Gottfried Schadow von 1792

Kurfürst Friedrich III. hatte die Akademie 1696 gegründet und ihr durch Aufstockung des Marstalls Unter den Linden ein Domizil in zentraler Lage gebaut. Zwischen der Charlotten- und der heutigen Universitätsstraße, wo sich seit 1913 das mächtige Gebäude der Staatsbibliothek befindet, residierte die Akademie in sechs Sälen über

Das Tor

dem Stall für 200 Pferde und brachte es unter ihrem Gründer, der sich 1701 als Friedrich I. zum preußischen König gekrönt hatte, zu beachtlichem Ansehen, verkümmerte aber nach 1713, als Friedrich Wilhelms I. Sparsamkeitsregime begann. Nachdem 1743 ein Brand ihr Gebäude verwüstet hatte und die Kriege Finanznöte brachten, konnte sie sich auch unter Friedrich II. nicht recht erholen, bis sich in dessen letzten Lebensjahren Daniel Chodowiecki um ihre Neubelebung bemühte und in dem Minister Friedrich Anton Freiherr von Heinitz einen einflußreichen Mitstreiter fand.

Heinitz war auch zuständig für den Bergbau und das Hüttenwesen, und er wußte diesen Teil seiner Aufgaben mit denen der Akademie durchaus zu verbinden, so daß es in dem neuen Akademiereglement, das im Januar 1790, also schon unter Friedrich Wilhelm II., beschlossen wurde, hieß: »Da nun der Endzweck dieses Instituts dahin gehet, daß es auf der einen Seite zum Flor der Künste sowohl überhaupt beitrage, als insbesondere den vaterländischen Kunstfleiß erwecke, befördere und durch den Einfluß auf Manufakturen und Gewerbe dergestalt veredle, daß einheimische Künstler in geschmackvollen Arbeiten jeder Art den auswärtigen nicht ferner nachstehen; auf der anderen Seite aber diese Akademie als eine hohe Schule für Bildende Künste sich in sich selber immer mehr vervollkomme, um in Sachen des Geschmacks, deren Beurteilung ihr obliegt, durch vorzügliche Kunstwerke jeder Art selbst Muster sein zu können.«

Und tatsächlich gehörten zur Akademie bald alle bedeutenden Maler, Graphiker, Bildhauer und Baumeister, und daneben trugen Ehrenmitglieder, wie Goethe, Gleim und Angehörige der Königsfamilie, zu ihrem Ansehen und ihrer Förderung bei. Sie war Ausbildungstätte für Bildende Künstler, veranstaltete Ausstellungen, bot Raum für Vorträge, verlieh Preise, vergab Stipendien und schrieb Wettbewerbe aus. Minister von Heinitz verhalf armen Künstlern durch Tätigkeiten in der Königlichen Porzellanmanufaktur, KPM, zu einem Einkommen, und zusammen mit dem Ausbau des Hüttenwesens, besonders in Oberschlesien, konnte er den Eisenkunstguß zu einem Kunstzweig entwickeln, an dessen Aufblühen nach seinem

Tode (1802) dann neben Schadow, Tieck, Posch und Schinkel noch mancher andere Künstler beteiligt war. Mit Denk- und Grabmälern, Brückengeländern, Kleinskulpturen, Medaillons, Schmuck und sogar Stühlen und Tischen waren in den nächsten Jahrzehnten die neu gegründeten Gießereien in Berlin und Lauchhammer vollauf beschäftigt. Schinkels Kreuzbergdenkmal zum Beispiel zeugt noch heute von dieser besonders preußisch anmutenden, aber durchaus nicht auf Preußen beschränkten Kunst.

Die Orientierung der Akademie auf einheimische Künstler war Teil der allgemeinen Besinnung aufs Nationale, die sich im Bürgertum und in Teilen des Adels schon seit Jahrzehnten vollzogen hatte und nun auch die Höfe erreichte – gerade noch rechtzeitig, um den vielen Talenten, die in diesen Jahren heranwuchsen und sich zeitweilig oder auf Dauer in Berlin niederließen, Gelegenheit zur Bewährung zu geben, sie zu unterstützen oder ihnen doch wenigstens nicht im Wege zu stehen.

Als im April 1795 das Abkommen von Basel das literarisch und künstlerisch so fruchtbare Friedensjahrzehnt für Norddeutschland einleitete, waren Kleist und Fouqué als angehende Offiziere noch in den Militärapparat eingebunden, während der zweiundzwanzigjährige Ludwig Tieck schon die ersten Werke veröffentlicht hatte und E. T. A. Hoffmann in Königsberg mit den Plagen des ersten juristischen Examens beschäftigt war. Chamisso, der Sohn französischer Emigranten, verkaufte noch in Bayreuth Blumen, bevor er Page bei der Königin in Berlin und in Freienwalde wurde. Scharnhorst stand noch in Hannoverschen Diensten. Gneisenau, schon in Preußen, war gerade zum Hauptmann befördert worden. Clausewitz, einer der eifrigsten Autodidakten, benutzte die Zeit des langweiligen Garnisonsdienstes in Neuruppin zu seiner wissenschaftlichen Weiterbildung. Marwitz, noch Fahnenjunker, kehrte vom Feldzug in Polen zurück. Achim von Arnim und Adam Müller waren noch Schüler, der eine am Joachimthalschen Gymnasium, der andere in dem zum Grauen Kloster, während die zehnjährige Bettine Brentano von ihrem Vater im Kloster Fritzlar bei Kassel untergebracht worden war. Clemens, ihr älterer Bruder, wußte noch immer nicht, welchen Beruf er erwählen sollte, und Savigny, sein späterer Schwager, bereitete sich noch auf das Jurastudium in Marburg vor. August Wilhelm Schlegel ließ sich als freier Schriftsteller in Jena nieder, wo sich auch Wilhelm von Humboldt aufhielt und Fichte lehrte und bald auch Friedrich Schlegel zu ihnen stieß. Schleiermacher erhielt nach seinem ersten theologischen Examen eine Stelle als Hilfsprediger in Landsberg an der Warthe. Hegel war noch als Hauslehrer in Bern tätig. Iffland bereitete sich darauf vor, von Mannheim nach Berlin überzusiedeln. Gentz war durch seine kommentierte Übersetzung von Burkes Schrift gegen die Französische Revolution schon berühmt geworden, und Rahel Levin, bei der viele dieser Berühmtheiten sich später treffen sollten, hatte ihren ersten Salon in der Jägerstraße bereits etabliert.

Ähnlich verheißungsvoll wie bei den Schriftstellern und Philosophen sah es auch bei den Bildhauern und Baumeistern aus. Viel stärker als jene waren diese auf den Hof angewiesen, aber da Friedrich Wilhelm II., wie fast alle Hohenzollern, eine Leidenschaft für das Bauen hatte, ebnete er vielen von ihnen, die Berlin in den nächsten Jahrzehnten zu einem wahren Spree-Athen machen sollten, den Weg. Schon zwei Jahre nach seiner Thronbesteigung hatte er den jungen Schadow zum Hofbildhauer ernennen lassen, und jetzt gehörte zu dessen Schülern unter anderen auch Friedrich Tieck. David Gilly, vorher Baudirektor in Pommern, war 1788 nach Berlin berufen worden, wo er zehn Jahre später die Bauakademie gründen sollte, und er hatte auch seinen genialen Sohn Friedrich mitgebracht. Schinkel, später Friedrich Gillys Schüler, besuchte noch das Gymnasium, war aber von Neuruppin schon nach Berlin übergesiedelt, während sein späterer Freund und Kollege Rauch noch Lehrling in Kassel war.

Auch Carl Gotthard Langhans, der aus Schlesien stammte und vorher vorwiegend dort auch gebaut hatte, war 1786 nach Berlin geholt worden, wo er nun mit dem Schauspielhaus auf dem Gendarmenmarkt (das allerdings 1817 schon abbrennen sollte) und dem Brandenburger Tor, das in den nächsten Jahrhunderten zum Wahrzeichen

Als Poesie gut

Ansichten der Propyläen in Athen und des Brandenburger Tores.
Kolorierte Radierung von Johann Carl Richter von etwa 1795

der preußischen und deutschen Hauptstadt wurde, die wichtigsten Aufträge seines Lebens bekam.

Das alte Tor, das damals die Stadtgrenze markiert hatte, war, neben dreizehn anderen Toren, nötig geworden, als die Stadt, um Schmuggel und Desertion zu erschweren, von Friedrich Wilhelm I. nach 1730 mit einer Zoll- oder Akzisemauer umzogen worden war. Wie aus einem Stich Chodowieckis ersichtlich, war das alte Tor, wie die meisten Bauten des Soldatenkönigs, schlicht und zweckmäßig gestaltet worden. Zwei Torpfeiler mit barocken Verzierungen, die die hölzernen Torflügel hielten, wurden von zwei einfachen Gebäuden, für Zoll, Torschreiber und Stadtwache, flankiert.

Den Blick in den Tiergarten, den diese Anlage verwehrte, wollte Langhans möglichst weit öffnen. In seiner Denkschrift für den König, die auch das krönende Viergespann schon erwähnte, wurde in verständlicher Übertreibung die Lage des Tores als die »schönste der ganzen Welt« bezeichnet und damit begründet, daß es sehr licht und offen sein müsse. Als Vorbild habe er sich das »Stadt-Thor von Athen« genommen – womit er die Propyläen der Akropolis meinte, die er freilich nur durch Stiche, nicht aber durch eigne Anschauung kannte. Denn nach Griechenland, das noch von den Türken besetzt war, reisten deutsche Künstler damals noch nicht.

Schadow, der als zweite große Aufgabe in seiner Stellung als Hofbildhauer (die erste war das Grabmal des Grafen von der Mark gewesen) die Quadriga zu fertigen hatte, vermutete in späteren Aufzeichnungen, die manchmal auch bissig waren, daß Grund für die »Wiederholung anerkannter Meisterweke« durch Langhans der Mangel an eignen Ideen gewesen sei. Der Gedanke, daß mit diesem ersten frühklassizistischen Bauwerk ein neues Kapitel preußischer Baugeschichte begonnen hatte, lag ihm, dem Mitbeteiligten, also fern.

Noch weniger freilich konnte er ahnen, daß dieser großartige Abschluß der Straße Unter den Linden in der politischen Geschichte Berlins, Preußens und Deutschlands eine größere Symbolkraft erlangen würde als alle die vielen Denkmäler, die eigens zu diesem

Als Poesie gut

Zwecke das 19. Jahrhundert hervorbringen sollte. Die Kyffhäuser-, Niederwald-, Hermann- und Völkerschlacht-Denkmäler, die einst mit großem Aufwand errichtet wurden, sind heute im öffentlichen Bewußtsein kaum noch vorhanden, das Brandenburger Tor aber, das in allen äußeren, inneren und kalten Kriegen ein Rolle zu spielen hatte, ist weltbekannt.

Eröffnet wurde die Reihe der Ereignisse, denen das Tor als Kulisse zu dienen hatte, 1806, im Oktober, als Kaiser Napoleon, der den politischen Nutzen theatralischer Inszenierungen kannte, es zu seinem Einzug in Berlin nutzte, was dann Historienmalern zugute kam. Napoleon war es auch, der die Quadriga dadurch berühmt machte, daß er sie als Kriegsbeute nach Paris entführte, von wo sie 1814 im Triumphzug wieder heimgeholt wurde und dadurch an Symbolwert gewann. Bei dieser Gelegenheit wurde die Lenkerin des Viergespanns, die ursprünglich eine Eirene darstellte, durch ein Eisernes Kreuz, einen Eichenkranz und den preußischen Adler in eine Victoria verwandelt, die dann für die Siegesparaden nach den drei Bismarckschen Kriegen recht passend war. Auch später ließen sich weder die 1918 von der Front heimkehrenden Truppen noch die revolutionären Matrosen, die Freikorpskämpfer und die ihre Machtergreifung feiernden Nationalsozialisten den Marsch unter Schadows Gespann hindurch nehmen, denn er bedeutete so viel wie Sieg. Das Tor war zum Wahrzeichen der Stadt und des Landes geworden, was auch die Sowjetsoldaten meinten, als sie im Mai 1945 auf der zerstörten Quadriga ihre rote Fahne hißten, deren Entfernung den Aufständischen vom 17. Juni 1953 aus den gleichen Gründen wichtig erschien. Als dann 1961 die Teilung Berlins und Deutschlands durch Stacheldraht und Mauern erfolgte, wurde das zweihundert Jahre alte Bauwerk zum Wahrzeichen für die Hoffnung auf Einheit – weshalb es dann auch für die Wiedervereinigungsfeier besonders geeignet war.

Als im August 1791 das Tor dem Verkehr übergeben und 1795 die Quadriga aufgesetzt wurde, ahnte man nicht, daß damit die große Kunstepoche Berlin eröffnet war. Auch war man sich wohl der repräsentativen Wirkung des Tores noch nicht sicher. Denn als am

22. Dezember 1793 die schönen Prinzessinnen Luise und Friederike von Mecklenburg-Strelitz als Bräute des Kronprinzen und seines Bruders unter dem Jubel der Berliner in die geschmückte Residenz einzogen, leitete man den Festzug nicht durchs Brandenburger, sondern auf dem kürzeren Wege durchs unansehnliche Potsdamer Tor.

Die Prinzessinnen

Zu den Berlinern, die durch die Schönheit der beiden Prinzessinnen in Begeisterung versetzt wurden, gehörte auch Schadow. Er war so entzückt von den beiden in Darmstadt aufgewachsenen Mädchen, daß er den hessischen Dialekt, den sie sprachen, für die »angenehmste der deutschen Mundarten« hielt. Er glaubte einen »Zauber« zu spüren, der sich durch den Liebreiz der sechzehn- und siebzehnjährigen Schwestern über der Residenz ausbreitete und die Berliner durch die Frage entzweite, welche die Schönere von beiden sei.

Für Frauenschönheit am Königshofe war man in Berlin in besonderem Maße empfänglich, weil man sie in Friedrichs langen Regierungsjahren hatte vermissen müssen. Der Einsiedler von Sanssouci, der sich aus Frauen nichts machte, hatte die seine stets von sich ferngehalten, so daß die Königin für das Volk nicht in Erscheinung getreten war. Sein lebens- und liebeslustiger Neffe dagegen war für weibliche Reize verschiedenster Art empfänglich gewesen, doch hatte er seine Gemahlinnen immer in Hintergrund gehalten. Und da seine Nebenfrauen zwar Anlaß zum Klatsch, nicht aber zur Verehrung geboten hatten, kam die künftige Königin Luise, in der sich Schönheit, Würde und Tugendhaftigkeit zu verbinden schienen, einem Bedürfnis entgegen, das lange nicht gestillt worden war.

Des frühen Todes ihrer Mutter wegen waren die beiden mecklenburgischen Prinzessinnen bei ihrer Großmutter im hessischen Darmstadt aufgewachsen und im März 1793 in Frankfurt am Main mit dem preußischen König und seinen Söhnen bekannt geworden, die sie, wie alle Welt, reizend gefunden hatten, und der Kronprinz hatte sich richtig in Luise verliebt. Noch im gleichen Jahr, in den Weihnachtstagen, waren im Berliner Stadtschloß die Hochzeiten gefeiert

Die Prinzessinnen

worden, und Luise, nun Kronprinzessin, erregte überall in Preußen Sympathie und Bewunderung, besonders auch bei den Dichtern, Malern und Bildhauern, die viel zum Kult um sie beitrugen, das ganze folgende Jahrhundert hindurch. Das bedeutendste dieser Werke ist Schadows Doppelstandbild der Schwestern, die sogenannte Prinzessinnengruppe, die den Zauber, den der Künstler schon beim ersten Anblick empfunden hatte, auch noch nach mehr als zweihundert Jahren zu vermitteln vermag.

Es war der Minister von Heinitz, der dem König den Vorschlag machte, die Schönheit der Schwestern von Schadow verewigen zu lassen, und da dieser schon fünf Jahre erfolgreich im Amt war und so bedeutende Werke wie die Quadriga, das Grabmal des Grafen von der Mark und das Zieten-Denkmal für den Wilhelmplatz geschaffen hatte, konnte Heinitz ihn mit Recht als einen Künstler bezeichnen, »der jetzt unter allen Bildhauern Europas den ersten Platz« beanspruchen konnte. Der König, den der Reiz seiner Schwiegertöchter nicht weniger beeindruckt hatte, stimmte dem Vorschlag zu.

Die beiden jungen Paare, die am 24. und 26. Dezember 1793 getraut worden waren, wohnten in Berlin Unter den Linden benachbart, Friedrich Wilhelm und Luise im Kronprinzenpalais, Ludwig und Friederike in dem Gebäude daneben, das später, als Luises Töchter hier bis zu ihrer Verheiratung lebten, den Namen Prinzessinnenpalais erhielt. Schadow wurde ein Arbeitsraum im Seitenflügel des Kronprinzenpalais angewiesen, und täglich um die Mittagsstunde kam Friederike, die jetzt Prinzessin Ludwig oder Louis genannt wurde, herüber, um ihm zu sitzen, mit ihm zu plaudern und dabei die Reize ihrer knapp siebzehn Jahre auszuspielen, die manchen Männern des Hofes gefährlich wurden. Nur ihr Mann, der erotisch schon anderweitig gebunden war und sie nur aus Gehorsam geheiratet hatte, machte sich wenig aus ihr.

Weniger intim war die Arbeit mit der Kronprinzessin, die Schadow nur in Begleitung ihres steifen, mit Zeit und Worten geizenden Gatten sah. Sie saß ihm auch nicht in seinem Arbeitszimmer, sondern ließ von ihm während ihrer Audienzen studieren. Zwar konnte er sie

Als Poesie gut

dann auch in den Pausen erleben, wenn sie sich zum Beispiel über die allzu große Ergebenheit der Besucher amüsierte, aber meist sah er doch die offizielle Luise, von der dann im Werk auch etwas zu finden ist.

*Johann Gottfried Schadows sogenannte
Prinzessinnengruppe von 1795*

Die Prinzessinnen

Zuerst entstanden die Büsten der Schwestern, die auch die unterschiedlichen Charaktere zeigen. Luise, die ältere und ernstere, hat etwas Feierliches und Hoheitsvolles. Der geradeaus gerichtete Blick macht das schöne Gesicht unlebendig. Die pflichtbewußte Königin, zu der sich das lebensfrohe, oft ausgelassene und tanzwütige Mädchen entwickeln sollte, ist hier von Schadow vorweggenommen. Auch der tiefe Ausschnitt des Kleides (der auf Einspruch des Gatten in einer späteren Fassung geschlossen werden mußte) vermittelt kaum sinnlichen Reiz.

Friederike dagegen, fast zwei Jahre jünger als ihre Schwester, vielseitig begabt, aber leichtlebiger und koketter, wird bei Schadow, fern von klassischen Schönheitsidealen, fern auch von Repräsentation und Etikette, zu einem reizenden jungen Mädchen, dessen geschlossene Lippen ein leichtes Lächeln andeuten, während sowohl der seitlich geneigte Kopf als auch der träumerisch nach unten gerichtete Blick Ungezwungenheit zeigt. Sie ist mehr Ika, wie sie in der Familie gerufen wurde, als Frau eines preußischen Prinzen. Sie ist natürlich, lebendig und ganz gegenwärtig. Hier ist nichts vorweggenommen. Nicht die unglückliche Ehe mit Ludwig, nicht die Witwenschaft schon mit achtzehn Jahren, nicht die Liebschaften am Hofe (unter anderem mit Louis Ferdinand, dem charmanten und genialen Prinzen), nicht die unstandesgemäße zweite Heirat, die zeitweilig ihre Entfernung vom Hofe bedeutet, und auch nicht die dritte Ehe, durch die sie schließlich, mit fast sechzig Jahren, Königin von Hannover wird. Ein wenig vom sinnlichen Reiz der Prinzessinnengruppe ist in Friederikes Büste bereits zu sehen.

Möglicherweise waren die beiden Büsten, die später auch als Vorlage für Medaillen dienten, von Schadow schon als Vorarbeiten für das lebensgroße Doppelstandbild betrachtet worden. Jedenfalls begann er mit diesem schon wenig später, und er fand dabei die bereitwillige Unterstützung der Schwestern. Er durfte aus ihrer Garderobe die seinen Absichten entsprechenden Kleider wählen und hatte dabei das Glück, daß die damalige Mode der weiten, hochgegürteten Gewänder ihm die Verbindung von Anmut, Würde und sinnlichem Reiz erlaubte. Sogar maßnehmen durfte er bei Luise und ihrer zierlichen Schwester, wie er später schreibt, »nach der Natur«.

Zu Höhepunkten des Berliner Kunstlebens hatten sich bald nach der Thronbesteigung Friedrich Wilhelms II. und der Reform der Akademie der Künste durch den Minister von Heinitz die jährlich (später zweijährlich) im Herbst stattfindenden Ausstellungen entwickelt, in denen, neben Anfängern und Dilettanten, alles, was in der Bildenden Kunst Rang und Namen hatte, vertreten war. Ort der Ausstellungen waren die Räume der Akademie der Künste und der mechanischen Wissenschaften (so ihr damaliger offizieller Name), die sich im Obergeschoß des Marstallgebäudes Unter den Linden, also über den Pferdeställen, befanden, in dem Geviert, auf dem seit 1914 die Staatsbibliothek steht. Die Ausstellung des Jahres 1795, die am Geburtstag des Königs, dem 25. September, eröffnet wurde, war dem im Frühjahr abgeschlossenen Frieden von Basel gewidmet, zu dessen künstlerischer Verherrlichung ein Wettbewerb ausgeschrieben worden war. An allegorischen Darstellungen, in denen Mars sich seines Schwertes entledigt oder der König von Preußen der rasenden Bellona die Zügel des Kriegswagens entreißt, war also kein Mangel. Das bedeutendste und auch größte Bild dieser Kategorie aber war ein Gemälde, auf dem nicht die Musen oder Minerva, sondern die schönen Schwestern Luise und Friederike in weißen Gewändern eine Büste des Friedensstifters, also des Königs, ihres Schwiegervaters, bekränzen – wozu der Ausstellungskatalog dem Betrachter erklärte: die Prinzessinnen, die der Kronprinz und sein Bruder während des Rheinfeldzuges kennengelernt hatten, seien die »schönste und beglückendste Eroberung des geendeten Krieges für das Vaterland«.

Dieses Gemälde des Braunschweiger Malers Friedrich Georg Weitsch in der beachtlichen Höhe von fast drei Metern beherrschte den Eingang der Ausstellung, und in der Mitte einer der Räume war das Gipsmodell der Prinzessinnengruppe zu sehen. Der Beifall für dieses einzigartige Werk war groß und einhellig, was Schadow bescheiden mit »den vielen schwachen Kunsterzeugnissen, welche umherstanden« erklärte. Der König zögerte deshalb nicht lange, den Auftrag für die Marmorausführung zu geben, und Schadow konnte erwarten, daß diese, die er zwei Jahre später, also in der Ausstellung des Jahres 1797, zeigte, noch größeres Lob ernten würde. Aber er wurde enttäuscht.

Büste der Prinzessin Friederike von Johann Gottfried Schadow von 1794

Nicht die Kunstkritik, die kaum stattfand, war es, die den Mißerfolg bewirkte und Schadow mit Recht verbitterte, sondern der Wechsel an der Spitze der Monarchie. Friedrich Wilhelm II. starb nach qualvoller Krankheit Mitte November, wenige Wochen nach dem Ende der Ausstellung, und der neue König, Friedrich Wilhelm III., der Mann Luises, nüchterner und sparsamer als sein Vater, verachtete alles, was mit dessen Sinnenfreuden, seiner Mätressenwirtschaft und der Verschwendung von Staatsgeldern zusammenhing. Er wollte Preußen wieder preußischer und moralischer machen, ließ gleich nach seiner Thronbesteigung die Gräfin Lichtenau, geborene Enke, die lebenslange Nebenfrau seines Vaters, angeblicher Unterschlagungen wegen verhaften; und zu Schadows anrührendem Grabmal des Grafen von der Mark und zur marmornen Prinzessinnengruppe soll er in seiner wortkargen Art gesagt haben: »Mir fatal!«

Fatal am Grabmal war ihm, daß der mit acht Jahren gestorbene Knabe Alexander, der damit so aufwendig geehrt wurde, der Liebschaft seines Vaters mit der Gräfin Lichtenau entstammte, und das Standbild der Schwestern, deren liebliche Körperformen man unter den lose fallenden Gewändern erahnen konnte, war ihm wohl zu intim. Ihm mißfiel der besondere Vorzug der Darstellung, ihre Natürlichkeit und Lebendigkeit, die nicht ausdrückten, welch hohe Stellung die Schwestern einnahmen. Möglicherweise galt seine Ablehnung aber auch Friederike, die wegen unstandesgemäßen Benehmens zeitweilig vom Hofe entfernt worden war.

Der königliche Auftrag für das Marmorstandbild hatte keine Bestimmung über den künftigen Aufstellungsort enthalten. Schadow ließ es von der Akademie wieder in seine Werkstatt befördern und machte dem jungen König immer wieder Vorschläge für seine Aufstellung, doch wich Friedrich Wilhelm III., wie es auch in wichtigeren Fragen seine Art war, lange einer Entscheidung aus. Drei Jahre standen die marmornen Schwestern in einer Holzkiste, in der die Mäuse sich Nester bauten, dann ließ der König, um hochgestellte Besucher zu ehren, sie in eines der Gästezimmer des Stadtschlosses bringen, wo sie, selbst der Hofgesellschaft weitgehend unzugänglich, etwa neunzig Jahre lang standen und so gut wie vergessen wurden. Auch als sie 1893 in der Bildergalerie des Schlosses und 1918 in dessen Parolesaal aufgestellt wurden, nahmen nur Kenner und Liebhaber von ihnen Notiz. Theodor Fontane, der in den »Wanderungen durch die Mark Brandenburg« Schadows Werke häufig rühmte und im »Spreeland« dem alten Schadow ein anekdotenreiches Kapitel widmete, fand das Doppelstandbild (möglicherweise weil er es gar nicht kannte) keiner Erwähnung wert. Obwohl die Königliche Porzellanmanufaktur Ver-

Die Prinzessinnen

kleinerungen des Werkes in Biskuitporzellan hergestellt und vertrieben hatte, wurden die jugendlichen Prinzessinnen nie so populär wie Rauchs idealisierte Königin im Mausoleum. Und auch heute pilgert man eher zu Rauchs toter Luise im Charlottenburger Schloßpark als zur ewig lebendigen Kronprinzessin, die in unsern Tagen, immer noch Arm in Arm mit ihrer kleinen Schwester, als Gipsmodell in Schinkels Friedrichwerderscher Kirche und marmorn auf der Museumsinsel in der Alten Nationalgalerie steht. Ganz unbekannt aber war Schadows Meisterwerk nicht geblieben. Schon ein Jahr nach Ausstellung der Marmorfassung, 1798 also, erschien in den »Jahrbüchern der Preußischen Monarchie« der Essay »Glaube und Liebe oder der König und die Königin« von Novalis, in dem dieser vorschlägt, als »Bildungsanstalt der jungen weiblichen Welt« eine »Loge der sittlichen Grazien« zu gründen und zu Ehren des jungen Königspaares Feste zu feiern. Im Zentrum des würdig geschmückten »Versammlungssaales« sollte dort die Prinzessinnengruppe von Schadow stehen.

Ein Soldat, was sonst

Daß Marwitz Soldat werden würde, war von Anfang an klar. Alle seine Vorfahren waren Offiziere in der brandenburgisch-preußischen Armee gewesen. Elf Generäle hatte es darunter gegeben. Er sollte der zwölfte und nicht der letzte sein. Auch die Wahl des Regiments bedurfte in der Familie keiner Beratung. Es kam nur das in Berlin stationierte Kürassierregiment Gensdarmes in Frage, dessen Offiziere aus den vornehmsten Adelsfamilien kamen und das in den letzten Jahrzehnten von zwei seiner Onkel geführt worden war. Der knapp Dreizehnjährige wurde dort also als Fahnenjunker eingeschrieben, um mit Vierzehn seinen Dienst anzutreten. Reiten hatte er selbstverständlich schon vorher gelernt.

Als ihm der Vater das erste Pferd geschenkt hatte, war damit die Verpflichtung verbunden gewesen, den etwa siebzig Kilometer weiten Weg von Berlin nach Friedersdorf nicht mehr mit den Frauen und Kindern im Wagen, sondern reitend zurückzulegen, was dem Kleinen recht sauer geworden war. »Da war mir, als ob mir auf jeder Schulter ein Turm stände«, schreibt er in seinen Erinnerungen, »und das Gesäß war mir so zuschanden, daß ich nicht wußte, auf welchem Fleck ich sitzen sollte.« Doch das Jammern darüber kam nicht in Frage. Als er sich einmal beim Vater darüber beklagte, daß der Regen ihn unterwegs völlig durchnäßt hätte, bekam er zur Antwort: aus Zucker sei er ja doch wohl nicht.

Friedrich August Ludwig von der Marwitz, 1777 geboren, war mit seinen Adelsgenossen Kleist und Fouqué fast gleichaltrig, und gleich ihnen hatte er den Widerstreit zwischen den Standespflichten und den Erfordernissen der Zeit auszuhalten, aber statt an ihm wie der geniale Kleist zu zerbrechen oder sich über ihn wie Fouqué hinwegzuträumen, setzte er ihm seinen unbeirrbaren Konservatismus entgegen, der ihn immer in den durch Geburt vorgezeichneten Bahnen hielt. Die Entwürdigungen und Strapazen des Militärs zu ertragen, war ihm in jungen Jahren leichter als Kleist gefallen, weil er sie für selbstverständlich und notwendig gehalten hatte, und nie wäre ihm der Gedanke gekommen, sich ihnen, wie Kleist, um seiner selbst willen zu entziehen. Er war verpflichtet, sich der Tradition seines Namens würdig zu erweisen. Und wenn er im Alter ohne Beschönigungen davon erzählte, wie er als Kind beim Militär hatte leiden müssen, geschah das nicht in kritischer Absicht. Dergleichen durchgestanden zu haben, erfüllte ihn nur mit Stolz.

Als er fünfzehn war, starb sein Vater, und er, der Älteste, mußte sich nun, neben seinen militärischen Pflichten, um das Wohl der Mutter, die Erziehung seiner jüngeren Geschwister und das Gut der Familie in Friedersdorf, nahe bei Seelow, kümmern. Er war also häufig zu Pferd zwischen Berlin und dem Oderbruch unterwegs. Von den Ställen des Regiments, die sich im Marstall Unter den Linden, wo heute die Staatsbibliothek steht, auf der westlichen Seite an der Charlottenstraße befanden, brauchte er dazu, mit Pferdewechsel in Tasdorf und Müncheberg, dreieinhalb Stunden. Ohne gegessen oder getrunken zu haben, ritt er morgens halb drei Uhr los und war um sieben schon in Friedersdorf. Da seine Mutter erst um acht Uhr zu frühstücken pflegte, hatte er noch eine Stunde Zeit für erste Inspektionen, um sich dann erst mit ihr an den Tisch zu setzen. Der Bauch, sagte er später in seinen Erinnerungen, war sein Abgott nie.

Den Krieg erlebte der Siebzehnjährige erstmalig nicht am Rhein, wie Kleist und Fouqué, sondern an der Weichsel. Um Aufstände niederzuschlagen, wurde sein Regiment im Herbst 1794 nach Polen beordert, wo er die bittere Erfahrung machte, daß die zur preußischen Armee gepreßten Polen die günstige Gelegenheit zu massenhaften Desertionen nutzten. Zweifel an der Rechtmäßigkeit der polnischen Teilungen kamen ihm aber nicht. Ein harter Winter machte der dafür nicht ausgerüsteten Truppe zu schaffen. Beim Rückmarsch in klirrender Kälte blieben die Bekleidungsvorschriften wichtiger als die Gesundheit der Männer. Erst als schon viele Ohren der Reiter erfroren waren, wurde beim Marsch erlaubt, sich Tücher unter den Hut zu binden oder sich Nachtmützen über die Ohren zu ziehen.

F. A. L. von der Marwitz. Jugendbildnis von unbekannter Hand, etwa 1803

Als Offizier des vornehmen Regiments konnte Marwitz auch bei Hofe verkehren. Schon als Fahnenjunker war er den Prinzen vorgestellt und als Leutnant zu Hofbällen geladen worden. Bei der Beisetzung Friedrich Wilhelms II., 1797, hatte er die Reichsinsignien dem Sarge voran zu tragen, und mit dem neuen König, Friedrich Wilhelm III., der als Kronprinz oft Paraden und Feste des Regiments besucht hatte, war er persönlich bekannt. Ihrer unterschiedlichen Charaktere wegen wurden sie aber nie vertraut miteinander. Marwitz konnte Kritik nie für sich behalten, und der König neigte zum Übelnehmen, so daß er Marwitz zum Beispiel, nachdem dieser ihm seine kindische Freude an Veränderungen der Uniform vorgehalten hatte, jahrelang schnitt. Auch das ständige Zögern des Königs war dem prinzipienfesten und entscheidungsfreudigen Marwitz zuwider. In seinen Erinnerungen hat er den König, wie übrigens auch die Königin Luise, so kritisch wie kaum ein anderer Zeitgenosse beschrieben. Doch seine Treue zum Monarchen berührte der Ärger über ihn nie.

Er maß Friedrich Wilhelm III. immer, oft ohne es auszusprechen, an dessen Großonkel, dem verehrten Friedrich, der so viel selbstbewußter, pflichteifriger und entschlußfreudiger gewesen war. Als Kind war Marwitz Friedrich dem Großen mehrfach begegnet, und wenn er im Alter davon berichtet, wird die Verehrung deutlich, die bei ihm, im Gegensatz zu vielen seiner Zeitgenossen, nie verging. Als Fünfjähriger hatte er den aus Ostpreußen heimkehrenden König in Dolgelin, einem Nachbarort Friedersdorfs, sehen können: einen alten, mürrischen Mann mit lädiertem Hut und fleckiger Weste, der das Kind aber nicht geängstigt, sondern mit einer Ehrfurcht erfüllt hatte, die bei der nächsten Begegnung, die in Berlin stattfand, noch deutlicher wird. Da reitet der König auf seinem Schimmel, von einer Truppenbesichtigung auf dem Tempelhofer Feld kommend, vom Halleschen Tor durch die Wilhelmstraße und zieht vor den Berlinern, die in den Fenstern liegen und die Straße säumen, immerfort den Hut. Vor dem Palais seiner Schwester Amalie, die er bei dieser Gelegenheit immer besuchte, staut sich die Menge. Aber kein Polizist ist nötig, um den Weg frei zu machen. Ohne Aufforderung treten alle ehrfürchtig beiseite, wenn die alte und lahme Prinzessin zwischen zwei Hofdamen dem Bruder entgegengehen will. Er aber eilt, um ihr zuvorzukommen, reicht ihr den Arm und führt sie ins Haus. »Die Flügeltüren gingen zu«, erzählt Marwitz weiter, »alles war verschwunden, und noch stand die Menge entblößten Hauptes, schweigend, alle Augen auf den Fleck gerichtet, wo er verschwunden war. Es dauerte eine Weile, bis ein jeder sich sammelte und ruhig seines Weges ging. Und doch war eigentlich nichts geschehen! Keine Pracht, kein Feuerwerk, keine Kanonenschüsse, keine Trommeln und Pfeifen, keine Musik, kein besonderes Ereignis. Nein, nur ein alter, dreiundsiebzigjähriger Mann, schlecht gekleidet, staubbedeckt, kehrte von seinem mühsamen Tagewerk zurück. Aber jedermann wußte, daß dieser Alte auch für ihn arbeite, daß er sein ganzes Leben an diese Arbeit gesetzt und sie seit fünfundvierzig Jahren noch nicht einen einzigen Tag versäumt hatte. Jedermann sah auch die Früchte dieser Arbeit, und wenn man auf ihn blickte, so regten sich Ehrfurcht, Bewunderung, Stolz, Vertrauen, kurz, alle edleren Gefühle, deren ein Mensch fähig ist.«

Mag diese Schilderung des verehrten Königs auch aus dem Glanz vergoldender Kindheitserinnerung leben, so charakterisiert sie doch trefflich den Schreiber selbst. Die Pflicht, wie er sie verstand, war es, die sein Leben bestimmte, die Pflicht, dem König, dem Vaterland, der Familie zu dienen und dabei die tradierten Rechte zu wahren, was auch bedeutete, dem Zeitgeist, der auf Veränderung drängte, zu widerstehen. Im Gegensatz zu manchen seiner Regimentskameraden, die das Klischeebild des ausschweifend lebenden und schuldenmachenden Kavallerieoffiziers dieser Jahre prägten, blieb er sich immer seiner Verantwortung als Offizier und Gutsherr bewußt.

Ein Monument der Tyrannei

Aus Heinrich von Kleists jungen Jahren sind an Selbstzeugnissen nur drei Briefe erhalten, an denen sich aber der Ablauf seines Soldatenlebens erkennen läßt. Im ersten Brief wird 1793 von der Reise des fünfzehnjährigen Gefreitenkorporals zum Kriegsschauplatz am Rhein berichtet, im zweiten erwähnt der Fähnrich 1795 das Ende der Kämpfe und die Heimführung der Truppen, und im dritten und längsten erläutert der Leutnant 1799 seinen Entschluß, den Abschied zu nehmen, weil er sich zum Studium berufen fühlt.

Der erste Brief, von kindlicher Prahlerei nicht frei, aber mit erstaunlichem Sinn für landschaftliche Schönheiten, ist in einem gewandten Deutsch geschrieben, das aber einige Fehler aufweist, die der märkischen Umgangssprache geschuldet sind. Er ist an eine Tante von Massow gerichtet, die Heinrich und seinen Geschwistern die Mutter ersetzte, die kurz vorher, nur wenige Jahre nach dem Vater, gestorben war. Es ist der Brief eines aufgeweckten, gut erzogenen Knaben, der der »Gnädigsten Tante« von seinen Erlebnissen berichtet und manchmal auch nachplappert, was er von den Kameraden hört. Da werden von ihm die Franzosen als »Räubergesindel«, das »jetzt allerwärts geklopft« wird, bezeichnet, das baldige Bombardement des belagerten Mainz wird erwartet, und mit unterdrücktem Stolz heißt es: »So ganz ohne Nutzen wird die Garde hier wohl nicht sein.«

Denn die Garde, die sich in König Friedrichs Kriegen in fast allen berühmten Schlachten bewährt hatte, war die Truppe, in die er im Sommer 1792 als vierzehnjähriger Gefreiterkorporal eingetreten war. Es war das Potsdamer Infanterieregiment Nr. 15, eine Elitetruppe, dessen Chefs die Könige oder Kronprinzen waren und das im Unterschied zu anderen Truppenteilen kein Rekrutierungskanton hatte,

Als Poesie gut

sondern seinen Nachwuchs aus allen Infanterie- und Kavallerieregimentern bezog. Jährlich gaben diese zwei ihrer schönsten und größten Rekruten an das Regiment Garde ab.

Heinrich von Kleist. Miniaturbildnis von Peter Friedel, gemalt im April 1801

Der zweite erhaltene Brief, an die Schwester Ulrike gerichtet, wurde im Februar 1795, also wenige Wochen vor dem Frieden von Basel geschrieben. Der nun schon achtzehnjährige Fähnrich gibt in ihm der Hoffnung nach dem baldigen Ende des in Preußen unpopulären Krieges Ausdruck, und der Wortlaut seines Wunsches: »Gebe uns der Himmel nur Frieden, um die Zeit, die wir hier so unmoralisch töten, mit menschenfreundlicheren Taten bezahlen zu können!« zeigt schon den Einfluß der Aufklärung, die in den nächsten Jahren Kleists Haltung bestimmen sollte und im dritten der Jugendbriefe besonders deutlich wird.

Ein Monument der Tyrannei

Dieser, also der dritte Brief vom März 1799, lang wie eine theoretische Abhandlung und in Teilen auch mit einer solchen, die er unter dem Titel »Aufsatz, den sichern Weg des Glücks zu finden« verfaßt hatte, identisch, ist an den Hauslehrer seiner Kindheit in Frankfurt/ Oder, Christian Ernst Martini, gerichtet und begründet auf moraltheoretischen Umwegen, die Glück als Ergebnis von Tugend erklären wollen, seinen Entschluß, den Abschied zu nehmen und sich den Wissenschaften zu widmen. Dem »Soldatenstand« sei er nie »von Herzen zugetan gewesen«, nun habe er ihn zu hassen gelernt.»Die größten Wunder militärischer Disziplin, die der Gegenstand des Erstaunens aller Kenner waren, wurden der Gegenstand meiner herzlichsten Verachtung; die Offiziere hielt ich für so viele Exerziermeister, die Soldaten für so viele Sklaven, und wenn das ganze Regiment seine Künste machte, schien es mir ein lebendiges Monument der Tyrannei. Dazu kam noch, daß ich den üblen Eindruck, den meine Lage auf meinen Charakter machte, lebhaft zu fühlen anfing. Ich war oft gezwungen zu strafen, wo ich gern verziehen hätte, oder verzieh, wo ich hätte strafen sollen; und in beiden Fällen hielt ich mich selbst für strafbar. In solchen Augenblicken mußte natürlich der Wunsch in mir entstehen, einen Stand zu verlassen, in welchem ich von zwei durchaus entgegengesetzten Prinzipien unaufhörlich gemartert wurde, immer zweifelhaft war, ob ich als Mensch oder als Offizier handeln mußte; denn die Pflichten beider zu vereinen, halte ich bei dem jetzigen Zustande der Armeen für unmöglich.« Sein Weg zu den Wissenschaften, heißt es dann weiter, sei für ihn schon vorgezeichnet, da er in den knapp vier Potsdamer Garnisonsjahren schon »mehr Student als Soldat« gewesen sei.

Kleist und einige seiner Freunde nämlich waren der organisierten Offiziersweiterbildung, die in dieser Zeit von Einsichtigen als notwendig erkannt wurde, zuvorgekommen und hatten die freie Zeit, die sie außerhalb der Exerzierwochen reichlich hatten, zur eignen Bildung genutzt. Als Lehrer, der ihre Selbststudien der Philosophie, der Mathematik, des Griechischen und Lateinischen anleiten und kontrollieren sollte, wählten sie sich Heinrich Bauer, den jungen Konrek-

Als Poesie gut

Die Große Stadtschule in Potsdam

tor der 1739 erbauten, heute noch vorhandenen Großen Stadtschule in der Nauener Straße (der heutigen Friedrich-Ebert-Straße), in der Bauer auch seine Dienstwohnung hatte. Er war von Friedrich Wilhelm III. beauftragt worden, wissenschaftliche Vorträge für Offiziere zu halten, und dabei hatten ihn wohl die wissensdurstigen Leutnants der Garde, die in der Gegend um die Nauener Straße und das Holländische Viertel ihre Privatquartiere hatten, kennengelernt.

Von den Freuden und Qualen, die ihm besonders die mathematischen Studien bereiteten, berichtet Kleist ausführlich in seinem lan-

Ein Monument der Tyrannei

gen Brief an Martini, er erzählt aber auch von seinen Verwandten in Frankfurt, die mit Entsetzen auf seinen Schritt in eine unsichere Existenz reagierten, und er verrät dem ehemaligen Lehrer auch seine Zukunftspläne, die nichts davon ahnen lassen, daß er in den ihm noch verbleibenden elf Lebensjahren eines der bedeutendsten Dichtwerke deutscher Sprache hervorbringen wird. »Meine Absicht ist«, schreibt er, »das Studium der reinen Mathematik und reinen Logik selbst zu beendigen und mich in der lateinischen Sprache zu befestigen, und diesem Zwecke bestimme ich einen jahrelangen [gemeint ist wohl: einjährigen] Aufenthalt in Frankfurt. Alles was ich dort hören möchte, ist ein Kollegium über literarische Enzyklopädie [etwa: Lehre wissenschaftlicher Methoden]. Sobald dieser Grund gelegt ist – und um ihn zu legen, muß ich die benannten Wissenschaften durchaus selbst studieren –, wünsche ich nach Göttingen zu gehen, um mich dort der höheren Theologie, der Mathematik, Philosophie und Physik zu widmen, zu welcher letzteren ich einen mir selbst unerklärlichen Hang habe, obwohl in meiner früheren Jugend die Kultur des Sinnes für die Natur und ihre Erscheinungen durchaus vernachlässigt geblieben ist.« Von Dichtung aber oder auch nur von Interesse an ihr steht in diesem schier endlosen Brief kein Wort.

Es ist der Brief eines strebsamen, ganz von den Lehren der vernunftgläubigen Aufklärung erfüllten Schülers, der sich alles, auch das Glück, vom Wissenserwerb verspricht, sich selbst aber noch nicht kennt. Folglich vergißt er in seiner Bildungsbilanz zu erwähnen, daß wichtiger als Mathematik und Latein die Menschen für ihn waren, die er in den Potsdamer Jahren kennengelernt hatte. Da waren die Freunde, wie ein Rühle von Lilienstern und ein von Pfuel aus Jahnsfelde, von denen ihn einige noch eine Strecke seines schwierigen Weges begleiten sollten, ein Fräulein Louise von Linckersdorf, in das er sich anscheinend erfolglos verliebt hatte, und vor allem eine sechzehn Jahre ältere Offiziersgattin, die zu seiner Vertrauten, später vielleicht auch Geliebten wurde und wohl als einzige der ihm nahestehenden Menschen bis zum letzten Tag seines kurzen Lebens zu ihm hielt. Ihn ganz zu verstehen, war ihr wohl genauso wenig wie

Als Poesie gut

jedem anderen gegeben, aber sie ließ sich den Glauben an sein Genie auch durch alle seine Mißerfolge nicht rauben und war in allen Wirrnissen seines Lebens zur Hilfe für ihn bereit.

Marie von Kleist, geb. von Gualtieri, hieß diese treueste seiner Freundinnen, und ihre Lebensspuren sind für uns ähnlich blaß und lückenhaft wie die seinen, was ihren Absichten wohl entsprach. Der Ehrgeiz, als Geliebte eines Genies in der Nachwelt weiterzuleben, der ihrer Ansicht nach Kleists Todesgefährtin Henriette Vogel bewegte, war ihr fremd. Alle Briefe Kleists, die sie immer sorgsam aufbewahrt hatte, ließ sie nach ihrem Tode, 1831, ungelesen verbrennen, weil sie doch nur für sie bestimmt waren, nicht aber für die Welt. So sind nur 14 Briefe an sie und diese fast sämtlich nur in unzuverlässigen und wahrscheinlich lückenhaften Abschriften auf uns gekommen, so daß der von ihr gewollte Eindruck entstehen konnte, es habe sich bei diesem Verhältnis um das einer mütterlichen Verwandten zu ihrem jungen Schützling gehandelt, wobei aber schon der Begriff der Verwandtschaft fragwürdig ist. Zwar hat Marie von Kleist den Jüngeren immer, besonders auch dem König gegenüber, als ihren Vetter oder Cousin bezeichnet, aber das war auch im Sinne einer sehr entfernten Verwandtschaft nicht richtig, denn der Ast der weitverzweigten Kleist-Familie, dem ihr Gatte entstammte, hatte sich von dem der Dichter-Vorfahren schon Jahrhunderte vorher getrennt. Auch spricht eine Aufzeichnung über den Tod Heinrichs, die Marie im Alter verfaßte, dagegen, daß nur mütterliche Gefühle sie damals bewegten. Ohne die Kinder, bekennt da die Frau, deren Ehe kurz nach dem Tod Heinrichs geschieden wurde, hätte sie den Verlust des »einzigen Freundes, der mich durch und durch kannte«, nicht überleben können. »Ich lebte still und eingezogen in meinem Zimmer. Das Lesen und Wiederlesen der letzten Briefe, geschrieben in den letzten Augenblicken seines Daseins, war eine Art Trost durch den heftigen Schmerz, den sie in mir verursachten. Ich hoffte, kein Sterblicher könnte den überleben, und so nährte ich mich von diesen Briefen. ... Hätte er diese Frau [Henriette Vogel] geliebt, so war es nichts. Daß er aber mit derselben glühenden Leidenschaft für mich zu den Füßen einer andern sich erschoß, davon hat die Menschheit noch kein Beispiel. Daß seine letzten Worte, seine letzten Gedanken nur mir waren, mit derselben Glut wie in der ersten Zeit seiner Liebe, das geht über allen menschlichen Begriff, diese Glut, die er nur fühlen und ausdrücken konnte. Was ist alle Liebe der Sterblichen hier auf Erden, was sind alle Romane, alle Gedichte im Vergleich mit seiner Liebe und seinen Briefen. Solch ein Feuer konnte nur in seiner Seele, in seinem Herzen, in seinem Busen lodern. Aber eben daher mußte ich sie verbrennen. Solche Briefe können nur für einen Gegenstand geschrieben sein, die sind das Heiligste im Menschen. So spricht er sich nicht zweimal im Leben aus, und so kann sich auch keiner wieder aussprechen, weil keiner so empfinden, so fühlen kann, wie dieser unbegreifliche Sterbliche!! Eine Poesie wie die in seinem Brief hat noch nie existiert, so wie nie eine solche Liebe, geschöpft aus allen Dichtern und Dichtungen der Vorwelt.«

Was Marie von Kleist hier rückblickend als die erste Zeit seiner Liebe bezeichnet, meint wahrscheinlich nicht seine Potsdamer Leutnantsjahre, als sie, die später von ihrem Mann getrennt lebte, noch mit ihm und den Kindern zusammen in der Brandenburger Straße wohnte und oft Gäste hatte, sondern seine letzte Lebenszeit in Berlin. Aber in Potsdam, als er etwa zwanzig und sie sechsunddreißig war, lernte er sie kennen, und durch sie wurde er auch mit anderen wichtigen Leuten, wie mit dem kritischen und schreibfreudigen Obristen von Massenbach, ihrem Schwager, und mit ihrem Bruder, dem Flügeladjutanten Friedrich Wilhelms II. und späteren Diplomaten Peter von Gualtieri bekannt.

Bedeutsam an dieser sehr gebildeten, empfindsamen und frommen Frau aber war vor allem ihre Beziehung zur Königin Luise, die Freundschaft zu nennen sicher nicht übertrieben ist. Kennengelernt hatte Luise, die etwa Kleists Alter hatte, die ältere Freundin schon als Kronprinzessin, da Maries Mann Offizier im Regiment Kronprinz gewesen war. Sie hatte Konzerte im Kleistschen Hause besucht und war Patin eines Sohnes der Freundin geworden. Immer wenn Luise in Potsdam war, verbrachten die beiden einige Stunden allein miteinander. Marie war es wahrscheinlich, die Luise auf Jean Paul aufmerksam machte. Sie wird es wohl arrangiert haben, daß Kleist der Königin an ihrem letzten Geburtstag sein Gedicht auf sie überreichen konnte. Doch diente sie der Königin nicht nur als Ratgeberin in Fragen der Literatur. In ihr hatte Luise einen Menschen gefunden, der ihre Empfindsamkeit teilte. »Wie angenehm ist es, eine Freundin zu haben«, heißt es 1803 in einem Briefe Luises an Marie, »die die Sprache des Herzens begreift, die alle meine Gedanken versteht, selbst die leichtesten Regungen werden aufgenommen und verstanden. Kurzum, ich bin überzeugt, daß Sie mir eine Seelenverwandte [ma sympathique] sind.« Ihr gegenüber fallen in den Briefen der Königin auch offene Worte über ihre Hofdamen, über die Gräfin Moltke, die spätere Frau von der Marwitz, zum Beispiel, die zum Ärger Luises den Verstand angeblich über das Gefühl stellte, während die Königin von sich selbst bekannte: »Möge Gott mich davor bewahren, meinen Geist zu pflegen und mein Herz zu vernachlässigen!«

Durch seine Beziehung zu Marie von Kleist, über die er später an eine jährliche Unterstützung gelangte, die angeblich von der Königin kam, wahrscheinlich aber von ihr selbst gezahlt wurde, hätte der junge Kleist also bei seinem Entschluß, das Militär zu verlassen, auf »Konnexionen bei Hofe« nach seinem Studium durchaus rechnen können, aber glaubt man dem Brief an seinen ehemaligen Lehrer Martini vom März 1799, so hätte er sich der Ausnutzung solcher Beziehungen damals geschämt. Er, der nach den damaligen Gesetzen noch Minderjährige, wollte, gegen den Widerstand der Familie, sein Schicksal selbst bestimmen, nahm also seinen Abschied, der vom König auch bewilligt wurde, allerdings unter Bedingungen, die er mit folgendem Revers bestätigen mußte:

»Nachdem Sr. Königliche Majestät von Preußen mir Endesunterschriebenem den aus freier Entschließung und aus eignem Antriebe um meine Studia zu vollenden alleruntertänigst nachgesuchten Abschied aus Höchstdero Kriegsdiensten in Gnaden bewilliget: so reversiere ich mich hierdurch auf Höchstdero ausdrücklichen Befehl: daß ich weder ohne Dero allerhöchsten Konsens jemals in auswärtige

Ein Monument der Tyrannei

Krieges- oder Zivildienste treten, noch in Höchstdero Staaten wiederum in königl. Kriegsdienste aufgenommen zu werden, anhalten will, dagegen ich mir vorbehalte, nach Absolvierung meiner Studia Sr. Majestät dem Könige und dem Vaterlande im Zivilstande zu dienen. Diesen wohlüberdachten Revers habe ich eigenhändig ge- und unterschrieben. So geschehen Frankfurt a. Oder den 17. April 1799.

Heinrich v. Kleist
vormals Lieut. im Regt. Garde«

Ein Jahr später hatten sich die Zukunftspläne des inzwischen schon Dreiundzwanzigjährigen wieder geändert. In einem der langen Briefe an seine Verlobte, die er nie heiraten sollte, ist zwischen tausend Belehrungen, die die Gefühle der Adressatin sicher haben erkalten lassen, auch zu lesen, daß er sich nun für das »schriftstellerische Fach bilde«. Schon habe er sich »ein kleines Ideenmagazin« angelegt.

Zither und Schwert

Der Baron Friedrich de la Motte Fouqué, der sich und die anderen immer so sehen konnte, wie es zu seinem von Ritterlichkeit bestimmten Welt- und Menschenbild paßte, und der deshalb in der Jugend des von ihm hochgeachteten Dichtergefährten Kleist nur soldatische Tugenden wie »echt preußische Entschlossenheit« und »freudige Todesverachtung«, nicht aber Abscheu vor dem Militärbetrieb zu sehen vermochte, war einer jener seltenen Charaktere, die sich um den Preis partieller Realitätsblindheit die Träume der Jugend nicht nehmen lassen. Dichtend lebte er in einem erträumten Mittelalter, dessen Goldglanz für ihn nicht nur andere Epochen, sondern auch die Gegenwart noch beleuchtete. Auch die Armee, der er zeitweilig angehörte, war für ihn nicht, wie für den gleichaltrigen, ebenfalls aus einem alten Adelsgeschlecht mit Militärtraditionen stammenden Kleist, eine tyrannische Einrichtung, sondern ein Hort von Ehre und Ruhm. Obwohl Fouqué auch den liebenswerten Zug des Geltenlassens anderer Haltungen hatte, war auf seine Rückwärtsgewandtheit zeitlebens Verlaß.

Er war der Enkel des berühmten Generals seines Namens, der mit Friedrich dem Großen marschiert, gesiegt und getafelt hatte, war mit dem Anspruch aufgewachsen, sich dem Ruhm seines Großvaters würdig zu erweisen, und sah deshalb das sogenannte Waffenhandwerk anders an als beispielsweise der von ihm auch geschätzte ganz und gar unmilitärische Handwerkersohn Tieck. In Fouqués erster Autobiographie, die 1828 in Nennhausen geschrieben wurde, betont der Fünfzigjährige, daß er sich als Kind schon Schwerter und Lanzen gewünscht hatte, weshalb eines seiner Lieblingsgedichte auch das »Lied eines deutschen Knaben« gewesen war. Das 1774 entstandene

Zither und Schwert

Gedicht von Friedrich Leopold Graf von Stolberg, das im 19. Jahrhundert noch manche Schullesebücher schmücken sollte, geht in der ersten und dritten Strophe so:

»Mein Arm wird stark und groß mein Mut;
Gib, Vater, mir ein Schwert!
Verachte nicht mein junges Blut;
Ich bin der Väter wert.

Schon früh in meiner Kindheit war
Mein täglich Spiel der Krieg;
Im Bette träumt' ich nur Gefahr
Und Wunden nur und Sieg.«

In den neunziger Jahren, als der Siebzehnjährige, den der Vater für den Zivildienst bestimmt hatte, durch die Frontberichte von den Rheinfeldzügen, die bis in die märkisch-ländliche Abgeschiedenheit des Fouquéschen Anwesens gelangten, in »KampfesUngeduld« entbrannte, entstanden schon einige jener unzähligen Verse, die der ritterliche Sänger, der schon mit sieben Jahren auf dem eignen Pony das Reiten gelernt hatte, mit leichter Hand zu Papier bringen konnte, darunter auch der dem Stolbergschen Vorbild nachgebildete »poetische StoßSeufzer«, in dem der König, Friedrich Wilhelm II., vertraulich mit Wilhelm angeredet wird:

»Ach, unbewehrt ist meine Seite!
Ich ruh' am väterlichen Herd.
O, Wilhelm, gib zu deinem Streite
Auch meiner Jünglingshand ein Schwert.«

Dieser Wunsch ging ihm bald darauf in Erfüllung. Er durfte Soldat werden, und zwar ein berittener. Und da seine Familie, des Großvaters wegen, noch immer auf vertrautem Fuß mit der königlichen lebte, wurde er, zu dessen Taufpaten auch der große Friedrich gehört

Als Poesie gut

General de la Motte Fouqué, des Dichters Großvater.
Stich von Friedrich Boldt

hatte, gleich als Kornett oder Fähnrich aufgenommen, konnte noch die letzten Gefechte des Koalitionskrieges gegen die französische Republik mitmachen, sich einige Jahre in den Garnisonen Bückeburg und Aschersleben langweilen, um 1802 seinen Abschied zu nehmen und in die für ihn schönste und geschichtsträchtigste Gegend der Mark zurückzukehren, in der er seine Kindheit verlebt hatte und auch den weitaus größten Teil seines weiteren Lebens verbringen sollte, ins Havelland.

Geboren war er auf der Dominsel in Brandenburg an der Havel, dem mittelalterlichen Bischofssitz. Nach der Reformation war dieser in ein Domherrenstift verwandelt worden, dem man 1705 eine Internatsschule für Söhne des Adels, die sogenannte Ritterakademie, angeschlossen hatte. Fouqués Großvater, Abkömmling von Hugenotten, die ihre Heimat in der Normandie ihres Glaubens wegen hatten verlassen müssen, war als Propst oberster Domherr gewesen und hatte hier seine letzten Lebensjahre verbracht. Dessen Sohn, also des Dichters Vater, hatte eine Offizierslaufbahn krankheitshalber abbrechen müssen und 1780, drei Jahre nach der Geburt seines Sohnes Friedrich, das flußaufwärts nahe Potsdam gelegene Gut Sacrow gekauft. Hier konnte man in einem prächtigen Herrenhaus wohnen, hatte die Pfaueninsel vor Augen und befand sich in der Nähe der königlichen Familie, die man ab und zu auch mal sah. Doch lebte man, da das Gut nicht viel abwarf, bald über seine Verhältnisse, mußte 1787 verkaufen und sich weiter entfernt von den kostspieligen Residenzen mit Bescheidenerem begnügen. So kam man nach Lentzke, westlich von Fehrbellin. Statt der Havelseen gab es hier nur den Rhin, ein unansehnliches Flüßchen, statt der Nachbarschaft von Parks und Schlössern flache Äcker und Wiesen, und die Wege in die Residenz waren schlecht. In dieser Abgeschiedenheit, die nur Winteraufenthalte in Berlin oder Potsdam unterbrachen, wurde der bereits dichtende Knabe von fähigen Hofmeistern unterrichtet, bis sein Wunsch, Soldat zu werden, 1794 endlich in Erfüllung ging.

Bei den Weimar-Kürassieren, wie man das in Aschersleben stationierte Kürassierregiment Nr. 6 nach seinem damaligen Chef, dem

Als Poesie gut

Friedrich de la Motte Fouqué. Stich nach einer
Zeichnung von Wilhelm Hensel

Herzog Carl-August von Sachsen-Weimar, nannte, machte Fouqué keine große Karriere, er schied schon als Leutnant aus. Vorher aber hatte er leichtfertig eine Ehe geschlossen, von der er sich vier Jahre später durch Scheidung wieder befreien konnte, allerdings unter Verlust seines Gutes Lentzke, da er nicht nur schuldig, sondern auch großzügig war. Als mitteloser Leutnant a. D. und angehender Dichter schloß er wenig später die zweite Ehe und kehrte in seine havelländische Heimat zurück. Das ansehnliche Schloß, auf dem er sich in den nächsten drei Jahrzehnten ohne finanzielle Nöte oder Ablenkung durch Geschäfte seiner Dichtung widmen konnte, hieß Nennhausen, war östlich von Rathenow gelegen und gehörte seinem neuen Schwiegervater, einem Herrn von Briest.

Fouqués zweite Frau Karoline, geborene von Briest, verwitwete von Rochow, die wohl seinen Abschied vom Militär zur Bedingung für die Heirat gemacht hatte, war eine stattliche, zur Fülle neigende Schönheit, drei Jahre älter als ihr unansehnlicher, schmächtiger Mann. Sie war selbstbewußt und erstaunlich gebildet, in Fouqués eignen Worten eine »wunderschöne Witwe, eine in allen Glorien erhabener Geistesbildung leuchtende Gestalt«. Wie er, war auch sie den Musen ergeben, schrieb Gedichte und später Romane, und in Berlin kannte sie sich sowohl in den Hofkreisen als auch in den Zirkeln der Intellektuellen aus. Als der Leutnant Fouqué, der der gelehrigste und dankbarste Schüler der Romantischen Schule werden sollte, zum erstenmal bei seinem künftigen Lehrer August Wilhelm Schlegel, der die Berliner in diesen Jahren durch Vorträge im Akademiegebäude mit romantischem Denken vertraut machte, vorstellig wurde, um ihm eine dramatische Szene über den »Gehörnten Siegfried in der Schmiede« vorzulesen, war auch Karoline, noch als Frau von Rochow, anwesend – wie auch die Freunde des Dichters später immer mit ihr rechnen mußten, wenn sie ihn in Berlin trafen oder ihn in Nennhausen besuchten. Nicht allen von ihnen war die weltgewandte Baronin mit Dichterehrgeiz so sympathisch wie ihr kindlich-naiver, jederzeit hilfsbereiter Gatte, der wohl nicht nur in finanzieller Hinsicht von ihr abhängig war. Ihr und ihrem Vater aber ist es neben Fouqué auch zu verdanken, daß Nennhausen in den kommenden Jahren zu einem kulturellen Treffpunkt werden konnte, der ähnlich bedeutend wie der Finckensteinsche in Madlitz und Ziebingen war.

In August Wilhelm Schlegels Brief vom September 1802, in dem er Tieck den ersten Besuch Fouqués meldet, nennt er diesen einen

»Zögling Hülsens« und erklärt damit auch das Interesse, das er an dem dichtenden Kavallerieleutnant nimmt. Denn August Ludwig Hülsen, der von 1789 bis 1794 als Hauslehrer in Lentzke den Knaben Fouqué unterrichtet hatte, wurde von den Brüdern Schlegel sehr geschätzt. Zwei Beiträge hatte Hülsen für das »Athenaeum« geliefert, von denen einer den Titel »Über die natürliche Gleichheit der Menschen« führte und republikanisches Denken erkennen ließ. Dieses sollte ihn später von den konservativer werdenden Schlegels entfremden, zuvor aber hatte es schon ein Zerwürfnis zwischen ihm und seinem Schüler erzeugt.

Denn Hülsen, der von seinem Schüler geliebt wurde, weil er als Anhänger einer sokratischen Lehrmethode des Schülers selbständiges Denken und damit auch dessen poetische Versuche gefördert hatte, war Sympathisant der Französischen Revolution gewesen und hatte dementsprechend pädagogisch zu wirken versucht. Durch Begeisterung für die alten Griechen hatte er demokratische Grundsätze in die Seele des jungen Barons pflanzen wollen, war damit aber gescheitert, weil das von der Familie vermittelte standesbewußte Denken sich als stärker erwies. In seiner »Lebensgeschichte« erzählt der alte Fouqué ausführlich, wie die unterschiedliche Einstellung zu den Vorgängen in Frankreich das vorher vertraute Verhältnis zwischen Lehrer und Schüler vergiftete und schließlich den Bruch herbeiführte, als der Schüler sich zum Militärdienst entschloß. Für Fouqué spricht es, daß er diese Vorgänge in seiner Rückschau nicht selbstgerecht, sondern selbstkritisch darstellte. Zwar hatten sich seine jugendlichen Grundsätze im Alter nicht viel verändert, sich eher verfestigt, aber er hatte nachträglich für seinen Lehrer, mit dem er sich dann auch bald wieder versöhnte, Verständnis und bezichtigte sich selbst jugendlicher Arroganz.

Hülsens Vermittlung war es zu danken, daß der Leutnant, der keiner mehr sein wollte, mit Frau von Rochow zusammen 1802 August Wilhelm Schlegel in Bernhardis Wohnung an der Jungfernbrücke aufsuchte und sich damit der Romantischen Schule verschrieb. Zwischen Schlegel und dem angehenden Dichter begann nun ein Lehrer-

Schüler-Verhältnis, dem sich Fouqué so willig fügte, daß es, wie er später sagte, »dem Meister und seinen Freunden wie Schwäche und Willenlosigkeit vorkommen mochte«. Seine poetischen Arbeiten dieser Zeit glichen »SchulExerzitien«. Spanisch und Italienisch mußte der Schüler lernen, um die Dante, Petrarca, Cervantes und Calderon, die die Romantiker zu Urvätern ihrer Bewegung gemacht hatten, im Original lesen zu können. Versformen wie Sonett, Oktave, Terzine mußten geübt werden, Griechisch und Latein wurden verbessert, und auch auf die alten nordischen Literaturen, die Fouqué später dichterisch ausbeuten sollte, wies der Meister ihn hin. Es war eine harte, aber nützliche Schule, die der Dichterlehrling durchlaufen mußte, und so wie bei Tiecks Schwester Sophie, der Frau Bernhardis, der Schlegel auch als literarischer Ratgeber diente und ihren schwachen Dichtungen den Weg zur Publizierung ebnete, verhalf er auch Fouqué zu seinem ersten Triumph. Er trat nämlich bei der Veröffentlichung des Erstlingswerks »Dramatische Spiele«, für die Fouqué noch das von Schlegel erdachte Pseudonym Pellegrin benutzte, mit seinem bekannten Namen als Herausgeber des Anfängers auf.

Als Schlegel im Sommer 1804 von der Madame de Staël aus Berlin entführt wurde und sich so von seinem Schüler trennte, hatte dieser unter den jungen Poeten, die sich anschickten, die romantische Bewegung weiterzuführen, schon einen Namen, und er fand in ihnen Gefährten, von denen zwar keiner so schnellen Erfolg wie er hatte, deren Namen aber der Nachwelt bekannter als seiner blieben, nämlich Varnhagen und Chamisso, und später den mit ihm gleichaltrigen Kleist..

Edelmütig, waffenklirrend und holden Frauen ergeben blieb Fouqués Dichtung immer, so wie es ihm sein Meister Schlegel in einem Sonett zu seiner Hochzeit vorhergesagt hatte, in dem es hieß:

»Wohl tat'st Du, Freund, entfremdet äußerm Glanze,
Vom Staat verlieh'ne Waffen abzulegen.
Doch angeerbt bleibt treu Dir Sporn und Degen.
Du schwingst im Lied nun alter Ritter Lanze.«

Sokrates im Havelland

Die Entscheidung des siebzehnjährigen Fouqué für eine standesgemäße Offizierskarriere hatte seinem Hofmeister Hülsen nicht nur die Wirkungslosigkeit seines pädagogischen Einflusses vor Augen geführt, sie hatte ihn auch die Stellung gekostet, die er noch drei bis vier Jahre hätte behalten können, wenn er, wie man es ursprünglich geplant hatte, seinen Zögling zum Studium nach Halle begleitet hätte. Die Entschädigung, die ihm die Fouqués für den Ausfall zahlten, reichte nicht lange, und da er seinen christlichen Glauben verloren hatte und die »Ilias« mehr als die Bibel schätzte, strebte der ursprünglich zum Theologen Bestimmte ein geistliches Amt nicht an.

Als achtes Kind eines protestantischen Pastors war der 1765 geborene August Ludwig Hülsen im havelländischen Premnitz aufgewachsen und hatte in Halle nominell Theologie, in Wahrheit aber Philologie und Philosophie studiert. Der bekannte Altphilologe Friedrich August Wolf, Homer-Forscher und Begründer der Altertumswissenschaften, war der Lehrer gewesen, der den meisten Einfluß auf ihn ausgeübt hatte. Ihm hatte er die Kenntnis der alten Literaturen und das Wissen um die Vorzüge der sokratischen Lehrmethode genauso zu danken wie die Begeisterung für den Republikanismus antiker Prägung, die ihn nach 1789 zum Verständnis der Revolutionsideen geführt hatte, das an seinen Zögling weiterzugeben ihm nicht gelungen war.

1789 hatte seine Hauslehrertätigkeit bei den Fouqués im einsamen Lentzke begonnen, 1794 war es damit zu Ende, und der stets nach Wissen, Unabhängigkeit und sinnvoller Tätigkeit strebende Hülsen, dessen Leben immer wieder von Schicksalsschlägen heimgesucht werden sollte, fühlte sich, wie er später Schleiermacher bekannte, »aus allen« seinen »Verhältnissen herausgerissen« und ging »in die Welt«. Aus Gründen, die wir nicht kennen, möglicherweise, um seinen Neubeginn zu symbolisieren, gab er sich außerhalb Preußens einen anderen Namen. Er »suchte Menschen«, und meinte damit gleichgesinnte, nämlich solche, die »mit eignem freien Bewußtsein aufzutreten und mit dem Zeitalter zu reden« wagen. Er meinte wohl, solche bevorzugt an Universitäten zu finden, und setzte deshalb, armselig vom Ersparten aus der Hauslehrerzeit lebend, sein Studium fort. Um sich von dem damals bekannten Philosophieprofessor Karl Leonhard Reinhold in die Lehren Kants einführen zu lassen, ließ er sich unter dem Namen Franciscus Jacobus Hegekern, den man als Umschreibung von Hülsen gedeutet hat, an der Universität in Kiel einschreiben, wechselte aber nach einem Jahr schon nach Jena über, wo er sich Franz Hegekern nannte, Schüler und Freund des nur drei Jahre älteren Fichte wurde und einer Vereinigung beitrat, die, weil ihre Mitglieder keiner Studentenverbindung angehörten und das von Konventionen nicht beengte Denken und Reden pflegten, den Namen »Bund der freien Männer« trug. Es waren vorwiegend Fichte-Schüler, die hier in kleinem Kreise einen ethisch begründeten Freundschafts- und Geselligkeitskult pflegten, ganz im Sinne ihres Lehrers, also des frühen, von den Ideen der Französischen Revolution beeinflußten Fichte, der die Befreiung des Denkens von ständischen und christlichen Konventionen gefordert hatte und die Schaffung einer auf Vernunft gegründeten staatlichen Ordnung für erforderlich hielt. Hülsen, der nicht nur seines höheren Alters und größeren Wissens, sondern auch seiner beeindruckenden Persönlichkeit wegen, bald zum Mittelpunkt dieses Kreises von Gleichgesinnten wurde, schloß hier Freundschaften, die auch erhalten blieben, als er, der immer auf Selbständigkeit Bedachte, nach einem Jahr, das er mit anderen »Freien Männern« in der Schweiz verbrachte, wieder eigne Wege ging. Fichtes Angebot, ihn als Hochschullehrer in Jena zu halten, wurde von ihm abschlägig beschieden, weil er in seine Heimat zurückkehren wollte. Mit dem Bund aber ging es 1799 zu Ende, als Fichte in Folge des sogenannten Atheismusstreites aus Jena vertrieben wurde und in Berlin Zuflucht fand.

In Hülsens Jenaer Jahre fiel die Veröffentlichung seines einzigen selbständig erschienenen Buches, in dem er die Preisfrage der Berliner Akademie der Wissenschaften: »Was hat die Metaphysik seit Leibniz und Wolff für Progressen gemacht?« beantwortete, oder vielmehr in Frage stellte und eine eigenständige Ansicht zur Philosophiegeschichte vertrat. Diese 1796 unter Hülsens richtigem Namen erschienene Arbeit, in der, wie auch in seinen anderen Schriften, sperrige Sätze das Verständnis erschweren, fand Fichtes Beifall und hatte zur Folge, daß Hülsen nun auch Beiträger zu Fichtes »Philosophischem Journal« wurde, in dem er 1797 das Thema der »Popularität in der Philosophie« in unpopulärer Weise behandelte, und zwar in Form von »Philosophischen Briefen an Herrn von Briest in Nennhausen«, den späteren Schwiegervater Fouqués. Dem Havelland also war Hülsen noch immer verbunden, und seine Pläne, die auf pädagogische Praxis zielten, zogen ihn, der in Fichtes »Journal« auch »Über den Bildungstrieb« geschrieben hatte, 1798 in die Heimat zurück.

Daß der in Premnitz an der Havel Aufgewachsene, dessen Brüder Pfarrer in der näheren Umgebung wurden, schon vorher Kontakt zum nahen Nennhausen hatte, wird in den »Philosophischen Briefen an Herrn von Briest« deutlich, wo Hülsen in der Einleitung nämlich »jene schönen Abende« in Nennhausen mit philosophischen Gesprächen erwähnt. Diese werden sich nach seiner Rückkehr fortgesetzt haben, und da die Brüder Schlegel auf der Suche nach »Athenaeums«-Mitarbeitern sich brieflich mit Hülsen bekanntgemacht hatten, kam nun schon jene Verbindung zwischen Nennhausen und den Romantikern zustande, die 1803 intensiver wurde, als Fouqué Briests Tochter, Caroline von Rochow, heiratete und auf Schloß Nennhausen oft Besucher empfing.

Auch für Hülsen war 1798 die erste Station nach seiner Heimkehr Nennhausen, wo er Carolines Söhne unterrichtete, aber nur für einige Monate, dann wandte er sich ins Rhinluch, nach Lentzke, wo er sei-

Sokrates im Havelland

Schloß Nennhausen heute

ne Hauslehrerjahre verbracht hatte und sich nun durch Hilfe seines ehemaligen Zöglings, der sich längst mit ihm versöhnt hatte, seinen Traum von einem eignen Erziehungsinstitut verwirklichen konnte. Fouqués Eltern waren nämlich inzwischen gestorben, und der Erbe, der in Aschersleben stationierte Leutnant, stellte ihm die nun leerstehenden Wohngebäude des Guts zur Verfügung, so daß er, nachdem er die Witwe des Lentzker Pfarrers geheiratet hatte, 1799 sein Internat eröffnen konnte, mit zwei Zöglingen, den Rochow-Söhnen, allerdings erst. Aber lange konnte er seine sokratische Lehrmethode, mit der er Selbstdenker bilden wollte, nicht ausprobieren. Denn seine Frau, eine geborene Leopoldine von Posern, eine Verwandte Fouqués, die er schon in seiner Hauslehrerzeit, als sie noch Kind war, kennengelernt hatte, starb, fünfundzwanzig Jahre alt, im Oktober 1800, worauf Hülsen seine Zöglinge nach Hause schickte und verzweifelt sein unruhiges Leben fortsetzte. Der Philosoph Johann Erich von Berger, ein Freund aus den Jahren in Jena, der sich in Seekamp bei Kiel angesiedelt hatte, nahm ihn für einige Zeit auf.

Noch einmal versuchte er es 1802, im Havelland seßhaft zu werden. Vielleicht angezogen von einer jungen Verwandten der Briests, Ulrike von Luck, die als Pflegetochter in Nennhausen wohnte, verdingte er sich dort wieder als Hauslehrer, verlobte sich mit dem Fräulein und hatte die Hoffnung, nach der Heirat die Internatsschule in Lentzke fortführen zu können, doch scheiterte auch dieser Versuch. Die Familie der Erwählten war nicht bereit, in die Ehe mit dem gelehrten Habenichts einzuwilligen, worauf der schon immer seelisch labile Hülsen so depressiv wurde, daß um ihn zu fürchten war. Der Aufenthalt in der havelländischen Heimat war ihm nun verleidet. Er wollte wieder nach Schleswig-Holstein zu seinen Freunden aus den Tagen der »Freien Männer«. Der immer hilfsbereite Leutnant Fouqué eilte aus Aschersleben herbei, um den psychisch Kranken zu begleiten. Auf Umwegen über Stechow, Premnitz und Görzke, wo Hülsens Brüder Pastoren waren, ging es in Etappen weiter. Ein Brief Fouqués an seine spätere Frau Caroline vom 19. August 1802 berichtete über den Zustand des Kranken in den ersten Tagen der Reise: »Es ward uns gestern unmöglich, weiter als bis Rathenau zu kommen. Hülsen hatte einen fieberhaften Frost und eine Mattigkeit, die mir Besorgnis erweckte. Heute ist er körperlich gesund, aber unaussprechlich gebeugt. Wir eilen gleich Verbannten in einem furchtbaren Schweigen fort. ... Er hat zuweilen himmlische Augenblicke, in welchen er sein Schicksal rein und frei anschaut, daß nur eine sanfte Trauer auf seinen Zügen wie ein leiser Schatten liegt.«

Hülsens Freunde im damals noch dänischen Schleswig-Holstein hatten die Idee, sich aus den Zwängen der ständischen Gesellschaft zu lösen, indem sie sich als Bauern ernährten, im Gegensatz zu Heinrich von Kleist, der etwa zur gleichen Zeit in der Schweiz ähnliches versuchte, tatsächlich verwirklicht, und sie nahmen den mit seinen Selbständigkeitsplänen gescheiterten Hülsen gern bei sich auf. Wie aus Briefen an August Wilhelm Schlegel hervorgeht, erwog Hülsen noch einmal, in Preußen irgendein Amt, auf keinen Fall aber eine

Hauslehrerstelle, anzunehmen, doch als Schlegel ihm eines vermitteln wollte, schlug er es wieder aus. Im Dezember 1803 schrieb er an Schlegel, daß er nun, den »Winken« der »himmlischen Mächte« folgend, in »diesem Küstenland« ein neues Leben beginnen werde, nämlich auf dem Bauernhof, den ihm die Freunde, finanziell unterstützt von Caroline von Rochow, in der Landschaft Angeln gekauft hatten. »Künftigen Mai beziehe ich meinen kleinen Landsitz. Ich kann Dir jetzt noch nichts weiter von ihm sagen, als – ich darf wohl mit ihm zufrieden sein. Zwei Knechte habe ich schon, zwei Mägde, eine Haushälterin und 4 Pferde und 14 milchreiche Kühe. Mein Feld liegt dicht um die Wohnung herum, und nahe ist auch ein schönes Buchengehölz, das ich im Geiste schon den Musen geheiligt habe. Jetzt müssen sie mir aber erlauben, daß ich mich auch um einen vernünftigen Plan für die Wirtschaft bekümmre und über die Einteilung nachdenke, ob 7 Schläge besser sind als 8 oder 9.« Zwar sehne er die Zeiten zurück, in denen die Frühlinge ihm »ihre Blüten in heimischen Fluren entfalteten«, aber das neue Leben im Norden würde wohl auch voller Freuden sein.

Auch geistig schloß er nun ab mit dem alten Leben und gab auch seine besondere Stellung, die er sich im Kreis der Romantiker durch zwei vielbeachtete Beiträge im »Athenaeum« errungen hatte, ohne Bedauern auf. Was ihn von Schlegel, Schleiermacher und Tieck trennte, versuchte er brieflich noch einmal auseinanderzusetzen. Das war einmal das Christliche, dessen »innerstes Wesen« sich mit »der Freiheit des Menschen und allem Großen und Wahren, was aus dieser hervorgehen soll, durchaus nicht vertrage«, und zum andern die Rückwärtsgewandtheit des romantischen Denkens, die dem notwendigen Streben nach einer »freien Anordnung der Gesellschaft« entgegenstehe. Was helfe es denn der Gegenwart, den Glanz des Ritterwesens darzustellen. »Behüte uns der Himmel, daß die alten Burgen wieder aufgebaut werden. Sagt mir, lieben Freunde, wie soll ich Euch darin begreifen. Viel lieber möchte man doch wünschen, daß der große Haufe, den wir Volk nennen, uns Gelehrte und Ritter sämtlich auf den Kopf schlüge, weil wir unsere Größe und Vorzüge auf sein Elend allein gründen können. Armenhäuser, Zuchthäuser, Zeughäuser und Waisenhäuser stehen neben den Tempeln, in denen wir die Gottheit verehren wollen. ... Man muß den Menschen erst vergessen, wenn man in Rittern und Herren noch eine Größe finden will.«

Dieser letzte Brief an Schlegel war das Fazit eines kritischen Selbstdenkers, der die Hoffnung auf eine baldige Änderung der Gesellschaft aufgegeben hatte, und zugleich der Abgesang eines Philosophen, der mit dem Wissen um die Sinnlosigkeit öffentlichen Wirkens auch den Ehrgeiz, in der Gelehrtenwelt glänzen zu wollen, aufgegeben hatte. Er wollte nur noch im engen Kreise nützliche Arbeit leisten, dabei zwar nicht aufhören zu philosophieren, aber wie Sokrates auf schriftliche Fixierung seines Denken verzichten. Wie der weise gewordene Candide des Voltaire wollte er, um mit Sicherheit nützlich sein zu können, von nun an nur noch seinen Garten bebauen.

Im Mai 1804 begann der Neununddreißigjährige im Dörfchen Wagersrott sein hartes, ständig von finanziellen Nöten geplagtes Leben als Bauer, immer in Verbindung mit einigen in der Nachbarschaft Angelns siedelnden Freunden. Im Sommer 1806, während Preußen mobilmachte, um bald darauf die schlimmste Niederlage seiner Geschichte zu erleiden, feierte Hülsen wieder Hochzeit, diesmal mit einer Christine von Wibel, die auch etwas Vermögen mit in die Ehe brachte. Als im Sommer 1807 der aus Halle vertriebene Henrik Steffens den philosophierenden Bauern Hülsen und dessen Freunde besuchte, hatte er den Eindruck, daß in der reizvollen und fruchtbaren Landschaft Angelns eine kleine Gelehrtenrepublik entstanden war. Doch dieses Idyll hielt nicht lange. Hülsens Frau starb 1808 an den Folgen der Masern. Ein Jahr später heiratete Hülsen wieder. Die Hochzeitsreise mit seiner dritten Frau, die schon hochschwanger war, führte ihn wieder in seine havelländische Heimat – die zu verlassen ihm nicht mehr beschieden war.

Sein in Stechow als Pfarrer lebender Bruder Christian Gottfried Hülsen beschrieb im Kirchenbuch seine letzten Wochen: »Er hatte eine Reise von 50 und einigen Meilen gemacht, seine Schwiegerel-

Dorfkirche von Stechow heute

tern in Siebeneichen besucht und kam hier am 28. April 1809 an, um seine Brüder und seine Freunde in Nennhausen zu besuchen. Es war sein Plan, so lange unter uns zu bleiben, bis seine Gattin ihre Niederkunft abgehalten haben würde. Diese erfolgte am 29. Juli, und er wurde Vater einer Tochter, getauft am 31. Juli auf die Namen Leopoldine Friederike Wilhelmine. Nach verflossener Wochenzeit wollte er schon Anstalten treffen, seine Rückreise anzutreten. Es war schon der Tag bestimmt, an welchem er von hier abzugehen gedachte. Ein unbedeutender Umstand vereitelte sein Vorhaben. Er ging nach Nennhausen zu seinen Freunden, den von Fouqués und von Briests, kam zurück und empfand einige Schmerzen im Unterleib. Eine bösartige Ruhr überfiel ihn und machte nach 21 sehr beschwerlichen und schmerzhaften Tagen seinem Leben ein Ende. Er starb sonntags, den 24. September gegen 6 Uhr in einem Alter von 44 Jahren ... Er wurde hierauf am 26. September gegen Abend unter Geläute begraben,

Als Poesie gut

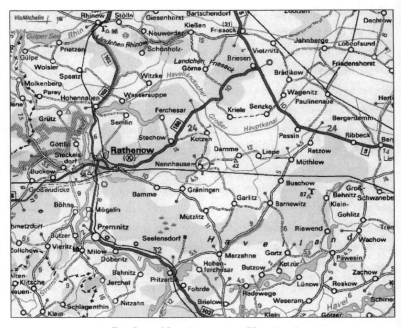

Die Lage Nennhausens im Havelland

nachdem sein Neffe eine kurze Rede an seinem Grabe gehalten hatte. Seine tiefgebeugte Witwe verließ uns am 31. Oktober.«

Die Romantiker, von denen sich Hülsen abgewendet hatte, ohne ihnen die Freundschaft aufzukündigen, erfuhren von seinem Tode durch den konservativsten und tolerantesten von ihnen, durch Fouqué. »Gegen Ende des vorigen Monats«, schrieb er im Oktober 1809 an August Wilhelm Schlegel, »haben wir einen trefflichen Freund verloren, einen treuen Teilhaber an dem ewigen Bunde für alles Gute und Schöne. Hülsen kam zu Anfang des Frühlings von seiner Besitzung in Schleswig in unsere Gegend, durch eine unendliche Sehnsucht nach der Heimat und den frühsten Freunden wieder hierher gezogen und durch den Wunsch, seine junge schöne Frau möge ihm das Kind, womit sie schwanger ging, auf vaterländischem Boden gebären. Mit einer kindlichen Freude umfing er uns alle, die Frau gebar ihm ein gesundes Töchterlein, sein Gefühl dabei war das heiterste und heiligste. Wenige Wochen nachher ergriff ihn die Ruhrkrankheit. Sein durch mannigfachen frühern Gram erschöpfter Körper vermochte nicht zu widerstehn. Schon nach eigentlich behobener Krankheit sank er an einer tötlichen Entkräftung aus dem nun für ihn blütenreichen Leben ins Grab. Die Witwe mit ihrem sehr lieblichen Kinde ist noch bei uns. ... Noch wenige Tage vor der beginnenden Krankheit – die mich als Bewohner eines Familienhauses auf Befehl des Arztes von ihm zurückhielt – hatte ich ein Gespräch mit ihm, darin sein verklärter Geist all seine reinen Himmelsstrahlen aufs herrlichste ausströmte. Es war ordentlich, als würde der abendliche Wald licht um ihn her und als wolle die Verklärung des Weltgebäus, die er prophezeite, nun gleich sichtbar beginnen. Im Tode sah er aus wie ein Christus, der den schmerzhaften Tod mit einem Lächeln besiegt hat. Es fanden's einige Leute abschreckend, daß der Leiche aus der Krankheit her ein langer greisender Bart stehengeblieben war. Mir kam es nicht so vor. Vielmehr schien mir auch das im ernsten Einklange mit der ganzen Erscheinung.«

Ein Bild von Hülsen ist wohl nicht überliefert. Einige seiner Freunde aber, die von der starken Persönlichkeit beeindruckt waren, haben neben seinen Charakterzügen, in denen sich Unbeugsamkeit, Unnahbarkeit und Menschenfreundlichkeit mischten, auch sein auffallendes Äußeres zu beschreiben versucht. Da ist von seiner »eisernen, vierkantigen Gestalt«, die die der anderen Menschen überragte, von »muskulösen Gliedmaßen«, »schlichten, schwarzen Haaren«, die bis auf die Schultern herabfielen, und von einem »gefurchten Antlitz, auf dem ein dichter, schwarzer Bart strotzte«, die Rede, dann aber auch wieder von seinem stets freundlichen Lächeln und seinem »milden« Blick. So wie man sich einen Philosophen des alten Griechenland vorstellt, habe er ausgesehen und auf Schüler und Freunde gewirkt.

Der Singemeister

Die Berliner Kunstepoche zu Beginn des bürgerlichen Zeitalters wurde nicht nur durch die jungen Genies, von denen einige, wie Kleist und Schinkel, aus der Provinz kamen, sondern auch von älteren, in Berlin geborenen und durch die Aufklärung erzogenen Männern geprägt. Sie verkörperten den Typ des Berliners, der Tüchtigkeit mit Kunstsinn verbinden konnte, aber nie schwärmte, sondern vernünftig und nüchtern blieb. Nicht im Niveau ihrer praktischen, geistigen oder künstlerischen Hervorbringungen, wohl aber in ihrem derben und doch zur Sensibilität fähigen Wesen waren der Verleger und Schriftsteller Friedrich Nicolai, geboren 1733 in der Poststraße, der Bildhauer Johann Gottfried Schadow, geboren 1764 in der Lindenstraße, und der Schulmann Karl Friedrich Klöden, geboren 1786 in der Artilleriekaserne, Holzmarktstraße, einander ähnlich, und auch der Komponist und langjährige Leiter der Berliner Singakademie Karl Friedrich Zelter war von dieser zuverlässigen, handwerksmeisterlichen Art.

Als Sohn eines sächsischen Maurers, der es in Berlin zum Bauunternehmer und Ziegeleibesitzer gebracht hatte, war er 1758 in der Münzstraße zur Welt gekommen, hatte, trotz früher Musikleidenschaft und zeitbedingter Italiensehnsucht, eine Maurerlehre durchstehen, die Baumeisterprüfung ablegen und den väterlichen Betrieb übernehmen müssen, war aber dabei der Musik nie untreu geworden, hatte sie vielmehr in Privatstunden erst gelernt und später gelehrt. Sein Nachruhm gründet sich sowohl auf den umfangreichen Briefwechsel, den er von 1799 bis zu seinem Tode mit Goethe führte, als auch auf seine Kompositionen und seine Bemühungen um die Musikpflege in Berlin. In seinen letzten drei Lebensjahrzehnten hat er als

Der Singemeister

Chef der Singakademie, als Professor an der Akademie der Künste, Leiter des Instituts für Kirchenmusik, Initiator der Musikbibliothek und privater Musiklehrer so erfolgreicher Komponisten wie Felix Mendelssohn-Bartholdy, Otto Nicolai und Karl Löwe der Förderung des Berliner Musiklebens, besonders auch der Bach-Pflege, gedient. In

*Die Büste Zelters von
Christian Daniel Rauch, 1825*

seinen letzten Lebensjahren hatte er noch die Freude, das von Schinkel entworfene Gebäude der Singakademie am Festungsgraben, in dem sich heute das Maxim-Gorki-Theater befindet, einweihen und beziehen zu können. Er starb 1832, wenige Wochen nach Goethe, der ihn einer Duzfreundschaft gewürdigt hatte. Sein Grabdenkmal findet man an der Sophienkirche, und seine Singegemeinschaft ist unter dem alten Namen noch heute aktiv.

Als Poesie gut

Gegründet worden war diese erste gemischte Chorvereinigung der Welt, die später anderen Städten als Vorbild diente, von Zelters Kompositionslehrer Karl Friedrich Christian Fasch. Dieser, Sohn eines Zerbster Kapellmeisters, war 1756 als Cembalist an den Hof Friedrichs des Großen berufen worden, wo er neben Carl Philipp Emanuel Bach tätig war. Nach dem Tode des Königs komponierte er vor allem vielstimmige Messen, die er erst nur mit Schülern und Freunden, später auch mit anderen sangesfreudigen Berlinern in seinem Haus einstudierte, bis der Kreis sich so vermehrte, daß man sich in größeren Privathäusern oder in deren Gärten treffen mußte, doch trat man erst 1791, das man zum Gründungsjahr des Chores erklärte, in der Marienkirche zum erstenmal öffentlich auf. Wie aus dem Anwesenheitsbuch, das von diesem Jahre an geführt wurde, ersichtlich, gehörten die singenden Damen und Herren fast alle zur besseren Gesellschaft; besonders zahlreich vertreten waren Familienangehörige der höheren Beamtenschaft. Auch Wackenroder, der Sohn des Justizbürgermeisters, gehörte dazu. Aus den anfangs nur siebenundzwanzig Sängern wurden bis zum Ende des Jahrhunderts etwa hundert. Man brauchte also einen größeren Raum zum Proben und fand ihn 1793 in der Akademie der Künste, die dem Chor dann auch ihren Namen gab. In deren rundem Saal, der nicht beheizt werden konnte, so daß winterliche Proben quälend waren, hatte man im Juni 1796 die Freude, als Gast einer der öffentlich veranstalteten Proben Ludwig van Beethoven begrüßen zu dürfen. Der Chor mit seinen A-capella-Konzerten hatte also in der Musikwelt schon einen guten Ruf.

Zelter, der seit 1791 als Tenorsänger dazugehört hatte, wurde nach Faschs Tod im August 1800 sein Nachfolger, und er leitete den Chor, der jeden Dienstagabend probte, mit strenger Disziplin bis an sein Lebensende und führte ihn zu größtem Erfolg. Bis 1811 war die Chorleitung ein Ehrenamt ohne Bezahlung, das Zelter nur ausüben konnte, weil er seinen Baubetrieb mit etwa sechzig Maurern und zweihundert Ziegeleiarbeitern weiterführte. Der Umbau des noch heute stehenden Nicolai-Hauses in der Brüderstraße 13 war zum Beispiel sein Werk.

Der Singemeister

Ständchen der Familie Zelter für die Mutter zum Geburtstag 1804. Zeichnung von Johann Gottfried Schadow

Wie mühselig es in jungen Jahren für ihn war, sich neben den beruflichen Pflichten auch musikalisch weiterzubilden, hat er in zwei Autobiographiefragmenten geschildert, in denen er sich als unsentimentaler, uneitler und humorvoller Erzähler erweist. Wenn sein Musiklehrer Fasch sich in Sanssouci aufhalten mußte, war der Maurerlehrling gezwungen, nach Feierabend den Weg von der Münzstraße nach Potsdam zu Fuß zu machen und erst in tiefer Nacht heimzukehren, doch beeinträchtigte das weder seinen musikalischen Lerneifer noch seinen Beruf. Er war schon dreißig und hatte nach dem Tode des Vaters den Betrieb übernommen, als er den Auftrag zum Bau eines Hauses gleich nebenan in der Münz- oder Alten Schönhauser-Straße erhielt. Auftraggeberin war eine fünfundzwanzigjährige Kaufmannswitwe, die schon drei Kinder geboren hatte und aus Germendorf bei Oranienburg stammte, wo ihr Vater Förster war. Ihre Einladung zu einem Pfingstbesuch bei den Eltern erfreute Zelter schon bald nach

Als Poesie gut

der Grundsteinlegung, doch verging ihm die Freude, als in dem offenen Pferdewagen, den der Förster geschickt hatte, neben der Witwe und ihren Kindern noch drei andere Personen saßen: eine Cousine, die von sentimentalen Romanen schwärmte, und zwei männliche Gestalten, beide Freunde des verstorbenen Mannes, die Zelter noch lästiger waren als der Regen, der auf der stundenlangen Fahrt von fünf Meilen ununterbrochen fiel. Der ältere der Männer, ein »langer und hagerer Uhrgehäusemacher«, der ausssah wie »ein Bündel senkrecht aufgestellter Latten«, war noch der angenehmere, weil er viel schlief und kaum den Mund aufmachte, während der zweite, ein junger Baukondukteur, ihn verdrießlich stimmte, weil sein »fades Gewäsch« nicht enden wollte und ihm auch, wenn er mal kurzzeitig schwieg, der Mund offenstand. Die beiden, die die wohlhabende Witwe angeblich trösten, in Wahrheit aber heiraten wollten, verdarben ihm auch im Forsthaus die Laune, obwohl die völlig Durchnäßten dort einen geheizten Kamin und eine köstliche Mahlzeit erwartete und der Förster sich als freundlicher Gastgeber erwies. Um den lästigen Freiern aus dem Wege gehen zu können, verbrachte Zelter die sonnigen Feiertage vorwiegend im Freien, und da die Kinder ihm immer nachliefen, tollte er auch mit ihnen und schloß besonders den »dreijährigen Sohn von unendlicher Schönheit und Anmut« ins Herz. Gern redete er auch mit dem Förster, der sich als so vernünftig erwies wie die Tochter, und auch diese benutzte eine Abwesenheit ihrer Bewerber zu einem Gespräch. »Ich kannte eigentlich diese Frau noch gar nicht, weil ich sie zu wenig gesehen hatte. Sie hatte das angenehmste Äußere: ein wirklich schönes, geistreiches Gesicht, eine reine, leichte Sprache, gefällige Haltung und Bewegung der Gliedmaßen und ruhige Weiblichkeit. Von der allgemeinen Bildung der höhern Stände mochte wenig in sie eingedrungen sein; weder hoch, noch gemein, noch scharf, noch matt, schienen alle ihre Fakultäten ein einziges ruhiges Element zu sein. Ich war bald mit ihr in angenehmen Gesprächen begriffen. Sie hörte aufmerksam zu und antwortete so natürlich und sicher, daß ich ihr bald sagen mußte, mit ihr würde ich lieber eine Reise um die Welt machen, als mit den anderen eine Spazierfahrt von fünf Meilen.« Und weil er das ernst meinte, ließ er für die Rückfahrt von einem Boten Pferd und Kutsche aus Berlin holen, veranlaßte den Uhrgehäusemacher, den Baukonducteur und die sentimentale Cousine allein in dem offenen Wagen zu fahren, lud die Witwe mit ihren Kindern in seine Kutsche und konnte nun feststellen, daß die Zeit viel schneller als auf der Hinfahrt verging. Die Witwe war ratlos, und er sollte ihr helfen. Beide Bewerber hatten nämlich zu Pfingsten bei ihrem Vater um sie angehalten, aber der hatte die Entscheidung ihr selbst überlassen, und sie wußte nicht, wen sie nehmen sollte, der eine war ihr zu jung, der andere zu alt. Zelter, der ihr nicht raten konnte, sah in den nächsten Wochen mit Unbehagen, daß die Frau ihre Freier nicht abschütteln konnte, sie vielmehr ständig verköstigen mußte, und da die beiden auch am Hausbau dauernd zu mäkeln hatten, ließ Zelter sich bei der Frau kaum noch sehen. Als das Richtfest gefeiert wurde, gesellte sich zu den zwei Bewerbern ein dritter, ein Bediensteter der Witwe, der auf deren Entscheidungsschwäche eigne Hoffnungen gründete und zu Zelter kam, um ihn zum Fürsprecher zu gewinnen, denn er wußte, daß dieser ihr Vertrauen besaß. Inzwischen aber hatte sich die Witwe um Zelters kranke Mutter gekümmert, und um den lästigen Freiern auszuweichen, manchen Abend bei ihr verbracht. Ihr »sanftes Wesen« wurde von der Mutter als »balsamisch« empfunden, und auch Zelter mußte feststellen, daß die Hand der jungen Frau »alles heilte« und daß jede Hausarbeit, die sie anfing, geräuschlos und ohne Aufhebens davon zu machen, »schon so gut wie fertig« war. Da die Mutter eine solche Schwiegertochter gern um sich haben wollte und der Sohn ähnlich dachte, wurde er bald Stiefvater dreier »angenehmer Kinder«, zu denen in den acht glücklichen Ehejahren sieben weitere eigne kamen, bis die geliebte Frau 1795 im Kindbett starb.

Sechs Monate später hatte er eine neue Mutter für seine zehn Kinder gefunden, diesmal eine der Chordamen, die Tochter eines Geheimen Finanzrates, die als Kammerfrau bei der Prinzessin Friederike, der Schwester der Kronprinzessin Luise, beschäftigt war. Sie hatte eine trefflich geschulte Sopranstimme, für die Zelter in den kom-

Als Poesie gut

menden Jahren viele Lieder komponierte, und da diese in Berlin großen Erfolg hatten, hörte man auch in Jena und Weimar von ihnen, so daß Schiller, der sich aus politischen Gründen mit Reichardt zerstritten hatte, nun den »berühmten Musikus« Zelter um Notenbeilagen für seine »Horen« bat. Unter Zelters Liedkompositionen waren auch Vertonungen Goethescher Texte, und da Goethe auch schon von anderer Seite, so auch von August Wilhelm Schlegel, Rühmliches über Zelters Lieder gehört hatte, begann 1799 zwischen dem einundvierzigjährigen Musiker und dem neun Jahre älteren Dichter ein bis zu Goethes Tod während Briefwechsel, der nach Besuchen Zelters in Weimar immer persönlicher wurde und Goethe nicht nur die häufige Zusendung von Teltower Rübchen bescherte, die seinem Gaumen und seinem Magen so wohltaten, sondern ihn ständig auch über Kunst und Klatsch in der preußischen Hauptstadt auf dem laufenden hielt. Zelter wurde für Goethe bald mehr als der Berater in musikalischen Fragen, er wurde zum Freund, dem er sich mehr und mehr öffnete, zwar nicht in dem Maße wie sein Briefpartner ihm gegenüber, aber für seine Verhältnisse doch erstaunlich rückhaltlos. Die Hinwendung Preußens zum geistigen Weimar zeigt sich nirgendwo direkter als in den vertrauensvollen und doch immer ehrfürchtigen Briefen Zelters. Und der Große in Weimar, der Berlin nicht mochte, aber sein kulturelles Aufblühen doch immer im Blick hatte, nahm die verehrende Freundschaft des so ganz andersgearteten Urberliners mit Freuden an.

Die Dachstube

Die Sitzordnung in der Königlichen Oper Unter den Linden ahmte die hierarchische Ständeordnung des Staates nach. Die besten Plätze, die Mittellogen, waren für den König und seinen Hofstaat bestimmt, die anderen Logen für Diplomaten und die höheren Chargen von Regierung und Militär. Im Parkett saßen die Bürger und die Subalternoffiziere. Die Bauern aber, etwa achtzig Prozent des preußischen Staatsvolks, waren gar nicht vertreten. Hätte einer von ihnen die Oper besuchen wollen, wäre das nicht nur an Zeit- und Geldmangel gescheitert, sondern auch am Fehlen festlicher Kleidung, die obligatorisch war.

Freilich wurden in diesen Jahren die starren Regeln der Theatersitzordnung nicht weniger oft als die der Ständeordnung durchbrochen. Der Pastorensohn Woellner war einer der mächtigsten Männer im Staate Friedrich Wilhelms II. geworden. Minchen Enke, die Mätresse des Königs, konnte zur Gräfin Lichtenau werden und ein Palais bewohnen. Und Rahel Levin, die Jüdin, konnte, weil sie Freunde unter den Diplomaten hatte, in Logen sitzen. Am Hofe durfte sie nicht verkehren, aber Männer des Hofes verkehrten bei ihr.

In der Oper Unter den Linden war es, wo sich an einem Januar- oder Februarabend des Jahres 1796 Rahel Levin und Graf Finckenstein zum erstenmal trafen. Man spielte eine der zwanzig Opern, die der Leiter des Hauses, Vincento Righini aus Bologna, komponiert hatte, vielleicht sein erfolgreichstes Stück »Enea nel Lazio«, das sich Dramma eroticotragico nennt. Sie saßen in benachbarten Logen, Rahel neben Anselm Weber, dem Kapellmeister und Komponisten, Finckenstein unter Amtskollegen, von denen er sich durch sein konzentriertes Zuhören unterschied. Freude an dem Dargebotenen aber

Als Poesie gut

schien er nicht zu haben, weshalb Rahel ihn in der Pause gefragt haben könnte, ob die Aufführung seinen Ansprüchen nicht genügt habe, was tatsächlich der Fall war. Der junge Graf war nämlich der Meinung, daß keine der Singstimmen, die hier zu hören waren, mit denen seiner Schwestern wetteifern konnte. Daß er der Dame in dunkler Kleidung, mit blassem Gesicht, aber dunklen Augen und Haaren, gleich von seiner Familie erzählen konnte, lag an der Anteilnahme, die er bei ihr spürte. Er glaubte, nur von Musik zu reden, die er kannte, liebte und ausübte, sprach aber, unbemerkt von Rahel geleitet, eigentlich nur von sich.

Der blonde Graf, dessen vollständiger Name Karl Graf Finck von Finckenstein lautete, war vierundzwanzig damals, anderthalb Jahre jünger als Rahel, und erst kurze Zeit in Berlin. Er war auf dem Lande aufgewachsen, in Alt Madlitz, dem Gut seiner Familie, von wo es nicht weit war nach Frankfurt an der Oder, an dessen Universität, der sogenannten Viadrina, er studiert hatte, um sich nun in Berliner Ämtern auf die Laufbahn eines Diplomaten vorzubereiten, die ihm von Vater und Großvater schon vorgezeichnet war. Seine Wohnung hatte er in der Wilhelmstraße, von den Linden aus gesehen auf der rechte Seite, in einem prächtigen zweistöckigen Gebäude, das seine breite Auffahrt und das von ionischen Säulen eingefaßte Portal dem Wilhelmplatz zuwandte, und dem sich auf der Rückseite ein Garten anschloß, der bis an den Tiergarten reichte. Es war das Gräflich Finckensteinsche Palais, das Haus seines berühmten Großvaters, des Jugendfreundes und Ministers des großen Friedrich, der sein Amt auch unter Friedrich Wilhelm II. behalten hatte und es auch unter Friedrich Wilhelm III. noch ausüben sollte, bis schließlich im Jahre 1800 der Tod diese fünf Jahrzehnte währende Laufbahn beenden wird.

Zugang zur Berliner Gesellschaft hatte Karl Finckenstein bisher durch die Musik gefunden. Die von Karl Friedrich Fasch fünf Jahre zuvor gegründete Singakademie hatte in ihm ein eifriges Mitglied. Von Kirchenmusik, die dort besonders gepflegt wurde, verstand er etwas, und über eine gute Singstimme verfügte er auch. Daß er dort

Die Dachstube

Rahel Varnhagen von Ense, geb. Levin. Zeichnung von Wilhelm Hensel, 1832

von Rahels Salon schon gehört hatte, ist anzunehmen, und vielleicht hatte ihm auch Wilhelm von Burgsdorff, sein leichtlebiger Vetter, der dort schon lange ständiger Gast war, davon erzählt. Rahels Einladung in der Opernpause hatte ihn gefreut und die Dabeistehenden nicht gewundert. Man wußte, daß sie oft und gern Besucher bei sich empfing. Was als Rahels Freundeskreis, den Salon zu nennen erst später üblich wurde, in die Kulturgeschichte Berlins eingehen sollte, fing in dieser Zeit an sich zu bilden. Jeder ihrer Gäste zog andere nach sich. Denn nicht nur ihretwegen besuchte man sie, sondern auch um andere kennenzulernen, Schriftsteller, Schauspieler, Offiziere, Beamte und Diplomaten. Nur in wenigen, meist jüdischen Häusern ließ sich in Berlin so niveauvoll plaudern. Daß es einfach zuging in ihren kleinen Räumen und an Dienstpersonal nur ein Mädchen da war, das den Tee, mit dem man vorliebnehmen mußte, servierte, hielt keinen vom Kommen ab. Gerade das Unkonventionelle war es, das hier reizte. Man kam, wann man wollte, wurde, falls die oft kränkelnde Rahel gesund war, auch angenommen und fand meist andere schon vor. Da auch Leute, die sich nicht mochten, hier aufeinandertrafen, wurden die Gespräche auch manchmal heftig, nie aber langweilig. Denn Menschen, die von Rahel angezogen wurden, hatten auch etwas zu sagen. So sehr sie sich auch durch Stand, Vermögen, Alter, Bildung und Glauben voneinander unterschieden, hatten sie doch die Originalität gemeinsam. Rahels Vorurteilslosigkeit akzeptierte die verschiedensten Charaktere, Meinungen und Lebensweisen, und ihr waches, mitfühlendes Interesse an anderen öffnete diese für sie. Es fiel leicht, sich ihr mitzuteilen, da sie nicht nur Verständnis für alles hatte, sondern selbst auch die Mitteilung brauchte. Grundlage für ihre Bedeutung war vielleicht ihre Unfähigkeit, allein sein zu können. Leben war ihr nur möglich mit andern. Ihr Geist, der von allen verehrt wurde, entfaltete sich nur im Gespräch, auch im schriftlichen, also im Brief, der bei Entfernung der Freunde den Dialog fortsetzen mußte, oft über Jahre, manchmal Jahrzehnte hin. Jeder Denk- und Gefühlsart, die sich ihr dabei bot, war sie gewachsen, und da sie nicht nur nahm, sondern auch gab, beichtete und Beichten empfing, brachten die Gespräche auch oft Gewinn.

Der Weg zu Rahel, die damals in der Jägerstraße wohnte, führte Finckenstein vom Wilhelmplatz, an den vier damals dort stehenden

Karl Graf von Finckenstein.
Bleistiftzeichnung vermutlich von
Johann Heinrich Schröder, etwa 1796

Als Poesie gut

friderizianischen Generälen aus Marmor vorbei, durch die Mohrenstraße zum Gendarmenmarkt, von dem aus es nur noch wenige Schritte bis zum Hause der Levins war. Rahel wohnte im oberen Stockwerk, über ihrer Familie, wo sie auch ihre Besucher empfing. Finckenstein lernte bald alle kennen, die zu Rahel gehörten: ihre seit sieben Jahren verwitwete Mutter, Markus, den Bruder, der Herr im Haus war, weil er das väterliche Geschäft übernommen hatte, Bruder Ludwig, der unter dem Namen Ludwig Robert ein nicht sonderlich erfolgreicher Dichter wurde, Schwester Rose, erst fünfzehnjährig, die bald nach Amsterdam heiratete, Moritz, den jüngsten der Brüder, und das Line genannte alte, dicke Dienstmädchen, das eigentlich Karoline Brack hieß, aus Wusterhausen an der Dosse stammte, schon Rahels Vater gedient hatte und insgesamt fünfzig Jahre im Hause Levin blieb. Dazu kamen die Freundinnen Rahels aus Kindertagen, Jüdinnen, die meist aus bekannten Berliner Familien stammten, und dann die Salonbesucher, von denen einige, wie Wilhelm von Humboldt und Ludwig Tieck, sich nur selten sehen ließen, andere aber so etwas wie Stammgäste waren, bis sie das Schicksal aus Berlin vertrieb. Da war der Architekt Hans-Christian Genelli, mit dem Finckenstein später noch sehr vertraut werden sollte, der schwedische Diplomat von Brinckmann, der Verse in deutscher Sprache verfaßte, der Major von Gualtieri, Flügeladjutant Friedrich Wilhelms II., Friederike Unzelmann, eine bedeutende Schauspielerin, und dann auch Wilhelm von Burgsdorff aus Ziebingen an der Oder, den sein Vetter Finckenstein zeitweilig verdächtigte, sein Nebenbuhler bei Rahel zu sein.

Von einem, der niemals die Dachstube betreten hatte, war so häufig die Rede, daß Finckenstein unruhig wurde, von Goethe nämlich, den Rahel, wie sie nicht müde wurde zu beteuern, verehrte und liebte. Im Vorjahr war sie ihm in Karlsbad begegnet, und das Kompliment, das er ihr nachträglich gemacht hatte, war auf brieflichen Umwegen zu ihr gedrungen. Mehrfach erlebte Finckenstein mit, daß sie es vorlas, und immer fiel es den Zuhörern schwer, Rahels Glück auch zu teilen. Denn Goethe, der Kenner von Frauenschönheit, nannte nur ihre Seele schön. Was er rühmte, war die Stärke ihrer Empfindung und die

Leichtigkeit ihres Ausdrucks, und wenn das Wort liebevoll fiel, hörte jeder Zuhörer mit: aber nicht liebeerregend.

Für Finckenstein aber war Rahel schön. Er war der einzige Mann in der Runde, in dem sich bei Goethes Ausspruch Eifersucht regte. Die anderen machte er betroffen. Denn so zärtlich-herablassend wie der Verehrte in Weimar dachten alle von ihr. Die Sympathie und Bewunderung, die sie für Rahel hatten, war immer mit etwas Mitleid gemischt. Alle wußten die Tiefe ihrer Gedanken und Empfindungen, ihre Ausdruckskraft und Kritikfähigkeit zu schätzen, aber von keinem wurde sie begehrt. Man redete mit ihr über Liebe, aber man liebte sie nicht. Man nannte sie gern die Kleine, aber auch Ralle, was zwar von Rahel abgeleitet war, aber auch an den gleichnamigen schwarzen, unscheinbaren Wasservogel erinnerte. Als später die schöne Pauline Wiesel in Rahels Kreis auftauchte, hieß sie der Schwan.

Rahel selbst sah den Grund für ihren Mangel an Anziehungskraft im Fehlen von Schönheit und Grazie. Aber daneben wirkte vielleicht auch ihr Geist, der von allen als gleichberechtigt oder überlegen anerkannt wurde, hemmend auf Männer, die an die Unterlegenheit der Frauen gewöhnt waren. Möglicherweise kam Rahel auch diesen Männern nicht genug entgegen. Tatsache ist jedenfalls, daß alle, die sie liebten, jünger und unbedeutender waren als sie.

Der erste von ihnen war Finckenstein, der von dieser Problematik nichts ahnte. Er hielt alle Bewunderer Rahels für seine Rivalen und fühlte sich ihnen mit Recht unterlegen. Deshalb traf ihn das Glück, von ihr wiedergeliebt zu werden, unvorbereitet. Im März oder April schon wurde er ihr Geliebter – und geriet dadurch in den Konflikt zwischen Pflicht und Neigung, dem sich zu stellen er zu schwach war. Er überließ die Lösung der Zeit.

Für Rahel, deren Kommunikationszwang viel mit ihrem Abseitsstehen zu tun hatte, war diese Liebe auch ein Versuch der Integration. Den Platz in der Gesellschaft, den Finckenstein schon durch seine Geburt erlangt hatte, mußte sie erst erringen. Während der Graf schon als Kind gelernt hatte, sich als Teil einer Ahnenreihe zu sehen, wußte Rahel von ihrer Herkunft so gut wie nichts, sie spürte nur deren Folgen. Da sie von jüdischer Geschichte nichts wußte, kam ihr das Schicksal, eine Jüdin zu sein, wie individuelles Unglück vor. Sie sah sich als Schlemihl, als Pechvogel also, durch Herkunft und durch Geschlecht doppelt vom Pech verfolgt. Das Jüdischsein bewirkte ihre Absonderung, das Frausein verdammte sie zur Untätigkeit.

Markus Levin, ihr Vater, war Bankier und Juwelenhändler gewesen. Er war im Siebenjährigen Krieg, als König Friedrich sich durch eine Münzverschlechterung die leeren Kassen wieder hatte füllen lassen, mit anderen jüdischen Bankiers zusammen an dem Geschäft beteiligt worden, doch war der Reichtum nach seinem Tode, 1789, schnell zerronnen, so daß die Lebemänner aus den höchsten Schichten, die vorher oft ins Haus gekommen waren, um sich Geld zu leihen und dabei mit dem gescheiten Mädchen Rahel gern geplaudert hatten, nicht mehr kamen und das Leben der Familie ziemlich dürftig war. Rahel gehörte also nicht zu jenen Kaufmannstöchtern, die auf eine adlige Heirat hoffen konnten, da eine reiche Mitgift den Makel ihrer jüdischen Geburt vergessen machte. Sie mußte auf einen warten, der sie liebte. Da sie schon fünfundzwanzig war, als dieser eine endlich kam, brauchte der wohl so schön, so lieb und auch so adlig nicht zu sein, um Gegenliebe in ihr zu entzünden. Liebte sie in ihm doch auch den Mann, der die Möglichkeit hatte, sie aus ihrer Absonderung zu befreien.

Aber dazu war ihr Geliebter nicht in der Lage. Seine Briefe, die erhalten blieben, während die ihren bis auf zufällige Reste verlorengingen, zeugen von einer Liebe, die gefühlsselig ist, aber Entscheidungen scheut. Als habe sie ein fremdgehender Ehemann an seine Geliebte geschrieben, der die Ehefrau und die Kinder verheimlicht werden, wird die Grenze zwischen der Welt der Familie und der der unstandesgemäßen Geliebten so streng beachtet, daß Rahel von den Gewissensqualen ihres Geliebten nur in Andeutungen erfährt. So wie der Ehemann, der außerhalb der Ehe liebt, verübte auch Finckenstein, der außerhalb des Standes liebte, Verrat. Zwar durfte er lieben, aber diese nicht. Als ältester der Söhne und dadurch Erbe der Familientradition mußte ihm die Liebe, die er fühlte, als Unrecht erscheinen, als

Die Dachstube

aufgeklärter Mensch mit Glücksanspruch aber konnte er sein Fühlen nicht verdammen. Er liebte so stark wie ihm das Gewissen schlug, vermochte den Zwiespalt nicht zu lösen und machte ihn dadurch weniger schmerzlich, daß er die beiden Pole so weit wie möglich voneinander trennte. Konfliktbenennung also mied er und klammerte die Familie ganz aus seinem Bund mit Rahel aus. Nicht Graf, nicht Diplomat, nur Liebender war er bei ihr. Der Kreis, in dem er ihr gehörte, war also eng begrenzt. Die Bande, die ihn hielten, nahm er zwar klagend, aber ohne Aufbegehren hin, wich allen Fragen der Geliebten nach der Zukunft aus und überließ Entscheidungen der Zeit.

Rahels Kränklichkeit ohne Namen, psychosomatisch, wie man vermuten kann, trieb sie Jahr für Jahr in die Bäder, erst in das märkische, also nahe und billige Freienwalde, das aber schon aus der Mode gekommen war, dann nach Teplitz, Karlsbad und Pyrmont. Daß die Trinkkuren und Bäder ihre Gesundheit förderten, kann man vermuten, sicher aber ist, daß die Badegesellschaft ihr gut bekam. Denn Berlin war im Sommer für sie wie verödet, da jeder, der es sich leisten konnte, es verließ. Das Bad zu gebrauchen, wie man das nannte, war für die meisten mehr Urlaub als Kur. In Berichten nach Hause war selten von Heilerfolgen die Rede, viel aber von Fürsten und Geistesgrößen, von Festen und Liebeleien. Die Güte des Bades wurde an seinen Gästen gemessen. So auch von Rahel, die im Sommer 1796 nach Teplitz reiste, sozusagen ihrem Salon hinterher.

Weil Finckenstein seine Urlaubswochen für Besuche seiner Familie in Madlitz benutzte, mußte er in Berlin zurückbleiben und seine Liebe in langen, meist traurigen Briefen beweisen, in denen es nie um Entscheidungen, immer aber um seine Gemütsruhe geht. Ohne Rahel kann er diese in Berlin nicht finden, ist also auf Zerstreuungen angewiesen, die nicht nur im Chorsingen und in Opernbesuchen bestehen. Er nimmt Klavierunterricht, schwimmt in der Spree, besucht Hoffeste, verbringt viele Abende bei Rahels Verwandten und Freunden und kann doch nirgendwo Ruhe finden, weil er Rahel immer vermißt. Sein Werben um sie besteht vor allem in der oft wiederholten Versicherung, daß er sie brauche. Er scheint anzunehmen, daß seine Hilfsbedürftigkeit Grund für Rahel ist, ihn wiederzulieben, und daß in dem Bestreben, ihn glücklich zu machen, ihr Glück besteht. Er drängt sie in eine Art Mutterrolle, und sie ist wohl auch gern bereit, diese anzunehmen, vielleicht provoziert sie diese sogar. Wenn er ihr versichert, er werde sich ihr immer als gehorsam erweisen, nährt das in ihr wohl die Hoffnung, den Willensschwachen zur Entscheidung zwingen zu können. Aber auch ihr Versuch, ihm ein bindendes Versprechen abzuringen, indem sie sich ihm verweigert, scheitert, und im Auf und Ab der Gefühle zieht sich diese unentschiedene Beziehung noch über Jahre hin.

In Gegenwart anderer sagten die beiden, da ihr Verhältnis geheim bleiben sollte, nie du zueinander. Da sie aber Rahels Verwandte, Finckensteins Schwestern, Burgsdorff und Brinckmann eingeweiht hatten, wußten bald alle von ihnen, und trotzdem wurde, wenn sie nicht allein waren, das Sie beibehalten, weil das öffentliche Du kompromittierend gewirkt hätte, für Rahel allerdings nur. Denn dem Edelmann wurde das Recht, ein Verhältnis zu haben, von den Standesgenossen durchaus zugebilligt, nur auf Heirat berechnet sein durfte es nicht.

Die für die Liebenden glücklichen Zeiten, die ihnen besonders das Jahr 1797 bescherte, waren für Rahel doch nie von Schmerzen ganz frei. Zwar konnte sich der Geliebte sanft und willig in ihre Art zu lieben fügen, aber aus allen Bereichen seines Lebens, die mit seiner Arbeit, seiner Familie und seinen Standespflichten zusammenhingen, schloß er sie völlig aus. Obwohl er immer wieder betonte, daß ihm nichts wichtiger sei als die Stunden mit ihr in der Jägerstraße oder im Sommerhäuschen des Bruders Markus im Tiergarten, mußte er sie doch immer wieder allein lassen, weil die Pflichten ihn zu Bällen, Empfängen, Audienzen oder Konzerten beim König, der Gräfin Lichtenau oder den Prinzen riefen. Völlig verloren aber war er für sie in den Tagen und Wochen, in denen die verehrten Eltern oder die geliebten Schwestern das Gräflich Finckensteinsche Palais in der Wilhelmstraße bewohnten und er sich mit ihnen in Kreisen der Hochgeborenen bewegte, die der Jüdin verschlossen waren. Die Eifersucht,

Die Dachstube

die sie dann plagte, hatte zur Folge, daß der Geliebte sein Adelsdasein noch mehr vor ihr verschloß.

Die Hoffnung auf Heirat, die Rahel sich wohl lange noch machte, wurde wahrscheinlich von keinem ihrer Freunde geteilt. In einem Brief Burgsdorffs an Brinckmann ist im April 1797 von dem Gerücht einer standesgemäßen Heirat des Grafen die Rede, das später, wie Briefe von ihr beweisen, auch Rahel zu Ohren gekommen war. Finkkenstein wolle, so hieß es, eine der beiden Töchter der engsten Freundin der Königin Luise, das Fräulein Luise von Berg heiraten, und an der Art und Weise, in der die beiden vertrauten Freunde Rahels die Sache behandeln, wird deutlich, daß sie an die eheliche Verbindung des Grafen mit der Jüdin noch nie geglaubt haben, die Adelsheirat dagegen durchaus in Erwägung ziehen.

Drei Jahre etwa waren Rahels erster Liebe, an die sie so große Hoffnungen geknüpft hatte, beschieden. In dem Jahr, in dem sie begonnen hatte, war der General Bonaparte durch seine Siege in Italien berühmt geworden, in dem Jahr, in dem sie endete, konnte der Erste Konsul Bonaparte dem Friedenskongreß in Rastatt, zu dem man aus Preußen auch den jungen Grafen Finckenstein gesandt hatte, seine Bedingungen diktieren, während Rahel aus den wenigen Briefen, die sie aus Rastatt erreichten, das Erkalten der Liebe herauslesen konnte. Aber noch immer glimmte ein Fünkchen Hoffnung in ihr.

Aus dieser Zeit sind einige Briefe von ihr erhalten, die im Gegensatz zu den seinen, die nur schreibgewandte Oberflächlichkeit zeigen, farbig und ausdrucksstark sind. Rahel, die als bedeutende Briefschreiberin in die deutsche Literatur eingehen sollte, war in der Kindheit nur in hebräischer Schrift unterwiesen worden und hatte das Deutsche in der Jugend autodidaktisch gelernt. Einen schönen oder gewandten Stil lernte sie nie zu schreiben, und da ihre Rechtschreibung oft phantastisch anmutet, ihre Zeichensetzung (die wir des besseren Verständnisses wegen in den Zitaten hier verändern) eignen, schwer durchschaubaren Regeln folgte, sind ihre Briefe nicht leicht zu lesen, geben vielmehr oft Rätsel auf. Ihre Eigenart, zwei Gedankengänge in einem Satz unterzubringen, erschwert ab und zu das Verständnis.

Als Poesie gut

Oft muß man sich, manchmal auch ohne Ergebnis, nach dem Sinn einer überraschenden Wendung oder kühnen Metapher fragen. Man stockt bei Wörtern, die bei ihr eine andere als die gewohnte Bedeutung haben. Manchmal gerät ihr Französisches zwischen das Deutsche. Häufiger als in anderen Briefen aus diesen Jahren stößt man auf veraltete Fremdwörter, die ein Nachschlagen erfordern. Und doch ist die Lektüre der Briefe immer gewinnbringend, weil sich in ihnen der individuelle, eigenschöpferische Gebrauch der Sprache mit Tiefe der Erkenntnis verbindet und die Originalität des Denkens und Empfindens in origineller Weise zum Ausdruck kommt.

Verzweiflung ist es vor allem, was die wenigen von ihr erhaltenen Briefe aus den letzten Monaten ihrer Liebe zeigen. Finckenstein, der seine Mission in Rastatt hinter sich hatte und in Berlin seine Berufung nach Wien erwartete, machte die Sommermonate 1799 für Rahel zur Qual. Der schüchterne, heimwehkranke junge Mann vom Lande, der sich drei Jahre zuvor in die lebenserfahrene, ihm intellektuell überlegene Großstädterin Rahel verliebt hatte, war inzwischen ein Mann von Welt geworden, der sie zwar noch dann und wann als Geliebte, nicht mehr aber als Vertraute und Ratgeberin brauchte, und er hatte deshalb für sie kaum noch Zeit. Freunde hatte er nun genug in den eignen Kreisen, und seine adligen Pflichten, die ihn von Rahel fernhielten, hatten sich mit seiner Karriere auch vermehrt. Rahel, die nicht abschätzen konnte, wie zwingend diese Pflichten für ihn waren, war nicht nur eifersüchtig, sondern auch in ihrem Stolz verletzt.

Zwei Briefe aus diesen Tagen, von denen der eine, undatierte, in der »Nacht nach Deinem Weggehen« geschrieben, möglicherweise nicht abgeschickt wurde, machen deutlich, daß sie trotz ihrer Verzweiflung noch immer entschlußlos war. »Du sahst«, heißt es da an einer Stelle, »wie still ich war. Aber das ist einer von den Augenblikken, wo mir das Herz zerdrückt wird, die ich nie vergesse, wo ich mein Los wie in einem Spiegel sehe, und die Du nicht merkst.« Und am 4. September 1799 schrieb sie: »Ich werde nie wieder die erste sein, die sich von Dir trennt, und wenn Himmel und Hölle, die Welt und Du selbst gegen mir über steht. Tätig – werde ich nie mehr sein;

Die Dachstube

leiden will ich alles. Dieser Brief ist das letzte Tätige, was je Deine Augen von mir sehen oder ein Sinn von Dir soll ergründen können. Es ist ein Vorschlag. Es spricht ihn die Vernunft, die Klugheit, die Tugend sogar. Mein Herz, mich selbst vernehme ich nicht dabei: dies schweigt, und ich kann ihm selbst nicht nachspüren, wenn ein höheres Interesse spricht. Ich beschwöre Dich beim Glück von Karolinen [eine von Finckensteins Schwestern] – Höheres kenne ich Dir nicht – sei stark und wahr. – Du hast mir gesagt, Fr. B. [Fräulein Luise von Berg] liebt Dich. Dazu muß sie Hoffnung haben. Sie ist jung, hübsch, liebenswürdig, reich; alles vereinigt sich für sie; ihr Glück wäre das Deinige und das Glück, die Zufriedenheit beider Familien. Ich habe nichts dem entgegenzusetzen, was man nennen könnte; und ich schweige. Fühlst Du, weißt Du in irgend einer Tiefe Deiner Seele den Wunsch, den Vorsatz, den Gedanken, Dich mit ihr vereinigen zu wollen, so kehre ihn heraus; und tue es gleich. Das bleibt Dir für mich zu tun übrig. Dazu fordere ich Dich zum letztenmal auf. In ein, in zwei, in drei Jahren wäre das niedrig und schlecht. Dann – hielt ich mich für eine vom Schicksal Angespiene und stehe nicht mehr für mich selbst, – was Menschen immer können sollten. Dann – bin ich keiner mehr. Untersuche Dich, habe Mut! Stehe nicht mit jedem Fuß auf einem anderen Ufer. Schreite über. Ich kann nicht mehr für Dich handeln. Einmal konnte ich es nur. Noch ist es Zeit. [...] Halte es für keine Drohung. Kenntest Du meine Seele! Den Kelch, den mir mein Gott reicht, ich will ihn leeren; selbst nur nehm ich ihn nicht wieder. Ich habe tief in Deine Seele gesehen, und jedes Wort von Dir senkt sich tief in die meinige, jede leise Zuckung Deines Herzens weiß ich zu deuten. ›Wer hätte dies denken sollen!‹ sagtest Du die Nacht vom 1. September; Du dachtest an den Anfang unserer Bekanntschaft und fühltest Dich geschlossen durch sie: Du bist es nicht. Frei bist Du, wenn Du den Mut hast es zu sein. – Ich habe beim ganzen Brief nicht geweint; keine Träne, kein Wort, keine Nachricht solltst Du von mir hören. Jetzt sprach ich zu Dir wie etwa eine Verwandte von ihren lieben Angehörigen; ich will für mich sorgen. Es sprach Deine Freundin nicht. Ich will Dich ermahnen, mich nicht so unglücklich zu machen, als es Dir möglich ist. Nicht erst in zwei, drei, vier Jahren tue es. Sei stark! Und erschrecke nicht, und verstehe jedes Wort. Mehr habe ich Dir nicht zu sagen. O! Verstehe es! Keinen zweiten Gedanken, keine Alternative weiß ich in meiner Seele aufzubringen. Dies ist das Letzte, und es ist nicht schlecht. Habe Mut. Ich empfehle mich Dir nicht! keinem Gott! Nichts. Kein Gebet ist in meiner Seele. Ein völliger Stillstand.«

Aber den Mut zur Trennung, die Rahel wohl auch mehr Luise von Berg als ihm zutraute, hatte Finckenstein nicht. Er, den man inzwischen nach Wien versetzt hatte, wo er als Gesandtschaftssekretär und später als Gesandter mehr als ein Jahrzehnt bleiben und dort nicht das Fräulein von Berg, sondern eine de Mello e Carvalho, verwitwete de Camurri heiraten sollte, war insofern der alte geblieben, als er mit der Bemerkung, Rahels Brief habe ihm fast das Herz zerrissen, über ihre Verzweiflung hinweggehen und sie nach Wien einladen konnte, als sei nichts geschehen. Seine Weigerung, die Wunden, die er geschlagen hatte, zur Kenntnis zu nehmen, wirkte auf Rahel wie Infamie. Sie, die Stärkere im Lieben und Leiden, konnte nun, da sie vom Zauber seiner Gegenwart befreit war, das Verhältnis, das sie einst geknüpft hatte, auch lösen. Im Oktober 1799 nahm sie einen Brief von ihm, der nicht anders war als die vorigen, zum Anlaß, sich in einen Zorn hineinzusteigern, der ihr einen bitterbösen Abschiedsbrief erlaubte – den sie dann, als ihr Zorn wieder verraucht war, nicht abschickte, sondern liegenließ. Im Dezember schrieb sie an den Architekten Genelli, der inzwischen bei seinem Mäzen, dem alten Finkkenstein in Madlitz lebte, er möchte dem ehemals Geliebten doch mitteilen, daß sie ihm nicht mehr zu schreiben gedenke, versah den Brief dann doch mit der Wiener Adresse – und schickte ihn ebenfalls niemals ab.

Erst das dritte Schreiben, vom Januar 1800, erreichte den Adressaten. »Die Jahre, die Du weg bist, will ich dazu anwenden, unbekannt mit Dir zu werden. Überreden kannst Du mich nicht mehr. Sei etwas, und ich werde Dich erkennen. Du kannst keine Freude an mir finden. Ich imponiere Dir; und darum kann ich auch kein Glück bei Dir fin-

Die Dachstube

den. [...] Erschrecke nicht über diesen Brief; es ist mir eben so, auch wenn ich ihn nicht schreibe; und überdem hast Du ihn selbst komponiert; und bist auch nicht zum Schreck gemacht, weils beim Schreck bleibt. Ich konnte Dir diesen nicht ersparen, das bedenke. Es war der letzte Akkord eines üblen Konzerts.«

Ihren Wunsch, von nun an unbekannt mit ihr zu werden, erfüllte Finckenstein gehorsam, indem er fortan schwieg. Rahel schrieb in ihr Tagebuch, man solle immer »einen gepackten Reisewagen und einen Dolch« zur Hand haben, so daß man, wenn man nicht mehr weiter wisse, gleich abreisen könne, doch brachte sie sich nicht um, sondern fuhr zu Freunden nach Paris und kehrte erst im Sommer des nächsten Jahres zurück. 1810 sah sie Finckenstein wieder, und obwohl sie die Begegnung enttäuschte, wurde sie durch sie sehr bewegt. Sie haßte ihn, vertraute sie ihrem Tagebuch an, und blieb ihm gleichzeitig treu. Könnte er das, was geschehen war, ungeschehen machen, verfiele sie ihm wieder. Verzeihen könne sie ihm nicht, schrieb sie, und begann wenig später mit der indirekten Entschuldigung seines Verhaltens, indem sie ihren Mangel an Schönheit und Grazie beklagte. »Ich bin unansehnlicher als häßlich«, heißt es da.

1811 starb Finckenstein in Madlitz, neununddreißigjährig. Ein Jahr danach hatte Rahel folgenden Traum: Er war der König, sie sollte in einem Steinbruch geopfert werden, er zögerte mit der Entscheidung, aber da das Volk ihren Tod forderte, sagte er schließlich ja. »Ja, sagte er. Man ergriff mich, stürzte mich über den Wall, von Stein fiel ich zu Stein, und als ich nach der letzten Tiefe kommen sollte, erwachte ich – und wußte in tiefster Seele wohl, wie Finckenstein gegen mich war.«

Vertraute Briefe

Zur Leipziger Ostermesse des Jahres 1799 erschienen zwei formal sehr unterschiedliche Romane, die ihre Entstehung demselben Anlaß verdankten, dem skandalösen Verhalten einer dreiunddreißigjährigen Dame aus wohlsituierten Kreisen nämlich, die ihren Mann und ihre zwei Söhne verlassen hatte, um mit ihrem Geliebten zusammenzuleben, der nicht nur mittellos, sondern auch acht Jahre jünger war.

Die Frau hieß Dorothea Veit, ihr Geliebter, der auch Autor des einen der erwähnten Romane war, Friedrich Schlegel, und sein Roman führte den Titel »Lucinde«, während der andere sich umständlich »Vertraute Briefe von Adelheid B. an ihre Freundin Julie S.« nannte und keinen Verfassernamen verriet. Die Maskierung durch erfundene Namen und Orte war beiden Büchern gemeinsam, bei beiden aber auch leicht zu lüften, so daß in den interessierten Kreisen Berlins bald jedermann wußte, daß sowohl Adelheid als auch Lucinde für Dorothea standen, die geschilderten Ereignisse sich in Wahrheit hier in Berlin abgespielt hatten und Friedrich Nicolai der Autor des Briefromans war.

»Ja! Ich würde es für ein Märchen gehalten haben, daß es solche Freude gäbe und solche Liebe, wie ich nun fühle, und eine solche Frau, die mir zugleich die zärtlichste Geliebte und die beste Gesellschaft wäre und auch eine vollkommene Freundin. Denn in der Freundschaft besonders suchte ich alles, was ich begehrte und was ich in keinem weiblichen Wesen zu finden hoffte. In dir habe ich alles gefunden und mehr als ich zu wünschen vermochte: aber du bist auch nicht wie die andern. Was Gewohnheit und Eigensinn weiblich nennen, davon weißt du nichts. Außer den kleinen Eigenheiten besteht die Weiblichkeit deiner Seele bloß darin, daß Leben und Lieben für sie gleich viel bedeutet; du fühlst alles ganz und unendlich, du weißt von keinen Absonderungen, dein Wesen ist eins und unteilbar. Darum bist du so ernst und so freudig, darum nimmst du alles so groß und so nachlässig, und darum liebst du mich auch ganz und überläßt keinen Teil von mir etwa dem Staate, der Nachwelt oder den männlichen Freunden. Es gehört dir alles, und wir sind uns überall die nächsten und verstehn uns am besten. Durch alle Stufen der Menschheit gehst du mit mir, von der ausgelassensten Sinnlichkeit bis zur geistigsten Geistigkeit, und nur in dir sah ich wahren Stolz und wahre weibliche Demut.«

Das ist eine der eindrucksvollsten Stellen aus Friedrich Schlegels »Lucinde«, diesem Roman-Monstrum ohne Handlung, das eine neue Liebes- und Ehemoral stiften sollte, viele Leser aber langweilt oder überfordert, von manchen Literaturwissenschaftlern aber geschätzt wird, weil es den interpretationslüsternen unter ihnen viele Möglichkeiten zu gelehrten Anmerkungen bietet und denen, die den Roman der Moderne für den Glanzpunkt eines Kunstfortschritts halten, als ein Meilenstein auf dem Wege dorthin erscheint. Statt einer fortlaufenden Handlung gibt es hier Briefe, Dialoge, Bekenntnisse und Betrachtungen, wunderbare darunter, wie die über den »höheren Kunstsinn der Wollust« oder die »Dithyrambische Fantasie über die schönste Situation«, aus der der oben zitierte Ausschnitt stammt. Die schönste Situation aber ist jene, »wenn wir die Rollen vertauschen und mit kindischer Lust wetteifern, wer den andern täuschender nachäffen kann«. In dieser Rollenvertauschung, in der der Frau »die schonende Heftigkeit des Mannes« und dem Manne »die anziehende Hingebung des Weibes« zufällt, sieht er die »Allegorie auf die Vollendung des Männlichen und Weiblichen zur vollen ganzen Menschheit« und damit auch den Ansatz zu einer Moral der vollkommenen Liebe, die vollkommen nur sein kann, wenn sie Konventionen durchbricht. Diese aber treten in dem Roman nie in Erscheinung. Jede gesellschaftliche Konkretheit fehlt ihm. Er spielt nur im Innern der Liebenden, die gleichsam aus ihren Wohn- und Schlafzimmern

Als Poesie gut

niemals hinauskommen, ja, nicht einmal aus dem Fenster sehen. Da Berlin und seine Gesellschaft ganz außerhalb der Betrachtung bleiben, bleibt das Ganze ohne feste Kontur.

*Jugendbildnis Friedrich Schlegels
von Caroline Rehberg*

Einen Skandal konnte dieses luftige, chaotische und obendrein auch noch unvollendete Gebilde in Berlin nur erregen, weil das Liebesverhältnis, das es abbildet, als skandalös schon stadtbekannt war. Denn Dorothea, die eigentlich Brendel hieß und ihren christlichen Vornamen erst später wählte, war die älteste Tochter Moses Mendelssohns, des berühmten Philosophen, der für Lessings »Nathan der Weise« das Vorbild gewesen war. Von ihrem Vater hatte sie eine sehr sorgfältige Bildung erhalten, doch war sie von ihm auch, wie es bei Juden Brauch war, mit vierzehn Jahren verlobt und mit neunzehn gegen ihren Willen an den Bankier Simon Veit verheiratet worden, einen, wie sich später herausstellen sollte, noblen Mann, an dessen Seite sie aber von Anfang an unglücklich gewesen war. Ihrer Söhne wegen, die Johannes und Philipp Veit hießen und sich später einen Namen als romantische Maler machten, hatte sie die Ehe dreizehn Jahre lang ertragen, aber als sie im Sommer 1797 den jungen, geistreichen Friedrich Schlegel kennen und lieben lernte, entschloß sie sich zur Trennung, um sich, nach eignen Worten, von der »langen Sklaverei« zu befreien. Sie erreichte auch die amtliche Scheidung, bei der ihr der jüngere Sohn, Philipp, zugesprochen wurde, mietete eine billige Vorstadtwohnung nördlich der Spree in der Ziegelstraße, wo sie eine Kalkbrennerei und eine Kaserne in der Nachbarschaft hatte, und lebte dort mit ihrem jungen Geliebten »äußerst sparsam, aber mit gutem, frohen Mut«.

Daß der Angebetete das frische Liebeserlebnis rücksichtslos, wie Genies es eigner Ansicht nach sein dürfen, literarisch verwertete und unter dem Titel »Lucinde« der Öffentlichkeit ausbreitete, war für Dorothea natürlich ein Schmerz. Sie fand aber Gründe, ihn zu ertragen. »Was die Lucinde betrifft«, schrieb sie an Schleiermacher, werde ihr »oft heiß, dann wieder kalt ums Herz«. Alles Innere, das ihr »so heilig« war, sei »jetzt allen Neugierigen, allen Hassern preisgegeben«, und doch könne sie sich damit trösten, daß alle diese Schmerzen mit dem Ende ihres Lebens vergangen sein werden. »Und alles was vergeht, sollte man nicht so hoch achten, daß man ein Werk drum unterließe, das ewig sein wird.« Unterstützung fand sie in diesem Ewigkeitsglauben beim Theologen Schleiermacher, der sich auch öffentlich für den Freund einsetzte. Wohl mit Anspielung auf den Roman Nicolais gab er seine Verteidigungsschrift unter dem Titel »Vertraute Briefe über Friedrich Schlegels Lucinde« heraus.

Die Brüder Schlegel, Friedrich und August Wilhelm, entstammten einer traditionsreichen sächsischen Familie, aus der seit dem 17. Jahrhundert schon mancher bedeutende Theologe, Jurist, Historiker und Schriftsteller hervorgegangen war. Beide hatten sich schon in jungen Jahren als ideenreiche Literaturwissenschaftler und -kritiker erwiesen, so daß Friedrich, der jüngere, als er, von Jena kommend, wo er sich mit Schiller entzweit hatte, im Juli 1797, um einen Redakteursposten an Reichardts Zeitschrift »Lyzeum der schönen Künste« anzutreten, nach Berlin übersiedelte, kein Unbekannter mehr war.

Friedrich Nicolai. Gemälde von Anton Graff, um 1795

In »Kritischen Fragmenten« und in einer Studie über Lessing hatte sich der Fünfundzwanzigjährige schon als Gegner der Aufklärung ausgewiesen. Als heller Kopf und geistreicher Plauderer hatte er die Freundschaft Schleiermachers und die Liebe Dorotheas gewonnen, war für einige Zeit in der Charité bei Schleiermacher untergekommen und hatte dann, nach Dorotheas Scheidung, bei dieser in ihrer bescheidenen Wohnung in der Ziegelstraße gelebt. Die »Lucinde« war sein erster Roman und sollte sein einziger bleiben. In Dorothea hatte er die Frau gefunden, die später alle seine überraschenden geistigen Wendungen klaglos und treu mitmachte und bis an sein Lebensende bei ihm blieb.

Ihr Vater, den sie damit verletzt hätte, war schon 1786, also lange vor ihrer Trennung von Veit gestorben, aber dessen Mitstreiter Nicolai war noch am Leben, und da dieser sich für die Tochter des Freundes noch immer ein wenig verantwortlich fühlte, war er entsetzt über ihre pflichtvergessene und nur von Gefühlen bestimmte Entscheidung, mit der sie, wie er meinte, die von den Vätern gewiesenen Wege erließ. In der Adelheid seines Romans »Vertraute Briefe« gibt er ihr deshalb ein pädagogisches Beispiel. Statt das in Wirklichkeit schon geschehene Skandalöse noch einmal zu schildern, zeigt er der Gefallenen, wie sich die Tochter eines Aufklärungsphilosophen richtig, nämlich nur der Vernunft gehorchend, verhalten hätte. Also verliebt sich Adelheid im Roman zwar auch in den sehr viel jüngeren Windbeutel Gustav, widersteht aber seiner Werbung und stirbt lieber am Schmerz der Entsagung, als daß sie Leidenschaft über Vernunft siegen ließe.

Wie diese Erziehungsabsichten im Geist des friderizianischen Rationalismus bei den jungen Leuten, für die sie bestimmt waren, ankamen, kann man in einem Brief des Schlegel-Freundes Schleiermacher an Henriette Herz vom April 1799 nachlesen. Seinen Bericht über die Lektüre von Nicolais Roman schließt er mit den Worten: »Da habe ich unaussprechlich gelacht.«

Lesefreuden, die die »Lucinde« in Teilen bietet, kann man an Nicolais lehrhaftem Roman kaum empfinden, es sei denn, man amüsiert sich über sein Ver- und Enthüllungsspiel. Zwar werden Orte und Personen maskiert, die Masken dann aber auch wieder halb gelüftet. Denn völlige Unkenntlichmachung liegt nicht im Plan des Erziehers, weshalb dann die universitätslose Stadt mit ihren vielen Salons und Zirkeln als Berlin kenntlich bleibt. Nicht weniger deutlich werden die geselligen Kreise, die das kulturelle Leben der Stadt bestimmen, in gute und schlechte unterschieden, wobei es sich bei den schlechten selbstverständlich um die der Jungen, später romantisch genannten der Henriette Herz, der Rahel Levin, der Sophie Sander handelt, bei den guten aber um deren aufklärerische Vorläufer in der älteren Generation. Denn damals, zu Zeiten Lessings und Mendelssohns, hatte die Geselligkeitskultur schon begonnen, und sie existierte, vorwiegend um Nicolai geschart, immer noch weiter, zum Beispiel die Mittwochsgesellschaft, die am deutlichsten im Dienste der Aufklärung stand. Sie war bis Ende der neunziger Jahren eine Vereinigung gebildeter Männer, die Einfluß in Staat, Kirche und Wissenschaft hatten und diesen auch nutzen wollten. Wenn sie mittwochs zu Vortrag und Diskussion zusammenkamen, ging es ihnen weniger um eigne Bildung als um reformerisches Wirken, weshalb sie auch mehr als an wissenschaftlichen und künstlerischen Fragen an solchen des Staats, der Finanzen und des Rechts interessiert waren, an der Entstehung des Allgemeinen Preußischen Landrechts zum Beispiel, dessen maßgeblicher Mitschöpfer, Suarez, aktives Mitglied des Kreises war. Um unbeeinflußt reden zu können, blieb man streng unter sich und ließ in der Öffentlichkeit von sich nichts verlauten, bis 1798 alle geheimen Gesellschaften verboten wurden und die staatstreue Runde zwei Jahre später ihre Selbstauflösung beschloß.

Aber auch einen Montag-Klub gab es, einen größeren Kreis, der länger existierte, dem aber auch nur Männer angehörten; deren Zahl war auf fünfundzwanzig beschränkt. Er war schon 1749 gegründet worden, Lessing war in ihm Mitglied gewesen und hatte Nicolai eingeführt. Hier waren fast alle bürgerlichen Berühmtheiten der Stadt vertreten: höhere Beamte, wie Woellner, Geistliche, wie der Oberkonsistorialrat Teller, Gelehrte, wie Sulzer, der Leiter der Singakademie Zelter, die Herausgeber der »Berlinischen Monatsschrift« Gedicke und Biester, die Schriftsteller Engel und Ramler, der Bildhauer Schadow, der Musiker Quantz. Vorträge wurden hier nicht gehalten, denn Zweck der Vereinigung war die Geselligkeit und das freie Gespräch.

Geselligkeiten hatte es auch schon früher bei wohlhabenden Bürgern gegeben, wie zum Beispiel in der Brüderstraße im Hause Nicolai. Obwohl dort natürlich auch Frauen zugegen gewesen waren, hatten sich diese Zusammenkünfte doch wesentlich von den offenen Salons der nächsten Generationen unterschieden. Zu Henriette Herz oder zu Rahel Levin ging man, wenn man Gespräche brauchte, zu Nicolai aber wurde man zu bestimmter Stunde geladen, zu einem Fest, einer Mahlzeit, einem Vortrage oder einem Konzert. Während in den Salons der jüngeren Generation vor allem Geist und Gemüt etwas galten, zählte bei Nicolai mehr bürgerliche Reputation. Es waren Honoratiorenrunden, die sich in den saalartigen Zimmern des Hauses Brüderstraße 13 zusammenfanden, vorwiegend gesetzte Leute aus bildungsbürgerlichen Kreisen, keine Außenseiter oder angehende Genies. Die selbstbewußten jungen Frauen, die eine erotische Atmosphäre erzeugten, fehlten hier ebenso wie die mittellosen Autoren und Künstler oder die adligen Offiziere, die der Schalheit des Garnisonsdienstes entflohen. An Nicolais reichgedeckter Tafel wären sowohl der sich revolutionär gebärdende Friedrich Schlegel als auch der verschuldete Müßiggänger Prinz Louis Ferdinand fehl am Platze gewesen, in Rahels sogenannter Dachstube, wo nur mit Tee bewirtet wurde, gehörten sie hin.

Bedeutung hatte das Haus in der Brüderstraße aber auch als Treffpunkt auswärtiger Gäste. Reisende Gelehrte, die im »König von Portugal«, in der Burgstraße, oder in der »Stadt Rom«, Unter den Linden, abgestiegen waren, versäumten es selten, beim berühmten Nicolai vorzusprechen oder ihre Karten in der dem Verlag angegliederten Buchhandlung abzugeben, wo sie gesammelt und freitags dem Prinzipal vorgelegt wurden, der dann über die Liste der Sonntagsgäste entschied.

Die Wohn- und die Festräume des Nicolaischen Hauses, die man über die heute noch vorhandene schnitzwerkverzierte Eichenholztreppe des Vorderhauses erreichte, lagen über der Buchhandlung im ersten Stock. Im Speisesaal, dessen drei Fenster sich auf die Brüderstraße hin öffnen, empfing der hochgewachsene, hagere Greis seine Besucher und führte sie nach dem Essen in den linken Seitenflügel

Als Poesie gut

Das Nicolai-Haus, Brüderstraße 13. Foto von 1913

hinüber, in den Festsaal mit Stuckdecke, zu Theateraufführungen oder Musik. Mancher durfte dann auch die Bibliotheks- und Arbeitsräume des Quergebäudes besichtigen, wo mehr als 16 000, zum Teil sehr kostbare Bände mit Exlibris von Chodowiecki standen. Kostbar waren auch die Porträts, die hier hingen, einige von Tischbein und Graff.

Nicolai, der es geschafft hatte, durch Buchhandel und Verlag reich zu werden, hatte jahrzehntelang auf kulturellem Gebiet großen Einfluß besessen, doch war die Zeit seiner Machtfülle, die sich nicht auf Berlin und Preußen beschränkt hatte, gegen Ende des Jahrhunderts vorbei. Die Epoche, die später von Schinkel und seiner Schule verächtlich Zopfzeit genannt werden sollte, war die seine gewesen, aber für ihn war sie gekennzeichnet von Aufklärung, Toleranz und

Vertraute Briefe

Vernunft. Wie um das zu bekräftigen, trug er bis zum Ende seines langen Lebens den Zopf wie zu Friedrichs Zeiten, machte also die neue Männermode der kurzen Haartracht, wie sie von seinen Widersachern, den jungen Schlegels, Humboldts und Schleiermachers getragen wurde, nicht mit.

Er war geborener Berliner, Sohn eines Buchhändlers aus der Poststraße, vom Jahrgang 1733, hatte also den Soldatenkönig als Kind noch erlebt. In seiner kurzen Schulzeit auf drei Gymnasien hatte er die Lebensfremdheit der damaligen Bildungsmethoden erfahren, hatte als Buchhändlerlehrling in Frankfurt an der Oder, in einer elenden Kammer hausend, sein Selbststudium begonnen und war damit so erfolgreich gewesen, daß er schon bald nach seiner Rückkehr in das vertraute Berlin in die literarischen Auseinandersetzungen zwischen dem Leipziger Professor Gottsched und dem Schweizer Bodmer eingreifen und damit die Freundschaft Lessings gewinnen konnte. Mit diesem und Moses Mendelssohn gemeinsam hatte er über die Theorie des Trauerspiels korrespondiert, die wichtige kritische Zeitschrift »Briefe, die neueste Literatur betreffend« herausgegeben und schließlich, nachdem er die Verlagsbuchhandlung des Vaters geerbt hatte, den Plan einer enzyklopädischen Zeitschrift entwickelt und durchgeführt: der »Allgemeinen Deutschen Bibliothek«, kurz ADB genannt, die dann im Geist der Aufklärung im ganzen deutschen Sprachraum wirksam war.

Die ADB und ihre Fortsetzung, die »Neue Allgemeine Deutsche Bibliothek«, die Nicolai von 1766 bis 1791 und von 1801 bis 1806 leitete, war ein Unternehmen von einmalig gewaltigem Umfang, das in seiner bildungsgeschichtlichen und nationalen Bedeutung nicht hoch genug eingeschätzt werden kann. Es sollte die gesamte deutsche Buchproduktion aller Wissenschaftsgebiete, einschließlich der Schönen Literatur, vom Jahre 1764 an in Rezensionen erfassen und so in Deutschland, dem ein politisch-kulturelles Zentrum fehlte, Sammelpunkt der Aufklärung sein. Vierhundert Mitarbeiter aus allen Wissensgebieten haben hier mehr als 80 000 Bücher besprochen, was in den ersten Jahrzehnten etwa der Hälfte, später einem Drittel

Als Poesie gut

der tatsächlich in Deutschland gedruckten Werke entsprach. Insgesamt, mit allen »Anhängen« und Registern, kamen so 263 Bände zusammen, die in Bibliotheken heute selten vollständig vorhanden sind. Bedeutende Stecher wie Chodowiecki, Schleuen, Berger und Bollinger schufen für die ADB Porträts der besprochenen Prominenten, oft die einzigen Bildnisse von ihnen, die auf uns gekommen sind. Wenn auch einige von Nicolais groben und verständnislosen Polemiken mit ihm auch die ADB in Verruf brachten, so bleibt das Unternehmen doch ein Ruhmesblatt des Berliner Verlegers, gegen das seine oft kurios wirkende Uneinsichtigkeit und Rechthaberei wenig zählt.

Produktiv war der vielbeschäftigte Herausgeber und Verleger aber auch als Autor. Neben Romanen und Reisebeschreibungen schrieb er Literaturkritisches, Philosophisches, Kulturhistorisches, Topographisches, wie die heute noch vielbenutzte »Beschreibung der Residenzstädte Berlin und Potsdam« von 1769, deren zweiter Auflage er 1779 einen Anhang beifügte, der »Nachrichten von den Baumeistern, Bildhauern, Kupferstechern, Malern, Stukkaturern und anderen Künstlern, welche vom dreizehnten Jahrhundert bis jetzt in und um Berlin sich aufgehalten haben ...« enthielt und 1786 als selbständige Veröffentlichung erschien. Das war eine Tat, die von bürgerlichem Selbstbewußtsein und Lokalstolz auch in künstlerischer Hinsicht zeugte und einzigartig blieb.

Als Haupt der Berliner Aufklärung und als Befehlshaber einer Armee von »ADB«-Rezensenten war er mächtig, überall bekannt, teils geachtet, teils gefürchtet, aber seiner Einseitigkeit wegen selten beliebt. Denn in dem Bestreben, der Vernunft zum Siege zu verhelfen, ging er mit moralisierendem Eifer gegen alles Geistige vor, das er für antiaufklärerisch hielt. Gegen Klopstock mußte er ankämpfen, weil der die Bardengesänge der barbarischen Altdeutschen wiedererwecken wollte. Herder, einst Mitarbeiter der »ADB«, mußte zur Ordnung gerufen werden, als er, wie auch Bürger, die Volkslieder pries, die doch aus primitiven, voraufklärerischen Zeiten stammten. Gegen den gefährlichen, weil gefühlsverherrlichenden Autor der

»Leiden des jungen Werthers« mußte er vorgehen, Kant und Schiller angreifen, den Geniekult der Stürmer und Dränger verdammen und sich dann auch noch gegen die Fichte und Schlegel wehren, die ihm besonders zuwider waren, weil sie in seinem Berlin auftraten und er, inzwischen schon alt geworden, gegen sie machtlos war.

Als Rahels erster Salon blühte und der junge Ludwig Tieck mit seinen romantischen Mondscheinnächten erfreute, wurde Nicolai schon nicht mehr so sehr gefürchtet. Zwar existierte seine Hausmacht, die »ADB«, noch, aber ihr Einfluß nahm langsam ab. Nachdem Goethe und Schiller den besserwisserischen Kritiker mit Spott eingedeckt hatten, kamen ihm die frechen Romantiker in die Quere, und Fichte wurde in seinem Angriff gegen ihn so ausfallend, daß selbst erbitterte Nicolai-Gegner meinten, so viel Grobheit habe der Alte nicht verdient. Dieser wehrte sich öffentlich gegen den Spott bald nicht mehr, und nach dem Zusammenbruch Preußens von 1806 geriet er völlig ins Abseits. Als er 1811, mit achtundsiebzig Jahren, nachdem er seine Frau und alle seine Kinder schon durch den Tod verloren hatte, starb, war seinen Enkeln, die sich für Goethe, Tieck und Jean Paul begeisterten, die einstige Bedeutung ihres Großvaters kaum noch bewußt.

Läßt man die seit langem verbreitete Meinung gelten, daß Nüchternheit, die sich auch mit Sentimentalität verträgt, Toleranz, die auch mit Streitlust und Besserwisserei gepaart sein kann, Tüchtigkeit, Skepsis und Derbheit typisch preußisch-berlinische Eigenschaften sind, so war Nicolai ein Berliner, wie er im Buche steht, und auszuschließen ist nicht, daß der Ruf, den er genoß, zur Festigung dieses Pauschalurteils beitrug. Er und die Beiträger der »Berlinischen Monatsschrift« hießen bei den Zeitgenossen oft nur »Die Berliner«, und meist war das unfreundlich gemeint. Das lag einmal daran, daß Rezensenten, und in besonderem Maße ein Chef vieler Rezensenten, sich bei Autoren selten Sympathien erwerben können, zum anderen aber an Nicolais Prinzipientreue, die man auch als Sturheit bezeichnen kann. Da er kein Verständnis für die Jungen hatte, konnten diese keines für ihn aufbringen. Da er als Grobian auftrat, wurde er grob behandelt, und da er die Verdienste anderer oft nicht sah, übersah

Als Poesie gut

man die seinen oder versuchte sie zu verkleinern. Sein Name, der einst neben dem Lessings geleuchtet hatte, wurde zum Synonym für platten Rationalismus, für Philistertum und Unpoesie. Jean Pauls »Luftschiffer Giannozzo« von 1801 nennt die Nicolaiten »aufgeklärte Achtzehnjahrhunderter«, die »ganz für Friedrich II., für eine gemäßigte Freiheit und eine gemäßigte Philosophie standen«, sich »gegen Schwärmerei und Extreme« wandten und Dichtungen »als Stilistikum zum Vorteil der Geschäfte und zur Abspannung vom Soliden« lasen. »Sie genossen die Nachtigallen als Braten und machten mit der Myrte den Ofen heiß. O, wie mir dieses blankgescheuerte Blei der polierten Alltäglichkeit, dieses destillierte Wasser, dieser geschönte Landwein ein Greuel ist!«

So oder so ähnlich urteilten auch die jungen Leute, die in den letzten Jahren des 18. Jahrhunderts der Hauptstadt Preußens zu weiterem Glanz verhalfen, indem sie in ihr die neue, später als Romantische Schule bezeichnete Geistesbewegung ins Leben riefen, und zwar mit Hilfe einer kurzlebigen Zeitschrift, die in Dorotheas Liebesgeschichte dauernd hineinspielte, weil ihr Geliebter mit deren Planung und Durchführung beschäftigt war.

Das ehrgeizige Vorhaben, das das deutsche Geistesleben verändern sollte, war von Friedrich Schlegel und seinem älteren Bruder August Wilhelm ersonnen worden, und da dieser mit seiner Frau Caroline noch in Jena lebte, gingen während des zweijährigen Berlin-Aufenthalts Friedrichs die langen, arbeitsberichtsähnlichen Briefe mit Gedanken über die Planung der Zeitschrift, über mögliche Mitarbeiter und einen zugkräftigen Namen zwischen der Stadt an der Saale und der an der Spree hin und her. »Herkules« sollte zeitweilig die Zeitschrift heißen, um ihre Durchsetzungskraft zum Ausdruck zu bringen. Weil die Brüder nicht nur als Herausgeber zeichnen, sondern auch die meisten Beiträge liefern wollten, wurde auch »Schlegeleum« erwogen, bis man sich dann schließlich für »Athenaeum« entschied.

Von Dorothea ist in dem umfangreichen Briefwechsel der Brüder erst spät und nur am Rande die Rede. Nur, daß sie ihm wenig Arbeitszeit raube, wird von Friedrich lobend erwähnt. »Meine Freundin«, so heißt es im Dezember 1797 ohne Namensnennung, »lebt glücklicherweise sehr eingezogen und schont meine Zeit aufs äußerste. Es ist selten genug, daß ich da einige Stunden der Convenienz [der Schicklichkeit oder dem Anstand] opfere, und es wird immer seltner. Sehr schön ist dabei für mich, daß Schleiermacher unser gemeinschaftlicher Freund ist; so gerate ich bei diesem Ungang nie aus meiner Welt und aus meinem Element heraus.«

Das Element, in dem der junge, ehrgeizige Intellektuelle sich bewegte, war wohl nicht, wie die »Lucinde« suggerierte, in erster Linie die Liebe, sondern, wie die Briefe an den Bruder vermuten lassen, die Arbeit, also das Schreiben, Dichten und Philosophieren, deren Vorrang Dorothea nicht nur stets anerkannte, sondern sich ihnen durch nie nachlassende Bewunderung, teilweise auch durch Mit- und Zuarbeit, unterwarf. Ihre Liebe zu Friedrich war auch eine zu seinem Können und zu seiner Sendung – die in diesen zwei Jahren in dem Versuch einer geistigen Revolutionierung bestand.

Das Instrument dazu war das »Atheneaum«, mit dem die Brüder ihre Ideen der intellektuellen Welt präsentierten, scharfsinnig, tiefsinnig, ironisch, manchmal auch frech. Wie zwei Jahre zuvor Goethes und Schillers »Xenien«, wurde nun das »Athenaeum« zum Objekt starker Anfeindung, besonders die ungeordneten Gedankensplitter, die die Brüder hier boten, die sogenannten »Fragmente«, von denen einige berühmt wurden und bis heute blieben, weil sie Wahrheiten aussprachen oder Behauptungen wagten, die man bejubeln oder anfeinden mußte, weil sie Witz hatten oder aber auch Rätsel aufgaben, die zu entschlüsseln immer wieder reizt. Da gibt es den oft zitierten Historiker als den »rückwärts gekehrten Propheten«, die Dichter, die alle den Narziß in sich haben, die Griechen der Antike, in denen noch jeder fand, »was er brauchte und wünschte; vorzüglich sich selbst«. Da wird die neue, die »romantische Poesie« als »progressive Universalpoesie« bezeichnet und so definiert, daß man sich an Jean Pauls Prosa erinnert, aber auch den modernen Roman schon wittert. Der bürgerlichen Ehe wird die Sittlichkeit abgesprochen, Bildungsmöglichkeiten für Frauen werden gefordert, der durch die Aufklärung säkularisierten Welt soll die Sakralisierung der Kunst aufhelfen, und in dem bekanntesten, weil am meisten angefeindeten der »Fragmente« werden die »Französische Revolution, Fichtes Wissenschaftslehre und Goethes Meister« die »größten Tendenzen des Zeitalters« genannt.

Der Hervorhebung der Revolution der Franzosen mußte unter anderen auch Nicolai widersprechen, für ihn lag in Friedrich dem Großen, der dem hungernden Volk die Kartoffel gebracht hatte, des Zeitalters Haupttendenz. Aber auch der Urheber des provokanten Gedankens, August Wilhelm Schlegel, fühlte sich im letzten Heft des »Athenaeums« zu einer Rücknahme der Provokation verpflichtet. In der von ihm benutzten »Chiffernsprache« sei die Französische Revolution als »vortreffliche Allegorie auf den transzendentalen Idealismus« Fichtescher Prägung zu verstehn.

Die Autoren des »Athenaeums« waren alle Freunde der Schlegels. Neben den Brüdern, die den Hauptanteil hatten, und ihren Frauen, die nur wenig beitrugen, waren das vor allem Schleiermacher und Novalis, Tiecks Schwester Sophie und ihr Mann Bernhardi, der schwedische Diplomat Brinkmann und als letzter und zehnter August Ludwig Hülsen, der Sokrates aus dem Havelland.

Von 1798 bis 1800 erschienen sechs Hefte des »Athenaeums« mit insgesamt 1088 Seiten, dann scheiterte es am mangelnden Kaufinteresse, vielleicht also an seinem zu hohen Niveau. Friedrich Schlegel und Dorothea zogen zu August Wilhelm und Caroline nach Jena, und da Tieck folgte, fand sich hier ein Teil der »Athenaeums«-Familie als sogenannte Jenaer Romantik wieder zusammen. Aber, wie bei einem engen Zusammenleben von lauter Narzissen nicht anders möglich, war der Dichter-Idylle kein langes Leben beschieden. Bald ging man im Zank, an dem auch die Frauen ihren Anteil hatten, vergrämt auseinander und arbeitete anderswo am eignen Werk weiter, teilweise auch mit völlig veränderter geistiger Position. Die Einflüsse aber, die die Romantische Schule von Berlin aus verbreitet hatte, wirkten, sich ständig verändernd, weit hinein in das neue Jahrhundert, so unter anderem die Anregungen, die die Schlegels zur vertieften Aneignung vergangener und ausländischer Literaturen gegeben haben. Tieck übersetzte damals den Cervantes und beschäftigte sich mit dem Nibelungenlied und den Minnesängern, und Shakespeare wurde durch die Übersetzung von Tieck und Schlegel fast zu einem deutschen Dichter gemacht.

Waldeinsamkeit

Die beiden Freunde, die sich in Briefen gegenseitig versicherten, daß sie für die Welt nicht geschaffen seien, deren »Wichtigkeiten unwichtig« fänden und von ihr »für exzentrische Schwärmer« gehalten würden, waren, wie leicht zu erraten, noch jung. Sie waren gerade der Schule entwachsen, also noch keine zwanzig, und was sie für die Welt hielten, war der Ausschnitt, den sie aus ihr kannten, nämlich ihre Familien, die von der Autorität der Väter bestimmt waren, Berlin, ihre Heimatstadt, die Stadt der friderizianischen Aufklärung, die sie bisher kaum verlassen hatten, und das Gymnasium, auf dem die beiden hochbegabten Jungen einander begegnet waren: Ludwig Tieck, der Handwerkersohn vom Köllnischen Fischmarkt, und Wilhelm Heinrich Wackenroder aus der vornehmen Burgstraße, dessen Vater den Titel eines Geheimen Kriegsrats führte, das hohe Amt des Berliner Justizbürgermeisters bekleidete und sein einziges Kind schon für die Juristenlaufbahn bestimmt hatte, ehe dessen Schulzeit zu Ende gegangen war. Während Tieck nach Ablegung der Abiturientenprüfung im März 1792 in Halle sein Studium beginnen durfte, wurde Wackenroder durch Privatunterricht auf den verabscheuten Beruf vorbereitet. Sein Herz aber schlug wie das des Freundes allein für die Kunst.

Die Musik, die Literatur, die Malerei, das Theater — das sind die Themen, um die die Briefe der beiden kreisen, und obwohl ihre Urteile und Ansichten häufig noch deutlich die Einflüsse ihrer Lehrer erkennen lassen, wird so viel Eigenständiges in ihnen sichtbar, daß dieser etwa zwei Jahre während Briefwechsel zu den Anfängen der romantischen Bewegung, deren Theoretiker die Brüder Schlegel waren, gezählt werden kann. Zwei Neunzehnjährige, die sich zur Kunst-

Waldeinsamkeit

ausübung berufen fühlen, sich durch gegenseitige Anerkennung die dazu nötige Selbstsicherheit antrainiert haben und Beweise für ihre Fähigkeit auch schon zu haben glauben, versuchen sich klar darüber zu werden, in welche Richtung sich ihr Schaffen bewegen wird.

Tieck, umtriebig, weltgewandt, nie arm an Gönnern und Freunden, hat sich schon als geschickter Schreiber für die Literatur entschieden, während der mehr in sich gekehrte, aber in sich auch gefestigtere Wackenroder zwischen einer der Musik oder der Dichtung gewidmeten Zukunft noch schwankt. Er, der Empfindsamere, kann die literarischen Versuche des erstaunlich produktiven Freundes ehrlichen Herzens bewundern, sie aber auch harsch kritisieren, indem er zum Beispiel die Flüchtigkeit des Schnellschreibers rügt. Der Gefühlvollere ist auch der Verstandesklarere. Obwohl er schwärmerisch aufblickt zum talentierten Freunde, sich immer wieder angstvoll seiner Zuneigung versichert und Mühe hat, Eifersucht zu verbergen, übt er auf Tieck wohl mehr Einfluß aus als dieser auf ihn.

Die am 1. Mai 1792 beginnende Korrespondenz der sich so prächtig ergänzenden Freunde, in der neben Berichten über die jeweiligen Gemütslagen, über Lektüreerlebnisse und Theaterbesuche auch ästhetische Fragen, wie über das Erhabene, das Rührende, das Naive, das Schreckliche, ausführlich behandelt werden, ist aber auch ein Liebesbriefwechsel, besonders von Seiten Wackenroders, der, als der stärker Liebende, auch der mehr Leidende ist. Während Tieck in der Fremde neue Eindrücke sammelt, neue Gefährten findet und sich anderen Einflüssen öffnet, bleibt Wackenroder in der vertrauten Umgebung ziemlich allein. Jede Straße, jeder Gang durch den Tiergarten erinnert ihn an den Entfernten. Zwar trifft er sich mit gemeinsamen Bekannten, aber die können den Freund nicht ersetzen, und Tiecks Schwester Sophie, die wie er an Ludwigs Abwesenheit leidet, hat gegen ihn Vorbehalte, weil sie vielleicht den Nebenbuhler in ihm vermutet. In Briefen an den Bruder beklagt sie Wackenroders Gefühlskälte, die in Wahrheit wohl nur Unfähigkeit zum schnellen Kontaktknüpfen ist.

Von Abschiedstrauer und von Hoffnungen auf ein Wiedersehen ist

Als Poesie gut

in Wackenroders Briefen mehr als in denen des Freundes die Rede. Er vergleicht sein Leiden um Tieck mit dem Werthers um Lotte, erklärt seine Erinnerungen an die gemeinsamen Tiergartenspaziergänge für heilig, kann bei der Gewißheit, wiedergeliebt zu werden, in »Rausch und Taumel« verfallen und gerät in Verzweiflung, wenn Tieck wochenlang schweigt. Dann »schleppt« er sich »manchen Tag wie ein Esel hin«, und Geist, Herz und Verstand schrumpfen ihm ein. »Aber ich schwör' es Dir bei den Seligkeiten, die ich je in den erhabensten Stunden von Deinen Lippen geküßt und aus Deinem Auge getrunken habe, ich schwöre es Dir: noch fühl ich Kraft genug in mir, sobald nur ein paarmal die Sonne über uns an einem Orte auf- und untergegangen ist, so schwing ich mich wieder ganz zu Dir hinauf.« Er schwelgt in den Wonnen eines erhofften Wiedersehens, spricht vom »Zauberdruck Deiner Hand«, vom »Zauberblick Deines Auges«, vom »Zauberton Deiner Stimme«, um sich dann jedoch wieder zur Ordnung zu rufen: »Aber genug, Tieck. Laß die wilden Ströme unsrer Empfindungen sanfter fließen. Wir jagen alles heiße Blut in unsre Adern und bringen uns durch diese schädliche Erhitzung in einen kranken Zustand.«

So seltsam verteilt sind hier die Rollen, daß der empfindsame, weiche, leidende Wackenroder zugleich auch der Disziplinertere ist. Er warnt vor extremen Gemütszuständen, wie grundlosen Verzweiflungsausbrüchen, unter denen Tieck manchmal leidet. Er rät, einen klaren Kopf zu behalten, um der Lebensaufgabe gewachsen zu bleiben, und sogar eine gesunde Lebensweise mahnt er an. Es scheint, als sei die Freundschaft der beiden auf dem stillschweigenden Gelöbnis gegründet, das Leben in den Dienst der Kunst zu stellen, und Wackenroder sei als Wächter darüber bestellt.

»Um des Himmels Willen, wie ist das möglich ... Das ist ja ganz schrecklich. ... Das ist mir das schauerlichste, ich kann es gar nicht vergessen ...« Das Entsetzen, daß Wackenroder auf diese Weise äußert, bezieht sich auf Tiecks Geständnis, einen ganzen Abend in einer Gesellschaft Karten gespielt zu haben. Das wird als Verrat an der selbstauferlegten Bestimmung empfunden. Auch Tieck nennt sein

Vergehen »entehrend«, als er es beichtet. Der preußische Geist, den die beiden unter Friedrich dem Großen geborenen Berliner zu revolutionieren beginnen, ist offensichtlich in ihrem Pflichtbewußtsein durchaus präsent. Die entscheidenden Anregungen zu ihren romantischen Dichtungen empfingen die Freunde aber nicht in Berlin, sondern in Franken, das sie, nachdem Wackenroder vom Vater endlich die Erlaubnis zum Studium erhalten hatte, zwischen Mai und September 1793 von Erlangen aus in mehreren Touren erforschten und lange Reiseberichte darüber schrieben, Wackenroder für die Eltern, Tieck für seinen ehemaligen Lehrer und späteren Schwager Bernhardi und seine Schwester Sophie. »Früh am Morgen fuhren wir mit einem Mietsfuhrmann ab«, so beginnt Wackenroder seine Beschreibung der Pfingstreise, während Tieck das gleiche Unternehmen mit den Worten »Am Freitag vor Pfingsten bestiegen wir am Morgen um 5 Uhr unsere Rosse« beginnen läßt. Auf dieser Reise, ob nun fahrend oder reitend, und auch auf späteren, kürzeren, die zu Fuß unternommen wurden, lernten sie viele der Landschaften und Orte kennen, die wenige Jahre später in den Romanen Jean Pauls vorkommen werden, wie Bayreuth und Wunsiedel, den Fichtelberg und den Ochsenkopf. Mehr als von den Lustschlössern der Bayreuther Markgräfin Wilhelmine, der Schwester Friedrichs des Großen, waren sie von verfallenen Burgen und wilden Felsen beeindruckt, zwischen die Tieck dann manche seiner literarischen Gestalten versetzen wird. Sie besichtigten Gefängnisse und Irrenhäusern, Vitriolwerke und Eisenhämmer, verirrten sich in den Wäldern des Fichtelgebirges, wurden auf der Fußwanderung zu den böhmischen Bädern an der Grenze zurückgewiesen und stiegen schließlich, »gar possierlich mit Bergmannsjacke, Schurzfell und Schachthut« bekleidet, auf hölzernen Leitern in ein Bergwerk hinunter, krochen, jeder sein Licht in der Hand, durch niedrige Stollen und bewunderten die Schwärze des Schiefers, das Glitzern des Eisensteins und das Grün des Malachits. »Mir wars als sollte ich in irgend eine geheime Gesellschaft, einen mysteriösen Bund aufgenommen oder vor ein heimliches Gericht geführt werden. Ich erinnerte mich, in meinen Kinderjahren im Traume zuweilen solche langen, engen, finsteren Gänge gesehen zu haben.« Von der Bedrohung des Menschen durch die geheimnisvollen Kräfte der Erde ist wenig später in Tiecks unheimlichen Märchennovellen zu lesen, und die »Herzensergießungen eines kunstliebenden Klosterbruders« und »Franz Sternbalds Wanderungen« werden Ergebnis mehrfacher Besuche in Bamberg und Nürnberg sein. Hier konnten die beiden aufnahmebereiten Studenten aus dem nüchternen, relativ geschichtsarmen Kolonialland Preußen ein ideales, die Kunst heiligendes Mittelalter und die Schönheit des Katholizismus bewundern. Wackenroder, der seitenlang alle Kunstwerke aufzählt, die er in Nürnberg, Bamberg und Schloß Pommersfelden gesehen hat, besucht auch im Bamberger Dom ein glanzvolles Hochamt und ist von der Liturgie und der Frömmigkeit der Menge beeindruckt. Als alles niederkniet, muß auch er in die Knie fallen, von »höchster Andacht« bestimmt.

Aufgewachsen waren die Freunde nicht weit voneinander, beide in bürgerlichen, aber sehr unterschiedlichen Milieus, Tieck im Gassengewirr der Altstadt von Kölln, also links der Spree, Wackenroder rechts des Flusses, in der heute stark verkürzten Burgstraße, die sich damals auf dem Uferstreifen gegenüber von Schloß und Lustgarten in dessen gesamter Länge erstreckte. Sie war erst zu Anfang des 18. Jahrhunderts durch Befestigung und Aufschüttung des Ufers entstanden und einseitig bebaut worden. In einem von Bouman dem Älteren erbauten Palais wohnte hier der Bankier und Generalpächter der preußischen Münze Daniel Itzig, einer der reichsten Männer im Staate Friedrichs des Großen. Hier stand der »König von Portugal«, ein Gasthof erster Klasse, den Lessing unter dem Namen »König von Spanien« als Schauplatz für sein Lustspiel »Minna von Barnhelm« gewählt hatte, und gleich nebenan wohnte der aus einer pommerschen Gelehrtenfamilie stammende hohe Justizbeamte Christoph Benjamin Wackenroder, der seit 1756 dem Magistrat von Berlin angehörte und in ihm zum ersten Justizbürgermeister aufgestiegen war. Bei der Taufe seines einzigen Kindes in der für die Burgstraße zuständigen Marienkirche wurden als Paten lauter Hofräte, Kriegsräte, Geheime und Konsistorialräte genannt.

Tieck dagegen kam, wie vor ihm schon Zelter und Schadow, aus dem Milieu der Handwerker. Sein Vater war Seilermeister. Er war aber wohlhabender, selbstbewußter und auch belesener als der Schneider Schadow. Er hatte die Mittel, seinem ältesten Sohn Ludwig, geboren 1773, ein Studium zu finanzieren, und er war voller Verständnis für die künstlerischen Ambitionen seines Jüngsten, Friedrich, geboren 1776, den er Bildhauer werden ließ. Nur seine Tochter Sophie, geboren 1775, die wohl nicht weniger talentiert war als die von ihr innig geliebten Brüder, mußte kochend, strickend und putzend zu Hause bleiben und ihr Schicksal, ein Mädchen geworden zu sein, beklagen – was sie dann auch ausgiebig tat.

Geboren und aufgewachsen waren die Geschwister im alten Kölln, in der Roßstraße, direkt am Köllnischen Fischmarkt, in einem Viertel also, von dem es heute nur noch kümmerliche Reste gibt. Getauft wurden sie in der Petrikirche, deren Kriegsruine die Neubaueuphorie der Jahre nach dem Zweiten Weltkrieg hat verschwinden lassen. Ihr Geburtshaus wurde schon im 19. Jahrhundert abgerissen. Über die Stelle, an der es einst gestanden hatte, donnert heute der Großstadtverkehr. Es war ein altes Gebäude mit kleinen Fenstern und dunklen Stuben, aus denen die Geschwister bald hinausdrängten, erst in die umliegenden Straßen, zum Mühlendamm, in die Breite Straße, zum Schloß hin, wo man manchmal den König erblicken konnte, oder auch in den Tiergarten mit den Villen und Sommerhäuschen der reicheren Leute, und später, als in den Krisen der Pubertät Natursehnsucht in ihnen erwachte, in die Wiesen und Wälder der Mark. Tagelange Fußwanderungen führten den halbwüchsigen Ludwig nach Lehnin und in Dörfer des Havellandes, wo die Verwandtschaft der Mutter zu Hause war.

Im Alter war Tieck der Meinung, daß die Grundlage für seine Liebe zur Literatur und zur Bühne schon in den dumpfen Stuben und den schmalen Gassen rund um Fischmarkt und Petrikirche gelegt worden war. Seine Mutter, als uneheliches Kind eines Schmieds

Als Poesie gut

Der Köllnische Fischmarkt 1784. Stich von Johann Georg Rosenberg

in Jeserig bei Brandenburg geboren und im Hause eines Dorfpastors aufgewachsen, erzählte den Kindern vor dem Schlafengehen unheimliche Geschichten aus märkischen Dörfern, oder sie las ihnen Verse von Kirchenliedern aus ihrem geliebten Porstschen Gesangbuch vor. Sein Vater dagegen, ganz Mann der Berliner Aufklärung, also vernünftig und diesseitig, hatte für die pietistischen Poesien immer nur Spott übrig, war aber Theatergänger und hatte Spaß an den Hanswürsten, die man auf Jahrmärkten sah. Ludwig, der sich angeblich an Hand der Bibel mit vier Jahren schon selbst das Lesen beigebracht haben wollte, durfte den Vater manchmal ins Theater begleiten, so auch in eine Aufführung des »Götz von Berlichingen«, mit dem seine lebenslange Leidenschaft für die Bühne begann. Noch wußte er nichts von Dichtern und Dichtung, so daß er die Schicksale des Ritters nicht als Kunst, sondern als Realität erlebte und ihm die spätere Erkenntnis, daß hier ein Erfinder seine Hand im Spiel gehabt hatte, zur argen Enttäuschung geriet. Aus dieser aber erwuchs der

Vorsatz, es mit dem Fabulieren selbst zu versuchen, und nun wurde mit Bruder und Schwester, die bereitwillig auf seine Leidenschaft eingingen, im Hause, auf der Straße, auf einsamen Lichtungen im Tiergarten oder gar in der Petrikirche, wenn die drei sich sonntags während der langweiligen Predigt in eine finstere Ecke verdrücken konnten, Theater gespielt.

Nach Winkelschulen, die den frühreifen Ludwig nur langweilen konnten, wurde ihm das Friedrichwerdersche Gymnasium für zehn Jahre zur Bildungsstätte, die ihm wohl mehr einbrachte als später die Universität. Weit hatte er es nicht zur Schule. Aus dem elterlichen Hause tretend, brauchte er nur durch Brüderstraße und Spreegasse (der späteren, nach Wilhelm Raabe benannten Sperlingsgasse) den Schleusengraben zu erreichen, diesen auf der Jungfernbrücke zu überqueren und durch die Unterwasserstraße zum Friedrichwerderschen Markt zu gehen, wo gegenüber der kleinen, turmlosen Friedrichwerderschen Kirche (die erst 1830 durch die Schinkelsche, mit ihren von Friedrich Tieck entworfenen gußeisernen Türen, ersetzt werden sollte) das turmgekrönte Friedrichwerdersche Rathaus stand. Hier, im Obergeschoß des Rathauses, in dem unten die Gerichte tagten, wurden die Gymnasiasten, unter denen neben Handwerker- und Beamtensöhnen auch Adlige waren, vormittags von acht bis zwölf und nachmittags von zwei bis fünf unterrichtet, und zwar ganz im Geiste der Berliner Aufklärung, die sich besonders im Leiter der Anstalt verkörperte, einem verdienstvollen Pädagogen, der für das Schulwesen dieser Zeit eine ähnlich große Bedeutung hatte wie Nicolai für die Literatur und Zelter für die Musik.

Er hieß Friedrich Gedike, stammte aus Boberow in der Prignitz, war in einem Waisenhaus in Züllichau aufgewachsen und nach dem Studium der Theologie und der alten Sprachen an der Viadrina in Frankfurt an der Oder zum erfolgreichsten Schulmann Berlins geworden, dem das preußische Gymnasium unter anderem eine erneuerte Methodik der Leistungskontrollen verdankt. Aktiv beteiligt war er auch bei der Einführung der Abiturprüfung als Voraussetzung zum Studium, und als Autor pädagogischer Schriften und Lesebücher, als

Als Poesie gut

Mitglied der »Mittwoch-Gesellschaft« und als Mitarbeiter und Mitherausgeber der »Berlinischen Monatsschrift« gehörte er zu den führenden Köpfen der Aufklärung, deren Verdienste man oft verkennt. Das Populäre an ihr, das später als »Abklärung« oder »Aufkläricht« verunglimpft wurde, war das, was sie wirksam machte über die Kreise der Gelehrten hinaus. Gedikes Essay über Berliner Zustände in den letzten Jahren der friderizianischen Epoche, den er unter dem Titel »Über Berlin von einem Fremden« 1783 bis 1785 in Fortsetzungen in der »Berlinischen Monatsschrift« veröffentlichte, ist auch heute noch eine interessante Lektüre, die viele Probleme des Lebens und Denkens der damaligen Zeit erörtert, manches Beispiel für die Denkfreiheit unter Friedrich dem Großen bietet, daneben aber auch manche Borniertheit der Vernunftsgläubigen, zum Beispiel der Poesie gegenüber, zeigt. Wenn Gedike hier den sogenannten Gesangbuchstreit schildert, der zwischen den rationalistischen Oberhirten der Evangelischen Landeskirche und der Masse der Gemeindemitglieder tobte, als ein modernes, von alten Liedern aus voraufklärerischen Zeiten gesäubertes Gesangbuch eingeführt wurde, wird man dabei an die Poesiefeindlichkeit von Tiecks Vater erinnert, der zum Beispiel eines der wundervollsten Lieder Paul Gerhardts, »Nun ruhen alle Wälder ...«, wegen des Verses »Es schläft die ganze Welt« als vernunftswidrig ablehnte, weil doch, wenn bei uns Nacht ist, anderswo auf der Erde die Sonne scheint.

Neben Griechisch, Latein, Französisch und Philosophie, die auch die älteren Gymnasien lehrten, wurden in Gedikes Anstalt auch Geschichte, Geographie, Mathematik, Anatomie und Physik unterrichtet, so daß Ludwig Tieck die Schule mit einer gediegenen Bildung verließ. Doch nicht weniger bedeutsam als diese waren für ihn die Freundschaften, die in der Schulzeit entstanden und teilweise lange hielten. Sie waren oft, wie in diesem Alter nicht selten, Liebesbeziehungen ähnlich, in denen er manchmal der unglücklich Werbende, häufiger aber der Umworbene war. Da gab es, neben Wackenroder, den Rittergutsbesitzerssohn Wilhelm von Burgsdorff aus Ziebingen an der Oder, der ihm im späteren Leben oft helfen sollte, zwei junge

Waldeinsamkeit

Lehrer, Rambach und Bernhardi, die selbst literarisch tätig waren, und auch Wilhelm Hensler, den Stiefsohn des Königlichen Hofkapellmeisters Johann Friedrich Reichardt, in dessen gastfreiem Hause in der Friedrichstraße viele Künstler und Kunstinteressierte verkehrten und das auch den Geschwistern Tieck offenstand.

Reichardt, wie E. T. A. Hoffmann aus Königsberg stammend, zu der Generation Goethes und Zelters gehörend, erwarb sich in der Musikgeschichte besondere Verdienste bei der Entstehung der deutschen Kunstlieder, von denen sein »Schlaf, Kindchen, schlaf« zum Volkslied wurde, komponierte aber auch Opern, Singspiele, Konzerte, Ballette und Bühnenmusiken, war Gesangslehrer der Königin Luise, schrieb neben Musikkritiken auch Reiseberichte, betätigte sich als Herausgeber von Zeitschriften und reiste viel. Schon als musikalisches Wunderkind war er im Raum zwischen Danzig und Riga umhergekommen, war von Kant in seiner Bildung gefördert worden, und Friedrich der Große hatte den Dreiundzwanzigjährigen zum königlichen Kapellmeister gemacht. Er bereiste England und Italien, seine besondere Vorliebe aber gehörte Frankreich, das er immer wieder besuchte und mit dessen Revolution er sympathisierte, was dann auch, neben Rivalitäten mit den italienischen Musikern am Berliner Hofe, 1794 seine pensionslose Entlassung aus königlichen Diensten nach sich zog. Er siedelte auf den Giebichenstein bei Halle über, der dann auch, bis 1806, zum Treffpunkt für die Romantiker wurde. Auch Goethe, der ihn schon lange kannte, kam hier zu Besuch.

Seit 1783 war Reichardt in zweiter Ehe mit der Witwe Hensler, geborene Alberti, verheiratet, und diese, deren Schwester später Tiecks Frau wurde, hatte ihm drei Kinder mit in die Ehe gebracht. Einer ihrer Söhne war Tiecks Schulfreund Wilhelm Hensler, der die Geschwister aus der Roßstraße in die Reichardtsche Familie einführte, später mit Tieck zusammen in Halle studierte, sich aber bald, von Revolutionsbegeisterung ergriffen, nach Frankreich absetzte, dort Soldat wurde und erst 1806 in der Uniform eines napoleonischen Leutnants wieder in Berlin erschien.

Reichardts Haus, in dem die Geschwister Tieck um 1790 mit der

Als Poesie gut

Sophie und Ludwig Tieck 1796. Gipsmedaillon von Friedrich Tieck

Kunstwelt Berlins in Berührung kamen, stand auf der westlichen Seite der Friedrichstraße, nahe dem Halleschen Tor. Hier konnte Ludwig, wie Jahre später im Salon der Rahel, die Inbrunst der Berliner Goethe-Verehrung erleben, die er auch teilte. Er konnte an Liebhaberaufführungen mitwirken, zu denen sein Bruder Friedrich die Ritterrüstungen aus Pappe formte, konnte unter Reichardts Anleitung seine Stimme schulen, die ihn später zu seinen berühmten, ihrer Länge wegen aber auch berüchtigten Vorlesungen fähig machte; und einmal konnte er sogar an einer Aufführung im Hause der Madame

Ritz, der späteren Gräfin Lichtenau, teilnehmen, bei der auch Friedrich Wilhelm II. anwesend war.

Reichardt konnte den Freunden aber auch Freikarten für das deutsche Schauspiel besorgen, das seit 1776 existierte, neben der leichten Kost von Lust- und Singspielen auch große Werke der aufblühenden, aber vom König verachteten deutschen Dichtung im Spielplan hatte und zu Tiecks Zeiten unter Carl Theophil Doebbelins Leitung stand. Das Privattheater, das etwa 700 Zuschauerplätze, aber keine Garderoben für die Schauspieler hatte, so daß diese zum Umkleiden in ein anderes Gebäude laufen mußten, stand auf einem Hof zwischen Wohnhäusern und war durch den Flur des Hauses Behrenstraße 55 erreichbar. Heute steht die Komische Oper dort. Erst nach dem Tode Friedrichs des Großen, der nur das französischsprachige Schauspiel gefördert hatte, konnte Doebbelins Bühne als Königliches Nationaltheater in das Komödienhaus auf dem Gendarmenmarkt einziehen, wo dann bald eine Generaldirektion unter Johann Jakob Engel und Karl Wilhelm Ramler die Leitung übernahm. Durch diese Bühne lernte der junge Tieck die Stücke von Lessing und Goethe kennen. Hier entflammte aber auch seine Liebe zu Shakespeare, die ihm bis an sein Lebensende erhalten blieb.

Tiecks erster Biograph, Rudolf Köpke, der sein pietätvolles Buch, das schon zwei Jahre nach Tiecks Tod erschien, im Untertitel »Erinnerungen aus dem Leben des Dichters nach dessen mündlichen und schriftlichen Mitteilungen« nannte und damit auch auf die Problematik einer auf Altersmitteilungen fußenden Darstellung hinwies, gibt auch die Erinnerung an einen trüben Herbstabend wieder, an dem der Gymnasiast irgendwo in Berlin, vielleicht in der Burgstraße, den »Hamlet« hatte ausleihen können, über den Lustgarten (der damals noch der öde, pappelumsäumte Exerzierplatz war, in den der Soldatenkönig den barocken Schloßpark verwandelt hatte) nach Hause eilte, im trüben Licht einer in Schloßnähe angebrachten Öllampe aber den Anfang des Stückes mit der Geistererscheinung lesen mußte und nicht eher die Lektüre beenden und den Heimweg fortsetzen konnte, bis der Prinz tot und das Drama zu Ende war.

Als Poesie gut

Wackenroder im Blütenkranz. Marmorarbeit von Friedrich Tieck, 1798

Es war damals, wie viele Lebenserinnerungen bezeugen, in adligen und bürgerlichen Kreisen mit dem Erwachen nationalen Selbstbewußtseins ein wachsendes kulturelles Interesse verbunden, durch das sich Vortragssäle, Theater und Opern füllten und das sich oft auch mit der Freude an eigner Kunstausübung verband. Musiziert, gemalt, Schattenrisse gefertigt, Gedichte und Stücke geschrieben, lebende Bilder gestellt und Theater gespielt wurde in vielen Häusern; aus einem Zusammenschluß von sangesfreudigen Laien wurde 1791 von Karl Friedrich Fasch die Berliner Singakademie gegründet; und es ist denkbar, daß sich die große Zahl von Talenten, die ohne nennenswerte staatliche Förderung in diesen Jahrzehnten heranwuchsen, auch mit der Masse von Dilettanten erklären läßt. Denn in diesen wurden einschlägige frühe Prägungen geschaffen, Gelegenheit zu ersten Bewährungen wurden ihnen geboten, und vor allem wurde ein breites Verständnis für künstlerischen Ehrgeiz erzeugt.

Doch lebten die Vorurteile, die man gegen Schauspieler und Künstler hegte, die sich aus dem noch relativ starren System der Stände gelöst hatten, bei aller Anerkennung der Kunst als Freizeitbeschäftigung noch lange Zeit weiter, und da künstlerisch talentierte Söhne, die in eine freie Künstlerexistenz strebten, in den meisten Fällen Unsicherheit, wenn nicht gar Elend zu erwarten hatten, war die Abwehr der Eltern gegen solche Berufswünsche weiterhin stark. Der Seilermeister Tieck, der Komödien liebte, sah doch den Umgang seiner Kinder mit Komödianten nicht gerne, und während er ohne zu zögern seinen Sohn Friedrich in die solide handwerkliche Lehre zum Bildhauer Bettkober schickte, erfüllten ihn Ludwigs Theater-Wünsche mit solchem Entsetzen, daß er sich, wie Köpke zitiert, zu dem Machtspruch hinreißen ließ: »Wenn du unter die Komödianten gehst, so gebe ich dir meinen Fluch!«

Als Ludwig 1792 das Abitur abgelegt hatte (das seit 1788 in Preußen für das Universitätsstudium verlangt wurde) und Berlin, das noch keine Universität hatte, verlassen mußte, um an der Landesuniversität Halle eines städtischen Stipendiums wegen angeblich Theologie, in Wahrheit aber Literaturwissenschaft zu studieren, waren die Grundlagen für seinen späteren Lebensweg schon gelegt: Er war mit Wackenroder befreundet, mit dem gemeinsam er als Begründer der Berliner Romantik in die Literaturgeschichte eingehen sollte, er kannte bereits Amalie Alberti, die Schwägerin Reichardts, die seine Frau werden und ihm die hilfreiche Tochter Dorothea gebären sollte; er hatte Freund Burgsdorff in seiner Nähe, der ihn finanziell unterstützen und mit der geliebten (und vermögenden) Henriette zusammenbringen sollte; und neben Teilen von Trivialromanen, die er für Rambach und Bernhardi geschrieben hatte, waren auch schon eigne Gedichte, Erzählungen und Stücke da.

Als Poesie gut

Am Beginn seines Studiums, das ihn über Halle nach Göttingen und Erlangen führte, wußte er also schon, daß er gut und flink schreiben konnte, und als er sich 1794 von der Universität ohne Abschluß verabschiedete, war der Entschluß, in Berlin die Schriftstellerei zum Beruf zu machen, bereits gefaßt. Er, seine Schwester Sophie und, bis 1797, auch sein Bruder Friedrich gehörten nun zu jenen Kreisen von Künstlern und Intellektuellen, die sich außerhalb der Adels- und Honoratiorengesellschaft in den freien, oft jüdischen Salons trafen, wo der gleichberechtigte Umgang mit Adligen und Diplomaten, mit Offizieren, Beamten und Schauspielern zwar sein Selbstbewußtsein stärken, zum Lebensunterhalt für sich und seine Schwester, die zwei Jahre bei ihm lebte, aber nichts beitragen konnte, so daß er, der inzwischen dem Geist der Aufklärung Entlaufene, sich an dessen Repräsentanten, den Verleger Nicolai wenden mußte, der dem talentierten Anfänger sogar Vorschüsse zu zahlen bereit war, wenn dieser seinen Idealen von Vernünftigkeit, Fleiß und Ordnung entsprach.

Seit 1787 war im Verlag Friedrich Nicolai, der, wie schon gesagt, seinen Sitz in der Brüderstraße, also nicht weit entfernt vom Köllnischen Fischmarkt hatte, der erste Band einer »Straußfedern« genannten Buchreihe erschienen, die durch amüsante, aber auch belehrende Erzählungen auf unterhaltsame Art Aufklärung befördern, aber natürlich auch Geld einbringen sollte, weshalb die einzelnen Geschichten der Sammlung keine Titel, sondern nur laufende Nummern trugen, so daß bei flüchtigem Durchblättern der Eindruck entstehen konnte, es handele sich hier um einen Roman. Ein »Präadvis an die Leser« erklärte den Titel: So wie man die prächtigen Federn des Vogels Strauß als Schmuck verwendet, so schmückt sich hier der anonyme Verfasser mit fremden, aus Frankreich entwendeten Federn, indem er die dort blühende Unterhaltungsliteratur plündert und sie dem deutschen Leser, nicht originalgetreu, sondern nacherzählend serviert.

Als Herausgeber und Verfasser dieser Reihe, von der bisher drei Bände erschienen waren, ließ sich nun, 1794, der bitterarme junge Autor verpflichten, und da er schnell schreiben und sich auf die Geisteshaltung seines Brotgebers, in der er ja aufgewachsen war, einstellen konnte, lieferte er, auch unter gelegentlicher Mitarbeit seiner Schwester, die gewünschten eingängigen, von Vernunftsmoral getränkten Geschichten am laufenden Band. Da wurde der Genie-Kult, gegen den Nicolai schon seit Jahrzehnten zu Felde gezogen war, aufs Neue verhöhnt, Naturschwärmer wurden in satirischer oder parodistischer Färbung im Namen der zivilisatorischen Errungenschaften zur Ordnung gerufen und Liebesenthusiasten mit den bitteren Realitäten des Lebens konfrontiert. In vier Jahren entstanden fünf Bände mit insgesamt achtundzwanzig Erzählungen. Der alte Verleger war mit seinem jungen Autor zufrieden und nahm deshalb auch manches in Kauf, was seinen Tendenzen nicht ganz entsprach.

Tiecks Methode, die flache Belehrung zu unterlaufen, ist die, Trivialität mit ihren eignen Waffen zu schlagen, Klischees nämlich so überdeutlich als solche zu zeigen, daß sie zur Parodie geraten und niemand sie ernst nehmen kann. Und manchmal kann er auch schon mehr als amüsante Unterhaltung bieten, in der Erzählung »Die beiden merkwürdigsten Tage aus Siegmunds Leben« zum Beispiel, wo eine realistische Darstellung von Großstadtleben den Eindruck von Lebensechtheit vermittelt, den man bei der Masse der Straußfedern-Geschichten vermißt.

Enorm war die Arbeitsleistung des jungen Autors in diesen Jahren. Während er, um leben zu können, für Nicolai anonym Unterhaltungsware verfaßte, entstanden in schneller Folge auch Romane, Erzählungen, Märchen, Aufsätze, Theaterstücke und Gedichte, oder Teile von diesen, die ihn als den schulemachenden Romantiker ausweisen sollten. Sich von der Aufklärung, die ihn erzogen hatte, immer mehr entfernend, vollzog der Vielleser und vielseitige Vielschreiber die Literaturentwicklung der letzten Jahrzehnte individuell nach. Nach den der Aufklärung verpflichteten Straußfedern-Geschichten wurden im Roman »William Lovell« Einflüsse des Sturm und Drang wirksam und im »Peter Leberecht« die der Empfindsamkeit des Lawrence Sterne. Zugleich oder danach aber entstanden auch jene Dichtungen, durch die sein Name mit dem Begriff der Romantik verbunden ist. Zum Teil

Titelblatt von Ludwig Tiecks »Volksmärchen«

sind das Werke, wie der »Zerbino« oder »Der gestiefelte Kater«, die im Streit der Kunstparteiungen entstanden und nur bei Wissenschaftlern und Liebhabern überlebten, zum Teil aber Unvergängliches, das bis heute immer wieder gedruckt, gelesen und nachgeahmt wird. Es sind dies die wunderbaren und vieldeutigen, aus Angstträumen und Melancholie gewobenen Märchenerzählungen, wie der »Blonde Eckbert« und der »Runenberg«, in denen Traum und Bewußtsein sich ineinander verschränken, in Idyllen Abgründe aufreißen und so der Krisenstimmung jener Zeit Ausdruck verleihen. Zwar herrschte, seit 1795, Frieden in Preußen, aber ringsumher tobten Kriege, und die Generation, die die Illusionen der Aufklärung nicht mehr teilte, weil der Verlauf der Französischen Revolution sie enttäuscht hatte, sah der ungewissen Zukunft mit Bangen entgegen und artikulierte ihre Empfindungen teils durch Vergangenheitsidealisierung, vorwiegend des Mittelalters, teils durch Rückzug in die »Waldeinsamkeit« – eine Wortschöpfung Tiecks. Das Vernunftbetonte, Klare und Didaktische der Alten, das in Berlin durch die Friedrich-Verehrer Nicolai, Engel und Ramler verkörpert wurde, war schon Vergangenheit für die Jungen, denen auch Friedrich der Große nicht mehr viel galt. Der Gegenwart angemessen war ihnen dagegen das Raunen und Rauschen aus den Tiefen der Natur und der Seelen, das Vage, Ahnungsvolle, Märchenhafte, und dazu eine Ironie, die alles in Frage stellt.

In Tiecks erstem, in Briefform erzählten Roman, »William Lovell«, der zu lang geratenen Geschichte eines jungen, wohlhabenden Engländers, der sich auf seinen Reisen durch Frankreich und Italien langweilt und aus Verzweiflung über die Sinnlosigkeit und Leere des eignen Lebens in moralischer Verkommenheit endet, standen offensichtlich keine Lebenserfahrungen, sondern viele gelesene Bücher Pate. Von Romantik ist hier noch nichts zu spüren, wohl aber von der Absicht, etwas ganz anderes als die Aufklärungsliteratur zu bieten. In einer dreißig Jahre später verfaßten Vorrede zu einer Neuausgabe machte Tieck sein jugendliches Aufbegehren gegen das in Berlin als korrekt geltende Denken deutlich – natürlich ungerecht, wie es sich für rebellierende Söhne gehört. Die Jugend des Verfassers, so schrieb

Titelblatt der »Straußfedern«

er, fiel in jene Jahre,»in denen der Sinn für das Schöne, Hohe und Geheimnisvolle entschlummert oder erstorben schien. Eine seichte Aufklärungssucht hatte sich der Herrschaft bemächtigt und das Heilige als einen leeren Traum darzustellen versucht. Gleichgültigkeit gegen Religion nannte man Denkfreiheit, Vaterland (welches freilich zu verschwinden drohte) Kosmopolitismus. Ein seichtes populäres Gespräch sollte die Stelle der Philosophie vertreten (...) die Poesie, in welche das Gemüt sich hätte retten mögen, lag erstorben.« In Berlin galt nur »die angebetete Korrektheit«,»und alles, was nicht von ihr gestempelt wurde, verachtete man als kleinstädtisch. Im Kampf gegen diese herrschenden Ansichten suchte der Verfasser früh einen Ruheplatz zu gewinnen, wo Natur, Kunst und Glaube wieder einheimisch war.«

Das war speziell gegen Nicolai, die Popularphilosophen und die rationalistische Theologie gerichtet, traf aber die gesamte Geisteshaltung der friderizianischen Epoche, die, was die Jungen anödete, auf Pflicht, Gehorsam und Nutzen gestellt war. Wackenroder, der sich die wenigen Jahre, die ihm bis zu seinem frühen Tode mit nur fünfundzwanzig Jahren blieben, auf Befehl seines Vaters in einer ungeliebten Beamtenlaufbahn quälen mußte, rettete sich in den »Herzensergießungen eines kunstliebenden Klosterbruders«, die von Tieck ergänzt und herausgegeben wurden, in die Religiosität des Mittelalters und die Heiligung der Kunst. Den Abschluß dieser, vor allem Raffael und Dürer preisenden »Herzensergießungen« bildet die Erzählung »Das merkwürdige musikalische Leben des Tonkünstlers Joseph Berglinger«, in der der Autor den eignen inneren Zwiespalt zwischen »seinem ätherischen Enthusiasmus und dem niedrigen Elend dieser Erde« gestaltet und sein eignes frühes Ende prophezeit.»Eine Nervenschwäche befiel, gleich einem bösen Thau, alle seine Fibern; er kränkelte eine Zeitlang hin und starb nicht lange darauf in der Blüthe seiner Jahre«, so heißt es im »Berglinger«, und so ähnlich war es beim Autor auch.

Wie zur Besiegelung dieser mit Tod endenden Freundschaft schrieb Tieck im Geiste der »Herzensergießungen« den unvollendeten, mit

Als Poesie gut

gefühlvollen Versen durchsetzten Roman »Franz Sternbalds Wanderungen«, den Goethe im September 1798 mit folgenden Worten an Schiller schickte: »Den vortrefflichen Sternbald lege ich bei, es ist unglaublich, wie leer das artige Gefäß ist.«

Die Romantik, der die Brüder Schlegel Name und Theorie erst nachlieferten, entstand hier aus einer Rebellion der Gefühle, deren Entstehung auch zwei Begebenheiten aus Tiecks Jünglingszeiten illustrieren, die durch Köpke überliefert sind. Da faßt der in Pubertätskrisen befangene Gymnasiast zu einem seiner verehrten Lehrer so viel Vertrauen, daß er ihm seine innere Unrast zu schildern wagt. Als er dabei aber bedauert, daß es im protestantischen Preußen keine Klöster mehr gäbe, in deren Abgeschiedenheit man zu sich selbst finden könne, mußt er von dem entsetzten Lehrer hören: «Tieck, für dieses eine Wort verdienten Sie gehängt zu werden!«

Die andere frühe Erfahrung, die dazu beitrug, ihn vom Preußen Friedrichs zu entfremden, war die frühe Begegnung des Kindes mit den inhumanen Zuständen beim Militär. Die Armee war damals Sache des Adels, der sie zu führen hatte, der Leute vom Lande, die die Mannschaften zu stellen hatten, und die von Ausländern, bei deren Anwerbung Zwang oder Betrug üblich war. Bürger brauchten keinen Militärdienst zu leisten, sie hatten nur unter der Einquartierung zu leiden, da es noch zu wenig Kasernen gab. Einer der privat untergebrachten ausländischen Soldaten, ein Italiener, der sich, wie alle nur gering besoldeten Gemeinen, ein wenig Geld mit Nebenarbeiten verdienen mußte, war in der Nachbarschaft des Fischmarkts einquartiert. Da er, im Gegensatz zu den meisten außerhalb Preußens angeworbenen Soldaten, unter denen viele Kriminelle waren, einen ordentlichen und gebildeten Eindruck machte, schlossen die Geschwister mit ihm Freundschaft und luden ihn auch in die Familie ein. Er stammte aus Modena, hatte sich als Student zu allerlei Abenteuern verführen lassen, hatte Spielschulden gemacht und sich schließlich in Straßburg von preußischen Werbern, die ihm eine baldige Offizierskarriere versprochen hatten, anwerben lassen, war dann aber als Gemeiner in ein Berliner Grenadierregiment gesteckt und nach den sieben Jahren, zu denen er sich verpflichtet hatte, mit Gewalt zur Verlängerung seiner Dienstzeit gezwungen worden. Da er unter Heimweh litt und verbotenerweise oft klagte, wurde er als Desertionsverdächtiger dauernd beobachtet und häufig mißhandelt. Die freundliche Aufnahme bei der Familie Tieck war ihm deshalb ein Trost. Befreundet war er vor allem mit Ludwig, der bei ihm Italienisch lernte und so auch miterlebte, wie kurz vor Ablauf seiner zweiten Verpflichtung die Quälerei, die ihn zu erneuter Dienstverlängerung zwingen sollte, wieder begann. Als er sich dagegen wehrte, geriet er mit einem Offizier in einen heftigen Wortwechsel, den man als Befehlsverweigerung auslegte und der ihn zur üblichen Prügelstrafe, der sogenannten Fuchtel, verurteilte, die so brutal an ihm vollzogen wurde, daß er anschließend ins Lazarett gebracht werden mußte, wo er, nachdem Ludwig ihn noch besucht hatte, an seinen schweren Verletzungen starb.

Rudolf Köpke, dem Tieck dieses Jugenderlebnis erzählt hatte, schließt seine Wiedererzählung mit der Bemerkung: Der Dichter habe diese Erfahrung niemals vergessen, und »niemals« habe er sich »mit dem militärischen Wesen Preußens auszusöhnen vermocht«.

Erfahrungsseelenkunde

»Er ist nicht mehr – der gute Anton Reiser! Er hat nun ausgewandert und seine wahrlich mühsame Laufbahn vollendet. Schwer hatte er zu kämpfen mit wirklichen und eingebildeten Übeln – denn auch seine Phantasie verursachte ihm der Leiden viel. Seine Erziehung und der Druck, unter dem er sich erst mit vielen Anstrengungen hervorarbeiten mußte, bildeten ihn zum exzentrischen Menschen und machten, daß er selbst die nachmaligen glücklichen Ereignisse seines Lebens nur halb genoß. Nur selten konnte seine vom Kummer schwer gedrückte Seele ihrer kränklichen Hülle den Sieg abgewinnen; doch zeigen seine Werke, wovon einige den Meisterstempel tragen, einleuchtend, was er unter glücklichern Umständen hätte werden können.«

So beginnt Karl Friedrich Klischnig, der langjährige Freund des Toten, seine Erinnerungen an Karl Philipp Moritz, der 1793, mit nur sechsunddreißig Jahren, in Berlin an der Schwindsucht gestorben war. Dessen Hauptwerk, der großartige, bis heute noch vielgelesene »Anton Reiser«, der sich im Untertitel »Ein psychologischer Roman« nannte, war für Klischnig, der sich um die Unterscheidung von Wahrheit und Dichtung nicht kümmerte, die Autobiographie des Dichters, die er mit seinen Erinnerungen an den Verstorbenen zu ergänzen meinte. Er nannte sie »Mein Freund Anton Reiser« und setzte Moritz mit ihnen ein literarisches Denkmal, das zwar manche Details aus dem Leben dieses seltsamen Mannes für die Nachwelt bewahrte, seiner Bedeutung für die Aufklärung, die Klassik und die Romantik aber nicht gerecht werden konnte. Zum Ende seines Lebens hatte Moritz durchaus Anerkennung gefunden, war aber im 19. Jahrhundert kaum noch beachtet worden, und erst in den letzten Jahrzehnten

Titelblatt des 4. Bandes des »Anton Reiser« von Karl Philipp Moritz

hat man die Wirkung seines vielgestaltigen Werkes in vollem Umfang erkannt.

Im »Anton Reiser« wie auch in Klischnigs Erinnerungen erscheint der psychisch labile Moritz als Einzelgänger und Außenseiter, aber im Berlin jener Jahre war er im Bildungswesen und in den Zirkeln der Intellektuellen belebend und anregend immer präsent. Als Freund und Bewunderer Moses Mendelssohns, als Beiträger der »Berlinischen Monatsschrift« und als Kollege des Schulmannes Gedike war er ein Mann der Aufklärung, doch erweiterte er durch sein literarisches und wissenschaftliches Werk deren Horizonte und wirkte so auch auf die jüngere Generation. Er gehörte, wie der etwa gleichaltrige Marcus Herz, zu jenen Gelehrten, die im universitätslosen Berlin erfolgreich wissenschaftliche Vorträge hielten. Während Marcus Herz über Kants Philosophie und die neuesten Erkenntnisse der Physik in seiner Wohnung referierte, sprach Moritz in den Räumen der Akademie, Unter den Linden, zu Themen der Literatur, der Kunstgeschichte, der Altertumskunde und der allgemeinen Ästhetik, in einer angenehm unkonventionellen Vortragsweise, die mancher freilich auch als etwas kauzig empfand. Interessierte Zuhörer hatte er immer, unter ihnen auch die Gymnasiasten Tieck und Wackenroder, die diesen vielseitigen und originellen Geist zu schätzen wußten. In ihren Briefen zeigt sich sein Einfluß auf sie im Für und Wider. In Wackenroders Kunstauffassung, wie sie sich in den »Herzensergießungen« manifestierte, waren viele Gedanken dieses Lehrers eingeflossen, und Tieck, der Moritz erst als seinen Zwillingsbruder im Geiste bezeichnet hatte, nannte ihn später einen Narren und wollte nichts mehr von ihm wissen – vielleicht wegen einer zu großen Ähnlichkeit mit sich selbst.

In diesen Jahren, den letzten vor seinem frühen Tode, war Moritz auf dem Höhepunkt seines Ruhms. Er war ordentliches Mitglied beider Akademien, also der der Wissenschaften und der der Künste, führte die Titel Professor und Hofrat und war allen geistig Interessierten als Ästhetiker, Sprachwissenschaftler, Reiseschriftsteller, Schulbuchautor, Romanschreiber, Herausgeber des »Magazins zur

Erfahrungsseelenkunde

Erfahrungsseelenkunde« und nicht zuletzt als Freund Goethes bekannt. Aus ärmsten, durch weltverneinenden Religionsfanatismus noch bedrückender werdenden Verhältnissen kommend und durch ständige Demütigungen an der Entwicklung eines normalen Selbstbewußtseins verhindert, war der 1756 in Hameln als Sohn eines

*Karl Philipp Moritz. Gemälde von
Friedrich Rehberg, um 1790*

Militärmusikers Geborene durch soziale und psychische Nöte auf einen Bildungsweg gestoßen worden, der so abenteuerlich wie fragmentarisch war. »Ob er gleich Vater und Mutter hatte, so war er doch in seiner frühesten Jugend schon von Vater und Mutter verlassen«, heißt es im »Anton Reiser«, denn er wußte nicht, an wen er sich halten sollte, da die Eltern sich haßten und in ihrer Wut aufeinander nie eine Zärtlichkeit oder ein freundliches Wort für den Sohn fanden, ihn vielmehr mit Geringschätzung und Verachtung behandelten, so daß er bald auch geringschätzig von sich dachte, aus Selbstverachtung keine Freundschaften zu knüpfen wagte und »immer traurig und einsam umherging«, bis er durchs Lesenlernen die Welt der Bücher entdeckte und sich in Phantasien Ersatzwelten schuf. Nach einer qualvollen Lehrzeit bei einem Hutmacher in Braunschweig und dem Besuch des Gymnasiums in Hannover, der ihm durch Fürsprache des Garnisonspfarrers vom Gouverneur der Stadt, dem Prinzen Carl von Mecklenburg-Strelitz, dem Vater der Königin Luise, ermöglicht wurde, floh er, von einer Leidenschaft zum Theater getrieben, heimlich nach Weimar, wo eine Wanderbühne, der er sich anschließen wollte, ihn abwies, worauf er in Erfurt ein Semester Theologie studierte, dann nach Barby wanderte, um Mitglied der Herrenhutergemeinde zu werden, es hier aber nicht lange aushielt, sondern sich als Theologe in Wittenberg einschrieb, das Studium aber nicht abschloß, weil ihm eine Lehrerstelle an Basedows Philanthropin in Dessau winkte, aus der aber nichts wurde, worauf er sich in der Hoffnung, als Feldprediger in einem Regiment angestellt zu werden, nach Potsdam wandte, dort Lehrer am Großen Militärwaisenhaus wurde, dessen neues Gebäude Karl von Gontard gerade fertiggestellt hatte, und bald darauf, womit seine Hungerzeit endlich endete, eine Lehrerstelle an der unteren Schule des Berlinischen Gymnasiums zum Grauen Kloster erhielt.

Im November 1778 wurde Moritz also mit einem kleinen, aber festen Gehalt zum Berliner, und als wollte er seine künftige Zugehörigkeit zu Preußens Hauptstadt bekunden, veröffentlichte er bald danach, 1781, seine »Sechs deutschen Gedichte, dem Könige von Preußen gewidmet«, in denen nicht nur Friedrichs Unsterblichkeit, ein Manöver seiner Truppen und sein Schloß Sanssouci besungen werden, sondern auch ein »Sonnenaufgang über Berlin«, vom »Tempelhoffschen Berge«, dem heutigen Kreuzberg, her gesehen, bei dem sich vor dem »goldumsäumten Fächer des Morgenrots« die

Erfahrungsseelenkunde

»Königin der Städte« mit ihren Türmen und Palästen, dem Schloß und dem Zeughaus langsam aus der Dämmerung löst. Sicher nicht unbeabsichtigt sind die dem frankophilen und frankophonen König gewidmeten Gedichte ausdrücklich als »deutsche« bezeichnet, und in einem von ihnen, »Die Sprache«, wird die Muttersprache gepriesen, die der König bekanntlich nur mangelhaft beherrschte, sie in seinem ein Jahr zuvor erschienenen Essay »Über die deutsche Literatur« roh und unschön genannt hatte und hier nun einen Lobgesang auf ihre Schönheit, Dynamik und Bildhaftigkeit lesen konnte. Und erstaunlicherweise antwortete Friedrich auf die Zusendung der Gedichte, denen Moritz zwei Arbeiten über den märkisch-berlinischen Dialekt beigelegt hatte, dem »Hochgelahrten, Lieben, Getreuen« äußerst gnädig und ermunterte ihn zur »ferneren Vervollkommnung der vaterländischen Sprache« – um die sich Moritz später dann tatsächlich noch erfolgreich bemühte, und zwar sowohl als Lehrer, dem es um ein fehlerfreies Deutsch zu tun war, wie auch als Sprachphilosoph. Das bis heute diskutierte Problem der Entstehung und Entwicklung des Berlinischen hat auch ihn beschäftigt, und da er viele Beispiele bietet, ist er als Quelle für den damaligen Sprachgebrauch nützlich. Die Entstehung des Berlinischen hängt für ihn mit der Entstehung der Großstadt zusammen, wo Hoch und Niedrig eng beieinander wohnen, die Plattdeutsch sprechenden niederen Stände, um vornehmer zu wirken, das Hoch- und Schriftdeutsch der höheren nachzuahmen versuchen und so eine Umgangssprache erzeugen, an der Moritz vor allem der fehlerhafte Gebrauch von Dativ und Akkusativ mißfällt. Eines seiner Beipiele ist das hochdeutsche: »Es tut mir leid«, das dem plattdeutschen »Et deit mi lehd« entspricht, im Munde der Berliner dann aber zum fehlerhaften »Es duht mich ledhd« verkommt.

Obwohl er auch später, wie Klischnig erzählt, noch oft und gern Gedichte machte, ist Moritz als Lyriker sonst kaum noch hervorgetreten. Doch entstand in den zwölf Lebensjahren, die ihm noch gegönnt waren, ein breitgefächertes Werk, das vollständig aufzubereiten sich heute erst die Berlin-Brandenburgische Akademie der Wissenschaften bemüht. Es entstand trotz Krankheit und innerer Unruhe, die sich

Als Poesie gut

auch darin zeigte, daß er in seinen Berliner Jahren, die durch Fußwanderungen in Deutschland, eine Reise nach England und einen längeren Aufenthalt in Italien unterbrochen wurden, immerzu seine Mietwohnungen wechselte. Vom Königstor, in der heutigen Alexanderplatz-Gegend, zog er in die Klosterstraße, von dort in die Breite Straße, also in Schloßnähe, wo er, zeitweilig auch Redakteur der »Vossischen Zeitung«, beim Buchhändler Voss wohnte, dann in die Neue Grünstraße, darauf in die Jägerstraße, zum Verleger Unger, und schließlich, nach seiner späten, unglücklichen Verheiratung, in die Münzstraße, wo er, von einer Studienreise nach Dresden zurückkehrend, seinem quälenden Lungenleiden erlag. Im Sommer liebte er es, außerhalb der Stadt in gemieteten Gartenhäusern zu wohnen. Wochenlange Fußwanderungen durch Nord- und Süddeutschland waren ihm auch ein Mittel, um die quälenden Depressionsphasen, die mit Zeiten der Heiterkeit und der Arbeitslust wechselten, ertragen zu können. Freund Klischnig, der drei Jahre mit ihm in einer Wohnung lebte, ohne daß es sich hier, nach eignem, möglicherweise nicht ganz ehrlichen Bekunden, um »griechische Liebe« gehandelt hätte, weiß von vielen Sonderbarkeiten seiner Lebensart zu berichten, die alle mit seinem Seelenhaushalt zusammenhingen, der, wie der »Anton Reiser« so hervorragend schildert, in der Kindheit beschädigt worden war.

Diese Leiden und das sich aus ihnen ergebende Bedürfnis zur Selbstbeobachtung und Selbstanalyse bestimmten ihn zur Herausgabe des »Magazins zur Erfahrungsseelenkunde«, der ersten psychologischen Zeitschrift, die von 1783 bis 1793 (während der Jahre seiner Italienreise unter anderer Herausgeberschaft) erschien. In ihr sollten, wie er in einem vorausgehenden Aufsatz erklärte, selbstanalytische Beobachtungen kranker Seelen zu allgemeinen Schlußfolgerungen und damit auch zur Aufdeckung der sozialen und psychischen Krankheitsursachen führen. Einige der Beiträge, die er selbst beisteuerte, entstammten dem »Anton Reiser«, an dem er gleichzeitig arbeitete, und es ist sogar möglich, daß der auf eigne Seelenerfahrung gegründete Roman ursprünglich als Musterstudie für die »Erfahrungsseelenkunde« gedacht war. Wie die Studien ist auch der Roman durch Genauigkeit und Lebensechtheit ausgezeichnet, und er endet auch nicht mit einem Bildungserfolg, einer Heilung oder Harmonisierung, sondern er bricht unvermittelt ab. Die weitere Entwicklung des entwicklungsgehinderten Anton Reiser bleibt so im ungewissen. Nicht nur, weil der Roman Fragment blieb, sondern wahrscheinlich auch seinen Intentionen nach, mußte der Schluß offen sein.

Der fast gleichzeitig mit dem »Reiser« entstandene zweite Roman, »Andreas Hartknopf«, der auf chronologische Abfolge des Erzählten verzichtet, mehrfach die Erzählperspektive wechselt und Auseinandersetzungen mit philanthropischen, freimaurerischen, mystischen, aufklärerischen und sektiererischen Ideen aufnimmt und dabei häufig zwischen Satire, Humor und Empfindsamkeit wechselt, hat zwar vereinzelte Liebhaber, wie Jean Paul und Arno Schmidt, aber nur wenige Leser gefunden. Er ist eine Schatzgrube für Interpreten, die alle Einflüsse und Zitate erkunden und seine offensichtliche Planlosigkeit, die auch Klischnig behauptet, in Abrede zu stellen versuchen. Neben unterschiedlichen philosophischen Deutungen wird auch eine Vorwegnahme der romantischen Polemik gegen die Auswüchse platter Aufklärung in ihm gesehen.

Zu den Zeitgenossen, die die Bedeutung von Moritz frühzeitig erkennen konnten, gehörte auch der von ihm schon immer verehrte Goethe. Dessen Freundschaft gewinnen zu können war einer der wenigen Glücksereignisse seines Lebens. 1786 lernte er ihn in Rom kennen. In Briefen von Ende November an seinen Freund Klischnig wird seine Freude darüber deutlich. »Goethe, ... ich brauche nur seinen Namen zu nennen, um Dir alles gesagt zu haben, ist vor kurzem angekommen. Ich habe mich sogleich an ihn angeschlossen und mit ihm mehrere kleine Spaziergänge in der umliegenden Gegend gemacht. ... Ich fühle mich durch seinen Umgang veredelt. Die schönsten Träume längst verflossener Jahre gehen in Erfüllung.«

Aber auch Goethe war erfreut über diese Begegnung. In seiner »Italienischen Reise« wird von dem Zusammentreffen mit dem Verfasser des »Anton Reiser«, »ein reiner, trefflicher Mann, an dem wir viel Freude haben«, unter dem 1. Dezember berichtet, und am 8. Dezember wird von einer Spazierfahrt ans Meer erzählt, nach der »der gute Moritz hereinreitend den Arm brach, indem sein Pferd auf dem glatten römischen Pflaster ausglitschte«. Goethe kümmerte sich nun um den Kranken, war ihm »vierzig Tage« lang »Wärter, Beichtvater und Vertrauter, Finanzminister und geheimer Sekretär« und lernte dabei von ihm nicht nur etwas über das Leben der armen Leute, sondern erstaunlicherweise auch etwas über die deutsche Sprache, so daß man in der »Italienischen Reise« über seine »Iphigenie« lesen kann: Er hätte nie gewagt, sie »in Jamben zu übersetzen, wäre mir in Moritzens Prosodie [gemeint ist sein »Versuch einer deutschen Prosodie«] nicht ein Leitstern erschienen. Der Umgang mit dem Verfasser, besonders während seines Krankenlagers, hat mich noch mehr darüber aufgeklärt.«

Seit seiner Italienreise, einem zwei Monate währenden Besuch in Weimar, den er als Goethes Gast im Haus am Frauenplan verbrachte, und der Heimkehr nach Berlin an der Seite des Herzogs Karl August von Sachsen-Weimar, galt Moritz in Berlin als Goethes Prophet und Vertrauensmann. Seine Verehrung des Weimarers, die für Schiller an »Abgötterei« grenzte und die Herder närrisch nannte, übertrug er auch auf seine Berliner Schüler und Zuhörer. Die immer stärker werdende Goethe-Verehrung in der preußischen Hauptstadt verdankte ihm viel.

Obwohl seine Vorgesetzten oft Ärger mit ihm hatten, da körperliche und seelische Leiden ihn unzuverlässig machten und er es auch fertigbrachte, ohne Urlaub zu nehmen, zu wochenlangen Fußreisen aufzubrechen, verlief seine berufliche Karriere vom Grundschullehrer über den Gymnasialprofessor zum Mitglied der Akademien doch relativ rasch. Am Ende war er Sekretär der Akademie der Künste, als welcher er zum Beispiel auch für die Kataloge der hier oft erwähnten jährlichen Akademieausstellungen verantwortlich war. Unterbrochen wurde diese Laufbahn 1784 bis 1785 durch seinen Versuch, eine Zeitung neuen Typs zu gründen, »ein Blatt für das Volk zu schreiben, das wirklich vom Volke gelesen würde und eben dadurch den ausgebreitetsten Nutzen stiftete«. Um sein »Ideal einer vollkommenen Zeitung« (so der Titel eines Aufsatzes) verwirklichen zu können, übernahm er gegen Gehalt und freies Logis im Hause des Verlegers Voss in der Breite Straße die Redaktion der späteren »Vossischen Zeitung«, die damals »Königlich privilegierte Berlinische Staats- und gelehrte Zeitung« hieß. Sein neues Blatt sollte sowohl in den »Palästen der Großen« als auch in den »Hütten der Niedrigen« gelesen werden, es sollte »Tugend und Laster unparteiisch« prüfen, »edle Handlungen der Mäßigkeit, Gerechtigkeit und Uneigennützigkeit« preisen, »Unterdrückung, Ungerechtigkeit, Weichlichkeit und Üppigkeit« brandmarken, »Baukunst, Musik, Malerei, Schauspiel usw.« nicht nur »als Gegenstände der Belustigung«, sondern »in Rücksicht ihres Einflusses auf die Bildung und den Charakter der Nation« betrachten und die Leser Schein und Wahrheit zu unterscheiden lehren. Eine moralische Anstalt also sollte die Zeitung werden, und mit rein moralischer Elle maß er dann auch in seinen Schauspielkritiken, in denen er zum Beispiel an Schillers »Räubern« und »Kabale und Liebe« nichts Gutes ließ. Doch wurde nichts aus seinen Plänen. Er mußte eine ähnliche Niederlage wie zwanzig Jahre später Heinrich von Kleist mit seinen »Berliner Abendblättern« erleben: Weil die Leser wegblieben, scheiterte das schöne Projekt.

Das letzte Lebensjahr des gleichermaßen unglücklichen als auch bedeutenden Mannes brachte ihm höchste Ehrungen, unter anderem den Hofratstitel, war aber auch nicht frei von einer Tragikomik, die den Berlinern Anlaß zum Klatschen bot. Wie wir von Henriette Herz und Varnhagen wissen, heiratete der fünfunddreißigjährige Professor im August 1792 die fünfzehnjährige Schwester des Verlegers Carl August Matzdorf, wurde, da ein junger Mann sie ihm entführt hatte, im Dezember gleichen Jahres von ihr geschieden, um im April des nächsten Jahres, zwei Monate vor seinem Tode, erneut die Ehe mit ihr einzugehen. In der Version, die Henriette Herz im Alter von dem Vorfall erzählte, verfolgte der betrogene Ehemann das flüchtige Pärchen, erwischte sie in einem Gasthofe, wo der Entführer sich in einem umgestülpten Fasse versteckte. »Moritz tritt an das Faß«, so erzählt die alte Dame etwa dreißig Jahre später, »steckt die Mündung eines Pistols in das Spundloch und ruft: Meine Frau mir herausgegeben, oder ich schieße! Der geängstigte Entführer gibt den Versteck der Frau an, denn er weiß nicht, daß das Pistol nicht geladen ist. Moritz führt seine Frau zum zweiten Male heim, und, so unglaublich es scheinen mag, die Eheleute lebten nachher ganz erträglich miteinander, ja, die junge Frau pflegte den Mann in seiner letzten Krankheit, einem Lungenübel, so treu, daß sie von ihr angesteckt wurde und gleichfalls an derselben starb.«

Dieser auf vielen Gebieten so verdienstvolle Mann, dessen Verdienste für die Zeitgenossen freilich nicht so zutage lagen wie für uns heute, wurde, vor allem seines ungewöhnlichen Lebensstils wegen, in Schlichtegrolls »Nekrolog auf das Jahr 1793« ziemlich verächtlich behandelt, weshalb Goethe Schlichtegroll grollte und in den »Xenien« des »Armen Moritz« gedachte. Der schlechte Ruf des Verstorbenen war dadurch aber nicht aus der Welt. Noch im Brockhaus von 1846 sind alle Ausführungen über den »unruhigen Geist mit Neigung zum Sonderbaren und Außerordentlichen«, den »genialen Schriftsteller«, in dessen unstetem Leben die Konsequenz fehlte und dessen vielseitiger Bildung es an Gründlichkeit mangelte, in tadelndem Ton gehalten, und erst am Schluß des Artikels, in dem nebenbei auch der »Anton Reiser« erwähnt wird, entsinnt man sich auch des Positiven, der Entdeckung Jean Pauls nämlich, die tatsächlich Moritz zu verdanken ist.

Moritz war nur sieben Jahre älter als Johann Paul Friedrich Richter, hatte ihm aber an Bekanntheit viel voraus. Beide kamen aus der Provinz und aus armen Verhältnissen, bei beiden war der Bildungsgang schwierig gewesen, und ihrem autodidaktischen Eifer hatten Plan und System gefehlt. Zehn Jahre lang hatte Jean Paul Satiren geschrieben, von denen einige keinen Verleger, alle keine Leser gefunden hatten. Dann aber hatte er endlich zu erzählen begonnen, und zwar gleich in seiner originellen, unnachahmlichen Art. Da die Lektüre des »Anton Reiser« das Gefühl von Seelenverwandtschaft mit dessen Autor in ihm geweckt hatte, war er bei der Suche nach einem Verleger auf den Gedanken gekommen, seinen ersten Roman, »Die unsichtbare Loge«, mit der angehängten ersten Erzählung über Wutz, den vergnügten Schulmeister, an ihn nach Berlin zu senden, um die »Buchhändler-Börse« mit ihren »geistigen Sklavenhändlern« zu umgehen. »Ich schicke es lieber zu einem Herzen«, schrieb er dem Verehrten, »das dem ähnlich ist, unter dem es getragen und genährt worden.« Sollte Moritz es für wert halten, heißt es weiter, auch von den wenigen Menschen, die ihm ähnlich seien, gelesen zu werden, möchte er es doch bitte »einer merkantilischen Hand zuwenden, die es aus der geschriebenen Welt in die gedruckte« befördern kann.

Jean Pauls Brief war am 7. Juni 1792 geschrieben worden, am 16. und 19. Juni hatte Moritz in zwei kurzen Schreiben schon seinem Entzücken an der Lektüre Ausdruck gegeben und dem glücklichen jungen Autor am 19. Juli eröffnet, daß sein Roman bald gedruckt werden wird. »Der Verleger ist der hiesige Buchhändler Herr Matzdorf, mit dessen Schwester ich seit wenigen Wochen verlobt bin und in kurzem für immer verbunden sein werde.« Daß der Verfasser des »Schulmeisterleins Wutz« nicht sterblich sei, konnte Jean Paul in diesem Brief noch lesen und auch, daß ihm in Berlin »mehr Herzen eröffnet« seien, als er wisse und glaube. Davon überzeugen konnte er sich erst acht Jahre später. Da ruhte Moritz schon seit sieben Jahren auf einem der vielen Berliner Friedhöfe, von denen heute keine Spur mehr vorhanden ist.

Die Kinder der Aufklärung

Henriette war zwölf Jahre alt, als ihr eine Tante, die sie im Nähen unterrichtete, insgeheim anvertraute, daß sie bald Braut werden sollte, auch den Namen des Bräutigams und den Tag der Verlobung verriet sie ihr schon. Henriette war glücklich darüber, nun bald schön gekleidet am Arm des Bräutigams spazierengehen zu dürfen, mehr Taschengeld als zwei Groschen im Monat zu erhalten und vielleicht sogar von den besseren Gerichten mitessen zu dürfen, die der Vater immer erhielt. Sehnlich wurde der angegebene Tag also erwartet, doch verstrich der Vormittag wie jeder andere, und erst beim Mittagessen kündigte sich durch eine Frage des Vaters das große Ereignis an. Er wollte von ihr nämlich wissen, ob sie lieber einen Rabbiner oder einen Doktor heiraten möchte, und sie entgegnete, wie es sich gehörte: jeder väterliche Entschluß sei ihr recht. Am Nachmittag verriet ihr die Mutter des Bräutigams Namen und ermahnte sie, sich ihm gegenüber gut zu benehmen. Am Abend mußte sie im Vorzimmer warten, bis man den Kontrakt aufgesetzt und unterschrieben hatte. Vor dem Notar und zwei Zeugen mußte sie ihre Zustimmung geben, worauf der Bräutigam ihr die Hand küßte und mit ihr in die Festgesellschaft ging.

Enttäuschend für sie waren die anderthalb Jahre, die sie bis zur Hochzeit noch warten mußte. Zwar erhielt sie nun sechs statt zwei Groschen im Monat, aber von schöneren Kleidern und besserem Essen war so wenig wie von Spaziergängen des Brautpaares die Rede, und jeden Abend mußte sie Stunden von entsetzlicher Langerweile durchleiden, wenn der Bräutigam kam, um mit dem Vater Karten zu spielen, denn sie mußte neben ihm sitzen, obwohl sie vom Kartenspiel nichts verstand. Allein war sie mit dem Versprochenen niemals.

Nur abends beim Abschied im Hausflur kam es manchmal zu Zärtlichkeiten, die ihr angenehm waren, aber in ihrer Bedeutung nicht klar. Als jemand ihr weismachte, die Kinder entstünden dadurch, daß man zu oft an einen bestimmten Mann denke, fürchtete sie, durch vorzeitige Niederkunft in Schande geraten zu können, weil ihr Künftiger doch dauernd in ihren Gedanken war. Denn dem Hochzeitstag fieberte sie mit Ungeduld entgegen, und zwar nicht nur der schönen Kleider wegen, sondern auch weil sie hoffte, danach soviel essen zu dürfen, wie sie nur wollte, und ausgehen zu können, wenn ihr danach zumute war.

Am Tage der Hochzeit, dem 1. Dezember 1779, lag Schnee auf dem Hofe der elterlichen Wohnung in der Spandauer Straße. Dort stand der Baldachin, unter dem nach altem jüdischen Brauch das Paar getraut wurde. Das festliche Mittagessen war erst am Abend zu Ende. Von Freunden begleitet ging das Paar einige Häuser weiter in die eheliche Wohnung. Zuvor aber empfing die junge Frau den Segen ihres Vaters – über den sie als alte Frau in ihren Erinnerungen sagte: er sei von Gott erhört worden, denn reich und schön sei ihr Leben von diesem Tag an tatsächlich gewesen – wenn sie sich auch in den ersten Jahren oft darüber ärgern mußte, daß ihr Mann es für richtig hielt, sie wie ein Kind zu behandeln, also als das, was sie war.

Geboren war sie als Henriette de Lemos am Berliner Neuen Markt, nahe der Marienkirche, in der Gegend der Spandauer Straße also, wo viele jüdische Familien wohnten, unter anderen die Mendelssohns auch. Ihr Vater, ein Arzt, dessen Vorfahren im späten Mittelalter vor der Inquisition aus Spanien und Portugal nach Preußen geflohen waren, gehorchte mit der frühen Verheiratung seiner ältesten Tochter nur den orthodox-jüdischen Sitten, die auch der Aufklärungsphilosoph Moses Mendelssohn noch befolgte, als er seine mit Henriette gleichaltrige Tochter Brendel (die sich später Dorothea nannte) an den Bankier Veit verheiratete und so einen Ehebund stiftete, der dann am Glücksanspruch der neuen Generation zerbrach.

Henriettes kinderlos bleibende Ehe dagegen war beständig. Sie selbst charakterisierte sie im Alter, fünfundzwanzig Jahre nach dem

Als Poesie gut

*Jüdische Vermählungsszene. Federzeichnung von
Johann Gottfried Schadow, um 1825*

Tod ihres Mannes, so: »Meine Ehe darf ich ein glückliches Verhältnis nennen, wenn auch vielleicht nicht eigentlich eine glückliche Ehe. Die Ehe bildete für meinen Mann nicht den Mittelpunkt seines Seins. Und außerdem war die unsere nicht durch Kinder gesegnet. Wäre mir dies Glück vergönnt gewesen, ich weiß, ich wäre eine gute Mutter geworden, wie ich eine gute Gattin war. Denn das Zeugnis darf ich mir geben: Mein Mann wurde durch mich so glücklich, als er es überhaupt durch eine Frau werden konnte.« Von ihrem eigenen Glück aber sagt sie damit wenig. Vielleicht hat es darin bestanden, immer von vielen bedeutenden Männer umgeben gewesen und von manchen begehrt worden zu sein.

Im Gegensatz zu Dorothea Mendelssohn, ihrer intimsten Freundin, und der etwas jüngeren Rahel Levin, mit der sie auch früh bekannt wurde, ohne daß sich zwischen ihnen eine Freundschaft entwickelt hätte, galt sie von Kindheit an als bedeutende Schönheit. Nicht ohne

Die Kinder der Aufklärung

Stolz erzählt sie im Alter von einem Laubhüttenfest der Berliner Juden, das die Prinzessin Amalia, die jüngste Schwester Friedrichs des Großen, mit einem Besuch beehrte und dabei von der kleinen Henriette begrüßt wurde, die ihrer Schönheit wegen dazu auserwählt worden war. Die Schwärmerei für ihr Aussehen begann also früh, und sie währte lange. Zu den Erfolgen ihrer Geselligkeiten, für die man erst später den Ausdruck Salon benutzte, hat sie sicher viel beigetragen. Für uns aber ist es nicht einfach, sie bei Betrachtung der überlieferten Bildnisse nachzuempfinden, weil wir heute, nicht weniger als Henriettes Bewunderer damals, vom Zeitgeist befangen sind. Weder die Henrietten-Büste Schadows noch die Porträts der Dorothea Therbusch und des Anton Graff können uns zur Bewunderung hinreißen, eher schon Beschreibungen in Worten, weil mit denen nämlich unsere eigne Vorstellung von attraktiver Schönheit zu verbinden ist.

Sie war von »hohem Wuchse«, so schreibt zum Beispiel der Berliner Autor Joseph Fürst, der sie im Alter zum Verfassen ihrer Erinnerungen animierte, und stellt sie in dieser Hinsicht mit der Königin Luise gleich. »Bis zum Eintritt des Alters«, heißt es dann weiter, »gesellte sich zu diesem ausgezeichneten Wuchse eine höchst gefällige Fülle der Formen, welche scharf das Maß innehielt, das erforderlich war, um der ganzen Gestalt nicht den Eindruck des Schlanken zu rauben.« Imposant sei also ihre Gestalt gewesen, ihr Gesicht aber von »der reinsten und mildesten weiblichen Schönheit«, mit einem der »griechischen Kunst« vergleichbaren klassischen Profil. »Dem kleinen Munde, dessen perlengleiche Zahnreihen von feingezeichneten und vollen Lippen umsäumt wurden, war das anmutigste Lächeln eigen. Der Glanz der dunklen, von feinen schwarzen Brauen überwölbten, in mildem Feuer leuchtenden Augen, wurde durch einen frischen, aber durchaus zarten Teint gehoben, und dieser wieder durch das reichste dunkle Haar.« Ihr Kopf, der Laien im Verhältnis zum Körper zu klein erschien, entsprach, wie Fürst abschließend meint, in den Augen von Kunstsachverständigen genau den kanonischen Verhältnismaßen der klassischen Zeit.

In ihren Erinnerungen, in denen Henriette den Stolz auf ihre

Schönheit nicht unterschlägt, spielt das »reichste dunkle Haar« insofern eine besondere Rolle, als es, zu ihrer Betrübnis, bei jüdischen Ehefrauen durch einen Kopfputz so verdeckt werden mußte, daß nichts davon mehr zu sehen war. Diesen Zwang der Orthodoxie zu mißachten, indem sie ihr volles Haar in der Öffentlichkeit zeigte, war

Henriette Herz. Gemälde von Anton Graff, 1792

schon so etwas wie eine Befreiungsgeste, eine andere, bedeutendere, aber war die Weigerung, weiterhin, wie einst das verlobte Kind beim Kartenspielen, nun in Gesellschaft, als sei sie sein Zubehör, neben dem Gatten sitzen und schweigen zu müssen. Sie bestand nun auf ein eigenes Spiel.

Ihr Mann, Marcus Herz, der, wie sie selbst sagte, »klein und häßlich« war, aber »ein geistreiches Gesicht und den Ruf eines Gelehrten« hatte, war aus Königsberg gekommen, wo er Medizin und Philosphie studiert hatte. Er war ein Lieblingsschüler Kants gewesen und war auch schon durch »einige scharfsinnige philosophische Schriften« hervorgetreten. Seiner Frau hatte er siebzehn Lebensjahre voraus. Er praktizierte als Arzt, hielt aber daneben auch medizinische und experimentalphysikalische Abendvorlesungen und brachte die Kenntnis der Kantschen Philosophie nach Berlin. Da die Stadt noch keine Universität hatte, die Aufklärung aber den Bildungswillen ihrer Bürger gefördert hatte, war das Herzsche Gesellschaftszimmer in der Spandauer Straße immer mit Zuhörern gefüllt. Unter ihnen waren auch junge Leute, wie die Brüder Wilhelm und Alexander von Humboldt aus Tegel, die ihr Hofmeister hierher geführt hatte, und in ihnen fand die junge Frau des vortragenden Philosophen bald Gleichgesinnte, denen, wie ihr, »Werthers Leiden« wichtiger war als die Physik und die Kritiken Kants. Sie wurden ihr und ihrer Freundin Brendel im wörtlichen Sinne zu Bundesgenossen; denn nachdem sie sich zu literarischen Gesprächen, oder vielmehr Schwärmereien, aus dem Kreis der wissenschaftlich interessierten Älteren, unter denen sie zum Schweigen verurteilt waren, in ein Nebenzimmer zurückgezogen hatten, gründeten sie tatsächlich einen Bund, den sie, da er zur Verbesserung der Sitten gedacht war, Tugendbund nannten, ihm Statuten gaben und ihn als geheim deklarierten, wie sie es aus der Literatur kannten, die in dieser umbruchsreifen Zeit voll von Geheimbundsphantasien war. Bezeichnend für die Unterschiede im Denken der Eheleute ist die als Anekdote überlieferte Antwort von Marcus Herz auf die Bitte nach Erklärung einer dunklen Stelle bei Goethe, die nämlich lautete, für Unsinn sei nicht er zuständig, sondern seine Frau.

Dieser Tugendbund, der nichts zu tun hatte mit der Vereinigung gleichen Namens, die sich nach 1806 im französisch besetzten Preußen gründen sollte, brauchte seiner Kurzlebigkeit und seiner kindlich-pubertären Züge wegen hier nicht erwähnt zu werden, wenn sich aus ihm nicht die erste der später Salon genannten, geselligen Runden entwickelt hätte, deren Bedeutung für die Kultur- und Gesellschaftsgeschichte nicht unterschätzt werden darf. Henriette Herz

Als Poesie gut

war die erste der Frauen, die, erst in der Spandauer, dann in der Neuen Friedrichstraße, diese zwanglosen, die Trennung der Ständegesellschaft überwindenden Zusammenkünfte bewirken konnte. Rahel Levin, die durch ihre reiche Hinterlassenschaft an Briefen die Nachwelt stärker beschäftigen sollte, folgte mit ihrem Kreis in der

Marcus Herz. Stich nach einer Zeichnung von Johann Gottfried Schadow

Jägerstraße einige Jahre danach. Aber neben dem ihren und dem Henriettes gab es im Berlin dieser Jahre noch einige andere, meist, aber nicht ausschließlich, jüdische Häuser, in denen, abseits von Konvention und Etikette, Frauen und Männer ohne soziale und religiöse Vorbehalte, nicht zu Gastmählern, Konzerten, Theateraufführungen

Die Kinder der Aufklärung

oder Lesungen, die schon vorher in einigen Häusern üblich waren, sondern zu Gesprächen zusammenkamen. Bewirtet wurden die Gäste dabei meist nur mit Tee.

Es war mehr die Literatur als die Politik, die diese Kreise zusammenbrachte, und doch kann man, wie Henriette Herz, von einem »Geist der neuen Zeit« reden, der sie bewegte und damit Konventionen durchbrach. Eine besondere Art von Jugendbewegung war es, die von der »revolutionären Luft«, die erst aus Amerika, dann aus Frankreich herüberwehte, beflügelt wurde, ihre Hauptanregung aber von der prächtig erblühenden deutschen Literatur erhielt. Goethe, der mit »Werthers Leiden« das Gefühl aus der Beengung aufklärerischen Vernunftsdenkens befreit hatte, wurde zum Idol dieser Kreise und damit auch das der frühen Romantik, die mit den Salons und teilweise auch in ihnen wuchs. Friedrich Schlegel schloß in Henriettes Runde seine Freundschaft mit Schleiermacher, der eine Theorie dieser Art von Geselligkeit schaffen sollte. Hier lernte Schlegel Dorothea Mendelssohn, seine spätere Frau, kennen und lieben, und sein romantisch-krauser Roman »Lucinde«, mit dem er meinte, eine neue Liebes- und Ehemoral stiften zu können, nahm manche Anregung von Henriettes Teetischen auf. Wilhelm von Humboldt und Caroline von Dacheröden gingen, ehe sie heirateten, durch Henriettes hohe Schule der Gefühle. Die aus Wien verstoßene Marianne Devidels konnte durch die Freundschaft mit Henriette schnell in Berlin eine neue Heimat finden und mit Schadow zusammenkommen. Und in Henriette waren nicht nur der Platon-Übersetzer Schleiermacher, dieser freilich in ganz besonderer, nämlich platonischer Weise, und der junge Ludwig Börne verliebt. Die erotische Atmosphäre dieser von Frauen gefühlsmäßig bestimmten Kreise war sicher auch Grund für ihre Beliebtheit und damit auch für ihren Einfluß. Jedem Fremden wurde als Berliner Sehenswürdigkeit neben dem Gendarmenmarkt auch der Teetisch der Madame Herz empfohlen. Und wenn diese gegen Ende ihres Lebens meinte, es habe »damals in Berlin keinen Mann und keine Frau« von späterer Bedeutung gegeben, »die nicht diesen Kreisen angehört« hätten, übertreibt sie nur wenig, und

Als Poesie gut

auch ihre Behauptung, der Geist der Salons sei »selbst in die höchsten Sphären« der Gesellschaft gedrungen, enthält Wahres. Von den Beamten, Diplomaten und Offizieren, die die Salons besuchten, verkehrten viele bei Hofe. Prinz Louis Ferdinand war häufig Gast an den Teetischen. Der Kronprinz Friedrich Wilhelm (III.) war an der Seite seines Erziehers Zuhörer der Herzschen Vorlesungen. Und ein Menschenalter später wurde die siebzigjährige Madame Herz in ihrer Berliner Wohnung durch den Besuch Friedrich Wilhelms IV., der ihr eine Pension gewährt hatte, geehrt.

Als Karl Varnhagen von Ense 1834 die Briefe seiner kurz zuvor verstorbenen Gattin unter dem Titel »Rahel, ein Buch des Andenkens für ihre Freunde« veröffentlichte, erschrak Henriette Herz bei dem Gedanken, auch ihre Beziehungen zu vielen berühmten Leuten könnten auf diese Weise einmal der Neugier der Öffentlichkeit ausgesetzt werden, und sie vernichtete fast vollständig ihre in Jahrzehnten gesammelte Korrespondenz. Ihr Nachlaß ist deshalb bedeutend geringer als der anderer Frauen, die zu ihren Lebzeiten berühmt wurden, was besonders im Vergleich mit ihrer Salon-Konkurrentin Rahel Levin-Varnhagen ins Auge sticht. Sie hatte nicht, wie die Rahel, einen jüngeren Gatten, der sie wie ein höheres Wesen verehrte, sie überlebte und als leidenschaftlicher Autographensammler ihre zahlreichen Briefwechsel an sich zu bringen versuchte. Sie, Henriette, wurde mit vierzig schon Witwe, und sie konnte nicht, wie Rahel, im Alter noch einen Salon bestreiten. Sie fand lediglich in späten Jahren in Joseph Fürst einen Berliner Autor, der nach ihren Erzählungen und bruchstückhaften autobiographischen Aufzeichnungen ihr Leben beschrieb. Er machte also vor, was Rudolf Köpke wenige Jahre später mit Ludwig Tieck nachmachen sollte. Doch hatte Fürst mehrere von ihr geschriebene Erinnerungen zur Verfügung, die auch bis heute (in Weimar) erhalten geblieben sind.

In der Einleitung seines Buches kommt Fürst, wie es nicht anders sein kann, auch auf Rahel zu sprechen, und er bescheinigt ihr, den Vorurteilen seiner Zeit folgend, einen, im Unterschied zu Henriette, »männlichen Geist«. Er meint damit einen schöpferischen und kritischen, und er trifft durchaus Richtiges, falls man bei so unterschiedlicher Quellenlage ein solches Urteil überhaupt wagen darf. Beide Frauen waren Autodidakten, und beider Umgang mit gebildeten Leuten war auch immer ein Lernen, doch scheint Henriette die Wissensaufnahme, wohl auch durch den Einfluß ihres wissenschaftlich tätigen Mannes, systematischer betrieben zu haben, weshalb sie manchem als eine Gelehrte galt. Hervorstechend waren ihre Sprachkenntnisse, die sie sich aneignete, um fremdsprachige Dichtung im Original lesen zu können und den vielen Ausländern, die zu ihr kamen, ein guter Gesprächspartner zu sein. Sie war in den alten Sprachen, Hebräisch, Griechisch, Latein, bewandert, sprach das Englische, das Italienische, das Französische und das Schwedische geläufig und eignete sich im Alter, aus »linguistischer Neugier«, wie ihr erster Biograph das nannte, noch die Grundkenntnisse im Sanskrit und dem Türkischen und Malayischen an. Sie war die Aufnehmende, immer interessiert an Vermehrung des Wissens. Rahel dagegen interessierte vor allem die menschliche Seele, die ihrer Freunde, die sie sich öffnen konnte, aber auch die eigne, deren wechselnde Befindlichkeiten jeder ihrer zahlreichen Briefe ausbreitete. Sie war kreativer und kritischer, verwundbarer und damit auch unzufriedener als Henriette, die neben ihr kühl und harmonisch wirkt. Ihr fehlt das Genialisch-Chaotische, oder auch Romantische, das sich in Rahels kühnen Gedankensprüngen, ihrem originellen, oft schwerverständlichen Stil oder auch in einer Behauptung wie dieser äußert: Ihre Zeit sei die »des sich selbst ins Unendliche bis zum Schwindel bespiegelnden Bewußtseins« – eine Äußerung, die, nebenbei gesagt, Anlaß sein könnte, die sogenannten Moderne bei ihr schon beginnen zu lassen. Das Interesse, das sie verstärkt im 20. Jahrhundert erregte, spricht sehr dafür.

Henriette hat ihre Zeit anders betrachtet. Das Seelen-erkunden-Wollen und Selbstbespiegeln fehlte ihr genauso wie das Echauffierte und ständig Anklagende, das Rahels Briefe beherrscht. Obwohl die beiden einander besuchten und halfen, fanden sie doch nie recht zueinander. Wenn »die Herz« in Rahels Briefen Erwähnung findet, ist nie Sympathie, eher Distanz oder gar Abneigung zu spüren. Einmal wird Henriette von ihr sogar in typisch Rahelscher Wortschöpfung als »kronendumm« und »gewichtdumm« bezeichnet. In einem späten Brief an sie, von 1830, schreibt sie ihr, ein wenig anmaßend, vielleicht auch ironisch: »Einen Fehler haben Sie und hatten Sie von je, liebste Freundin: Ihre zu große Bescheidenheit, die Ihnen nicht alle Selbsttätigkeit erlaubt, deren Sie durchaus fähig sind. Aber Ihnen schadet das weniger bei Ihren hohen Tugenden, denen Sie mit dem größten Talente Folge leisten. ... Verwahren Sie diese Charakteristik.« Das klingt mehr als Vorwurf, denn als guter Ratschlag. Für Rahel ist Henriette wohl immer zu kühl, zu unnahbar, vielleicht auch zu schön gewesen. Rahels dichtender Bruder, Ludwig Robert, sagt das in seinem Akrostichon auf JETTE HERZ boshafter: »Junonische Riesin, / Egyptische Markisin, / Treu, doch nicht liebend, / Tugend verübend, / Entzückt mit Gewalt. // Heiter und herzlos, / Eitel und schmerzlos, / Ruhig und kalt, / Zu jung für so alt.« Henriette dagegen wußte im Alter nur Lobendes über Rahel zu sagen. Was aber in ihren vernichteten Briefen über sie gestanden hat, weiß man nicht.

Henriette ist die Schule der Aufklärung, in der sie im Geiste Mendelssohns und Lessings erzogen wurde, immer anzumerken. Da sie weiß, wo sie herkommt, hat sie auch historisches Verständnis. Rahels Geist dagegen wirkt wie aus dem Nichts geboren, als habe sie alles, besonders auch die Sprache neu erfunden und probiere sie an ihren Gesprächs- und Briefpartnern aus. Wie Henriette den Versuch zu machen, eine Geschichte der Salonkultur zu schreiben, wäre Rahel nie eingefallen, und wenn, dann wäre sie bei ihr nicht so abständig und leidenschaftslos geraten, und auch nicht so eingebettet in den historischen Zusammenhang.

Ohne ihre eignen Verdienste zu schmälern, beginnt Henriette die Salongeschichte nicht bei sich oder ihrem Gatten, sondern schon bei ihren Lehrmeistern, bei Moses Mendelssohn besonders, der bereits ein offenes Haus führte und Leseabende initiierte. Sie betont also nicht, wie die Romantiker es gern taten, die Abgrenzung gegen die Generation der Aufklärung, sondern die Entwicklungskontinuität. Kluge Gedanken hat sie darüber, warum so viele Adlige zu ihren Besuchern zählten, und obwohl sie eingangs betont, daß sie »wenig zur Politik hinneige«, macht sie doch deutlich, wie stark politische Ereignisse und Meinungen die Gesprächsrunden »erwärmt, gehoben, elektrisiert« haben. Da war erstens, in ihren ersten Ehejahren, die Sympathie und Anteilnahme für die Unabhängigkeitskämpfe der Amerikaner und das Entsetzen über die Soldatenverkäufe deutscher Fürsten an das die Freiheit unterdrückende England. Bald danach erregten die revolutionären Anfänge in Frankreich Begeisterung, die dann mit der Hinrichtung des Königs und dem gegenseitigen Morden der Revolutionäre bald in Abscheu umschlug. Da die Rheinfeldzüge der österreichisch-preußischen Koalition für unsinnig und falsch gehalten wurden, begrüßte man den Separatfrieden von Basel, der Preußen zehn Friedensjahre bescherte, die aber von Kriegsfurcht nicht frei waren, denn anderswo in Europa wurde ja unvermindert weitergekämpft. Der Enthusiasmus, den der General Bonaparte mit seinem abenteuerlichen Zug nach Ägypten und der Beendigung der Revolution erregte, war auch erfüllt von der Hoffnung, daß der »ritterliche Held der Pyramiden« Europa endlich befrieden würde, doch ließen seine Kaiserkrönung und seine Eroberungen in Deutschland die Bewunderung bald in Furcht oder Haß umschlagen, und die Frage, wie Preußen sich ihm gegenüber verhalten sollte, erzeugte Parteiungen und machte in den Jahren bis 1806 zu Henriettes Betrübnis die Teetische zu politischen Diskussionsrunden, so daß »an Stelle der erwärmenden, leuchtenden, oft freilich auch nur blendenden Geistesblitze« ein ihr unangenehmes, weil unfeines »Donnergrollen« zu hören war.

Seelenfreundschaft

Da Henriette Herz und Friedrich Schleiermacher sich fast täglich trafen und auch oft zusammen auf der Straße gesehen wurden, war das innige Verhältnis zwischen der Arztgattin und dem Prediger stadtbekannt. Der landläufigen Meinung nach paßten sie nicht zueinander, denn sie war, wie sie selbst von sich sagte, »eine sehr hochgewachsene und damals noch mit ziemlicher Fülle begabte Frau«, er dagegen »klein, mager und nicht eben gut gebaut«. Eine Karikatur, die damals verbreitet wurde, zeigte sie auf einem Spaziergang, Schleiermacher aber in Form eines Knickers, wie man damals die zusammenklappbaren Schirme nannte, in ihrer Hand.

Bedenken gegen dieses Verhältnis gab es von kirchlicher Seite. Der Hofprediger Sack, ein älterer Amtsbruder und väterlicher Freund Schleiermachers, der ihm kürzlich geholfen hatte, eine Übersetzungsarbeit durch die Zensur zu bringen, sah in dem Umgang mit der Jüdin ein Hindernis für seine Karriere. Er habe zwar nichts gegen Juden, so wie auch sein Vater, der Oberhofprediger, seinerzeit viel mit Moses Medelssohn verkehrt habe, aber die Gemeinde sähe solch enge Beziehung zu Juden nicht gerne und er selbst befürchte, die Ideen dieser modernen Kreise erzeugten in seinem Schützling »Widerwillen gegen sein Amt«. Um ihm die Trennung zu erleichtern, habe er ihm eine besser dotierte Pfarrstelle im uckermärkischen Schwedt vermittelt. Aber Schleiermacher, der sich weder von Henriette und seinem Freund Schlegel, noch von den besseren Studienmöglichkeit Berlins trennen wollte, lehnte das Angebot ab.

Aber auch seine ältere Schwester Charlotte, die als Ledige bei den Herrnhutern im schlesischen Gnadenfrei lebte und den Bruder mit langen Briefen erfreute, sah seinen Umgang mit Henriette Herz nicht gern. Erst war es nur das Verheiratete, das sie an ihr störte, als sie dann aber 1798 in den »Jahrbüchern der preußischen Monarchie« den Aufsatz »Über Berlin. Aus Briefen einer reisenden Dame an ihren Bruder in H.« gelesen hatte, störte sie auch das Jüdische an ihr. Verfasserin dieses Beitrages war Friederike Unger, die Frau des Berliner Verlegers Johann Friedrich Unger, die besonders durch ihren 1784 erschienenen, später von ihr fortgesetzten und bearbeiteten Roman »Julchen Grünthal. Eine Pensionsgeschichte« bekannt geworden war. Ein anderer ihrer erfolgreichen Titel war das »Neueste Berlinische Kochbuch oder Anweisung, Speisen, Saucen und Gebacknes schmackhaft zuzurichten« von 1785, das 1796–1798 in erweiterter 3. Auflage erschien. Als Romanautorin gehörte sie mehr in das Umfeld von Nicolai, Engel und Biester, da aber Friedrich und August Wilhelm Schlegel zu den Autoren gehörten, die ihr Mann verlegte, und die Brüder bei Berlin-Besuchen anfangs auch im Hause Ungers oder in seinem Sommerhaus im Tiergarten logierten, lernte sie auch diese kennen und schätzen und war bemüht, sie in ihren Kreis zu ziehen. Als nun aber Friedrich Schlegel, dem man sogar eine Liebschaft mit ihr andichtete, lieber bei Henriette Herz oder Rahel Levin verkehrte und sich in Dorothea Veit verliebte, schlug ihre Vorliebe für die jungen Gelehrten ins Gegenteil um. In ihre Romane montierte sie satirisch verzerrte Gestalten mit kurz gestutzten Haaren, die sich durch angeberische Gelehrsamkeit und freche Arroganz als Romantiker zu erkennen gaben, und in ihrem Essay »Über Berlin« beschrieb sie die jüdischen Kreise mit einer Häme, die als Judenfeindschaft zu bezeichnen vielleicht übertrieben wäre, die aber die gleichen Ursprünge wie diese hatte, nämlich Mißgunst, Neid und Eifersucht.

»Die Berliner Elegants und jungen Gelehrten«, kann man da lesen, »welche keinen Zutritt zu den Vornehmen haben oder suchen, wenden sich zum Ersatz an reiche jüdische Häuser. Die Gebildeten dieser Nation [also die Juden] machen eine besondere Klasse aus, die gegenwärtig mehr Einfluß gewinnt, als ihre getauften Mitbürger ihnen zugestehen möchten. Wenn unter diesem Samen Abrahams, der immer zahllos wie Sand am Meer gewesen ist, sich einige gute spekulative Köpfe ausgezeichnet haben, so ist das unter der ungeheuren Menge immer nur sehr wenig, und sie sind auch unaussprechlich eitel darauf. Ewig vergessen sie's nicht, daß sie einen Moses Mendelssohn gehabt haben, und Juden und Judengenossen beugen noch immer ihre Kniee vor diesem Lumen [Licht, Leuchte]. ... Streben

Friedrich Schleiermacher.
Kupferstich von Heinrich Lips

nach Bildung ist ihnen nicht abzusprechen. Besonders zeichnen sich die jüdischen Frauenzimmer durch einen gewissen Anstrich von Geistesbildung und Empfänglichkeit fürs Schöne vor ihren christlichen Rivalinnen aus. Doch sind sie noch weit ab vom wahren Geschmack, der nie so, wie sie tun, in Extreme und Übertreibung fällt. Sie mögen sich hüten, die Töchter Israels, schon streifen sie hart an Verbildung. Durch den häufigen Umgang mit Gelehrten sind sie verleitet worden, die höheren Stufen der Kultur ersteigen zu wollen, ohne die mittleren berühret zu haben. Kant und Philosophie, Goethe, Kunst, Geschmack und Italien sind die Stichwörter ihrer Aufklärung, welche sie gern bei den alltäglichsten Veranlassungen hoch ertönen lassen. Überhaupt sind sie, ein Geschlecht wie das andere, oft vorlauter und arroganter, als ihr Verhältnis zur Gesellschaft es ihnen gestattet. Dies Verhältnis in ein die Menschheit ehrendes Gleichgewicht zu setzen, dazu wird ihnen weder Goethe noch Kant behilflich sein, sondern nur ein ganz schlichtes humanes Benehmen und vernunftmäßiges Entgegenkommen durch reinen gesunden Menschenverstand und Ablegung des prätensionsvollen Starrsinns, der sie stets zum Vorwurf der Abneigung aller ältern und neuern Völker gemacht hat. ... Die Weisern unter ihnen halten sich still und wollen nicht den Vorwurf der Neuerungssucht auf sich ziehen, die andern wähnen sich in ihrer unsäglichen Fatuität [Narrheit, Unbesonnenheit] schon gut genug zu sein, und so wird noch manches Jahrhundert dahingehen, ehe etwas Wesentliches für ihre wirkliche Veredelung geschehen kann.«

In einem Brief an seine Schwester nennt Schleiermacher die Madame Unger eine »kränkliche, ältliche, grämliche Frau«, die eine »eigne Pique gegen die Juden« habe und deshalb ungerecht über sie urteile. Daß gebildete Menschen vorzüglich die jüdischen Häuser besuchten, sei verständlich, denn sie seien unter den bürgerlichen die reichsten und offensten. In ihnen treffe man Leute mit den unterschiedlichsten Talenten aus allen Ständen, und die jüdischen Frauen, die sich und anderen zuliebe diese Geselligkeiten ermöglichten, während ihre Männer das Geld verdienten, seien gebildet und amüsant. Ihm allerdings seien vertraulichere Gespräche in kleinem Kreis lieber, und die fände er besonders bei Marcus und Henriette Herz.

Begonnen hatte die ungewöhnliche Beziehung zu der schönen, vier Jahre älteren Henriette schon bald nachdem der achtundzwanzigjährige Schleiermacher 1796 seine erste richtige Pfarrstelle als reformierter Charité-Prediger (daneben gab es noch einen lutherischen) angetreten hatte und sich durch Freunde, die er an den wechselnden Aufenthaltsorten seiner unruhigen Jugend gewonnen hatte, in die Intellektuellenkreise Berlins einführen ließ. Er war als Sohn und Enkel von Theologen in Breslau geboren und hatte dort und in Oberschlesien seine Kindheit verlebt. Als er vierzehn war, hatten ihn seine Eltern in die Obhut der Herrnhuter gegeben, er hatte in Niesky, Oberlausitz, und in Barby, an der Elbe, deren Erziehung durchlaufen, war Student der Theologie und Philosophie in Halle, Hilfsprediger in Landsberg und Drossen, Neumark, gewesen, und hatte in Schlobitten, Ostpreußen, beim Grafen Dohna als Hofmeister gewirkt. Die alten Freunde, die ihn in Berlin mit interessanten Leuten bekanntmachten, waren Carl Gustav von Brinckmann, der Schwede, der aber schon seit seinem elften Lebensjahr in Deutschland lebte, Gedichte schrieb und mit Schleiermacher zusammen in Halle studiert hatte, und Alexander Graf zu Dohna, einer seiner Zöglinge aus Schlobitten, der ihm am 30. Dezember 1796 schriftlich mitteilte, er habe den Auftrag, ihn für den 31. »zu Tee und Abendessen« zu Professor Herz einzuladen, das heißt in die Neue Friedrichstraße 22, nahe der Spandauer und König-Straße. Von der Charité aus war das ein weiter, wenn auch nicht zu weiter Weg.

Voneinander angetan waren wahrscheinlich sofort beide. Als Henriette später Brinckmann gegenüber bedauerte, daß sie Schleiermacher erst ein halbes Jahr nach seiner Ankunft in Berlin kennengelernt hatte, ist von seiner schmächtigen Gestalt und seinen hochgezogenen Schultern, deretwegen er in der Kindheit sicher manchen Spott hatte erdulden müssen, nicht die Rede, wenn sie ihn eine »seltene Erscheinung« nennt: »So viel Verstand«, schreibt sie, »so viele Kenntnisse, so ganz liebevoll und doch so zart, so ganz schönen Gemüts. Kann je noch etwas aus mir werden, so geschieht es durch ihn, der sich so viel Mühe gibt, aus mir etwas zu machen.« Sie, die vielbewunderte Schönheit, der das Geistreiche von Rahel fehlte, die aber mehr Verständnis für Wissenschaft hatte, fand in Schleier, wie sie ihn nannte, den Freund, den sie zu Herzensergießungen brauchte, wie auch er mit ihr über alles ihn Bedrückende sprach. Daß dieser intimen Beziehung das Sinnliche fehlte, wurde von beiden in Gesprächen erörtert und für gut befunden, von anderen aber nicht geglaubt. »Es fehlte auch nicht an Leuten«, so heißt es in Henriettes Erinnerungen,»welche, die Innigkeit unseres Verhältnisses kennend, ein anderes Gefühl als das der Freundschaft in uns voraussetzten. Sie waren im Irrtum. Man konnte sich mit niemandem unumwundener über das gegenseitige Verhältnis aussprechen als mit Schleiermacher, ja, es war recht eigentlich sein Bestreben, sich und den anderen über dasselbe ins klare zu setzen, damit nicht irgendeine Täuschung in dieser Beziehung ein Verhältnis trübe, welches, so wie es eben in Wirklichkeit bestand, ein schönes und das allein angemessene war. So haben wir uns denn auch öfter darüber ausgesprochen, daß wir kein anderes Gefühl für einander hätten und haben könnten als Freundschaft, wenngleich die innigste. Ja, so sonderbar es scheinen mag, wir setzten uns schriftlich die Gründe auseinander, welche verhinderten, daß unser Verhältnis ein anderes sein könne.«

Ohne Verständnis für diese Beziehung war auch Schleiermachers engster Freund dieser Jahre, den er im Sommer 1797 auf einer der Gesellschaften kennengelernt hatte und seiner Schwester Charlotte so beschrieb: »Er ist ein junger Mann von 25 Jahren, von so ausgebreiteten Kenntnissen, daß man nicht begreifen kann, wie es möglich ist, bei solcher Jugend soviel zu wissen, von einem originellen Geist, der hier, wo es doch soviel Geist und Talente gibt, alles sehr weit überragt und in seinen Sitten von einer Natürlichkeit, Offenheit und kindlichen Jugendlichkeit, deren Vereinigung mit jenem allem vielleicht bei weitem das wunderbarste ist.« Seines Witzes und seiner Unbefangenheit wegen sei er überall der angenehmste Gesellschafter, ihm selbst aber sei er wichtig, weil er mit ihm philosophieren könne. »Kurz, für mein Dasein in der philosophischen und literarischen Welt geht seit meiner nähern Bekanntschaft mit ihm gleichsam eine neue Periode an.« Er heiße, »merkwürdig genug, Schlegel«, »den Vornamen hat er von mir: er heißt Friedrich, und er gleicht mir auch in manchen Naturmängeln, er ist nicht musikalisch, zeichnet nicht, liebt das Französische nicht und hat schlechte Augen. ... Wir kauen jetzt an einem Projekt, daß er zu Neujahr zu mir ziehen soll, und ich würde mich königlich freuen, wenn es zustande käme, denn jetzt kostet mich jeder Gang zu ihm hin und zurück immer eine Stunde Weges.«

Und das Projekt, das in erster Linie von Geldnot bestimmt war, kam wirklich zustande. Schleiermacher, der Prediger der Charité, der nicht nur für das Seelenheil der Kranken dieser Anstalt, sondern auch für das der Bewohner des Koppeschen Armenhauses in der Hospital-, der heutigen Auguststraße, und des Dorotheenhospitals zuständig war, wenig Gehalt bezog, aber freie Kost und Logis hatte, nahm also den Freund bei sich auf, und zwar nicht in der Predigerwohnung in der Charité, die gerade umgebaut wurde, sondern in einem von der Charité angemieteten Hause vor dem Oranienburger Tor, wo ihm zwei Stuben und zwei Kammern zur Verfügung standen und im Keller ein Gelaß für Holz. Sein Schwärmen über das harmonische und geistig ergiebige Zusammenleben wurde in den Briefen an die Schwester nur noch von dem über die geistige Überlegenheit des Freundes übertroffen, der schnell und tief in jede Wissenschaft eindringen und scharf über Kunst und Literatur urteilen könne. Er lerne viel von ihm und ließe sich von ihm dazu bringen, sich doch nun endlich auch als Schriftsteller einen Namen zu machen. Mit neunundzwanzig sei das an der Zeit. Was er aber an ihm vermisse, das sei »das zarte Gefühl und der feine Sinn für die lieblichen Kleinigkeiten des Lebens und für die feinen Äußerungen schöner Gesinnungen, die oft in kleinen Dingen unwillkürlich das ganze Gemüt enthüllen. So wie er Bücher am liebsten mit großer Schrift mag, so auch an den Menschen große und starke Züge; das bloß Sanfte und Schöne fesselt ihn nicht, weil er zu sehr nach der Analogie seines eignen Gemüts alles für schwach hält, was nicht feurig und stark erscheint. So wenig dieser eigentümliche Mangel meine Liebe zu ihm mindert, so macht er es mir doch unmöglich, ihm manche Seite meines Gemüts ganz zu enthüllen und verständlich zu machen. Er wird immer mehr sein als ich, aber ich werde ihn vollständiger fassen und kennenlernen als er mich.«

Schon diese Charakterisierung läßt vermuten, daß Schlegel für das zarte Verhältnis des Freundes zu Henriette wenig Verständnis hatte, und tatsächlich ärgerte er sich wie ein Eifersüchtiger sehr darüber, daß sich Schleiermacher in dieser Hinsicht seinem Einfluß entzog. Durch den Umgang mit dieser Frau verderbe Schleiermacher die Freundschaft, schrieb er an Caroline, die damalige Frau seines Bruders. »Die Weiblichkeit dieser Frau ist doch wirklich so gemein, daß sie selbst diesen fünften Mann am Wagen allein besitzen muß, wenn es ihr Freude machen soll. Sie machen sich einander eitel: es ist kein großer Stolz, sondern ein alberner Dampf wie von barbarischem Punsch. Jede kleine noch so lausige Tugendübung rechnen sie sich hoch an: Schl.[eiermachers] Geist kriecht ein, er verliert den Sinn für das Große. Ich möchte rasend werden über diese verdammten und winzigen Gemütereien. ... Das schlimmste ist, daß ich keine Rettung für Schleiermacher sehe, sich aus den Schlingen der Antike zu ziehen.«

Und damit sollte er recht behalten. Denn Schleiermachers Freundschaft mit Henriette Herz dauerte bis an sein Lebensende, während die zu Schlegel, der Berlin bald wieder verließ und einige Jahre später ein anderer wurde, ihre Aufgabe bald erfüllt hatte, die nämlich, des Freundes Selbstbewußtsein zu stärken, ihn mit dem Denken der Romantischen Schule vertraut zu machen und ihn anzustacheln, mit eignen Werken an die Öffentlichkeit zu gehen. Des Freundes Hauptfehler sei, schrieb Friedrich Schlegel an seinen Bruder, »daß er kein rechtes Interesse hat, etwas zu machen, obgleich er es kann. Aber hier gilts: denken ist leichter als machen. Ich treibe und martre ihn alle Tage.« Und er hatte damit Erfolg. Von den 451 »Fragmenten«, die das 2. Stück des 1. Bandes des »Athenaeum« füllten, stammten etwa dreißig von Schleiermacher, darunter die »Ideen zu einem Katechismus der Vernunft für edle Frauen«, in denen das 9. Gebot lautet: »Du sollst nicht falsch Zeugnis ablegen für die Männer; du sollst ihre Barbarei nicht beschönigen mit Worten und Werken« und das Glaubensbekenntnis, das einer Frau in den Mund gelegt wird, mit folgenden Sätzen beginnt: »Ich glaube an die unendliche Menschheit, die da war, ehe sie die Hülle der Männlichkeit und der Weiblichkeit annahm. Ich glaube, daß ich nicht lebe, um zu gehorchen oder um mich zu zerstreuen, sondern um zu sein und zu werden; und ich glaube an die Macht des Willens und der Bildung, mich dem Unendlichen wieder zu nähern, mich aus den Fesseln der Mißbildung zu erlösen und mich von den Schranken des Geschlechts unabhängig zu machen.« Und die Platon-Übersetzungen, die Schleiermacher noch lange beschäftigen sollten, wurden unter Schlegels Einfluß begonnen. Die Verteidigung von Schlegels »Lucinde« wurde geschrieben, und 1799 wurde der »Versuch einer Theorie des geselligen Betragens« entworfen, in dem der Sinn der Salons in der Ausbildung freier Gedanken und Empfindungen gesehen wird. Daneben entstanden dann auch bald die beiden Werke, die ihn berühmt machten und als Romantiker auswiesen: »Über die Religion. Reden an die Gebildeten unter ihren Verächtern« (1799), die den Aufklärern und Orthodoxen, die das religiöse Gefühl hatten erkalten lassen, den Weg zum wahren Glauben des Herzens weisen wollen, und die »Monologe« (1800), die hauptsächlich von der menschlichen Freiheit handeln, die die Gemeinschaft durch Notwendigkeiten begrenzt.

Beide Bücher stießen bei seinen kirchlichen Oberen auf Ablehnung. Aber nicht deswegen fühlte er sich 1802 gezwungen, Berlin zu verlassen, sondern einer unglücklichen Liebe wegen, die der Frau seines mit ihm im selben Hause wohnenden Amtsbruders, des lutherischen Charité-Predigers, galt. Er ließ sich als Hofprediger nach Stolp in Hinterpommern versetzen und fühlte sich dort wie im Exil. Mit seinen Besuchen bei Henriette, der er sein Leid klagen konnte, war es nun zu Ende. In ihren Erinnerungen beschreibt sie seinen allabendlichen Weg vom Charité-Gebäude, »dessen Umgebung noch wüst, unangebaut, ja ungepflastert war. Dennoch kam er fast jeden Abend zu uns, die wir damals in der Neuen Friedrichstraße nahe der Königstraße wohnten. An Winterabenden war sein Weg zu uns, namentlich jedoch der Rückweg, nicht ohne Beschwerlichkeit. Aber er wurde noch weiter und beschwerlicher, ja an Winterabenden sogar bedenklich, als Schleiermacher während eines Umbaus in der Charité eine Wohnung auf der jetzigen Oranienburger Chaussee [heute Chausseestraße] bezogen hatte, damals eine abends unbeleuchtete Landstraße, an welcher nur wenige Häuser in weiten Entfernungen voneinander standen. Er hatte sich jedoch bereits in dem Maße an meinen Mann und mich angeschlossen und wußte seinerseits uns ihm so aufrichtig befreundet, daß er dadurch nicht von seinen allabendlichen Besuchen abgehalten wurde. In unserer Besorgnis um ihn verehrten wir ihm eine kleine Laterne, dergestalt eingerichtet, daß er sie in ein Knopfloch seines Rockes einhaken konnte, und so angetan ging dann der kleine Mann an jedem Winterabende von uns, wenn er nicht schon so ankam.«

Schleiermachers Selbstverbannung nach Hinterpommern wurde von Henriette und ihrem Gatten betrauert, von einem ihrer Hausgenossen, einem hochintelligenten, aber charakterlich noch ungefestigten Jüngling von sechzehn Jahren, jedoch begrüßt. Dieser, aus Frankfurt am Main kommend, wohnte seit November 1802 im Herzschen Hause und hatte sich sofort nach seiner Ankunft in die achtunddreißigjährige Madame Herz leidenschaftlich verliebt. Er hieß Juda Löw Baruch, war in der Frankfurter Judengasse in wohlhabenden Verhältnissen aufgewachsen und von Privatlehrern in jüdisch-orthodoxem Sinne erzogen worden. Als Vorbereitung auf ein Medizinstudium hatte ihn sein Vater zu dem angesehenen Arzt Dr. Herz in Pension geschickt. Der Junge aber war, statt zu lernen, nur mit seiner unerwidert bleibenden Liebe beschäftigt. Er war verzweifelt und dachte ans Sterben. Sein Tagebuch hat kein anderes Thema als Henriette. Sie aber, die in diesen Wochen den Tod ihres Mannes zu beklagen hatte, versicherte noch im Alter glaubhaft, nichts geahnt zu haben davon. Erst als die Dienstmagd ihr einen Zettel zeigte, mit dem der Junge sie zum Apotheker geschickt hatte, erfuhr sie von seinem gefährlichen Seelenzustand. Es handelte sich nämlich um die Bestellung von Arsenik.

Nun erst kam es zur Aussprache. Er gab ihr sein Tagebuch und seine bisher zurückgehaltenen Liebesbriefe an sie zu lesen. Sie versuchte, bei ihrer Abweisung freundlich zu bleiben, worauf er am Abend, es war der 19. März 1803, in sein Tagebuch schrieb: »Das Leben ist ein Traum, und ich träumte hier ein schönes Leben. Ich bin nun aufgewacht, es ist zu Ende. Haltet mich fest, ihr guten Engel, kettet mich an diesen fürchterlich schönen Gedanken: ich will sterben. Sie stößt mich von sich, das schmerzt; sie tut es mit feindlicher Kälte, das bringt mich zur Verzweiflung. Sie liebt mich nicht, das will wenig sagen, aber sie haßt mich nicht, das ist das schrecklichste. – Nicht lieben und nicht hassen. Gleichgültig. Gleichgültigkeit und meine glühende Liebe, Feuer und Wasser. – Was habe ich nun von meinem ganzen Leben? Welchen Genuß? – O hätte ich geschwiegen und mich bis ans Grab mit der lieblichen Hoffnung gelabt!«

Henriette, seit wenigen Wochen Witwe, konnte den jungen Mann nun in ihrem Haus nicht mehr dulden. Sie vermittelte ihn als Pensionär an den bekannten Medizinprofessor Reil nach Halle, blieb aber noch lange mit ihm im Briefwechsel, in dem sie die Rolle der mütterlichen Freundin spielte, die den Faulpelz ermahnt. In Halle versuchte er sich Schleiermacher anzuschließen, dem aber war der pflichtvergessene, eitle und arrogante Student zuwider. Als Napoleon die Preußen besiegte, studierte Löw Baruch in Heidelberg weiter. Er promovierte, ließ sich als Zweiunddreißigjähriger protestantisch taufen und wurde wenig später unter seinem neuen Namen, Ludwig Börne, als politischer Publizist und Kritiker in ganz Deutschland bekannt.

Zu einer Wiederbegegnung mit Henriette kam es 1828, als er für zwei Monate Berlin besuchte. Da konnte er es zwar sehr genießen, von den Damen der jüdischen Salons als scharfzüngiger Schriftsteller und Verfasser der herrlichen Gedenkrede auf Jean Paul bewundert zu werden, Henriette aber wurde eine Enttäuschung für ihn. Geistig rege war die Vierundsechzigjährige zwar noch immer, aber daß sie sich unter Menschen noch mit dem Selbstbewußtsein einer angebeteten Schönen bewegte, erregte doch seinen Spott. Als Fazit dieser Begegnung schrieb er an seine Vertraute in Frankfurt: »Ihr faltenreiches Gesicht erschien mir als ein Vorhang, hinter dem sich ihre einstige Schönheit versteckt hielt. Ich zog ihn weg, aber dahinter war nichts.«

Thronwechsel

Nur ein Lakai war anwesend, als Friedrich Wilhelm II. am Vormittag des 16. November 1797 kurz vor 9 Uhr im Schreibkabinett seines Potsdamer Marmorpalais im Alter von dreiundfünfzig Jahren starb. Die Nachricht, daß sein Vater im Sterben liege, war dem Kronprinzen durch einen Feldjäger schon am frühen Morgen übermittelt worden, doch zögerte er, wie es seine Art war, stundenlang mit der Abreise, traf also seinen Vater nicht mehr lebend an. Seine Gattin Luise und ihre Schwester Friederike warteten im Kronprinzenpalais, Unter den Linden, auf die Nachricht aus Potsdam, und als diese durch den General von Bischoffswerder überbracht wurde, nahm schon die Anrede »Majestät« die Todesmeldung vorweg. Luise von Radziwill, die Schwester Louis Ferdinands, die diese Szene miterlebte, weiß auch davon zu berichten, daß der neue König vor seiner Abfahrt nach Potsdam zu Luise gesagt habe, jetzt beginne die Zeit seiner Prüfungen, mit dem »friedlichen Glück« des Paares sei es nun endgültig vorbei.

Die erste Amtshandlung des neuen Königs, die er später mit den selbstkritischen Worten: »Übereilt gehandelt damals, Sache übers Knie gebrochen«, bedenken sollte, war in ihrer Spontaneität und Gefühlsbetontheit für den gutmütigen und entscheidungsschwachen Monarchen untypisch, und sie war ein Bruch geltenden Rechts. Der Öffentlichkeit aber galt sie paradoxerweise als Beweis seiner Gerechtigkeitsliebe und wurde von Adel und Volk begrüßt. Sie bestand in der Verhaftung der Mätresse und langjährigen Vertrauten seines Vaters, der seit 1796 Gräfin Lichtenau genannten Wilhelmine Enke, die der Kronprinz haßte, weil sie seine Mutter verdrängt hatte, und die dem Hofadel und den königstreuen Berlinern besonders nach ihrer

Standeserhöhung zum Ärgernis geworden war. Gleich nach seiner Ankunft in Potsdam befahl Friedrich Wilhelm III. ihre Arretierung und die Beschlagnahme ihres Vermögens, ohne daß zuvor Anklage erhoben worden war. Auch ließ er ihre angeblichen Verbrechen nicht von einem ordentlichen Gericht, sondern von einer Sonderkommission untersuchen und verweigerte der Beschuldigten einen Rechts-

Friedrich Wilhelm III. als Kronprinz.
Pastell von Félicité Tassaert, 1797

beistand. Obwohl die Ermittler schon bald erkannten, daß die Gräfin nichts Strafbares begangen hatte, beließ er es bei der Beschlagnahme ihres Vermögens und ordnete ihre Verbannung nach Schlesien an.

Der Jubel, der darüber in der Öffentlichkeit herrschte, möglicherweise auch von interessierten Kreisen gelenkt wurde, läßt sich an den vielen gegen die Gräfin gerichteten Publikationen ablesen, die von der Zensur ungehindert erscheinen konnten, und er machte sich auch im Theater bemerkbar, in einem Rührstück von Kotzebue mit dem Titel »Die silberne Hochzeit« zum Beispiel, das großen Erfolg hatte und immer wieder bejubelt wurde, weil in ihm die böse Mätresse eines Königs verhaftet wird. Die aus England und Frankreich importierte Methode, anonyme Karikaturen im politischen Streit zu verwenden, wurde aus diesem Anlaß nun auch in Berlin genutzt. Karikaturen der Gräfin in teils dilettantischer, teils kunstvoller Ausführung ließen sie zur Verkörperung von Mißwirtschaft, Habgier und Unmoral werden, und platte Pamphlete und Satiren, die sich auf Klatsch und Tratsch stützten, warfen ihr Kuppeleien, Betrügereien und Machtgier vor. Wie auch heute noch üblich, lenkte man die Volksmeinung unter dem Vorwand, sie wiederzugeben. Stimmen zur Verteidigung der Gestürzten erhoben sich dagegen kaum.

Sie selbst verteidigte sich erst etwa zehn Jahre später und enthüllte zur Freude künftiger Romanschreiber dabei Details dieser langandauernden Liebesgeschichte, die teilweise auch rührend sind. So unterrichtete beispielsweise der Kronprinz persönlich das junge Mädchen in Geschichte und Französisch, in herzlicher Liebe hing der König an dem früh verstorbenen Sohn Alexander, dem er das prächtige Schadowsche Grabmal setzte, und zur Besiegelung des ewigen Liebesbundes benutzte man Blut. Ihre »Apologie gegen die Beschuldigungen mehrerer Schriftsteller«, für die sie die Hilfe des Breslauer Autors Johann Gottlieb Schummel in Anspruch nehmen konnte, erschien 1808 in Leipzig, steht unter dem Motto »Notwehr entschuldigt Selbstlob (Lessing)« und ist in dem Bemühen, Gerüchte und Lügen richtigzustellen, weitgehend glaubwürdig – glaubwürdiger jedenfalls als viele der literarischen und journalistischen Anwürfe nach ihrem Sturz. »Meine Geduld ist erschöpft«, so beginnt ihre Verteidigung, »ich kann nicht länger schweigen. Hart war mein Schicksal, das mich einst ohne mein Zutun und selbst ohne meinen Wunsch auf einen Platz stellte, um den mich Tausende unverdient beneideten – und mich dann, nachdem es mich durch die feineren Reize des Lebens verwöhnt hatte, plötzlich von der Höhe des Hofes in die Tiefe einer dreijährigen Gefangenschaft hinabstürzte. Ich ertrug dieses Schicksal. Was erträgt der Mensch nicht!«

So schrecklich, wie es sich hier anhört, war nun freilich ihre Gefangenschaft nicht. Vier Monate mußte sie, mit Mutter und Sohn zusammen, unter Bewachung im Kavaliershaus des Neuen Gartens verbringen und danach mit einer Jahrespension von 4000 Talern im niederschlesischen Glogau leben, relativ bescheiden, aber noch standesgemäß. Durch ihren Hang zur Geselligkeit war sie bald mit den besseren Kreisen der Stadt verbunden, so auch mit der Familie des Regierungsrats Johann Ludwig Doerffer, in dessen Hause neben der Tochter Minna auch ein Neffe lebte, der unter dem Namen E. T. A. Hoffmann später weltberühmt werden sollte. Jetzt, 1798, war er ein junger Jurist, der sich auf sein Referendarsexamen vorbereitete, sich törichterweise mit der Cousine Minna verlobte und sich in verschiedenen Künsten versuchte, ohne zu wissen, welcher er sich ernsthaft verschreiben sollte, der Musik, der Malerei oder der Literatur. Von ihm wissen wir, daß die Gräfin Lichtenau viel bei Doerffers verkehrte, und er gibt seinem Freund Hippel auch eine Charakterisierung der berühmten Frau. »Ach Himmel«, schreibt er im April 1798, »welch ein Gemisch von Hoheit und Niedrigkeit! Wie viel Bildung – wie viel Verstand – wie viel Ungezogenheit – das Weib ist eine wahre Vexierdose, wo ganz was anderes herauskommt, als man erwartete. – Der glimmende Docht von dieser ausgelöschten Fackel kann hier in G. noch etwas anzünden. Der Commandant und das Militair ist kommandiert, artig gegen sie zu sein – sie sinds also, so wie überhaupt die bessere Klasse.« Der Pöbel aber, so heißt es weiter, lasse sich nicht befehlen, der erhitze sich am »Witzfusel« der »elenden, schändlichen Broschüren« und Karikaturen, schare sich drohend beim Ein- und Aussteigen der Gräfin um ihre Kutsche und bewerfe sie mit Schneebällen. »Ist das nicht unsinniges Zeug!«

Da Hoffmann im August desselben Jahres noch nach Berlin übersiedelte, konnte er nicht mehr miterleben, wie der glimmende Docht noch in anderer Weise zündete, im Herzen eines jungen Mannes nämlich, der der Gräfin für einige Jahre verfiel. Er hieß Franz von Holbein, war ein wandernder Schauspieler, der sich unter dem Namen Francesco Fontano als Sänger zur Gitarre an wechselnden Orten präsentierte, im Herbst 1798 in Berlin. Im vornehmen Hotel »Stadt Paris«, in der Brüderstraße, gab er seine Vorstellungen, die auch Hoffmann besuchte und bald mit ihm Freundschaft schloß. Da sich aber Holbeins Hoffnungen auf große Rollen am Nationaltheater nicht erfüllten, weil Iffland ihn zwar engagierte, aber nur Nebenrollen mit ihm besetzte, zog er bald weiter, unter anderem nach Glogau, wo er bald im Hause der Gräfin Lichtenau ein- und ausging, sie, mit gnädiger Erlaubnis des Königs, 1802 in Breslau heiratete, sich wenig später aber mit einer Wiener Hofschauspielerin liierte und sich von der fünfzigjährigen Gräfin, die er als Dreiundzwanzigjähriger geheiratet hatte, wieder scheiden ließ. Das war 1806, im Unglücksjahr Preußens, nach dem vieles anders wurde, auch für die Gräfin. Das gesamte Vermögen wurde ihr zurückgegeben. Sie durfte auch wieder in Berlin leben, wo sie 1820 starb.

Aber nicht nur die Mätresse, deren Einfluß auf Staat und König die Gerüchte übertrieben hatten, sondern auch der Minister Woellner, der sich besonders in intellektuellen Kreisen verhaßt gemacht hatte, wurde bald nach dem Thronwechsel gestürzt. Er war einer der in dieser Zeit häufiger werdenden Aufsteiger aus bürgerlichen Verhältnissen, dessen immer wieder zitierte Charakterisierung durch Friedrich den Großen als betrügerischen und intriganten Pfaffen man nicht sonderlich ernst nehmen sollte, da der große König auch groß war in Beschimpfung seiner Beamten, die immer gewärtig sein mußten, in seinen Augen Canaillen, Schlingel, Narren, Betrüger oder Spitzbuben zu sein. Verärgert hatte Woellner den König durch Einheirat in eine Adelsfamilie, die daraufhin seine Nobilitierung beantragte, der König diese aber schroff ablehnte, weil ihm die Aufrechterhaltung der Ständeschranken politisch richtig und wichtig erschien.

Das Geburtshaus Johann Christoph Woellners war ein märkisches Pfarrhaus, und zwar das in Döberitz, nahe Spandau, in dem später Schmidt von Werneuchen einige Jahre seiner Kindheit verlebte und es in einem seiner Gedichte zu einer Idylle verklärte, mit der es endgültig 1895 vorbei war, als der Ortsname für die Öffentlichkeit nicht mehr ein Dorf benannte, sondern einen Truppenübungsplatz. Hier also wurde Woellner 1732 geboren, und er hatte das Glück, mit einem jungen Adligen zusammen privat unterrichtet zu werden, so daß er auch gut Französisch und Englisch lernte und so für seine spätere Laufbahn gerüstet war. Nach einem Theologiestudium in Halle erhielt er bald eine Hofmeister- und Pfarrstelle, und zwar bei der Familie von Itzenplitz in Groß-Behnitz im Havelland. Nach dem Tod seines Patrons, eines Generals, der zu den Opfern der unglücklichen Schlacht bei Kunersdorf zählte, überließ er die Pfarrstelle seinem Vater, heiratete die Tochter des Hauses, Amalie, pachtete von der Witwe die Wirtschaft, erprobte in ihr moderne landwirtschaftliche Methoden und wurde durch das Studium der einschlägigen englischen Literatur zum Fachmann auf diesem Gebiet. Er rezensierte in Nicolais »Allgemeiner Deutscher Bibliothek« Neuerscheinungen über Ackerbau und Viehzucht und schrieb auch selbst mehrere Fachbücher für Landwirte. Um den damaligen Raubbau an den märkischen Wäldern zu mindern (dem wir bis heute die Kiefernmonokulturen verdanken), wollte er den Torfabbau für Brennzwecke fördern und bereiste deswegen Ostfriesland und Holland. Prinz Heinrich in Rheinsberg bestellte ihn zum Aufseher seiner Forsten. Aber seine Staatskarriere zu verdanken hatte er nicht diesen, sondern anderen Aktivitäten, nämlich denen bei den Freimaurern und später den Rosenkreuzern, wo er mit Herren aus höchsten Kreisen zusammenkam.

Vorbereitet wurde seine steile Karriere im Jahre 1781, als er, inzwischen schon fast fünfzigjährig, den siebenunddreißigjährigen künftigen König nach dessen Aufnahme in den Rosenkreuzerorden nicht nur in seinen mystisch-religiösen Neigungen bestärkte, sondern ihm auch als Berater in wirtschaftlichen Fragen zur Seite stand. Zur Unterrichtung des Thronfolgers erarbeitete er mit Sachkenntnis und Ideenreichtum Vorlesungen über Land- und Forstwirtschaft, über Fabriken und Handel, Verwaltung und Steuern, wobei er das friderizianische System in fast allen Bereichen als veraltet hinstellte, die Bauernbefreiung forderte und auch für die Wirtschaft liberale Reformen anmahnte – von denen später, als er zu den Mächtigen gehörte, kaum noch die Rede war. Vorwiegend ging es ihm dann, beflissen dem Interesse des Königs folgend, um das Religionswesen. Seine Vorschläge liefen auf eine Stärkung der Orthodoxie und eine Bekämpfung der Aufklärung hinaus.

Seine Karriere begann mit dem Regierungsantritt Friedrich Wilhelms II. Er wurde in den Adelsstand erhoben, als Mitglied in die beiden Akademien aufgenommen, als Minister ins Kabinett berufen und schließlich, 1788, auch mit den kirchlichen Angelegenheiten betraut. Schon wenige Tage nach seiner Ernennung zum Chef des geistlichen Departments erließ er, selbstverständlich mit Zustimmung des Königs, das sogenannte Religionsedikt, das protestantischen Theologen die Verbreitung einer rationalistischen Glaubensauffassung, die sich zu Friedrichs Zeiten weitgehend durchgesetzt hatte, in Kirchen und Schulen verbot. Um diesen Kampf für die Orthodoxie und gegen die Aufklärung auch auf dem Zeitschriften- und Büchermarkt durchzusetzen, wurde ergänzend ein Zensuredikt erlassen, das die Überwachung alles Gedruckten, die es auch unter Friedrich gegeben hatte, verschärfte und sich nicht nur religiös, sondern auch politisch auswirkte: mit ihm wurden auch die Ideen, die aus Frankreich herüberkamen, bekämpft. Da, wie immer in solchen Fällen, auch loyale Verleger und Autoren mit den Zensoren viel Ärger hatten, kehrten manche von ihnen Preußen den Rücken oder ließen in anderen deutschen Ländern drucken, so daß bald ein Niedergang des preußischen Buchhandels zu verzeichnen war. Auch die wichtigsten Zeitschriften der Aufklärung, die »Berlinische Monatsschrift« und die »Allgemeine Deutsche Bibliothek«, gingen, nachdem sie Verbote hatten hinnehmen müssen, außer Landes. Sogar vor der Blamage, Kants Werk »Über die Religion innerhalb der Grenzen der bloßen Vernunft« zu verbieten, schreckte die Zensur nicht zurück.

Obwohl Woellner nur im Sinne des Königs gehandelt hatte, war und blieb sein Name mit der Zensurschikane so sehr verbunden, daß seine ungnädige Entlassung ein halbes Jahr nach dem Thronwechsel als Befreiung wirkte und die Erwartungen, die man in den jungen Monarchen setzte, zu bestätigen schien. Friedrich Wilhelm III. milderte die Zensurbestimmungen, ohne sie abzuschaffen. Dem Entlassenen wurde keine Pension bewilligt. Auch seinen Bittgesuchen, die er, hoher Schulden wegen, an den König richtete, wurde nicht stattgegeben. Er zog sich aufs Land zurück.

In der Burg des märkischen Städtchens Beeskow kann man heute ein Gemälde von Bernhardt Rode bewundern, das den jungen Woellner, mit einem Mikroskop beschäftigt, in seiner Hauslehrerzeit in Groß-Behnitz zeigt. Nach Beeskow ist es nach 1945 aus dem nahen Groß Rietz geraten, wo Woellner seine letzten Lebensjahre verbrachte. 1790 hatte er, mit dem Geld seiner Frau, das Gut erstanden und so viel investiert, daß die Schulden sich häuften. Die kunstvoll aus Feldsteinen gefügten großen Wirtschaftsgebäude, die heute noch stehen, stammen aus seiner Zeit. Auf dem Kirchhof des Dorfes liegen er und seine Frau, die geborene von Itzenplitz, unter mächtigen Granitplatten begraben. Die Inschrift nennt nichts als die Namen. Er starb, immer noch hoch verschuldet, im Jahre 1800, nur zwei Jahre nach seinem Sturz.

Sowohl des jungen Königs entschlossenes Vorgehen gegen die Mätresse seines Vaters als auch die Entlassung Woellners schienen die Hoffnungen, die man in ihn gesetzt hatte, zu bestätigen. Bürgerliche Kreise begrüßten auch freudig eine zwei Monate nach seiner Thronbesteigung erlassene königliche Verordnung gegen den Hochmut der Offiziere, die folgenden Wortlaut hatte: »Ich habe sehr mißfällig vernehmen müssen, wie besonders junge Offiziere Vorzüge ihres Standes vor dem Civilstande behaupten wollen. Ich werde dem Militair sein Ansehen geltend zu machen wissen, wenn es ihm wesentliche Vortheile zu Wege bringt, und das ist auf dem Schauplatze des Krieges, wo sie ihre Mitbürger mit Leib und Leben zu vertheidigen haben; allein im Übrigen darf sich kein Soldat unterstehen, wes Standes und Ranges er auch sei, einen meiner Bürger zu brusquiren! Sie sind es, nicht ich, die die Armee unterhalten; in ihrem Brodte steht das Heer der meinen Befehlen anvertrauten Truppen, und Arrest, Cassation und Todesstrafe werden die Folge sein, die jeder Contravenient von meiner unbeweglichen Strenge zu gewärtigen hat. Berlin, den 1. Januar 1798. Friedrich Wilhelm.«

Hoffnungen auf den Reformwillen des Königs hegte auch der brillanteste Publizist dieser Jahre, Friedrich Gentz. Er war Anfang der neunziger Jahre erst durch die Verteidigung der Französischen Revolution in seiner Schrift »Über den Ursprung und die obersten Prinzipen des Rechts« (1791) und dann durch die Übersetzung und zustimmende Kommentierung von Edmund Burkes antirevolutionärem Werk »Reflections on the Revolution in France« (1793) berühmt geworden und hatte nun anläßlich der Thronbesteigung Friedrich Wilhelms III. ein Sendschreiben an diesen gerichtet, das von ihm und der Königin Luise, die es dem König zur Lektüre empfohlen hatte, gut aufgenommen worden war. Als höchster Gipfel außenpolitischer Weisheit wurde dem König darin die Vermeidung von Kriegen empfohlen, im Innern Gewerbefreiheit gefordert und die überfällige Besserstellung der Landbevölkerung angemahnt. Hauptsächlich aber ging es Gentz um die Meinungsfreiheit. Glaubenszwang, wie Woellner ihn wollte, sei obsolet geworden, da in der heutigen Zeit weit eher die Abschwächung religiöser Ideen als ihr fanatischer Mißbrauch zu befürchten sei. »Von allem, was Fesseln scheut, kann nichts so wenig sie ertragen als der Gedanke des Menschen«, heißt es in der Denkschrift. »Die Leichtigkeit, Ideen ins Publikum zu bringen, ist so groß, daß jede Maßregel, die sie beschränken will, vor ihr zum Gespötte wird.« Zensurgesetze wirkten nicht, sondern verbitterten nur. Die elendesten Skribenten würden dadurch zu Märtyrern der Wahrheit gemacht. »Nicht also, weil der Staat oder die Menschheit daran interessiert wäre, ob in diesem von Büchern umfluteten Zeitalter tausend Schriften mehr oder weniger das Licht erblicken, sondern weil Ew. Majestät zu groß sind, um einen fruchtlosen und ebendeshalb schädlichen Kampf mit kleinen Gegnern zu kämpfen: darum sei Preßfreiheit das unwandelbare Prinzip Ihrer Regierung.« Zum Schluß wünscht Gentz dem König das »schönste Los, das je einem Monarchen zuteil ward«, nennt die »häusliche Tugend« des Königs ein Vorbild für alle, erinnert an die »entzückende Herrlichkeit« Luises und schlägt ihm vor, als Ziel seiner Tätigkeit die »allgemeine Wohlfahrt« vor Augen zu haben, damit sein Name einst in die Unsterblichkeit eingehen möge mit dem Friedrichs »vermählt«.

Kronprinzessin Luise. Zeichnung von Johann Gottfried Schadow, etwa 1794

Auch im Volk erregte der von Gentz angespielte einfache Lebensstil des jungen Königspaares Begeisterung, auch weil er im Gegensatz zu dem des vorigen Königs bürgerlichen Eheidealen entsprach. Das Herrscherpaar liebte einander, sagte du zueinander, lebte mit der von Jahr zu Jahr zahlreicher werdenden Schar von Kindern zusammen und ließ das Volk am Familienglück teilnehmen. Es blieb, statt in Schlüters prunkvolles Schloß umzusiedeln, im bescheidenen Kronprinzenpalais wohnen, und den Weg zu seinen Repräsentationspflichten ins

Schloß machte der König ohne jede Begleitung auch oft zu Fuß. Der Verleger Sander, der in der Breite Straße, also in Schloßnähe wohnte, berichtete folgende Anekdote nach Weimar: »Der König will mit seiner Gemahlin ausfahren. Die Frau Oberhofmeisterin von Voß (bei Hofe, von dem Könige und der Königin selbst, im Scherz Madame Etiquette genannt) dringt darauf, daß acht Pferde angespannt werden sollen. Ihre Gebieterin sagte: Meinen Sie denn, ich wäre, seitdem ich eine Majestät bin, um so viel schwerer geworden, daß zwei Pferde mich nicht mehr ziehen könnten? Frau von Voß läßt sich zwei Pferde abdingen, aber auch nicht mehr. Der sechsspännige Wagen fährt nun vor. Der König, der gerade am Fenster steht, macht dies auf und sagt hinaus: Es sollen vier Pferde ausgehängt werden. Dann sagt er zu der Oberhofmeisterin: Wenn Sie mit meiner Gemahlin ausfahren, mögen Sie meinethalben 12 Pferde vorspannen lassen, aber wenn ich mit ihr fahre, so brauchen wir nur zwei.« Die Berliner freuten sich über die Etikettenmißachtung des Königspaares, und sie hörten mit Hochachtung, daß der fleißige König von der tanzlustigen Luise schon um zehn Uhr das Verlassen des Hofballs verlangte, weil sein Arbeitstag morgens um vier begann. Das erinnerte an Friedrich den Großen. »Lieber Fritz«, so sollen Berliner Straßenjungen dem neuen König zugerufen haben, »du wirst sicher der Alte Fritz werden.« Und der Kant-Schüler Marcus Herz soll gesagt haben, die reine Vernunft sei vom Himmel gekommen und habe sich auf den Thron gesetzt.

Aber auch die jüngeren Literaten, wie die Dichter der Romantischen Schule, ließen es an Beifall nicht fehlen. August Wilhelm, der ältere der Schlegelbrüder, verteilte in seinem Huldigungsgedicht das Herrscherlob gleichmäßig auf König und Königin und vergaß auch, ohne das große Vorbild mit Namen zu nennen, die Hoffnung auf die Wiederkehr eines jüngeren Friedrich nicht.

»Ein edler König ist der Welt gegeben,
Das Vaterland schwört ihm den heiligen Bund.
Nicht einer, der mit innerm Widerstreben
Ihm Treu gelobt aus heuchlerischem Mund. –

Als Poesie gut

Ihr kennt ihn ja, ihr frohen Millionen,
Ihr saht ihn sichern Tritts zum Ziele gehen.
Sein Tun verdient ihm angestammte Kronen,
Der Völker Wahl wird ihn dazu erhöhn,
Bei dem die Geister großer Ahnen wohnen,
In dessen Bild sie nun verjüngt sich sehn;
Den königlichen Mann, gerecht und gütig,
Mit Würde mild, mit Ruhe heldenmütig.

Wie könnt' sich ihm der Himmel schwärzen?
Er sucht und fand der Liebe schönsten Lohn.
Luises Lächeln heißt den Kummer scherzen,
Vor ihrem Blick ist jedes Leid entflohn.
Sie wär in Hütten Königin der Herzen
Sie ist der Anmut Göttin auf dem Thron;
Ihr zartes Werk, Ihr seligstes Gelingen,
In seinen Lobeer Myrten einzuschlingen.«

Diese gereimte Huldigung Schlegels erschien in einer der vielen Zeitschriften, die in der Erwartung einer uneingeschränkten Pressefreiheit nach dem Thronwechsel gegründet wurden, und zwar in der angesehensten von ihnen, die den Geist jener Anfangsjahre der langen Regierungszeit des neuen Königs am besten verkörperte, aber nur vier Jahre lebte: in den »Jahrbüchern der preußischen Monarchie unter der Regierung von Friedrich Wilhelm III.«, die beim Berliner Verleger Unger monatlich erschien. Ihr Herausgeber war Friedrich Rambach, vorher Lehrer am Friedrichwerderschen Gymnasium, der nebenbei Trivialromane geschrieben und seinen Schüler Ludwig Tieck als Hilfsschreiber beschäftigt hatte, nun aber neben Beamten und Gelehrten auch Dichter als Beiträger für seine betont patriotische und königstreue Zeitschrift gewann. Neben Schlegel war das auch und vor allem Friedrich von Hardenberg, der sich als Dichter Novalis nannte. Sein Beitrag für die »Jahrbücher« (im Juni- und Juliheft 1798) war für die politische Romantik so bezeichnend wie die

Reaktion des Königs darauf für dessen Charakter – eines wie das andere seltsam genug.

»Glauben und Liebe oder Der König und die Königin« ist der Beitrag betitelt, und ihm vorangestellt ist unter der Überschrift »Blumen« Gedichtetes, in dem die Liebe des königlichen Paares gepriesen wird. Daß nur jener »König sein soll, welcher die Herrlichste liebt«, wird da behauptet, und ein »Sterbender Genius« nimmt Abschied vom Irdischen, um in seine höhere Welt zurückzukehren, nachdem er endlich nach langem Suchen die schöne Königin sehen konnte, die den Bann, der ihn kettete, lösen kann. So geheimnisvoll wie dieser Genius sind auch manche der folgenden Ausführungen, in denen das Königtum als Mysterium gesehen wird. Wie die Sonne im System der Planeten steht für Novalis der König im Staate, als sein Lebensprinzip. Verfassungen dagegen, die nur dem Verstande genügen, werden ohne den vorbildlichen Menschen im Zentrum nur toter Buchstabe sein. Die Frage nach der idealen Republik, die seit der Französischen Revolution die Gemüter beschäftigt, Kants Schrift »Zum ewigen Frieden« und Friedrich Schlegels »Versuch über den Republikanismus« hervorgebracht hatte, wird hier, angesichts des jungen Königspaares, mit der Wunschvorstellung beantwortet, daß Republik und Monarchie zu vereinen seien. »Der echte König wird Republik, die echte Republik König sein«, prophezeit der Dichter und gibt mit seiner Bemerkung, daß nichts »erquickender« sei, als »von unsern Wünschen zu reden, wenn sie schon in Erfüllung gehen«, zu verstehen, daß das in nächster Zukunft eintreffen wird. Haben sich doch schon, meint er, »wahre Wunder der Transsubstantiation ereignet«. »Verwandelt sich nicht ein Hof in eine Familie, ein Thron in ein Heiligtum, eine königliche Vermählung in einen ewigen Herzensbund?«

Eine familiäre Republik wird hier erträumt, der der Monarch als Vater, Zentrum und Vorbild nicht verlorengeht und in der die Sittlichkeit und die Schönheit der Königin für eine ästhetische Religiosität steht, die die Gemeinschaft der Staatsbürger zusammenhält. Besonders die Frauen sollen sich an Luises Vorbild bilden. Mit jeder Trauung sollte eine Huldigung der Königin verbunden werden. Ihr

Als Poesie gut

Porträt sollte in jedem Wohnzimmer hängen und »so das gewöhnliche Leben veredeln, wie sonst die Alten es mit ihren Göttern taten. Dort entstand echte Religiosität durch diese unaufhörliche Mischung der Götterwelt in das Leben. So könnte hier durch diese beständige Verwebung des königlichen Paares in das häusliche und öffentliche Leben echter Patriotismus entstehen«. Die gute Gesellschaft Berlins solle eine »Loge der sittlichen Grazien« stiften, Schadows Prinzessinnengruppe in einem Versammlungssaal aufstellen und dort »Königsdienst feiern wie Gottesdienst«. Und am Schluß heißt es dann, auf Kants in weiter zeitlicher Ferne liegenden Ewigen Frieden anspielend: »Wer den Ewigen Frieden jetzt sehen und lieb gewinnen will, der reise nach Berlin und sehe die Königin.«

Daß ein gutes und schönes Paar auf dem Thron den preußischen Staat in ein gutes und schönes Gemeinwesen verwandelt, darf nicht als schmeichelhafte Zustandsbeschreibung verstanden werden, sondern als Traum, als Erwartung, als Forderung an den Thron. Und als solche hat es der König dann auch verstanden und in seiner Art darauf reagiert. Er wurde nämlich, wie wir aus Briefen Friedrich Schlegels wissen, sehr »verdrießlich« bei der Lektüre. Er sei auch nur ein Mensch, soll er gesagt haben, er fühle sich durch die Ansprüche, die da an ihn gestellt würden, überfordert. Und da sein Verdruß auch bekannt wurde, verbot die Zensur vorsichtigerweise die Fortsetzung von »Glauben und Liebe« im nächsten Heft. Bestehen sollte diese aus politischen Aphorismen, die das familiäre Element in des Dichters Staatsauffassung noch verstärkt hätte. Zum Beispiel lautet einer der Gedankensplitter: »Ein Fürst ohne Familiengeist ist kein Monarch.«

Dieser Monarch, der später zur Ablehnung einer politischen Denkschrift die Formulierung: Als Poesie gut! benutzte, hatte viel Sinn für seine Familie, aber keinen für Poesie und geistige Höhenflüge, derartiges überließ er gern seiner Frau. Zwar ging er oft ins Theater, bevorzugte aber leichte und leichteste Stücke, humorige möglichst mit Tanz und Musik. Er war kein Mann mit Visionen, und schon gar nicht, wie Novalis gehofft hatte, ein leidenschaftlicher Förderer der Wissenschaftler und Künstler, die er aber andererseits auch nicht hemmte. Gern umgab er sich mit ideenarmen Köpfen, die für ihn nicht anstrengend waren, ließ aber auch, wenn es nötig wurde, willensstarke Leute wie Scharnhorst, Hardenberg oder Stein an sich heran. Er war ein gutmütiger, friedliebender, sparsamer Hausvater, den sein hohes Amt überforderte, deshalb unsicher machte und wieder und wieder zaudern ließ.

Doch brachte das Jahr der Thronbesteigung noch ein anderes nicht unwichtiges Ereignis: Karl Friedrich Schinkel, dessen spätere Meisterwerke dieser König ermöglichen sollte, wählte sich mit sechzehn Jahren den genialen Architekten Friedrich Gilly als Lehrmeister. Drei Jahre sollte es nur noch dauern, bis sein erstes Bauwerk entstand. Es war der Pomona-Tempel auf dem Pfingstberg in Potsdam, der nach Kriegszerstörungen heute wieder zu bewundern ist.

Lehrer und Schüler

Den Entschluß, seine Schulzeit am Gymnasium zum Grauen Kloster zu beenden, um sich zum Baumeister ausbilden zu lassen, faßte der sechzehnjährige Karl Friedrich Schinkel angeblich vor Friedrich Gillys Entwurf eines Denkmals für Friedrich den Großen, den er in der Akademieausstellung des Jahres 1797 sah. Wahrscheinlich hatte sich diese Entscheidung in dem künstlerisch begabten Gymnasiasten, der Schwierigkeiten mit dem schulischen Lernen hatte, lange schon vorbereitet, und Gillys Werk hatte nur als Auslöser gewirkt. Was dem Jungen bei seinen zeichnerischen Versuchen als Ziel vorgeschwebt hatte, fand er hier verwirklicht. In Friedrich Gilly glaubte er den Lehrer gefunden zu haben, der seine Anlagen auszubilden imstande war.

An dem von Friedrich Wilhelm II. ausgeschriebenen Wettbewerb für ein Denkmal des großen Friedrich hatten sich auch andere Architekten und Bildhauer beteiligt, doch erregte Gillys Entwurf, den er sowohl in Grundrissen als auch in einer aquarellierten Zeichnung von einem halben Meter Höhe und anderthalb Meter Breite präsentierte, die größte Aufmerksamkeit. Statt auf den Platz an der Oper, wie die Vorgabe besagte, wollte Gilly sein Denkmal in Form einer Tempelanlage auf das Achteck vor dem Potdamer Tor, den späteren Leipziger Platz, setzen, weil hier, wie er ausführte, die Anlage mehr Raum hatte, das alltägliche »Getümmel der Geschäfte« weniger störte, andere prächtige Gebäude, die durch den Tempel verlieren könnten, nicht in der Nähe standen und hier die Straße nach Potsdam, dem Lieblingsaufenthalt des Geehrten, begann. Dieser kühne Entwurf, der, obwohl er nie ausgeführt wurde, allein schon Gillys Nachruhm gesichert hätte, sah statt eines Einzeldenkmals einen er-

Lehrer und Schüler

höht auf massivem Unterbau stehenden dorischen Tempel vor. Das mit Obelisken geschmückte Areal, das er beherrschte, war durch ein mächtiges Rundtor zu betreten, das von Kolonnaden flankiert war.

Den Sechzehnjährigen wird wohl besonders das Aquarell beeindruckt haben, das die kolossale Anlage aus schrägem Blickwinkel be-

*Der junge Karl Friedrich Schinkel.
Miniatur von August Grahl*

trachtet und ihr, obwohl keine Menschen gezeigt werden, durch die Wirkung von Licht und Schatten Lebendigkeit gibt. Schinkel selbst hatte bisher ohne jede fachmännische Anleitung gezeichnet und wahrscheinlich wenig zeitgenössische Kunst gesehen. In Berlin war er erst seit drei Jahren. Mit Mutter und Geschwistern war er aus Neuruppin gekommen, wo er als Fünfjähriger die fast vollständige Vernichtung der Stadt durch eine Feuersbrunst miterlebt hatte und in den Jahren danach Zeuge des Wiederaufbaus gewesen war. Nachdem sein Vater, der das Amt eines Superintendenten an der Hauptkirche bekleidet hatte, bald nach der Brandkatastrophe gestorben war, hatte die Mutter mit ihren fünf Kindern im dortigen Predigerwitwenhaus wohnen können, und auch in Berlin, wohin die vaterlose Familie im Frühjahr 1794 übersiedelte, kam sie in einem solchen unter, und zwar

Friedrich Gilly. Gemälde von Friedrich Georg Weitsch

in dem der Marienkirchengemeinde, das in der Papenstraße, einem der heute nicht mehr existierenden Gäßchen im Umkreis des Neuen Marktes, stand. In wenigen Minuten war man von hier aus in der Klosterstraße, wo jetzt Gedike das berühmte Gymnasium leitete, das der Schüler Schinkel nach schwer erkämpfter Einwilligung der Mutter und seines Vormunds schon nach drei Jahren ohne Abschluß wieder verließ.

Lehrer und Schüler

Im März 1798 begannen für ihn die Lehrjahre, in deren ersten Monaten allerdings nicht der geniale Friedrich Gilly, der eine Bildungsreise angetreten hatte, sondern dessen damals fünfzigjähriger Vater, David Gilly, sein Lehrmeister war. Dieser, ein Abkomme von Hugenotten, in Schwedt an der Oder geboren, war vorwiegend im pommerschen Landbau tätig gewesen, bis er 1788 nach Berlin geholt wurde und als Oberbaurat die Aufsicht über das Bauwesen in der Mark, in Pommern und in Ostpreußen erhielt. Besonders das ländliche Bauwesen verdankte ihm große Fortschritte. Er entwarf Typen- und Normenbauten für Bauerngehöfte, Gutshäuser und Förstereien, und er gründete in Berlin eine Bauschule, die 1799 durch die Bauakademie abgelöst wurde, an deren Gründung er auch wieder beteiligt war. Bei ihm, der an der Bauschule die Vorlesungen über Baukonstruktionen, Schleusen-, Brücken- und Hafenbau übernommen hatte, war die solide, handwerkliche Ausbildung seines Lehrlings in besten Händen, und daß er sparsam und doch schön bauen konnte, bewies er mit den beiden für die Königsfamilie bestimmten Bauten, die während Schinkels Ausbildungszeit entstanden: mit dem als Witwensitz für die Mutter des Königs gedachten Schloß Freienwalde und dem schlichten, einem Gutshaus ähnelnden Schlößchen in Paretz als Rückzugsort für das Königspaar.

Seinen Sohn Friedrich, 1772 in Altdamm, nahe Stettin, Hinterpommern, geboren, hatte der Vater früh schon zum Baumeister bestimmt. Er ließ ihn eine Maurer- und Zimmererlehre durchlaufen, ihn besonders in Mathematik unterrichten und an dem Unterricht im architektonischen Zeichnen teilnehmen, den er in Stettin für Baubeamte gab. Auch begleitete der Sohn den Vater auf seinen Dienstreisen durch die Provinzen, auf denen er auch sein historisches Verständnis schulte, indem er ihn alte Bauwerke zeichnen ließ. Als der Vater 1788 nach Berlin berufen wurde, konnte der Sohn bereits eine praktische Tätigkeit am Oberhofbauamt ausüben und in die Architekturklasse der Akademie der Künste eintreten, wo er im Zeichnen unter anderen von Schadow, Rode und Chodowiecki unterrichtet wurde und Langhans sein Architekturlehrer war. Aufsehen erregte er mit zehn

Als Poesie gut

graphischen Blättern von der Marienburg, die 1795 in der Akademie zu sehen waren und ihm das königliche Stipendium für seine Bildungsreise durch halb Europa eintrugen, von der er Ende 1798 zurückkehrte und, als Siebenundzwanzigjähriger, der so gut wie nichts gebaut, aber durch seine Entwürfe alle Baumeister angeregt hatte, eine Professur an der Bauakademie erhielt. Wie seine literarischen Altersgenossen, die Frühromantiker, war er durch seine schöpferische Neuentdeckung der Antike und des Mittelalters zum kühnen Neuerer geworden, dessen Ideen weiterwirkten, bis ins 20. Jahrhundert hinein. Doch auch seinen Zeitgenossen galt er durch seine revolutionären Architekturentwürfe, von denen kaum einer ausgeführt wurde, als der zukünftige große Baumeister Preußens – ein Ruf, der nach seinem frühen Tode dann bald an seinen neun Jahre jüngeren Schüler, Freund und Erben Karl Friedrich Schinkel überging.

Beide waren aus der Provinz gekommen, aber schnell in Berlin heimisch geworden, Schinkel durch die Verwandten seiner Mutter, zu denen auch der Apotheker Rose, sein Vormund, gehörte, dessen Sohn später zum Lehrmeister des Apothekerlehrlings Fontane wurde, Gilly durch seine hugenottische Herkunft, die ihn leicht Zugang zur Französischen Kolonie finden ließ. Mit Friedrich Gentz, dem Sohn des Generalmünzdirektors und bedeutenden Publizisten, der 1793 seine Schwester Minna heiratete (und sie später sehr unglücklich machte) und dessen Bruder Heinrich, dem Architekten, der die Münze am Werderschen Markt baute, war er befreundet, lernte durch ihn Wilhelm von Humboldt, Gustav von Brinckmann, Bernhardi und andere wichtige Leute des Kulturlebens kennen, und er traf 1793 auch mit Wackenroder zusammen, der begeistert an seinen Freund Tieck nach Göttingen schrieb: »Ich habe eine Bekanntschaft gemacht, die mir erfreulicher nicht sein konnte: mit einem jungen Architekten, den Bernhardi kennt. Aber jede Schilderung ist zu schwach! Das ist ein Künstler! So ein verzehrender Enthusiasmus für alte griechische Simplizität! Ich habe einige sehr glückliche Stunden ästhetischer Unterhaltung mit ihm gehabt. Ein göttlicher Mensch!«

Wie sein Schüler Schinkel war auch Friedrich Gilly ein unermüd-

Lehrer und Schüler

Friedrich Gillys Entwurf zum Denkmal für Friedrich den Großen auf dem Leipziger Platz

licher Arbeiter, der neben seiner Lehrtätigkeit auch private Aufträge ausführte und mit Heinrich Gentz zusammen die »Privatgesellschaft junger Architekten« organisierte, zu der auch Schinkel gehörte. Nach Konrad Levezow, einem Mitglied dieser kleinen Gesellschaft und erstem Biographen Gillys, bestand sie aus sieben Mitgliedern, die sich im Winterhalbjahr einmal wöchentlich trafen, sich bauliche Aufgaben stellten, die einer von ihnen, der durch das Los bestimmt wurde, lösen und zur Kritik stellen mußte. »Außerdem«, heißt es weiter, »teilte man sich durch Vorlesungen historische Nachrichten über den Fortgang der Baukunst und die neuesten größeren Bauunternehmungen des In- und Auslandes mit, so wie auch gesammelte biographische Nachrichten von verstorbenen berühmten Architekten.« Es handelte sich also um eine jener Privatinitiativen zur Weiterbildung, wie man sie auch auf anderen Gebieten, wie auf juristischen und militärischen, in diesen Jahren oft finden konnte. Diese aber war kurzlebig; sie löste sich nach dem frühen Tod Gillys und der Übersiedlung von Gentz nach Weimar bald wieder auf.

Während von David Gillys Bauten heute noch einige in Freienwalde, Paretz und Steinhöfel bewundert werden können, sind von den wenigen Werken des Sohnes, die über Entwürfe hinauskamen, nur traurige Reste erhalten geblieben, in Berlin nur der von Scha-

Als Poesie gut

dow ausgeführte Fries von der Fassade des Gentzschen Münzgebäudes, der nach dessen Abriß zum Palais Schwerin am Molkenmarkt versetzt wurde, und in Niederschlesien die Ruine eines Mausoleums für die Grafen Hoym in Dyhernhfurth, das heute Brzeg Dolny heißt.

Schinkel, von dem der selten nur lobende Schadow sagte, er sei nicht nur Gillys »Eleve« gewesen, sondern könne als »eine Naturwiederholung dieses seines Meisters betrachtet werden«, hat nach dem Tode Gillys noch einige seiner Aufträge, wie das Schloß Buckow, Märkische Schweiz, ausführen können, und viele seiner späteren Werke, wie Berlins Neue Wache oder Potsdams Nikolaikirche, verleugnen den Geist seines Lehrmeisters nicht. Als Schinkel 1802 sein Examen als Baukonducteur an der Bauakademie ablegte und sich auf seine erste Italienreise vorbereitete, hatte er schon einige Arbeiten selbständig ausgeführt. Neben den vom älteren Gilly beeinflußten ländlichen Bauten in Behlendorf, Quilitz, dem späteren Neuhardenberg, und dessen Vorwerk Bärwinkel, war das vor allem das Teehäuschen auf dem Potsdamer Pfingstberg, der sogenannte Pomona-Tempel, der nach Jahrzehnten des Verfalls heute in altem Glanz wieder erstrahlt.

Wie Novalis und Moritz starb auch Friedrich Gilly an Lungentuberkulose, und zwar in Karlsbad im August 1800. Begraben wurde er auf dem Friedhof der dortigen St. Andreaskapelle. Sein Grabstein, den ihm wahrscheinlich die Brüder Gentz setzten, trägt folgende Inschrift:

»Hier ruht
Vom Vaterland und von zahlreichen
Freunden getrennt
Ein Liebling des Himmels und der Menschen
Ein Künstler der edelsten Art –
In welchem die Fülle des Genies
Mit der Reinigung des echten Geschmacks
Und der inneren Harmonie
Einer schönen gebildeten Seele –
Die Kunst mit dem Leben sich innig verschlang.

Lehrer und Schüler

     Die
Denen sein Tod die Zierde ihres Lebens entriß
  Haben ihm hier in trostloser Ferne
   Dies Denkmal ewiger Schmerzen
    Und ewiger Liebe geweiht«

Der Lakai der Königin

Im Jahre 1877 veröffentlichte der damals vielgelesene ostpreußische Dramatiker und Romanschreiber Ernst Wichert (nicht zu verwechseln mit dem wesentlich jüngeren Ernst Wiechert) ein »Dramolet in einem Aufzuge« unter dem Titel »Die gnädige Frau von Paretz«, in dem er den vielen Legenden über die verehrte Königin Luise noch eine hinzufügte, die nämlich, daß sie als eine Kennerin und Förderin der Künste die bildhauerischen Talente eines ihrer Kammerdiener entdeckte, für deren Ausbildung in Italien sorgte und so Preußen zu einem der bedeutendsten Bildhauer des 19. Jahrhunderts verhalf.

Tatsächlich war der junge Christian Daniel Rauch, der später das Charlottenburger Mausoleum der frühverstorbenen Königin mit ihrem idealisierten Bildnis schmücken sollte, einige Jahre ihr Kammerdiener gewesen, aber die Förderung, die ihm zuteil wurde, kam nicht von ihr, sondern von wirklichen Kennern, von Schadow zum Beispiel, dem Hofbildhauer, der damit einem Konkurrenten den Weg ebnete, dem man später bei Auftragsvergaben oft den Vorzug gab. Sein Ruhm sei in Rauch aufgegangen, hat Schadow im Alter angeblich verbittert gesagt.

Wie so viele preußische Größen war auch Rauch nicht in Preußen geboren, er kam aus dem kleinen Fürstentum Pyrmont-Waldeck, das seit 1728 seine Residenz in Arolsen hatte, das heute zu Hessen gehört und sich Bad nennen darf. Hier wurde Rauch im Jahre 1777, das auch Kleists, Fouqués und Runges Geburtsjahr ist, als Sohn eines fürstlichen Kammerlakaien geboren, in einem für die Hofbediensteten gebauten Anwesen, das Hoppenhof genannt wurde, weil es inmitten der fürstlichen Hopfengärten lag. Er besuchte die Stadtschule, lernte bei einem Privatlehrer Französisch und begann mit dreizehn Jahren

Der Lakai der Königin

die Lehre bei einem für den winzigen Hof arbeitenden Bildhauer, bei dem er vorwiegend Grabsteine und Kamine zu fertigen lernte, nach vierjähriger Lehrzeit dort aber nicht weiterarbeiten konnte, da sein Meister aus Mangel an Aufträgen die Werkstatt schloß. Zu Fuß wanderte der Siebzehnjährige nach Kassel, wo er beim Hofbildhauer des Landgrafen angestellt wurde, zum erstenmal hier Marmorarbeiten ausführen lernte, aber nur ein halbes Jahr bleiben konnte, da sein Vater starb. Die Versorgung der Mutter und eines jüngeren Bruders war nun die Aufgabe des älteren Bruders Friedrich, der den Beruf des Vaters ergriffen und eine gut bezahlte Stellung in Preußen gefunden hatte, als Kammerdiener Friedrich Wilhelms II., der ihn gerade zum Kastellan des Schlosses Sanssouci befördert hatte, als er so schwer erkrankte, daß um sein Leben zu fürchten war. Am Mittag des 27. Januar 1797 erhielt Christian Daniel Rauch in Kassel die Nachricht von der gefährlichen Erkrankung des Bruders, abends schon bestieg er die Kutsche, war am nächsten Abend in Leipzig und kam am Tage darauf, vormittags elf Uhr, in Potsdam an. Als er im Gasthof nach dem Kastellan von Sanssouci fragte, erkannte ihn der Wirt, der mit diesem befreundet war, gleich als den Bruder und fiel ihm weinend um den Hals. Friedrich war bereits »am 26. Januar mittags um 1 Uhr entschlafen« und schon auf Kosten des Königs begraben worden, auch die Arzt- und Apothekerrechnungen hatte der König bezahlt. In dem Brief an die Mutter, dem wir diese Einzelheiten entnehmen, werden nun die Hinterlassenschaften des Toten, die nach der Testamentseröffnung im Rathaus dem Bruder in der vorschriftsmäßig versiegelten Stube des Kastellans vorgeführt werden, sorgfältig aufgezählt. Neben dem »herrlichen Kanapee« und dem »Schreib-Comptoir« aus »Mahagoniholz« gibt es ein »neues Bett«, viele Münzen und »silberne Löffel«. Drei Wochen würde er wohl noch brauchen, schreibt der Sohn an die Mutter, um Erbschafts-, Steuer- und Zollfragen zu regeln, dann aber gleich nach Hause kommen. Bis dahin wohne er beim Bildhauer Posemann in der Potsdamer Lindenstraße. Doch dauerte es dann noch einige Monate, bis er wirklich wieder nach Arolsen kam.

Als Poesie gut

Denn der König, den der Tod seines erst einunddreißigjährigen Kammerdieners nicht gleichgültig gelassen hatte, ließ den Bruder durch den Kämmerer Ritz zu sich bitten, um ihm die Dienerstelle des Verstorbenen anzubieten, und obwohl Rauch erst ablehnte, weil er seine Bildhauerausbildung fortsetzen wollte, ließ er sich anschlie-

Der junge Christian Daniel Rauch 1809.
Gemälde von Rudolph Suhrland

ßend doch noch vom Kämmerer Ritz (eben jenem, der der Mätresse des Königs durch formelle Heirat seinen Namen gegeben hatte) zur Annahme des Angebots überreden, denn die Bildhauerei könne er, wie Ritz meinte, auch gut neben der Brotarbeit noch betreiben, und da Kunst ihm nie genug einbringen werde, um Mutter und Bruder unterstützen zu können, sei die Annahme der gut bezahlten Lakaienstellung seine moralische Pflicht.

Der Lakai der Königin

Noch im Februar 1797 also wurde aus dem gelernten Bildhauer ein Kammerdiener des schon schwerkranken Friedrich Wilhelm II. Als diesem im Sommer von seinen Ärzten eine Kur in Pyrmont verordnet wurde, gehörte der dort ortskundige Rauch zu der Vorausabteilung, die Quartier- und Protokollfragen zu regeln hatte, und während der Kur wurde ihm ein achttägiger Urlaub nach dem nahen Arolsen bewilligt, wo er die Mutter, obwohl sie noch dreizehn Jahre zu leben hatte, zum letzten Mal sah.

Schon im Herbst 1797 starb der König, und Rauch nutzte die freien Tage, die ihm bis zur Anstellung bei der jungen Königin blieben, für seine künstlerische Weiterbildung. Im Gebäude der Akademie Unter den Linden modellierte und zeichnete er unter der Anleitung Schadows oder er saß unter den begeisterten Zuhörern, wenn Karl Philipp Moritz seine Vorlesungen hielt. Schadow und der Minister von Heinitz, die Rauchs Talent bald erkannten, versuchten durch Eingaben an den König, ihm durch Verminderung der Arbeitszeiten oder durch eine stipendiengestützte Beurlaubung die weitere Ausbildung an der Akademie möglich zu machen, aber der sparsame Friedrich Wilhelm III. lehnte lange solche zusätzlichen Ausgaben ab.

So antwortete er zum Beispiel auf ein befürwortendes Schreiben, mit dem ihm im Dezember 1798 der Minister von Heinitz eine Bittschrift Rauchs übersandt hatte, wenige Tage später so: »Mein lieber Etats-Minister von Heinitz. Wenn mein Kammerlakai Rauch nach den eignen Worten seiner unterm 8. dieses an Mich gerichteten durch Euch Mir zugekommenen Bittschrift den Fleiß mit dem Müßiggange vertauscht hat, indem er einst sich hat gefallen lassen, die Bildhauerei niederzulegen und die Kammerlakaienstelle seines verstorbenen Bruders anzunehmen, so wird er in der letzteren Qualität auch müßige Stunden genug behalten, nach dem Zuge seines Genies als Bildhauer sich zu vervollkommnen, ohne daß Ich Zweidrittel seines Einkommens als Lakai zu einer Pension [gemeint ist: ein Stipendium] ihm anweisen darf.« Er, der König, müsse »ohne Unterlaß darauf denken«, den »Pensionsetat zu vermindern«, könne ihn also nicht zugunsten dieses Lakaien erhöhen.

Als Poesie gut

Glücklicherweise gab es auch am Hofe einflußreiche Leute, die dem bildhauernden Diener wohlwollten, so auch der Kammerherr der Königin, ein Baron von Schilden, der zwar den sparsamen König auch nicht zu beeinflussen vermochte, Rauch aber einen Urlaub zur Besichtigung der Kunstschätze Dresdens erwirkte und ihm beim dauernden Warten in Vorzimmern, das seine Kollegen mit Kartenspielen ausfüllten, Gelegenheit zum Lesen und Zeichnen gab. Schadow, der mit den Jahren Rauchs Fähigkeiten schon soweit vertraute, daß er ihn an eignen Arbeiten beteiligte, tat alles, um ihn in seinen wenigen freien Stunden zu fördern. Aber da Rauch die Königin auch nach Paretz, nach Mecklenburg und auf Huldigungreisen in andere Landesteile begleiten mußte, konnte von einer fortlaufenden und systematischen Ausbildung keine Rede sein. So vergingen die Jahre mit immer erneuerten Bittgesuchen, die immer wieder abgelehnt wurden, aber Rauch dachte nicht daran aufzugeben, und tatsächlich wurde seine Ausdauer dann auch belohnt. Nicht die Königin, sondern Schadow konnte den König im Januar 1804 endlich erweichen. Rauch, inzwischen schon sechsundzwanzig, wurde aus seiner ungeliebten Stellung entlassen und ihm ein Stipendium bewilligt, mit dem er in Italien leben und sechs Jahre der Vervollkommnung seiner »intellektuellen und artistischen Ausbildung« widmen konnte. Am 30. Juli 1804 reiste er überglücklich nach Rom ab.

Für sechs Jahre verließ er nicht nur die Stadt seiner späteren Triumphe, sondern auch seine erst halbjährige Tochter Agnes, die ihm lebenslang von besonderer Bedeutung sein sollte. Geboren hatte sie ihm eine im Schloß beschäftigte Wäscherin, die an der Schleusenbrücke wohnte und Wilhelmine Schulze hieß.

Die Maske

Der Auskultator (wörtlich etwa: Zuhörer) war damals auf der Karriereleiter eines preußischen Justizbeamten die unterste, gehaltlose Sprosse, von der er nach einem Examen zum Referendar aufsteigen konnte, um dann nach einer erneuten Prüfung zum noch immer nicht besoldeten Assessor zu werden, der zwar zum Richteramt schon befähigt, aber noch nicht fest angestellt war; das wurde er erst nach der Ernnenung zum Rat. Der 1776 in Königsberg geborene Ernst Theodor Wilhelm Hoffmann, der später aus Verehrung für Mozart seinen dritten Vornamen in Amadeus ändern sollte, hatte nach dem Studium in seiner ostpreußischen Geburtstadt durch Vermittlung seines Onkels, des Regierungsrats Johann Ludwig Doerffer, im niederschlesischen Glogau eine Stelle als Auskultator bekommen, hatte dort auch sein Referendarsexamen bestanden und war, als sein Onkel auf einen höheren Posten in die Hauptstadt versetzt wurde, im August 1798, wieder durch Fürsprache des nun zum Obertribunalsrat beförderten Onkels, nach Berlin berufen worden, an das Kammergericht. Wie schon in Glogau wohnte auch hier der Zweiundzwanzigjährige im Hause des Onkels, gehörte also mit zur Familie, und zwar nicht nur als Neffe. Denn in Glogau hatte er sich mit seiner Cousine Minna verlobt.

Die kühnen künstlerischen Pläne, die in seiner Königsberger Jugend sowohl der Musik als auch der Literatur und der Malerei gegolten hatten, waren in Glogau einer Resignation gewichen, die einem Erwachsen- und Solidewerden ähnlich war. Den Plan, Künstler zu werden, hatte er aufgegeben, um in der Sicherheit einer Justizkarriere Kunst nebenbei betreiben zu können. Und da er die bittere Erfahrung einer leidenschaftlichen Liebe zu einer verheirateten Frau hinter sich hatte, gehörte zu dem resignativen Bürgerlichwerden auch die Verlobung mit seiner ein Jahr älteren Cousine, der gebildeten und verständnisvollen Minna Doerffer, an die ihn aber gefühlsmäßig wohl wenig band.

Franz von Holbein. Nach einem Stahlstich von Tommaso Benedetti

Der Großstadt dagegen, die er einige Jahre später literarisch gestalten sollte, war er sofort verfallen, bei diesem ersten der insgesamt drei Berlin-Aufenthalte vor allem der Kunstangebote wegen, von denen er in Briefen an seinen Jugendfreund Hippel besonders die Italienische Oper und die Kunstausstellung in der Akademie der Künste pries. Noch glaubte er, sein Talent besonders in der Musik beweisen zu können. Die Literatur, in der er von Kindheit an gelebt hatte, kam für ihn erst an zweiter Stelle, weshalb er auch keine Kontakte zu Literaten suchte, in keinem der aufblühenden Salons verkehrte und wohl auch keine Notiz von der Mannschaft des »Athenaeums« und der ganzen Romantischen Schule nahm. Seine literarischen Vorlieben hießen Shakespeare, Lawrence Sterne und Jean Paul.

Die Einhaltung seiner Glogauer Vorsätze, den Brotberuf ernstzunehmen und die Kunstambitionen hintanzustellen, wurde ihm durch die Vielfalt der Berliner Kunstangebote erschwert. Zwar lernte er eifrig für sein Examen und pflegte mit den Doerffers gemeinsam gesellschaftliche Kontakte zu den Kreisen höherer Beamter, doch wird es ihm im Hause der Stubenrauchs und von Gerlachs oder in dem des Geheimen Obertribunalrats Mayer, der wie die Doerffers in der Leipziger Straße wohnte und im Frühjahr 1801 der Schwiegervater Jean Pauls werden sollte, oft langweilig gewesen sein. Auch verschob er von Monat zu Monat die Anmeldung zum Staatsexamen, besuchte Kunstausstellungen, lief in die Oper, befreundete sich mit dem Schaupieler Franz von Holbein, der sein Geld als wandernder Sänger und Gitarrenspieler verdiente, und nahm auch den Unterricht in Kompositionslehre, den er in Königsberg hatte unterbrechen müssen, jetzt wieder auf. Lehrer wurde ihm sein ostpreußischer Landsmann Johann Friedrich Reichardt, der seinen Ruhm kürzlich dadurch hatte erneuern können, daß man seine Oper »Die Geisterinsel« (nach Shakespeares »Sturm«) bei der Huldigungsfeier für den jungen König Friedrich Wilhelm III. aufgeführt hatte. Auch mit Singspielen hatte Reichardt Erfolge erzielen können und das Komponieren von solchen wohl auch dem Schüler empfohlen. Unterhaltsame Singspiele wurden von Iffland, der mit ihnen sein Haus füllte, immer gebraucht.

Hoffmanns schauspielernder Freund Franz von Holbein, der, wie schon erwähnt, später die sehr viel ältere Gräfin Lichtenau heiraten, sie bald danach aber einer jungen Schauspielerin wegen wieder verlassen sollte, hatte im November 1798 unter dem Künstlernamen Francesco Fontano im vornehmen Hotel »Stadt Paris« ein gut besuchtes Gitarrenkonzert gegeben, hatte sich in den Zeitungen als Musiklehrer empfohlen, und bei Iffland am Nationaltheater hatte er als Schauspieler und Sänger unterzukommen versucht. Hoffmann war so angetan von seinen Gitarrenkünsten, daß er ihn nach dem Konzert in seiner Mietwohnung Unter den Linden aufsuchte. »Wir sprachen«, erzählte Holbein später, »über Musik und Kunst wie über die allgemeinen Verhältnisse, in vielem übereinstimmend, in ebenso vielem weit auseinandergehend, in Ansicht und Urteil aber uns doch gegenseitig behagend. Obgleich nur um drei Jahre älter, besaß er weit mehr richtige Weltanschauung, ich aber weit mehr Gemüt und frommen Sinn. Hoffmann nannte mir dies überflüssige Sentimentalität, die er verspottete, wo er nur konnte – aber immer in so geistreicher und liebenswürdiger Weise, daß man nie dadurch verletzt wurde und ich mir infolge seines Einflusses manche mich nur lächerlich machende Schwäche abgewöhnte. Bald waren wir unzertrennlich, wir musizierten, malten, machten physikalische Experimente und heckten Pläne für die Zukunft aus. Sogar mit Geistererscheinungen befaßten wir uns.«

Angeregt durch Holbeins Konzerterfolge, komponierte Hoffmann sechs Lieder für Klavier und Gitarre, doch der Musikverleger Breitkopf & Härtel, dem er sie anbot, lehnte sie ab. Auch Holbein mußte seine Träume von einer Berliner Schauspielerkarriere begraben. Er wurde von Iffland zwar angenommen, bekam aber immer nur kleine Rollen, so daß er nach einem Jahr aufgab und im November 1799 an das Stettiner Theater ging. Hoffmann dagegen versuchte noch einmal, künstlerisch in Berlin Fuß zu fassen. Er dichtete und komponierte ein Singspiel mit dem Titel »Die Maske«, ließ Text und Partitur sauber abschreiben, bemalte die Einbände des vierbändigen Werks mit Blumen und Ornamenten, verfaßte sogar eine Vorschlagsliste für die Rollenbesetzung im Nationaltheater, schickte das kostbare Manuskript aber nicht an Iffland, sondern ließ es durch Freunde der Doerffers der Königin Luise zukommen, die es aber wahrscheinlich nie sah. Ihr Kabinett ließ es mit der Aufforderung, es doch besser dem Direktor des Nationaltheaters vorzulegen, an den Urheber zurückge-

Die Maske

hen, so daß dieser im Januar 1800 mit nur mäßiger Übertreibung an Iffland schreiben konnte, seine Kühnheit, dieses Stück dem Herrn Direktor zu Aufführung einzureichen, ginge auf die »ausdrückliche« Aufforderung »Ihrer Majestät der regierenden Königin« zurück. Aber Iffland ließ sich dadurch nicht beeindrucken. Er antwortete dem Anfänger gar nicht und sandte erst vier Jahre später, als Hoffmann nachfragte, das Manuskript an ihn zurück. Der Nachwelt bekannt wurde das Stück, das unter anderem auch Don-Juan-Motive verwendet, erst 1923, als der Hoffmann-Forscher Friedrich Schnapp es in der Königlichen Hausbibliothek im Berliner Stadtschloß auffinden konnte. Großartig ist es nicht.

Sein Examen bestand Hoffmann im Frühjahr 1800 und bekam seine erste bezahlte Stellung, aber zu seinem Verdruß nicht in Berlin. Man versetzte ihn in die von Polen annektierten Gebiete, erst nach Posen, dann in eine Kleinstadt namens Plock. Damit schwanden auch seine Bindungen an die Familie. Zwei Jahre später löste er die Verlobung mit seiner Cousine auf.

Bildungsreise

Die Vorurteile, die der in Norwegen geborene Henrik (auch Henrich) Steffens gegen den preußischen Militär- und Beamtenstaat hegte, schienen sich zu bestätigen, als er im Frühjahr 1799 von Jena kommend in Halle preußischen Boden betrat. Nach langer Fahrt im engen und rüttelnden Postwagen durch eine wolkenverhangene, öde Gegend machte sich die Nähe der Stadt durch eine Hinrichtungsstätte bemerkbar, neben der am sogenannten Schandpfahl eine Namensliste von Deserteuren zu lesen war. Die Galgentorstraße, durch die die Fahrt ins Stadtinnere führte, war eng und schmutzig. Bevor er im »Löwen« absteigen konnte, mußte zum Packhof gefahren werden, wo mürrische Zollbeamte die Reisenden stundenlang warten ließen und sich an denen, die ihren Unmut laut werden ließen, durch besonders gründliche Untersuchungen ihres Gepäcks rächten. Erst als der Reisende drohte, sich durch die dänische Gesandtschaft an höchster Stelle beschweren zu wollen, ließen die Zollbeamten von der Schikane ab.»So unfreundlich trat mir das Land entgegen, dem ich Zuneigung, Liebe und die besten Kräfte meines Lebens widmen sollte«, heißt es in seiner Jahrzehnte später verfaßten Autobiographie.

Bessere Eindrücke boten ihm dann die Hallenser, und zwar nicht nur die Professoren, sondern auch die Gastwirte, Lohndiener und Krämer, die alle hoffnungsvoll in die Zukunft sahen, seitdem Friedrich Wilhelm III. König geworden war. Auf seiner Huldigungsreise im Vorjahr hatte man ihn mit Enthusiasmus empfangen, und Luise, seine schöne Gemahlin, hatte jeden entzückt. Von ihr schwärmten auch die Professoren und Studenten, und sie bejubelten die Entlassung Woellners, mit dessen Versuchen, das Geistesleben zu reglementieren und die Freiheiten der Universitäten durch strenge Schuldis-

Bildungsreise

ziplin zu ersetzen, es nun zu Ende war. Die Professoren, die Steffens besuchte, kamen ihm freundlich und mit liberaler Offenheit entgegen, und Reichardt, der sich nach seiner Entlassung als Hofkapellmeister auf den Giebichenstein zurückgezogen hatte, empfing den dänischen Gast so liebenswürdig, als ahnte er in ihm schon den künftigen Schwiegersohn. Als Steffens nach Berlin weiterreiste, hatte er einige seiner Ansichten über das uniforme, ungeistige Preußen schon abgelegt.

Als Sohn eines holsteinischen Militärchirurgen, der in dänischen Diensten gestanden hatte, war er 1773 in Stavanger zur Welt gekommen, hatte ein naturwissenschaftliches Studium in Kiel und Kopenhagen mit der Promotion abgeschlossen und war nun mit Mitteln eines dänischen Stipendiums auf einer Bildungsreise begriffen, die vor allem den geistigen Zentren in Deutschland galt. Vor allem Schellings wegen, der zu Steffens Wandel vom Naturwissenschaftler zum Naturphilosophen beitragen sollte, war er zuerst nach Jena gefahren, hatte sich dort ein halbes Jahr aufgehalten und nicht nur mit dem älteren Schlegel, mit Fichte, Novalis und dem Physiker Ritter Freundschaft geschlossen, sondern auch Schiller und Goethe kennengelernt. An der Bergakademie in Freiberg wollte er mineralogische Studien treiben, vorher aber noch Halle besuchen, das außer dem berühmten Mediziner Reil noch andere wissenschaftliche Koriphäen hatte, und auch Berlin sollte ein Abstecher gelten, weil er auf Tieck, Friedrich Schlegel und dessen Freund Schleiermacher neugierig war.

Daß Berlin sonst nichts Anziehendes für ihn hatte, lag erstens an der »Dürftigkeit der Gegend«, die von den meisten Reisenden wie eine kleine Sahara beschrieben wurde, zweitens an der Flachheit ihrer Poeten (bei denen er wohl besonders an Schmidt von Werneuchen gedacht haben dürfte), drittens an den Aufklärungsveteranen Nicolai, Gedike und Biester, die in seinen romantisch getrübten Augen »Armselige« waren, und viertens und hauptsächlich am preußischen Militär. Denn dieses hatte doch hier und im nahen Potsdam sein Zentrum, und er, der seine Kindheit unter Soldaten hatte verbringen müssen, hatte gegen alles Marschieren und Exerzieren Widerwillen entwickelt, so daß er Mühe hatte, sich zu beherrschen, als die Leute, die im Mai 1799 mit ihm die enge Postkutsche teilten, ihm unterstellten, er reise, wie sie alle, des zu erwartenden militärischen Schauspiels wegen. Denn in diesen Wochen fanden in Berlin und Potsdam die Revuen genannten Truppenbesichtigungen statt.

Als tatsächlich am nächsten Morgen die Regimenter an seinem Hotel, dem »Schwarzen Adler«, in der Poststraße, vorbeimarschierten, bereitete ihm die Vorstellung, daß der berüchtigte preußische Drill hier auch das Geistesleben beherrschen könnte, »eine Art von geheimem Grauen«, dessen sich zu erwehren ihm allerdings bald gelang. Denn da er von Jugend an erfahren war in militärischen Dingen, mußte ihm die Präzision des Marschierens, die Schönheit der Uniformen und die Haltung der Männer doch auch imponieren, und der Gedanke, daß diese Truppen unter Friedrich dem Großen ganz Europa getrotzt hatten, nötigte ihm wider Willen doch auch ein wenig Bewunderung ab.

Ähnlich zwiespältig war die Wirkung, die die Stadt auf ihn ausübte. Er war beeindruckt von der Großartigkeit der Anlage und der Schönheit der Gebäude, pries den herrlichen Blick, den man vom Brandenburger Tor bis zum Schloß hin hatte, und doch stießen die geraden, rechtwinklig verlaufenden Straßen, denen alles Anheimelnde fehlte, ihn ab. Er sah die aufblühende Stadt mit den Augen des Friedrich-Verehrers, fürchtete sich jedoch vor der Macht, die sich hier konzentrierte. Er sah Wachparaden, zu denen die Menschen in Scharen strömten, Kirchen, in denen vor leeren Bänken gepredigt wurde, besuchte das Mineralienkabinett, die Veterinärschule und den Botanischen Garten, spazierte mit Müßiggängern im Tiergarten und stellte auch bei weniger gebildeten Leuten eine erstaunliche Theaterleidenschaft fest. Er sah aber auch neben den Paradesoldaten die militärischen Freigänger, die, um Frau und Kinder ernähren zu können, sich als Tagelöhner verdingten oder sich auch auf Betrügereien verlegten, so wie jener Soldat, der mit einem Bauchladen vor dem Posthause stand. Den ankommenden Reisenden versuchte er weiszumachen, daß die von ihm feilgebotenen, in Papier gewickelten kleinen Zuckerstücken, die vier Groschen kosten sollten, die ersten Proben des aus Rüben gewonnenen Zuckers waren. Denn daß der Berliner Franz Karl Achard im Januar dieses Jahres in einer Eingabe an den König die Möglichkeit der Zuckerfabrikation aus Runkelrüben bewiesen hatte, war Stadtgespräch.

Henrich Steffens. Zeichnung von Wilhelm Hensel, 1837

Aufgefordert wurde Steffens auch vielfach »zu einer widerlichen Art von Zerstreuung«, über die er sich in seiner Autobiographie nicht näher ausläßt, aber doch hervorhebt, daß sie in der preußischen Hauptstadt stärker als anderswo öffentlich in Erscheinung trat. Ge-

Als Poesie gut

meint waren die käuflichen Mädchen, die ein Zeitgenosse namens Justus Conrad Müller in einem »Gemählde von Berlin, Potsdam und Sanssouci« in vier Kategorien teilte: Erstens in die ärmsten der Armen, die sich hauptsächlich Unter den Linden, im Tiergarten und an der Jungfernbrücke feilboten und fast alle infiziert waren, zweitens die »reputierlicheren« von ihnen, die neben Tiergarten und Linden auch Standorte in Tabagien genannten Kneipen hatten, drittens die »honetten Freudenschwestern von Profession, welche die Tanzsäle besuchen«, und viertens die vornehmen Freudenmädchen, die als Pensionärinnen bei stadtbekannten Kupplerinnen, wie Madame Schubitz und Madame Etscher, wohnten und die vornehmsten Freier hatten. Jung, oft sehr jung, waren sie alle, gut, gewöhnlich weiß gekleidet, und jene, die ihre Kunden am Abend in den Tanzsälen suchten, wohnten irgendwo im Zentrum in einem Kämmerchen mit einem alten Weibe, das mit von den Einkünften des Mädchens lebte. Da gab es zum Beispiel den »Bosischen Tanzsaal in der Neustadt, auf der letzten Straße« (heute Dorotheenstraße), »wo um neun Uhr abends die Musik beginnt. Es ist ein großer viereckiger Saal. In der Mitte hängen drei große Kronen von Kristallglas mit brennenden Kerzen, an den Wänden Spiegel mit Wandleuchtern. Oben und unten geht man durch zwei kleine, etwas niedrigere Zimmer, in denen gespeist wird, auf den Treppen hinauf zu den schön tapezierten und verschlossenen Logen; zur Seite aber ist eine Barriere für die Musikanten. Hier gehen nun die respektiven Liebhaber entweder unten auf und nieder, trinken ein Glas Bier, rauchen eine Pfeife oder sie mieten sich oben eine Loge und lassen sich eine Bowle Punsch oder eine Bouteille Wein heraufbringen, – erstere kostet einen Taler, letztere einen Gulden, die Loge mitgerechnet – und sehen sodann dem Schauspiel oft ohne fernere Teilnahme zu. Wofern sie aber nicht so enthaltsam sind, so brauchen sie nur einen Wink zu geben oder gleich wie ein Sultan das Schnupftuch zu werfen und sogleich wird das Mädchen erscheinen, das ihnen gefällt. ›Guten Abend, mein Lieber, so allein?‹ Du präsentierst ein Glas Punsch oder Wein. ›Wollen Sie sich nicht setzen, mein Kind?‹ (Wobei sie der Liebhaber gemeiniglich auf den

Schoß nimmt und in der Nähe abmißt, was etwa ihre Reize versprechen.) – ›Nun liebes Kind, sagen Sie mir doch, wo Sie wohnen.‹ – ›Da und da!‹ Alsbald entdeckt sie dir mit größter Bereitwilligkeit ihren Aufenthalt. ›Aber ich dächte doch,‹ fügt sie hinzu, ›lieber Junge, du gingst mit mir nach Hause,‹ (indem sie dich küßt). Sagst du nun ja, so ist der Handel gemacht, sagst du nein, so bittet sie wenigstens um ein Tanzgeld (vier Groschen), sieht dich an, lacht, läuft davon und tanzt einen Walzer.« –

Daneben aber war, wie man von Müller erfährt, in Berlin auch für »den griechischen Geschmack in der Liebe gesorgt. Die warmen Brüder, wie man sie nennt, finden ganze Zimmer voll schöner und artiger Buben. Ein scheußlicher Tummelplatz alter Sünder!«

Aber über dergleichen schweigt, wie gesagt, Steffens in seinen Erinnerungen. Er erzählt lieber von Ifflands Theater, das er eifrig besuchte, von den Qualen heißer Sommertage, wenn der vom Lande hereinwehende Sand das Atmen erschwerte, von seiner Geldknappheit, die ihn zwang, seine Uhr zu versetzen, und ausführlich von Reichardt, seinem künftigen Schwiegervater, der ihn in Giebichenstein schon dazu verpflichtet hatte, auch in der preußischen Hauptstadt sein Gast zu sein.

Reichardt, aus Königsberg stammend, Jahrgang 1753, also nur vier Jahre jünger als Goethe, war seinen Zeitgenossen nicht nur als Kapellmeister, Komponist, Klaviervirtuose, Zeitschriftenherausgeber und Schriftsteller, sondern auch als Virtuose der Geselligkeit bekannt. Viele junge Berliner, wie die Gymnasiasten Tieck und Wackenroder, hatten seinem offenen Haus in der südlichen Friedrichstraße die erste Berührung mit Kunst und Künstlern zu danken, und sein Anwesen am Fuße des Giebichensteins, in das er sich nach seiner politisch motivierten Entlassung als Königlicher Kapellmeister zurückgezogen hatte, wurde für fast alle deutschen Geistesgrößen, von Goethe bis zu den jüngsten romantischen Dichtern, zu einem beliebten Reiseziel. Nicht wegen seines revolutionsfreundlichen Buches »Vertraute Briefe aus Paris«, das er vorsichtigerweise anonym hatte erscheinen lassen, sondern einer unbedachten politischen Äußerung wegen war er beim preußischen König in Ungnade gefallen. Aber diese währte nicht lange, so wie auch sein Zerwürfnis mit Schiller und Goethe, die ihm in den »Xenien« arg zugesetzt hatten, bald wieder vergessen war. Noch Friedrich Wilhelm II. machte ihn, um ihm ein Einkommen zu sichern, zum Salinendirektor, und nach der Thronbesteigung Friedrich Wilhelms III. wurde seine 1789 entstandene Oper »Brenno« (in der deutschen Fassung: »Brennus«) in Berlin wieder aufgeführt. Es war dies so etwas wie ein vaterländisches Festspiel. Denn die sagenhafte Gestalt des Galliers Brennus, der im Jahre 386 v. Chr. Rom erobert und zerstört hatte, war durch einen Historikerirrtum für einige Jahrzehnte zum Gründer der Stadt Brandenburg (ehemals Brennabor) geworden und so zum Urvater der Märker (die von Dichtern damals manchmal pathetisch Brennen genannt wurden) avanciert. Populär waren besonders einige Märsche aus dieser Oper geworden, und wahrscheinlich hätten wohl diese im Mittelpunkt des Konzertes gestanden, das Reichardt im Sommer 1799 im Schauspielhaus auf dem Gendarmenmarkt geben wollte, dann aber kurzfristig absagte, weil das Publikum kaum Interesse zeigte. Das Souper aber, zu dem Reichardt anschließend die Musiker und seine Freunde, und damit auch Steffens, in das dem Theater gegenüberliegende Hotel de Brandenbourg eingeladen hatte, fand trotzdem statt.

Hier lernte Steffens auch Ludwig Tieck kennen, der nach der Heirat mit Frau Reichardts jüngerer Schwester Amalie mit zur Familie gehörte. Steffens beschreibt ihn als »schönen schlanken Mann« mit glutvollen Augen, der kurz und schnell urteilen konnte und mit dem er sich in der Verehrung des dänischen Klassikers Ludwig Holberg einig war. Doch blieb dieser Kontakt vorläufig noch oberflächlich, da Steffens bald danach zur Bergakademie Freiberg abreiste. Wie einst Tieck und Wackenroder in Franken, wollte er in den sächsischen Bergwerken, die auch Novalis besucht hatte, die Wunder des Erdinneren sehen. Wenige Jahre später wurde der dänische Untertan Preuße, und er heiratete in Reichardts große Familie ein.

Königlicher Landaufenthalt

Dem aus Creglingen an der Tauber stammenden Porträtmaler Alexander Macco, der im Sommer 1800 die Königin Luise nach der Natur malen durfte, haben wir eine Schilderung der Umstände zu verdanken, unter denen eine solche königliche Sitzung vor sich ging. Der Maler, der Goethe in Rom kennengelernt und dann am Weimarer Hof gearbeitet hatte, hoffte sich in Preußen etablieren zu können, als er mit einem an die Königin gerichteten Handschreiben des Herzogs Carl August in der Tasche nach Berlin reiste und im Schloß Charlottenburg, wo die königliche Familie den Sommer verbrachte, an die Königin heranzukommen versuchte, doch kam er nur bis zu ihrer Oberhofmeisterin, der Gräfin Voß. Da er sich weigerte, dieser den Brief zu übergeben, wurde er mehrmals abgewiesen, bis er bei einem weiteren Versuch vom Schloßhof aus die Königin auf einem Balkon erblickte, sich ihr näherte und dem Diener, den sie herausschickte, den Brief des Herzogs zeigte, den persönlich zu übergeben ihm aufgetragen war. Gleich wurde er, unter Umgehung der strengen Voß, vorgelassen, und als er beim Überreichen des Briefes sagte, »Ihre Durchlaucht der Herzog lege sich ihr zu Füßen«, wurde er von der Königin mit den Worten: »Wie, hat der Herzog das wirklich gesagt?« unterbrochen, was ihn nicht wenig in Verlegenheit setzte, weil er diese Floskel nur in der Meinung benutzt hatte, bei Hofe rede man so.

Luise war bereit, ihm zu sitzen, doch vergingen noch Wochen, bis ein erster Termin ihn nach Charlottenburg rief. Weitere Sitzungen wurden vereinbart, und wenn die Königin durch andere Verpflichtungen verhindert wurde, kam sie selbst, um sich bei ihm zu entschuldigen: Er solle sich inzwischen »gütlich tun und sich nichts abgehen lassen«, nach Tische käme sie bestimmt. Als das Bild schon

Als Poesie gut

erkennbare Formen hatte, kam auch manchmal der König, stand eine halbe Stunde lang hinter dem Maler und sah ihm unter beifälligen Äußerungen beim Arbeiten zu.

Im August reiste das Königspaar zur Revue nach Schlesien, kam Anfang September wieder und fuhr nun, wie alljährlich, für sechs Wochen ins abgelegene Dörfchen Paretz, um dort in dem von David Gilly zu einem Schlößchen umgebauten Gutshaus das Landleben zu genießen. Macco, der das Bild noch nicht fertig hatte, mußte es verpacken und sich mit ihm in einem Wagen des Hofes nach Paretz fahren lassen, wo er am Abend ankam, ein schon von Hofleuten völlig besetztes Gasthaus vorfand und auch nichts mehr zu essen bekam. Da die Nacht warm war, suchte er im Schloßpark nach einer Laube zum Schlafen, begegnete dabei aber dem Adjutanten des Königs, dem Obersten von Köckritz, der ihn aufs Amthaus brachte und dort behauptete, die Königin habe befohlen, den Maler hier unterzubringen. Aber auch hier war schon jeder Winkel von Hofchargen besetzt. Nach langem Streiten wurde ihm endlich erlaubt, das Zimmer mit dem Oberamtmann zu teilen. Der aber war gerade beim König, und so legte sich der ermüdete und hungrige Künstler zum Schlafen nieder – und erwachte einige Stunden später durch Geschrei und Gepolter im Nebenzimmer, wo der Kammerherr der Königin, ein Baron von Sack, einquartiert worden war. Dieser hatte beim Schlafengehen entdecken müssen, daß ein dicker Mann sein Bett schon besetzt hatte, und da er den Dicken für den Kapellmeister Himmel gehalten hatte, war dieser von den Dienern unsanft auf den Fußboden befördert worden. Doch hatte es sich dabei nicht um den Kapellmeister gehandelt, den man ungestraft malträtieren zu können geglaubt hatte, sondern um den Oberamtmann, der, beschwingt von der Audienz kommend, im falschen Zimmer gelandet war. Erst als man ein Ersatzbett herbeigeschafft hatte, wurde der Streit beigelegt.

Als Macco am nächsten Morgen der Königin von seinen Leiden und den nächtlichen Abenteuern erzählte, erfuhr er, daß er das alles nicht hätte erdulden müssen, wenn er sich auf dem Hofmarschallamte gemeldet hätte, wo Quartier und Verpflegung für ihn reser-

Königin Luise. Gemälde von Alexander Macco, 1800

viert worden war. Im Gegensatz zu den Hofleuten stand ihm sogar ein Einzelzimmer zur Verfügung, und er lebte auf königliche Kosten recht vergnügt. Dabei konnte er auch feststellen, daß die weitverbreitete Vorstellung von einem bedürfnislosen, stillen und beschaulichen Landleben des Königspaares eine Legende war. Man empfing

Als Poesie gut

vielmehr ständig Gäste und feierte Feste, so daß der Maler bei seiner Arbeit häufig von »einem glänzendsten Zirkel« umgeben war. Neben Luises älterer Schwester, der Erbprinzessin von Thurn und Taxis mit ihrem Gatten, kamen auch ihre Brüder und die Brüder des Königs, und auch der Herzog Carl August von Weimar stellte sich ein. »Züge von der unbeschreiblichsten Güte und Herablassung der Königin erlebte ich manche. Unter anderem hörten wir einmal ein lautes Klingen und fröhliches Treiben im Nebenzimmer. Der Herzog von Weimar erschien mit einem Spitzgläschen in der Hand unter der Türe des Zimmers, worin die Königin mir saß. ›Aber was haben Ihre Majestät hier für einen herrlichen Liqueur!‹ Die Königin sprang auf. ›Ach, die gottlosen Menschen, da sehen Sie einmal, Macco, sie bestehlen mich! Der Liqueur, den mir der König gab und der schon lange unberührt dastand, ist nun auch in ihren Händen!‹ Es waren die Prinzen Heinrich und Wilhelm, Brüder des Königs, Ihrer Majestät Bruder, der jetzige Großherzog von Strelitz, und der Herzog von Weimar. ›Aber ihr seid doch recht unartig! Den Macco, der hier arbeitet, laßt ihr zusehen!‹ Sie nahm das Fläschchen, schenkte mir ein Gläschen voll und reichte es mir mit der unnachahmlichsten Liebenswürdigkeit.«

In Paretz wurde das Bild beendet und wenige Tage später in der Akademieausstellung gezeigt. Dann mußte Macco es verpacken und als Geschenk für den Herzog Carl August nach Weimar schicken – wo es siebenundzwanzig Jahre später, noch immer verpackt, auf dem Speicher des alten Schlosses gefunden, von Macco selbst restauriert und 1828 wieder ausgestellt wurde. Es zeigt die Königin vor einem blauen, gerafften Vorhang in lockerer Haltung auf einem Sessel sitzend. Es blieb bis heute das am wenigsten bekannte Bildnis von ihr.

Garnisonsleben

Für die noch immer bezopften und geprügelten Soldaten änderte sich auch unter dem neuen König nur wenig, sieht man von Uniformänderungen ab. Für diese aber hatte Friedrich Wilhelm III. eine Vorliebe, so daß er an Formen und Farben von Mützen, Hüten, Knöpfen, Aufschlägen, Kragen, Litzen, Tressen, Puscheln und Federn immer wieder etwas zu ändern fand. Welche Rolle damals die schmucke Soldatenbekleidung spielte, ersieht man auch an den in Berlin gedruckten »Stammlisten der Regimenter und Corps der Königlich-Preußischen Armee«, in denen die Vorstellung jedes Regiments, seiner Geschichte, seiner Chefs und Kommandeure mit einer Beschreibung der Uniformbesonderheiten beginnt.

So kann man in den »Stammlisten« von 1798 zum Beispiel erfahren, daß das in Neuruppin stationierte Regiment Nr. 34, Prinz Ferdinand von Preußen, in dem sich in diesen Jahren Clausewitz weiterzubilden versuchte, »ponceaurothe Aufklappen, blaue Aufschläge und Kragen« hatte und daß die Offiziersuniform noch zusätzlich folgenden Schmuck zeigte: »Unter den Klappen 3, auf der Tasche 3 und auf dem Aufschlage 3 schmale, gestickte, silberne Knopflöcher, hinten einen gestickten kleinen Triangel und um den Hut eine schmale silberne Tresse mit einer großen silbernen Agraffe und schwarzen Kokarde« daran. Das Regiment Garde, Nr. 15, in Potsdam, in dem Heinrich von Kleist in diesen Jahren diente, hatte »auf der Klappe 7 Schleifen«, »um den Huth eine breite gegossene silberne Lahntresse« und auf ihm »eine weiße Feder«, während das Berliner Regiment Götz (oder Götze) mit der Nr. 19, in dem Chamisso vom Fähnrich zum Leutnant avancierte, durch orangefarbene Aufklappen gekennzeichnet war. Noch farbenfroher als diese Infantristen mit ihren blauen Röcken

Als Poesie gut

und weißen Hosen waren die Reiter, so die vom Berliner Kürassierregiment Gensdarmes, Nr 10, das Marwitz der Familientradition wegen gewählt hatte, wo »dunkelblaue Chemisets« neben »ponceaurothen Aufschlägen« leuchteten und die goldenen Borten rotgestreift waren. Die Aschersleber Kürassiere, Nr. 6, dagegen, die bis 1795 vom Herzog Carl August von Sachsen-Weimar geführt wurden und zu denen als jüngster Leutnant der angehende Dichter Fouqué gehörte, konnten mit »hellziegelrothen Aufschlägen« prunken, und die Borten waren bei ihnen »weiß und rothbunt durchwürkt«.

Im Einerlei des Garnisonslebens in Friedenszeiten war die Uniformmarotte des Königs für viele Offiziere eine willkommene Abwechslung, und mancher von ihnen hatte außer Eitelkeiten auch wenig im Kopf. Das Geisttötende des täglichen Dienstes wirkte besonders in den abgelegenen Garnisonstädtchen auf die jungen Offiziere frustrierend, so daß mancher dem Alkohol oder der Spielleidenschaft verfiel. Um der Verblödung entgegenzuwirken, brauchte man Willensstärke, oder man suchte nach Gleichgesinnten, die sich über die geistige Leere durch Bücher, Musik oder Geselligkeit zu erheben versuchten, und in diesen Umbruchsjahren, in denen der Adel sich bildungsmäßig dem Bürgertum näherte, seine jungen Talente aber noch immer in die Uniform zwingen mußte, fand man solche unter Kameraden und Vorgesetzten mit ziemlicher Sicherheit. In allen Lebensläufen bedeutender Männer, die zeitweilig, wie Kleist, Fouqué oder Chamisso, oder auch lebenslang, wie Clausewitz oder Nostiz, die Uniform trugen, erscheinen als Förderer oder Freunde gebildete Offiziere, die für die Nöte der Jungen Verständnis haben, ihnen weiterhelfen oder auch zum Abschied raten. Die Zahl jener meist höheren Offiziere, die selbst Bücher schrieben, war beträchtlich. Nie, so ist anzunehmen, war das intellektuelle Potential im Militär so groß wie in dieser Zeit.

Clausewitz, der mit dreizehn Jahren, statt auf der Schulbank zu sitzen, auf den Belagerungswällen vor Mainz gelegen hatte, fand in der Ruppiner Garnison nicht nur Bücher, um sich militärwissenschaftlich weiterzubilden, sondern auch Vorgesetzte, die seine theoretischen Fähigkeiten erkannten und ihn 1801 auf die Offiziersakademie

Prinz Louis Ferdinand. Bronzebüste von Karl Friedrich Wichmann, 1804

nach Berlin schickten, wo er Scharnhorst zum Mentor und Freund gewann. Kleist, der ebenfalls schon als Kind an den Rheinfeldzügen hatte teilnehmen müssen, fand nach 1795 im Potsdamer Garnisonsleben Gelegenheit, sich mathematisch und philosophisch weiterzubilden; er hatte Freunde unter den Offizieren, mit denen er diskutierte und musizierte, und er konnte in den Häusern älterer Offiziere verkehren, besonders in dem eines entfernten Verwandten seines Namens, wo er der für ihn wichtigen älteren Freundin Marie von Kleist begegnete, die eine Vertraute der Königin Luise war. Chamisso, der 1798 den Dienst eines Pagen mit dem eines Fähnrichs vertauschte, konnte sich in der Berliner Garnison einem Dichterkreis anschließen, dessen Tagungsort manchmal die Wachtstube war.

Auch Fouqué, der sich mit siebzehn Jahren zu einer militärischen Karriere entschlossen hatte, fand in der Garnison von Aschersleben Freunde und Gönner, die seine sich hier entwickelnden geistigen und poetischen Neigungen teilten oder ihnen wenigstens Verständnis entgegenbrachten, so daß er den geistigen Leerlauf des Dienstes unbeschadet ertrug. Wie aus dem von Arno Schmidt entdeckten Tagebuch eines seiner Kameraden, des Georg Ludwig Freiherr von Welck, ersichtlich, spielte sich das Offiziersleben in der Garnison tatsächlich so ab, wie man es sich vorstellt, nämlich zwischen dem Exerzierplatz, dem Schießstand, der Reitbahn auf der einen, dem Spieltisch, dem Punsch, dem Tanz, den Mädchen und der Jagd auf der anderen Seite, doch wurden im Casino auch Zeitschriften gehalten, unter ihenen Schillers »Horen«, und es gab eine »Lesegesellschaft«, die fünfundzwanzig Mitglieder hatte und zweimal in der Woche zusammenkam. Was dort gelesen wurde, ist weder aus Welcks Tagebuch noch aus Fouqués Autobiographie zu erfahren. Auch fällt kein Wort über das Leben und Leiden der gemeinen Soldaten. Aber beim edlen Ritter Fouqué ist sowieso jeder Krieger fromm, sittsam und frohen Muts.

Aufschlußreicher sind da die Memoiren des sächsischen Preußen und späteren Russen Karl von Nostitz, der darin so ehrlich ist zuzugeben, daß er als junger Kornett und Leutnant nicht zu den Pflichtbewußten, wie Marwitz, zu den Schöngeistern, wie Fouqué, den Strebsamen, wie Clausewitz, oder den innerlich Zerquälten, wie Kleist, gehört hatte, sondern daß er sich zu den Raufbolden, Mädchenverführern und Schuldenmachern gesellt hatte, kaum daß er als Neunzehnjähriger bei den Gensdarmes eingetreten war. Er war als Sohn eines Kammerherrn aus altem sächsischen Adel in Dresden geboren, war, da seine Eltern sich trennten, als Kind ohne Liebe an verschiedenen Orten aufgewachsen, hatte in Halle, das zu Preußen gehörte, das Pädagogium besucht, dort Freunde gefunden und sich dort auch an der Universität einschreiben lassen, wo er die Hörsäle möglichst gemieden und ein von Schulden finanziertes ausschweifendes Leben geführt hatte, bis Abenteuerlust ihn zur Bewerbung in der preußischen Armee verlockte, er sich auf einen dürren Mietgaul setzte und, »gleich einem Ritter von der traurigsten Gestalt« nach Potsdam ritt. Ein Bittbrief an den König, Friedrich Wilhelm III., ihn bei dem vornehmen Reiterregiment Gardes du Corps anzustellen, blieb ohne Antwort, so daß er sich persönlich bemühen mußte und dabei dem König so lästig wurde, daß dieser den ellenlangen Burschen in der Studentenjacke schließlich als Kornett einzustellen versprach. Er solle sich nach Berlin begeben und beim Chef des Regiments Gensdarmes vorsprechen, dort sei er angestellt.

Nach mehreren Abweisungen in besseren Gasthöfen bezog er das billigste Hinterzimmer im »Hirschen«, Unter den Linden, meldete sich mit den Worten, er heiße Nostitz, sei aus Sachsen und von Seiner Majestät zu den Gensdarmes beordert, beim Regimentschef, dem General von Elsner, der, schon leicht angetrunken, beim Wein saß, sich über die Körperlänge des Neuen freute, den er für einen als Flügelmann geeigneten Rekruten hielt. Während er ihm zur Anwerbung gleich ein Glas Rotwein eingießen wollte, enttäuschte ihn Nostitz mit der Erklärung, daß er als Kornett, also als künftiger Offizier, eintreten sollte, worauf der Chef mit Blick auf seinen dürftigen Aufzug drei Fragen stellte, deren Bejahung aber auf Mißtrauen stieß. Die Fragen lauteten: »Sind Sie von Familie? Hat Ihr Vater Güter? Haben Sie einen guten Ruf?«

In seinem elenden Quartier mußte er nun mit ein paar Talern,

Als Poesie gut

die er sich von einem Freund borgen konnte, acht Tage auf Antwort warten, dann wurde ihm gemeldet, daß man ihn nehmen wolle, er solle jetzt nach Hause reiten und »einen guten Zuschuß und brav Geld vom Vater zur Equipierung holen«, denn für die Uniformen und Pferde der Offiziere kam der sparsame preußische Staat nicht auf. Der Kammerherr von Nostitz, der inzwischen in Merseburg das Amt eines kursächsischen Landjägermeisters bekleidete, hegte eine »entschiedene Abneigung gegen alles Soldatenwesen« und vielleicht auch gegen Preußen, doch war er nach langem Zureden zum Kauf der Ausrüstung und zu einem Zuschuß von monatlich hundert Talern zu bewegen und zahlte diese sogar gleich ein halbes Jahr im voraus. Nun konnten in Halle die alten Schulden beglichen werden, in Berlin aber fing das Soldatenleben gleich wieder mit Schulden an.

Das Regiment Gensdarmes bezog seine Offiziere seit jeher aus den vornehmsten Adelsfamilien. Nostitz befürchtete, von ihnen als armselig angesehen zu werden, wollte sich seine Unterlegenheit aber nicht anmerken lassen, gab sich deshalb als großzügig und zeichnete sich als Draufgänger und tollkühner Reiter aus. Bald war der lange Sachse durch sein »keckes Auftreten gegen jede Ordnung, die keine militärische war« in der Residenzstadt berüchtigt. Bei Spekulanten und Wucherern, die dieses »Regiment von jungen Prassern umschwärmten«, verpfändete er seine künftigen Einkünfte, um sich Pferde, Equipagen, Champagner und das Wohlwollen einer Schauspielerin leisten zu können, lebte also, wie er das nannte, »anticipativ«. Auf diese Weise hatte er bald schon einige Tausend Taler Schulden, die irgendwann von seinem Vater beglichen wurden, worauf er das kostspielige Leben fortführte, Gastmähler für die Kameraden auf der Wachtstube spendierte, bei der Schauspielerin, die eine kleine Wohnung in der Mittelstraße hatte, Feste veranstaltete und mit gemieteten Equipagen Ausflüge nach Treptow oder Französisch Buchholz machte, so daß der Schuldenberg bald wieder wuchs. Schwerer zu tragen als dieser war dann aber die ungewöhnliche Art seiner Tilgung, die ihn mehr als ein Vermögen, nämlich das Vaterland kostete, wie er in seiner Autobiographie sagt.

Diese Affäre, die sich bis zum Beginn des Krieges 1806 hinzog, begann mit einem tollen Ritt durch Berlins Straßen, einem Sturz vom Pferde, bei dem er zwischen den Tonnen der Fischweiber landete, der medizinischen Behandlung durch den Regiments-Feldscher und einem vorsichtigen Genesungsspaziergang Unter den Linden, wo er die Demoiselle Caroline im ersten Stock eines Hauses mit einer Stickarbeit beschäftigt sah. »Die verhängnisvolle Bekanntschaft begann, wie so oft, von der Straße durchs Fenster.« Nicht lange danach durfte er eintreten. Es war das Haus ihrer Mutter, einer Justizrats-Witwe, ein vornehmes Haus »zweiter Ordnung«, in dem er bald ein- und ausging und alle Mitbewerber der Schönen aus dem Felde schlug. Nun lernte er den »stillen Reiz der Unterhaltung in einem häuslichen Kreise« kennen, wurde zu kleinen bürgerlichen Gesellschaften geladen, besuchte Theater und Konzerte, machte Spaziergänge – und bei all dem wuchs seine »entschiedene Abneigung, sich vor der Welt mit Frauen, wer sie auch seien, zu zeigen«, weil er dabei das ihm kostbare Gefühl von Freiheit verlor.

Caroline war siebzehn, reizend anzusehen und geistvoll, aber »mehr nachdenkend als empfindend« und von der Mutter, die sie streng überwachte, vor einem Verhältnis ohne feste Bindung gewarnt. Nach einem Jahr der Bekanntschaft ohne Versprechen war die Mutter zur Mitwisserin seiner Schuldenverstrickung geworden und fand dadurch den Weg, ihn zu binden, indem sie ihn »den verderblichen Händen der Wucherer« entriß. Mit einem Teil des Barvermögens, das ihrer Tochter im achtzehnten Lebensjahr zustand, wurden die Schulden von 12000 Talern beglichen und der Leutnant so moralisch zur Heirat verpflichtet, die er aber, unter anderem auch unter dem Vorwand, daß sein altadliger Vater die bürgerliche Heirat nicht billigen würde, noch jahrelang aufzuschieben verstand.

Seiner Karriere wegen versuchte er nun den schlechten Ruf, den er in Berlin als Bürgerschreck hatte, loszuwerden, indem er sich mit der Kriegswissenschaft befaßte, Scharnhorsts Vorträge besuchte, sich gut zu benehmen lernte und sich in Hofkreise und in die Zirkel der Schöngeister einführen ließ. Er lernte von »Schlegelianern

Als Poesie gut

und Kantianern« über das »sentimental Erhabene« und das »witzelnd Gefühlvolle« zu reden, kam mit berühmten Geistesgrößen wie Friedrich Gentz zusammen und verkehrte in den Salons von Rahel Levin und Henriette Herz. Er wurde in die Häuser älterer Offiziere geladen und konnte auf Hofbällen tanzen, auch auf denen beim alten Prinzen Ferdinand, dem jüngsten Bruder Friedrichs des Großen, im Schloß Bellevue. Der geniale Sohn dieses Prinzen, der Ludwig hieß, aber Louis Ferdinand genannt wurde, machte ihn 1805 zu seinem Adjutanten, vielleicht auch, weil er in dem intelligenten Schuldenmacher, Lebemann und waghalsigen Reiter, der nicht recht wußte, wohin das Leben ihn führen sollte, Ähnlichkeit mit sich selber sah. Im Gefolge des Prinzen lernte der Adjutant nun auch andere bedeutende Leute wie den Historiker Johannes von Müller kennen, und da er 1806 auf dem Schlachtfeld den Tod Louis Ferdinands miterlebte, ging er später als Nebenfigur in preußische Lesebücher ein. Daß aber auch die russische Kriegsgeschichte von Taten des Generalleutnants von Nostitz berichtet, lag, will man ihm glauben, an jener reizvollen Caroline aus der Straße Unter den Linden, die ihn, wie schon angedeutet, ins Ausland trieb.

Als 1805 vor dem Ausmarsch des Heeres von den Offizieren eine Feldausrüstung gekauft werden mußte, der Leutnant aber, wie gewöhnlich, kein Geld mehr hatte, wurde ihm in seiner Verzweiflung wieder von Carolines Mutter geholfen, die ihm jetzt wie ein Schutzgeist erschien. Er »erbebte bei dem Gedanken«, daß sein »Tod im Kriege Mutter und Tochter um den größten Teil ihres Vermögens bringen könne«, ohne daß er »für so viel Liebe und Aufopferung einen Ersatz geleistet hätte«, und da es Mutter und Tochter auf einer Reise nach Sachsen verstanden hatten, seinem Vater die bürgerliche Ehe schmackhaft zu machen, gab der Sohn seinen Widerstand auf. Er stellte aber die Bedingung, daß die Eheschließung geheim bleiben müsse, angeblich, weil der König sie vorher genehmigen müsse, in Wahrheit aber, weil er sich der Fesseln schämte und außerdem hoffte, auf diese Weise leicht wieder freikommen zu können, wenn der Feldzug zu Ende war.

Garnisonsleben

Kurz vor dem Ausmarsch fand sich ein Pastor aus der Niederlausitz, der im Beisein eines Zeugen die geheime Zeremonie vornehmen wollte. »Es wurden Kerzen angezündet, der Priester legte sein Ornat an, stellte mich neben Carolinen, schlug ein Buch auf, las Formeln, fragte uns einige Male, ließ uns jedesmal ja sagen, steckte uns zwei Ringe an die Finger« — und der Zeuge gratulierte zu Heirat. »Ich blieb noch bis zum Abendessen, dann zog ich den Ring vom Finger, ließ ihn auf dem Tisch liegen und taumelte wie einer, dem die Sinne ausgehen, hinaus auf die Linden, an die frische Luft.«

Leider ist das Ende dieser Ehe im Detail nicht überliefert, da die Memoiren mit dem Tod Louis Ferdinands enden und nur allgemein noch berichten, daß die Flucht vor den Ehebanden jahrelang sein weiteres Leben bestimmte, jedes »Gefühl der Dankbarkeit und des Anstandes« in ihm tötete und ihn zu lebenslangem Kriegsdienst verdammte, nach der preußischen und der österreichischen schließlich in der russischen Armee. »Nach langem Umherirren und durch Aufopferung äußerer Güter ist es mir gelungen, in der Fremde [nämlich in Rußland] wieder in das Gleis eines geordneten Lebens einzulenken und den Schein eines Glücksritters abzustreifen, der mit zunehmenden Jahren immer nachteiliger wird.«

Nachdem er auch noch gegen Türken und Polen gekämpft hatte, starb er 1838 als russischer Generalleutnant Gregor Iwanowitsch Graf von Nostitz. Varnhagen schrieb einen Nachruf, in dem er natürlich auch daran erinnerte, wie wichtig einst die Aussprache mit Rahel für den jungen Nostitz gewesen war.

Goethe-Verehrung

»Anstatt göttlich sag' ich goethelich«, schrieb Rahel Levin als Antwort auf die Frage nach ihrem Eindruck vom »Wilhelm Meister« 1795 an David Veit, und sie fand mit diesem Kalauer, den sie selbst als »närrisch – aber ausdrucksvoll« einschätzte, die treffende Formel für die Verehrung, die dem Dichter des »Werther«, der »Iphigenie«, des »Götz von Berlichingen« und des »Wilhelm Meister« entgegengebracht wurde, und zwar nicht nur von ihr, sondern von den meisten mit ihr etwa gleichaltrigen Literaturliebhabern Berlins.

In allen Salons wetteiferten besonders die Damen in seiner Verehrung. Die Brüder Schlegel und ihre Anhänger setzten ihn ungefragt an die Spitze ihrer Bewegung. Junge Autoren träumten davon, von ihm beachtet, vielleicht sogar empfangen zu werden. Zum Musikleben Berlins gehörte die Vertonung seiner Gedichte durch Reichardt und Zelter. Karl Philipp Moritz und Wilhelm von Humboldt zählten zu seinen Freunden. Die bedeutendsten Bildenden Künstler Berlins hatten mit ihm Kontakte. Und Weimar wurde vor allem seinetwegen zum Anziehungspunkt für alle Geistesgrößen dieser und der nächsten Generation.

Obwohl Goethe sich von den Romantikern gelegentlich distanzierte, ließ er sich ihre Lobpreisungen gern gefallen, und Berlin, das wie keine andere Stadt seinen Ruhm verbreitete, mied er zwar immer, behielt es aber stets im Blick. Nur einmal, als junger Mann, im Jahre 1778, war er sechs Tage in Preußens Residenzstadt gewesen, und obwohl er sein Leben lang viele Beziehungen zum Berliner Kulturleben hatte, wurde der Besuch von ihm nie wiederholt. Er hatte die Atmosphäre, die er zur schöpferischen Arbeit brauchte, im kleinen Weimar gefunden; die Großstadt Berlin mit ihrem Überangebot an Reizen schien ihm der künstlerischen Arbeit nicht dienlich zu sein. Seine oft zitierte Charakterisierung der Berliner als verwegener Menschenschlag ist nicht etwa eine Erkenntnis seiner Erlebnisse von 1778, sondern Ausdruck seiner Abneigung, die sich im Laufe des Lebens gefestigt hatte. Sie ist durch Eckermann überliefert, der im Dezember 1823 von einem Besuch Zelters berichtet, über den Goethe anschließend urteilt und dabei seine Vorstellung von der Stadt offenbart: »Er [Zelter] kann bei der ersten Bekanntschaft etwas sehr derbe, ja mitunter sogar etwas roh erscheinen. Allein das ist nur äußerlich. Ich kenne kaum jemanden, der zugleich so zart wäre wie Zelter. Und dabei muß man nicht vergessen, daß er über ein halbes Jahrhundert in Berlin zugebracht hat. Es lebt aber, wie ich an allem merke, dort ein so verwegener Menschenschlag beisammen, daß man mit der Delikatesse nicht weit reicht, sondern daß man Haare auf den Zähnen haben und mitunter etwas grob sein muß, um sich über Wasser zu halten.« Eine solche Bewährung in der Großstadt wollte sich Goethe selbst aber nicht zumuten. Er blieb lieber in Weimar, verfolgte aber das kulturelle Geschehen in der preußischen Hauptstadt über Mittelspersonen, von denen es viele gab.

Da war Karl Philipp Moritz, der in Italien mit Goethe Freundschaft geschlossen hatte. Da war Wilhelm von Humboldt aus Tegel, der im Salon der Henriette Herz seine Frau, Caroline von Dacheröden, kennengelernt hatte, durch sie mit Schiller bekannt wurde, zwei Jahre in Jena wohnte und auch noch später die Weimarer über Berliner Ereignisse auf dem laufenden hielt. Da war Reichardt mit seinen Goethe-Liedern, Zelter, der Brieffreund seit 1799, der zum Duzfreund wurde und ausführlich über das Berliner Musik- und Theaterleben berichtete, Bildende Künstler wie Friedrich Tieck, Schadow und Schinkel, die aus Weimar Aufträge bekamen, Schauspieler, die hier wie dort auf der Bühne standen, und nicht zuletzt die Berliner Verleger, wie Himburg, Mylius, Maurer, Vieweg, Sander und Unger, denen Goethe viele seiner Werke anvertraute. Besonders in der Zeit vor 1800 ist die Liste der in Berlin verlegten Werke Goethes lang.

Als August Wilhelm Schlegel, zu dieser Zeit in Jena wohnend, im

Als Poesie gut

Sommer 1798 seinen Bruder in Berlin besuchte, mußten seine Briefe an Goethe selbstverständlich auch Berliner Neuigkeiten melden. Von Ludwig Tiecks in Arbeit befindlichem Roman, dem »Sternbald«, ist da die Rede, von Ifflands Theaterleitung, von Künstlern, Gelehrten, Geheimräten und Schauspielern, von der Vertonung des »Zauberlehrling« durch den »Maurer und Musiker Zelter«, dessen »Reden handfest sind wie Mauern, seine Gefühle aber zart und musikalisch«, vom alten Nicolai, der die Brüder Schlegel zwar wieder angegriffen, sie aber trotzdem zu einem großen Abendessen eingeladen habe, und dann natürlich von den Zirkeln der Jüdinnen, in denen ständig von Goethe geschwärmt wurde und wo er, der Briefschreiber, »etwas gegolten habe«, weil er den Verehrten zuletzt gesehen hatte und von ihm erzählen konnte. In einem späteren Brief bestätigt Schlegel dann auch Goethes Berlin-Vorurteile, indem er schreibt: »Je länger ich hier bin, desto mehr gerate ich in einen Wirbel von Zerstreuungen hinein.«

Dessen ungeachtet aber siedelte der ältere Schlegel drei Jahre später ganz nach Berlin über und wurde nun für zwei Jahre, neben Zelter, ein wichtiger Berichterstatter, der Goethe über Ifflands Bühnenpläne, Fichtes Vorlesungen, Bernhardis Sprachlehre oder Tiecks neueste Werke auf dem laufenden hielt.

Goethe-Verehrung gab es aber auch in Adelskreisen. Ihr Mittelpunkt war Caroline von Berg, geborene von Haeseler, die ihre Jugend in Weimar verbracht hatte, Herder und Goethe persönlich kannte und seit 1792 mit dem Freiherrn vom Stein befreundet war. Sie wurde die vertrauteste Freundin der sechzehn Jahre jüngeren Königin Luise, die sie in die zeitgenössische Literatur und damit auch in den Geist Weimars einführte, sehr zum Mißfallen des Königs, der, wie die Mehrzahl der Leute am Hofe, von Literatur wenig hielt. Luise schwärmte mehr von Schiller, ihre mütterliche Freundin aber war immer zum Ruhme Goethes tätig, man möchte sagen: geradezu missionarisch, wenn man Folgendes liest: »Der echte Götheanismus«, so schreibt Gustav von Brinckmann im Oktober 1803 an Goethe, »pflanzt sich hier allmählich wie eine unsichtbare Kirche fort, deren

Goethe-Verehrung

Goethe-Karikatur von Johann Gottfried Schadow, um 1803

Mitglieder wohl allein als das wahre Salz der geschmackloseren Masse betrachtet werden müssen. Ich bin so glücklich, nur mit Glaubensverwandten in vertrauteren Verbindungen zu leben, und ich kann mir nicht vorstellen, daß Sie irgendwo inniger geliebt und (warum nicht?) andächtiger angebetet werden als in einigen dieser schönen Zirkel. Sie kennen die Frau von Berg, vielleicht auch ihre vortreffliche Tochter, die Gräfin Voß. Seit mehreren Jahren habe ich das Glück, in dieser seltenen Familie Kindesrecht zu genießen, und ich möchte wohl sagen, daß Ihre Schriften der Mittelpunkt unserer echt religiösen Verbindung sind. Alle schöneren Seelen, die einer höheren Ausbildung wert sind, werden hier in jene heiligen Mysterien eingeweiht, und es heißt in einem höheren Sinn niemand ein Mensch, als wer durch den Geist Ihrer Schriften getauft ist. Freilich mögen wir wohl wie alle Rechtgläubigen gerade gegen die nächst grenzenden Sekten bisweilen intoleranter sein als gegen völlig Ungläubige. So wurde auf dem Gute der Gräfin wirklich vorigen Winter vor Ihrer Büste ein förmliches Autodafé von allerlei Ketzern gehalten, die uns den Namen Goethe zu mißbrauchen schienen.«

Aber nicht nur mit wohlwollendem Interesse, sondern auch in Abwehr war Goethes Blick auf Berlin gerichtet, wo das kulturelle Leben nicht nur reichhaltiger, sondern auch widersprüchlicher als in Weimar war. Schon nach Erscheinen des »Werther« waren neben Stimmen der Begeisterung auch Angriffe aus Berlin gekommen, besonders von Nicolai und seinen Leuten in der »Allgemeinen Deutschen Bibliothek«. Im »Musen-Almanach für das Jahr 1797«, der im Oktober 1796 auf den Markt kam, wurde nun von Schiller und Goethe auf die Grobheiten grob geantwortet, in den Xenien genannten Epigrammen, von denen viele gegen Berliner gerichtet waren, vor allem natürlich gegen Nicolai. Aber auch Reichardt, mit dem sich Goethe zeitweilig entzweit hatte, da er dessen Begeisterung für die Französische Revolution nicht teilen konnte, wurde aufs Korn genommen, daneben auch Gentz und Ramler und die Berliner Aufklärung insgesamt. Bis auf den ebenfalls mit Xenien bedachten Außenseiter Schmidt von Werneuchen, dessen Goethe-Verehrung sich durch den Spott des Verehrten nicht minderte, war die Empörung der Angegriffenen groß. Groß aber war auch der Jubel der Goethe-Freunde, so daß die Verflochtenheit der Weimarer mit dem literarischen Leben Berlins durch die Frechheiten der Xenien nur wuchs.

Welche Bedeutung Goethe damals für literarische Anfänger hatte, macht ein kurioses Büchlein Fouqués deutlich, das eigentlich nicht der Goethe-Verehrung, sondern der Goethe-Kritik diente, aber erst acht Jahre nach Goethes Tod, also 1840, erschien. Der alte, fast schon vergessene Fouqué hatte durch Eckermanns 1836 erschienene »Gespräche mit Goethe« von dessen Ablehnung altdeutscher Stoffe erfahren, von denen nach seiner Meinung für die Poesie nichts zu holen sei. In einem imaginären Gespräch mit dem Toten will Fouqué ihn

Goethe-Verehrung

nun vom Gegenteil überzeugen, und um die Tiefe seiner Enttäuschung über Goethes Irrmeinung zu beweisen, erinnert er auch an die lebenslange Verehrung, die ihn an den Verstorbenen band. »Göthe und einer seiner Bewunderer« heißt die 70-Seiten-Broschüre, die im Januar 1802 mit dem Ritt des Leutnants de la Motte Fouqué von der Garnison Aschersleben nach Weimar beginnt. Der für die Poesie »lebende und glühende« junge Mann ist »fest entschlossen, aus Göthes Munde, als aus absolut erster Instanz, das Urteil über Sein oder Nichtsein« seines Dichtertums zu hören, aber dazu bietet sich in dem vierzehntägigen Urlaub keine Gelegenheit. Zwar hat er das Glück, dem Verehrten mehrmals zu begegnen, aber es kommt zu keinen Gesprächen über des jungen Dichters Dichtungen, doch allein schon die Tatsache, daß Goethe ihn wahrnimmt, ist für ihn die »Erfüllung eines seligen Traums«. Später, als Schüler des älteren Schlegel, festigt sich in ihm die Goethe-Verehrung. 1813 tritt er ihm als erfolgreicher Dichter und als kriegserfahrener Rittmeister der Freiwilligen Jäger schon viel selbstbewußter entgegen, aber die Ehrfurcht vor dem Größeren, den er nicht, wie Kleist es wollte, überflügeln möchte, bleibt so groß wie zuvor. Ein Goethe-Bildnis schmückte in Nennhausen sein Arbeitszimmer. Und seiner posthum verfaßten Abrechnung mit dem Verächter seiner geliebten Ritterwelten ist anzumerken, daß es ihm schwerfällt, Kritik zu üben, ohne blasphemisch zu werden. Nicht nur für Rahel war Goethesches und Göttliches eins.

Nicht so für Schadow, der zwar Goethes Dichtungen schätzte, sich dessen Einmischung in seine Bildhauerei aber verbat. Gegen Ende des Jahres 1800 hatte Goethe in seiner Zeitschrift »Propyläen« eine »Flüchtige Übersicht über die Kunst in Deutschland« gegeben und darin auch mit einigen Sätzen die Kunst in Berlin als zu naturalistisch und prosaisch kritisiert. Schadow war dabei nicht namentlich erwähnt worden, wohl aber gemeint gewesen, und er hatte schnell darauf reagiert. In der Berliner Zeitschrift »Eunomia«, die wie fast alle Neugründungen dieser Jahre nicht lange lebte, veröffentlichte er 1801 eine Entgegnung, die in deutlichen, fast derben Worten dem Klassizismus Goethes, der auf das Ideale, Harmonische und Allge-

Als Poesie gut

meingültige in antiken Formen zielte, eine realistischere Kunstauffassung entgegensetzte, für die das Individuelle, das Natürliche, das Porträtähnliche und auch das Vaterländische als das Besondere und Eigentümliche etwas galt. Der verärgerte Goethe und seine Kunstfachleute in Weimar fühlten sich dadurch nur in ihrer Ablehnung Schadows bestätigt. 1790 hatte sie schon sein Zieten-Denkmal verärgert, weil er hier statt der für sie obligatorischen antiken Gewänder die zeitgenössische Kleidung, in diesem Fall also die Husarenuniform gewählt hatte. Sein Bemühen, die Porträts möglichst ähnlich zu machen, widersprach ihren Vorstellungen vom Idealen und Allgemeingültigen, und sein handwerksmäßiges Nachmessen mit Schnur und Zirkel hatte etwas Prosaisches für sie. Als Schadow 1803 Wieland porträtieren wollte, versuchte Goethe das zu hintertreiben und Friedrich Tieck den Auftrag zukommen zu lassen, weil dessen Arbeit seinen Idealen mehr entsprach. Das Prosaische der Berliner, das Goethe schon 1796 in seinen »Musen und Grazien in der Mark« an Schmidt von Werneuchen gerügt hatte, wurde 1803 wieder verspottet, nun aber war als Beispiel dafür der angebliche Naturalismus Schadows das Ziel. Unter dem Titel »Neue märkische Ästhetik« veröffentlichte der Weimarer Johann Daniel Falk in der »Zeitung für die elegante Welt« folgende satirische Verse:

»Die rechte Höh' der Kunst ist doch und bleibt Natur!
Befleißigt euch nur fein des Zirkels und der Schnur
Und dann kopiert getreu sie selbst bis auf die Warzen;
Das Übrige und das vom Ideal sind Farzen.
Ein wohlgetroffnes Bild von echtem Korn und Schrot:
So zeigt man in der Kunst sich auch als Patriot.
Des Zirkels Fuß ermißt die schönsten Proportionen,
Und so wird groß ein Staat durch – Büsten und Kanonen.«

Daß Schadow es war, der zu der Premiere von Goethes »Natürlicher Tochter« am 12. Juli 1803 im Nationaltheater sogenannte Auspocher angeworben, also Mißfallenskundgebungen organisiert hatte,

Goethe-Verehrung

Anonyme Karikatur von 1803

wurde vermutet, aber nicht nachgewiesen, doch spricht für seine Rachegelüste auch eine die Goethe-Verehrung karikierende Zeichnung, die wohl in diesen Jahren entstand. Der Strahlen aussendende Olympier thront hier über den Wolken, während unter ihm seine kleinen Vasallen ihre Kunststücke machen: die Brüder Schlegel stehen wie ein Denkmal ihrer selbst auf einem Bücherstapel, während der doppelköpfige Novalis, unterstützt von Tiecks Gestiefeltem Kater, auf Stelzen zu gehen versucht.

Den auf Stelzen gehenden Novalis konnte man 1803 auch auf einer anonym erschienenen, mit erklärenden Texten versehenen farbigen Karikatur bewundern, die unter dem Titel »Versuch, auf den Parnaß zu gelangen« die Schar der Romantiker im Ansturm auf den mythischen Musenberg zeigt. Allen voran stürmt August Wilhelm Schlegel mit Kreuz und Pistole, während sein jüngerer Bruder statt des Dichterrosses einen Esel reitet und auf ihm einen Kopfstand vollführt. Tieck thront, ein Kruzifix hochhaltend, auf seinem Gestiefelten Kater, mit dem er eine offene Form des Theaters kreiiert hatte, die von der sogenannten Moderne später neuerfunden wurde, damals aber als etwas Unaufführbares galt. Mit einem Regenschirm ist der kleine, bucklige Pastor Schleiermacher bewaffnet, und auch Sophie Tieck und ihr Gatte Bernhardi sind mit von der Partie. Kotzebue, der gröbste ihrer Feinde, der die Athenäums-Leute schon 1799 in seinem »drastischen Drama« »Der hyperboreeische Esel« in ziemlich platter Form verspottet hatte, verteidigt den Parnaß mit einem Dreschflegel, ihr schärfster Kritiker Garlieb Merkel schwingt die Hetzpeitsche, Goethe, sich von Ferne nähernd, weint über seine ungeratenen jungen Leute in seinen Mantel, und unter den Zuschauern am Rande gibt es zwei Jüdinnen, die aus Verehrung für die verrückte Romantikerhorde in die Knie gesunken sind.

Vermutlich ist diese Karikatur zwar nicht von Schadow selbst, aber doch in seinem Umkreis gezeichnet worden, und wahrscheinlich wurde sie von Merkel, der sie auch erläuterte, erdacht. Sie war Teil der literarischen und kunstästhetischen Fehden, die Berlin und Weimar in diesen Jahren bewegten, vorwiegend in Zeit- und Flugschriften ausgetragen wurden, manchmal aber auch die Bühnen erreichten, künstlerische Qualität meist vermissen ließen und heutigen Lesern nur durch eine umständliche Kommentierung verständlich sind. Schnell wurden sie geschrieben und schnell wieder vergessen, und wenn dabei auch oft Neid und Mißgunst die Federn führte, so zeugen sie doch von der Lebendigkeit einer Epoche, der die Kunst etwas galt.

Diese Streitereien 1805 resümierend, meinte Goethe, daß sich nur »die Anmaßlichkeit und das Scheinverdienst« vor dieser Art Satire zu fürchten habe. »Alles Echte, es mag angefochten werden wie es will, bleibt der Nation im Durchschnitt wert, und man wird den gesetzten Mann, wenn sich die Staubwolken verzogen haben, nach wie vor auf seinem Wege gewahr.« Ähnliches meinte Jean Paul, als er, seine Berliner Erfahrungen bedenkend, einem Freunde schrieb: »Am Ende ist der jetzige ästhetische Heuschreckenzug doch zum Abbeißen des schlaffen Grases gut; den Bäumen haben sie nichts an.«

Einfalt und Natur

Daß der Pastor Schmidt in Werneuchen Goethe auch noch verehrte und seinen Kindern Goethes Balladen beibrachte, nachdem dieser ihn mit spöttischen Versen bedacht hatte, ist zwar nur mündlich überliefert, aber sehr glaubhaft, zumindest für den, der durch des Pastors Gedichte dessen Gutmütigkeit kennt. Durch Goethe blieb die Erinnerung an Schmidts Gedichte, die nur in wenigen Jahren um 1800 häufig gedruckt und gelesen wurden, in Literaturgeschichten noch lange erhalten. Daß sie später auch hin und wieder gedruckt wurden, ist vor allem auf Theodor Fontane zurückzuführen, dem meist auch der heutige Leser die Bekanntschaft mit Schmidt verdankt. In seinen »Wanderungen durch die Mark Brandenburg« und in seinem ersten Roman »Vor dem Sturm« hat Fontane den dichtenden Pastor ausführlich und lebendig geschildert und ihm seinen bescheidenen Platz in der Literatur angewiesen: den des naiven Außenseiters, der durch Gemüt und Originalität besticht.

Ganz vergessen aber war Schmidt von Werneuchen niemals. Liebhaber seiner Gedichte hat es immer gegeben. Jakob Grimm zum Beispiel hat in seinem großen Wörterbuch häufig Zitate von ihm verwendet, Theodor Storm hat Schmidts Gedichte, für die er eine »heimliche Liebe« hegte, in sein »Hausbuch aus deutschen Dichtern« aufgenommen, und auch Georg Büchmann hat ihn in seinen »Geflügelten Worten« durch Aufnahme der Redewendung »Sich freuen wie ein Stint« geehrt.

Den Stint, einen Fisch, gibt es tatsächlich. In Schmidts Gedicht »Maifreuden« freut er sich, wie auch der Karpfen, über den Frühling, vor allem aber reimt er sich auf »Schmeichelwind« und das von Minne abgeleitete »minnt«. Das Gedicht ist, wie viele seiner Verse,

Als Poesie gut

»an Henrietten« gerichtet, beginnt mit der Zeile: »Fort, Liebchen, mit dem Winterpelz«, reimt darauf »Birkgehölz« und »der Wiese Schmelz« und schließt dann viel märkische Flora und Fauna in die Maifreuden mit ein. Da gibt es die Wegwarte, den Birnbaum und die Wickelraupe, den Storch, den Klee, den Unkensee und den Schwan

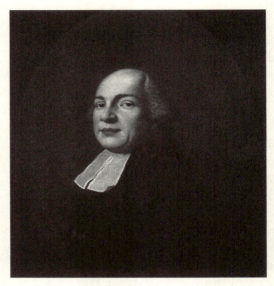

Friedrich Wilhelm August Schmidt
(von Werneuchen), um 1810. Maler unbekannt

auf der Spree und schließlich auch noch den »Schillebold«, den eine Fußnote als das »fliegende Insekt Libellula grandis, Linn.« erklärt. Aber nicht nur in Frühjahrs-, sondern auch in Sommer-, Herbst- und Wintergedichten wimmelt es von Pflanzen und Tieren, mit denen man Zoos, Botanische Gärten oder Herbarien überreich füllen könnte, von Wolken, Sternen und Düften, von Wiesen, Bächen und Wäldern, Scheunen, Ställen und Geißblattlauben, in denen zufriedene Menschen sitzen, die sich am Landleben erfreuen.

Einfalt und Natur

Die Freude am Landleben und die Klage über die Städte ist das Hauptthema seiner Gedichte, die märkisch sind wie sonst keine, und die so zu nennen sich doch verbietet, weil der Begriff zu weit gefaßt ist. Denn nur das Havelland, in dem er geboren wurde, und der Barnim, wo er als Pastor lebte, erscheinen in seinen Gedichten. Und so eingegrenzt wie das Geographische sind auch die Themen und Gegenstände, die er in wechselnder, immer einfacher Machart bedichtet. Wenn beim Vortrag dieser Idyllen den Zuhörern Tränen ins Auge treten, ist schwer auszumachen, ob sie von Rührung oder von Komik verursacht wurden. Das Rührende an ihnen ist immer dasselbe, nämlich das Miterleben des Glückgefühls eines mit sich und seiner bescheidenen Welt zufriedenen Menschen, während die Komik teils durch die Naivität der Weltbetrachtung, teils aber durch die Unvollkommenheit der Verse entsteht

Auch die Liebe ist bei ihm immer mit dem Landleben verbunden, und sei es durch die Weiden vor dem Fenster, wie in dem Gedicht »An den Mond«, das Achim von Arnim wählte, um dem Freund Brentano klarzumachen, wie »reich«, »originell« und »individuell« Schmidts Dichtungen sind.

»An den Mond,
   abends eilf Uhr am Fenster
So manchen Abend traur' ich hier
In stummer Liebe Leid,
In meiner Schwermuth kuckst du dann
Mich freundlich durch die Weiden an,
Daß mich's im Herzen freut.

Wenn doch wie du mein Mädchen mild,
Wie du so freundlich wär'.
O such' sie, lieber Mond, und schein
Ihr in die blauen Äugelein
Und mach' ihr's Herzchen schwer.«

Als Poesie gut

Als Sohn, Enkel und Urenkel von Pastoren war Friedrich Wilhelm August Schmidt im Jahre 1764, ein Jahr nach dem Ende des Siebenjährigen Krieges, zur Welt gekommen, und zwar im havelländischen Dorfe Fahrland, das er später in einem seiner schönsten und längsten Gedichte beschrieb. Es beginnt mit der Zeile: »Du, dem die süßesten Freuden der frühen Jugend ich danke«, gedenkt der »treuesten Mutter, die erste Nahrung mir schenkte«, lebt dann aber, wie fast alle seine Gedichte, von gegenständlichen Einzelheiten wie den »Balken des Giebels, wo längst der Regen den Kalk schon losgewaschen«, der »Pfütze des Hofes, wo nach dem Regen die Enten sich wuschen«, den »wolligen Köpfen der Butterblumen« oder der »Laube, schräg mit Latten benagelt und rings vom Samen der dicken Ulme des Nachbars umstreut«. Lange dauerten sie nicht, diese Freuden, denn dem Neunjährigen starb der Vater, und der Zehnjährige wurde, nachdem die Mutter und seine vier Geschwister in das benachbarte Döberitz übergesiedelt waren, aus dem Landparadies vertrieben und seiner Bildung wegen in die Hauptstadt geschickt.

Das Schindlersche Waisenhaus, die private Stiftung einer Fabrikantenwitwe aus der Zeit des Soldatenkönigs, in Schöneiche gegründet und später in die Berliner Wilhelmstraße verlegt, bestimmte nun mit seiner kasernenmäßigen Strenge Schmidts weiteren Lebensweg. Die Zöglinge, vorwiegend Pastoren-, Kaufmanns- und Handwerkersöhne, hatten die graue Anstaltskleidung zu tragen, durften Ausgang und Urlaub nur für Verwandtenbesuche nutzen und mußten sich einer Tagesordnung unterwerfen, die schon um fünf Uhr morgens begann. Schmidts Widerwille gegen die Stadt ist hier wohl entstanden. Aber auch Freundschaften konnte er hier schließen, die lebenslang hielten. Und durch Stipendien wurde ihm der Besuch des Gymnasiums zum Grauen Kloster, in der Klosterstraße, und ein dreijähriges Theologiestudium in Halle ermöglicht, nach dem er auch gleich eine Stellung, wenn auch eine schlecht bezahlte, erhielt. Er wurde Militärgeistlicher, damals sagte man Feldprediger, am Invalidenhaus in Berlin.

Das war 1786. König Friedrich, der vierzig Jahre vorher das Invalidenhaus hatte erbauen lassen, an das heute noch die Invaliden- und

Einfalt und Natur

die Veteranenstraße erinnern, war gerade gestorben, und unter seinem Nachfolger wuchs auch bei Hofe der Einfluß der deutschen Kultur. Die gebildeten Kreise des Bürgertums und des Adels begannen tonangebend zu werden. Die Geselligkeit der Salons erblühte. Mit ihnen waren so gut wie alle Frauen und Männer, die in den nächsten Jahrzehnten berühmt werden sollten, verbunden. Der dichtende Feldprediger Schmidt aber gehörte zu keiner der intellektuellen und schöngeistigen Gruppen. Seine Freunde, die er vom Waisenhaus und vom Studium her kannte, waren schlichtere Naturen, die wohl, wie er, dem Urbanen abgeneigt waren. So blieb er als Dichter immer allein.

Ab 1787 erschienen seine Gedichte vereinzelt in Zeitschriften und Almanachen, unter anderem auch in der »Berlinischen Monatsschrift«, so daß er den jungen Romantikern als Mann der Aufklärung galt. Als Mitherausgeber des »Neuen Berlinischen Musenalmanachs« hatte er Gelegenheit, seine Gedichte immer wieder dort unterzubringen. Zweiundneunzig waren schon zusammengekommen, als der Verlag Haude und Spener die erste Sammlung druckte, seltsamerweise in zwei fast gleichzeitig erschienenen Ausgaben, nämlich im »Calender der Musen und Grazien für das Jahr 1796« und in den »Gedichten«. Im Vorwort zum Kalender erklärt der Verleger Carl Spener, wie es durch ungünstige Zeitumstände zu dieser Doppelung gekommen war.

Als »Vorläufer« des Gedichtbandes sollte im Kalender des Vorjahres eine Auswahl von sechzig Gedichten erscheinen, doch »der Krieg am Rhein, der so viel Unheil angerichtet und so manches Gute verhindert hat, verhinderte auch die Ankunft der schon gedruckten Bogen aus Basel«, bis es zu spät war für das Erscheinen und so der Kalender für 1796 daraus wurde, der gleichzeitig mit dem Gedichtband erschien. Um aber die Käufer des Kalenders nicht schlechter als die des Gedichtbandes zu stellen, wurden die sechzig im Kalender schon vorhandenen Gedichte um einen Anhang mit den restlichen zweiunddreißig ergänzt.

Dieses kleinstformatige Büchlein mit Kupfern von Schadow und

Als Poesie gut

Illustration zu den Gedichten von Schmidt von
Werneuchen von Daniel Chodowiecki

Einfalt und Natur

Chodowiecki, mit Goldschnitt und Noten von Reichardt enthielt neben dem üblichen kalendarischen Teil, zu dem auch ein Verzeichnis der regierenden Fürsten Europas gehörte, nur die Schmidtschen Gedichte und einen »Vorbericht« des Dichters, der unter anderem auch seine Bescheidenheit offenbart. Die Gedichte, so heißt es da, seien in acht »der Dichtkunst gewidmeten Jahren« entstanden, und mit ihnen würde die Geschichte seines Lebens erzählt. »Der Leser empfängt in der Einleitung Nachricht von des Dichters moralischem Charakter und Geschmack, hierauf folgt die Jugendgeschichte desselben; alsdann die interessanteste Epoche seines Lebens: Anfang seiner Liebe, dann der um diese Zeit in der Liebe gewöhnliche Paroxismus des Zweifels an der Gegenliebe des geliebten Gegenstandes. Dieser Zweifel wirkt neue Versicherungen. Jetzt tritt die Epoche der Vermählung ein, ihr folgt die Periode der Vaterfreuden. Indes kommen nun auch Intervalle, wo die Seele nicht mehr auf einen einzigen Gegenstand konzentriert ist: Es erwacht lebhafter als je Liebe zum Landleben und Sehnsucht nach ländlichem Glück. Auch nimmt die Freundschaft ihren alten Platz wieder ein.« Unterzeichnet ist der Vorbericht so: »F. W. A. Schmidt, Feldprediger des Königl. Invalidenhauses bei Berlin und berufener Prediger zu Werneuchen.«

In diesen acht Jahren war also alles geschehen, was sein weiteres Leben bestimmen sollte: Er hatte, 1790, die vielbesungene Henriette geheiratet, zwei Kinder waren geboren worden, eines davon wieder gestorben, und auch die ersehnte Berufung aufs Land war schon da. Mit dem der Frau seines Kommandanten gewidmeten Gedicht »Abschied von Berlin«, das mit Dezember 1795 datiert ist, zeigt er Freunden und Lesern die Erfüllung seiner Sehnsucht an: »Dein Herz, o Freundinn! Scheint mich zu bedauern«, so dichtet er für die »Frau Oberstin von Valentini«, »Daß Langeweil' und Mißmut auf mich lauern, / Wann ich der Stadt, die Dir so süß behagt, / Auf ewig gern das Lebewohl gesagt.«

Bereut hat er diese Entscheidung nie. Er lebte sein Leben so, wie er es sich gewünscht hatte: einfach, genügsam, in schuldloser Abseitigkeit. Daß seine dichterische Produktivität an der Zufriedenheit starb,

Als Poesie gut

hat ihn nicht gekümmert. Sich als Lohn für »sauren Fleiß« im »Kupferstich bekucken« zu lassen, ist ihm nie erstrebenswert gewesen. Einige Jahre besang er noch das einst ersehnte und nun genossene ländliche Glück, dann war sein einziges Thema erschöpft. Den Ritter- und Schauerballaden, an denen er sich in Bürgers Nachfolge unglücklich versuchte, und den 1815 erschienenen »Neuesten Gedichten«, die von der Trauer um die früh verstorbene Henriette ausgelöst wurden, fehlt die naive Originalität.

So schnell er sich beim Berliner Lesepublikum beliebt gemacht hatte, so schnell wurde er von ihm auch wieder vergessen. Sympathisch an ihm ist, daß er sich nichts daraus machte. Als Friedrich Zelter 1821 auf dem Weg nach Kunersdorf die Fahrtunterbrechung durch den Pferdewechsel in Werneuchen benutzte, um Schmidt zu besuchen, fand er ihn, wie er an Goethe schreibt, wenig verändert. Immer noch sei er dabei, die märkische »Natur, die für ihn so wie er für sie expreß gemacht zu sein scheint, hoch zu preisen. Dazu paßt denn seine rundliche, stattliche Figur mit einer Art von Kohlhaupte, dem Augen und Mund eingeschnitten zu sein scheinen.« Das einzige Bild von ihm, ein Ölporträt im Halberstädter Gleim-Haus, bestätigt diese Beschreibung. Auf dem schwarzen Pastorengewand mit weißem Bäffchen sitzt ein dicker, fast runder Kopf mit Doppelkinnansatz, fleischiger Nase und schmalen Augen, die verschmitzt auf den Betrachter gerichtet sind.

Für die große Beachtung, die Schmidts Gedichte gefunden hatten, sprechen nicht nur die mehrfachen Drucke, sondern auch die Zahl der Rezensionen und die Namen der Kritiker, die, mit einer Ausnahme, nachzuweisen versuchten, daß hier die Befriedigung offensichtlich vorhandener Lesebedürfnisse mit unkünstlerischen Mittel geschehen war. Statt sie rührend oder auch lustig zu finden, nahm man sie ernster, als man sie nehmen sollte, legte Maßstäbe an, die ihre nicht waren, und rügte ihre Vorzüge: die Naivität ihrer Gedanken, die ungewöhnliche Wortwahl und die Unvollkommenheit von Versbau und Reim. Den heftigsten Anstoß aber erregten die Gegenstände, die da besungen wurden: Enten, Schweine und Spinnen, Sand, Diestel und

Dorn. Das wurde als unpoetisch empfunden. Das Alltägliche und Gewöhnliche, so fand man, durfte kein Anlaß für Dichtung sein. Zum Gewöhnlichen zählten aber nicht nur Dorfteiche und Dreschflegel, sondern auch märkische Sümpfe und Sandwege, deren Reize man erst einige Jahrzehnte später entdecken sollte. »Gewiß«, heißt es in einer anonymen Rezension der Jenaer »Allgemeinen Literaturzeitung«, »wenn man Sandgruppen so angenehm findet wie fruchtbare Auen, eben so gern Unken rufen als Nachtigallen singen hört, eine Entenpfütze lieber ansieht als den Rheinfall, so hat man seine Zufriedenheit mit der gemeinen Natur sehr wohlfeilen Kaufs. Allerdings kann man in der Natur jede Kleinigkeit schön, wie im menschlichen Leben noch so unbedeutenden Vorfall erbaulich finden, nur dürfte der Landschaftsmaler, der bloß Sümpfe, Heiden und Sandhügel darstellen wollte, ebenso wenig Liebhaber finden als ein Prediger viele Zuhörer für seine noch so erbaulichen Betrachtungen über einen Besenstiel.« Und der junge Tieck, der ähnlich argumentiert, ist der Meinung, daß Schmidt den »Namen eines Dichters« nur verdienen und »in der Gesellschaft der Musen gelitten« werden kann, wenn er es sich abgewöhnt, »alles so durcheinander schön zu finden« wie in dem Gedicht »Dorfkirche«, das er als abschreckendes Beispiel anführt:

»Wie schön die Fensterscheiben, rund und düster!
Des Altars Decke, wo die Motte kreucht!
Die schwarzen Spinngewebe, die der Küster
Selbst mit dem längsten Kehrwisch nicht erreicht!
Wie schön der Todtenkränze Flittern,
Die hier bestäubt am kleinen Chore zittern!«

Daß die Kritiker immer wieder auf die Gegenstände seiner Dichtung zu sprechen kamen, hatte Schmidt freilich auch selbst provoziert. In dem schon erwähnten Vorbericht zum »Calender« für 1796 hatte er nämlich ein poetisches Programm verkündet, in dem er behauptet hatte, daß durch ihn Neues in die Dichtung gekommen sei. Wohl machten »Diktion, Versbau, Bilderwahl usw. ... nicht den geringsten Anspruch auf Neuheit, wohl aber die meisten Gegenstände«. Nämlich die »simple, kunstlose Natur«. »Unverschönerte, wilde, ländliche, gemeine Natur ist meine Göttin. Ich bin weit davon entfernt, mit irgend einem unserer Dichter von Werth mich messen zu wollen, aber das glaube ich mit Wahrheit behaupten zu können: daß selbst von schätzbaren Dichtern die Natur selten wahr kopirt worden sei. Man hat an ihrer Einfalt gekünstelt. Solche Verschönerungen wird man in diesen Blättern vermissen ...«

Das war eine Herausforderung, die die Rezensenten, die auch oft Dichterkollegen waren, bereitwillig annahmen. Man nahm ihn beim Wort, übersetzte Kopie mit bloßer Beschreibung, bei der, wie Tieck meinte, »Nüchternheit die Seele ergreift«, warf ihm eine Vorliebe für Häßliches vor und hielt ihn für unpoetisch. »Schöne Natur scheint ihm ein Aberglaube zu sein.« Man stieß sich an den Banalitäten, an dem Gewöhnlichen, auch dem der vertrauten Landschaft, weil in der damaligen Dichtung das Gewöhnliche das Unpoetische war. Der Erhabenheit, die man in der Dichtung zu finden gewohnt war, entsprachen die Alpen, der Rhein oder Italien, nicht aber die Jungferheide oder die Bauerngärten von Döberitz.

Als der verständnisvollste Rezensent erwies sich der alte Wieland. Er sah in Schmidt von Werneuchen ein selten vorkommendes Naturtalent, das mit eignen kritischen Maßstäben zu messen war. »Wenn Amseln und Grasmücken in ihrer Art lieblich singen, warum soll ich mich verdrießen lassen, daß sie keine Nachtigallen sind.«

Der prominenteste Kritiker Schmidts aber war Goethe und der treffendste auch. Er schrieb keine Rezension, sondern zwei Xenien auf ihn, in deren einer Schmidts »Dorf Döberitz« mit Vossens »Luise« verglichen und zu klein befunden wird, und eine Parodie, die als solche aber nicht gekennzeichnet ist. Das heitere Gedicht ist auch mehr als eine solche, nämlich eine Satire auf beschränkte Provinzialität und auf eine Dichtung, die von provinzieller Beschränktheit lebt. Es kann auch Leser, die von Schmidt nichts wissen, erheitern, weshalb es auch in jeder besseren Gedichtsammlung Goethes zu finden ist. Als parodistische Kritik ist das Gedicht treffsicherer als die meisten

Einfalt und Natur

der Rezensionen, weil es den wirklichen Grund für die mangelnde Größe von Schmidts Gedichten in ihrer geistigen Begrenztheit sieht. Das wird schon im Titel deutlich, in dem aus dem »Calender der Musen und Grazien« die »Musen und Grazien in der Mark« werden, dort also, wo man sie am wenigsten vermutet, zwischen Kuhstall und Misthaufen, Armut und Selbstbescheidung, Sumpf und Sand. Kritisiert, oder vielmehr belächelt, wird nicht die Weltabgeschiedenheit, Armseligkeit und Beschränktheit des platten Landes, sondern eine geistige Haltung, die sich nicht nur mit diesen Zuständen bescheidet, sondern sie auch für paradiesisch hält. Nicht die Heimatliebe wird hier verspottet, sondern ein Lokalpatriotismus, der von den Vorgängen hinter den heimischen Grenzen nichts weiß und nichts wissen will. Zwar werden alle Vorurteile, die gegen die Mark umliefen, von Goethe verwendet, und neben dem Verantwortungsbewußtsein des Literaturkritikers ist auch die Arroganz des gebildeten Städters und Hofmanns zu spüren, aber der Witz des Ganzen kann wohl jeden damit versöhnen, selbst den leidenschaftlichsten Liebhaber der Mark.

»Musen und Grazien in der Mark

O wie ist die Stadt so wenig,
Laßt die Mauerer künftig ruhn,
Unsre Bürger, unser König
Könnten wohl was bessers tun.
Ball und Oper wird uns tödten,
Liebchen! Komm auf meine Flur,
Denn besonders die Poeten
Die verderben die Natur.

O wie freut es mich, mein Liebchen,
Daß du so natürlich bist;
Unsre Mädchen, unsre Bübchen
Spielen künftig auf dem Mist!
Und auf unsern Promenaden

Als Poesie gut

Zeigt sich erst die Neigung stark,
Liebes Mädchen, laß uns waten,
Waten noch durch diesen Quark.

Dann im Sand uns zu verliehren,
Der uns keinen Weg versperrt!
Dich den Anger hin zu führen,
Wo der Dorn das Röckchen zerrt!
Zu dem Dörfchen laß uns schleichen,
Mit dem spitzen Thurme hier;
Welch ein Wirthshaus sonder gleichen!
Trocknes Brot und saures Bier!

Sagt mir nichts von gutem Boden
Nichts von Magdeburger Land!
Unsre Samen, unsre Toten
Ruhen in dem leichten Sand.
Selbst die Wissenschaft verlieret
Nichts an ihrem raschen Lauf;
Denn bei uns, was vegetieret,
Alles keimt getrocknet auf.

Geht es nicht in unsrem Hofe
Wie im Paradiese zu?
Statt der Dame, statt der Zofe
Macht die Henne Glu! glu! glu!
Uns beschäftigt nicht der Pfauen,
Nur der Gänse Lebenslauf;
Meine Mutter zieht die grauen,
Meine Frau die weißen auf.

Laßt den Witzling uns besticheln!
Glücklich! wenn ein deutscher Mann,
Seinem Freunde, Vetter Micheln,

Guten Abend bieten kann.
Wie ist der Gedanke labend!
Solch ein Edler bleibt uns nah!
Immer sagt man: gestern abend
War doch Vetter Michel da!

Und in unsern Liedern keimet
Sylb' aus Sylbe, Wort aus Wort.
Ob sich gleich auf deutsch nichts reimet,
Reimt der Deutsche dennoch fort.
Ob es kräftig oder zierlich,
Geht uns so genau nicht an;
Wir sind bieder und natürlich,
Und das ist genug gethan.«

So scharf Goethes parodistisches Urteil auch ist, enthält es in seiner charakterisierenden Nachahmung auch ein gut Teil Anerkennung für den Parodierten, der doch die Bausteine zum Gelingen geliefert hat. Sich zum Parodieren durch einen Größeren zu eignen ist gewissermaßen auch ein Verdienst. An Farblosigkeit müßte Parodie scheitern, denn sie braucht als Vorlage kräftige Eigenart, die sie dem Original dann durch ihre Güte bescheinigt. Etwas vom Geltenlassen des Grasmückengesangs schwingt deshalb auch bei Goethe mit.

Daß er sich dessen bewußt war, zeigt eine Notiz, die sich in seinem Nachlaß fand: »Schmidt von Werneuchen ist der wahre Charakter der Natürlichkeit. Jedermann hat sich über ihn lustig gemacht, und das mit Recht; und doch hätte man sich über ihn nicht lustig machen können, wenn er nicht als Poet wirkliches Verdienst hätte, das wir an ihm zu ehren haben.«

Von Teetisch zu Teetisch

Zur Halbzeit des norddeutschen Friedensjahrzehnts um die Jahrhundertwende, als der junge Schinkel sein erstes selbständiges Bauwerk errichtete und Schadow die Arbeit am Denkmal des Alten Dessauers für den Wilhelmplatz beendete, wurde für die literarischen Kreise der Stadt der Besuch eines Autors zur Sensation. Er war in den letzten Jahren schlagartig berühmt geworden und hatte sich in die Herzen der Leser hineingeschrieben, besonders in die weiblichen von ihnen, die ihm vielleicht auch deshalb so heftig entgegenschlugen, weil bekannt war, daß er, obwohl schon im siebenunddreißigsten Jahr stehend, noch unbeweibt war. Er hieß Johann Paul Friedrich Richter, war ein Pastorensohn aus dem Fichtelgebirge und nannte sich als Autor Jean Paul.

Schon auf dem Gymnasium in Hof hatte er zu schreiben begonnen. Seiner Armut wegen war das Studium der Theologie in Leipzig ohne Abschluß geblieben. Zehn Hungerjahre hatte er erfolglos mit dem Schreiben von Satiren verbracht. Sein erster Roman, »Die unsichtbare Loge«, hatte ihm Anerkennung, der zweite, »Hesperus«, Ruhm eingetragen. Er hatte sich seinen Wunsch, unter den Geistesgrößen in Weimar zu leben, für ein Jahr erfüllen können, doch war dieses auch eine Zeit der Desillusionierung und Distanzierung von den Klassikern und ihren künstlerischen Idealen gewesen, so daß sein vierwöchiger Besuch in Berlin auch der Erkundung eines künftigen Wohnsitzes galt. Mehr Leser und Verehrer als am Musenhof Weimar hatte er in der preußischen Hauptstadt, die seit einigen Jahren auch die seine war.

Das Fürstentum Bayreuth, seine Heimat, das seit dem ausgehenden Mittelalter der fränkische Zweig der Hohenzollern regiert hatte, war 1791, inzwischen mit Ansbach vereinigt, an die preußische Verwandtschaft gefallen und bildete nun die südlichste Provinz des Königreiches, das sich mit der letzten Teilung Polens noch weiter vergrößert hatte; es reichte nun von Warschau bis an den Rhein. Jean Paul, in einem der deutschen Zwergstaaten aufgewachsen, an deren engen Grenzen sich alle seine literarischen Gestalten stoßen, war schon Ende zwanzig, als er Untertan des Königs von Preußen wurde, ein Preußenverherrlicher wurde er nie. Er war von der Französischen Revolution begeistert gewesen, hatte ihre terroristische Phase aber abscheulich gefunden und träumte, auch in seinen Romanen, von einer Veränderung der Verhältnisse durch Reform. Friedrich den Großen hatte er als Mann der Aufkärung bewundert, dabei aber bedauert, daß diesen klugen Kopf eine Krone verunstaltet hatte. Friedrich Wilhelm II. hatte er der Mätressenwirtschaft und der Zensurverschärfung wegen gründlich verachtet und, wie fast jeder, Hoffnungen in Friedrich Wilhelm III. gesetzt. Die Verhaftung der Gräfin Lichtenau hatte er als Bekundung eines tatkräftigen Reformwillens verstanden. Die Tugendhaftigkeit des neuen Königs kam seinem moralischen Rigorismus entgegen, noch mehr aber schätzte er ihn seiner Frau wegen, die er verehrte und deren Wohlwollens er sicher war. Er war ihr nämlich in Hildburghausen, wo ihre Schwester Charlotte Herzogin war, schon einmal begegnet und wußte, daß sie seine Bücher liebte, zumindest die gefühlvollen Passagen in ihnen. Über die »vier Jahreszeiten der Liebe« (aus seiner »Konjektural-Biographie«) hatte sie »Tränen der Freude und der Dankbarkeit« weinen müssen, als sie sie dem König vorgelesen hatte und mit ihm feststellen konnte, daß ihre Liebe genau so war, wie Jean Paul sie beschrieb. Seinen vierbändigen Roman »Titan«, an dem er noch arbeitete, sein Hauptwerk wie er meinte, hatte er ihr und ihren Schwestern, »Den vier schönen und edeln Schwestern auf dem Thron«, widmen dürfen. Der erste Band war gerade erschienen und gleich an die Königin abgegangen. Kaum in Berlin angekommen, kündigte sie ihm schon eine Einladung an:

Als Poesie gut

»Sanssouci, den 29. Mai 1800

Ich habe Ihren ›Titan‹ erhalten und daraus mit Vergnügen ersehen, daß Sie noch immer fortfahren, Ihre Zeitgenossen mit Wahrheiten zu unterhalten, die in dem Gewande romantischer Dichtkunst, mit welchem Sie sie zu bekleiden wissen, ihre Wirkung gewiß nicht verfehlen werden. Ihr Zweck, die Menschheit von mancher trüben Wolke zu befreien, ist zu schön, als daß Sie ihn nicht erreichen sollten, und es wird mir daher auch eine Freude sein, Sie während Ihres Hierseins zu sehen und Ihnen zu zeigen, wie sehr ich bin

Ihre wohlaffektionierte
Luise«.

Am 30. Mai schon gab die Königin in Sanssouci für ihn ein Essen, an dem er nachträglich vor allem ihre Schönheit zu rühmen hatte. Er fragte, warum sie zwei Throne habe, »da ihr zum Herrschen« der »Thron der Schönheit« genügen könne, und nach Halberstadt an den alten Gleim schrieb er: »Ich sprach und aß in Sanssouci mit der gekrönten Aphrodite, deren Sprache und Umgang ebenso reizend ist als ihre edle Musengestalt. Sie stieg mit mir überall auf der heiligen Stätte herum, wo der große Geist des Erbauers sich und Europa beherrscht hatte. Geheiligt und gerührt stand ich in diesem Tempel des aufgeflogenen Adlers. Die Königin selber verehrt Friedrich so sehr, daß sie sagte, durch ihre Gegenwart würde diese Stelle entweiht, was wohl niemand zugibt, der Augen hat für – ihre.«

Vom König aber ist in Jean Pauls Briefen aus Berlin kaum die Rede, viel dagegen von anderen Frauen, die ihm samt und sonders schön erschienen. Nur für sie hatte er Interesse, einerseits, weil sie es waren, die ihm die Bewunderung, auf die er aus war, unverhüllt zeigten, andererseits, weil er nach einer suchte, die die richtige für ihn war. Von den Prominenten, die sein Verleger Matzdorf ihm zu Ehren einlud, spricht er brieflich von »einem Pack Gelehrter«, zu denen auch der »langweilige Nicolai« gehörte, während nach einer Einladung in die Singakademie begeistert von den »Mädgen aus hohen und mittlern

Ständen« die Rede ist. »Ich besuchte keinen Gelehrtenklub, so oft ich auch dazu geladen worden, aber Weiber die Menge. Ich wurde angebetet von den Mädgen, die ich früher angebetet hätte. Himmel! welche Einfachheit, Offenheit, Bildung und Schönheit!« Die ihn anbetenden Berlinerinnen machte er mit seiner Gegenwart glücklich,

Jean Paul.
Gemälde von Heinrich Pfenninger, 1798

manchen Mann aber verärgert er. »Er hat keine besondere Notiz von mir genommen«, heißt es bei Schleiermacher. »Er will eigentlich nur Weiber sehen und meint, selbst eine gemeine wäre immer, wenn auch nicht eine neue Welt, so doch ein neuer Weltteil.«

Und die Weiber, für die es so schmeichelhaft war, sich in den weiblichen Idealgestalten seiner Romane wiederzufinden, vergalten ihm sein Interesse an ihnen mit Bewunderung und Anbetung. Durch ihren Einfluß vor allem wurde der Dichter, der seine Jugend unter ärmlichen Verhältnissen in Dorf und Kleinstadt verbracht hatte, nirgendwo sonst so sehr gefeiert wie in der preußischen Hauptstadt, die zu dieser Zeit schon 153 000 Einwohner hatte und in der neben Musik und Theater auch die Literatur viel galt. Berlin bereitete ihm Triumphe, wie er sie später nicht mehr erleben sollte. Denn lange hielt die Begeisterung für seine Werke nicht an.

Er war auf Einladung seines Verlegers Karl Matzdorf gekommen und konnte in dessen Hause, An der Stechbahn, also ganz in der Nähe des Schlosses, wohnen. Dort standen vier Zimmer zu seiner Verfügung (»Köstlich – seidene Stühle – Wachslichter – Erforschen jeden Wunsches«), was für ihn schon genügte, um sich fürstlich zu fühlen; denn noch wenige Jahre zuvor hatte er in Hof mit Mutter und Bruder zusammen in einer winzigen Wohnung gelebt. Da jeder den freundlichen, witzigen und gefühlvollen Dichter, den die Königin empfangen hatte, auch in seinem Hause haben wollte, konnt er sich vor Einladungen kaum retten, und daneben gab es auch noch Frauen, die ihm schon brieflich ihre Verehrung versichert hatten und ihn nun zu erobern suchten, was ihnen aber bei dem Autor, der lieber brieflich, also aus der Entfernung liebte, gründlich mißlang.

Da gab es Josephine von Sydow, eine in Hinterpommern verheiratete Französin, die unter dem Namen Madame de Montbart Romane, Gedichte und pädagogische Schriften veröffentlicht hatte, eine Kollegin also, der im Autor des »Hesperus« ein neuer Rousseau erschienen war. Ihr erster Brief an ihn, vom März 1799, hatte mit dem schönen Satz begonnen: »Wäre ich Königin, so würde der Dichter des Hesperus mein erster Minister sein; wäre ich fünfzehn Jahre alt und könnte ich hoffen, seine Klothilde zu sein, so wäre ich glücklicher, als wenn ich Königin wäre.« Leider aber war sie schon einundvierzig und trotzdem nicht ohne Hoffnung, da Jean Paul im Schreiben von blumigen, aber unverbindlichen Liebesbriefen ein Könner war. Wie es nicht anders sein konnte, war die Wirklichkeit der ersten Begegnung in Berlin eine Enttäuschung. Aber da gab es auch noch eine aus Breslau zugezogene geistreiche Jüdin, die ebenfalls schriftstellerte,

*An der Stechbahn. Foto von 1865.
Der Verleger Matzdorf wohnte rechts, Nr. 4*

Jean Paul anbetete und ihm in Franzensbad schon einmal begegnet war. Sie wohnte im Tiergarten, lud ihn zum Essen, ging mit ihm ins Theater — und wurde in einem, die Frauengeschichten resümierenden Brief mit folgendem Satz bedacht: »Im Tiergarten blieb ich bei der Bernard, geborene Gad, ein Nacht, rauchte meine Pfeife und ging rein von dannen — Gott sei Dank, aber nicht mir.«

Noch weniger seiner Tugend gefährlich werden konnte wohl die siebzehnjährige Berlinerin Wilhelmine, die sich der Originalität wegen Helmina nannte und eine Enkelin der Karschin war. Sie war eine geborene Klencke, hatte mit sechzehn Jahren einen Grafen Hastfer geheiratet, ließ sich aber schon wieder scheiden und lebte bei ihrer Mutter in der Gipsstraße. Schon als Vierzehnjährige hatte sie an den Dichter geschrieben, nachdem sie bei Chodowiecki, dem Freund ihrer Großmutter, die »Unsichtbare Loge« gefunden hatte. Nun lud sie ihn zu Ausflügen ein und zum Essen, zu dem er aber schon um zehn Uhr kommen sollte, »damit Sie sehen, wie ich an meine Toilette die letzte Hand anlege«, doch hatte sie wohl damit keinen Erfolg. In seinen Briefen ist von ihr kaum die Rede, von ihm aber viel in ihren Erinnerungen. Denn auch sie schriftstellerte später, doch erscheint ihr Name, Helmina von Chèzy, häufiger in Musik- als in Literaturgeschichten, weil sie das Libretto zu Webers Oper »Euryanthe« schrieb.

Wie nicht anders zu erwarten, lernten auch Jean Paul und Rahel Levin sich kennen, ohne daß aber daraus wie bei anderen ein langer Briefwechsel entstand. Sie schätzte ihn und sein Werk, blieb aber, wie bei der Goethe-Verehrerin zu erwarten, kritisch. An Gustav von Brinckmann, der mit ihr wie mit allen Salondamen vertraut war, schrieb sie noch bevor Jean Paul sich bei ihr hatte blicken lassen: »Jean Paul ist hier. Noch hab' ich ihn nicht gesehen. Ich will ihn sehen; aber ich muß ihn nicht sehen. Einen nur muß ich sehen. [Gemeint damit ist natürlich Goethe.] Ich muß mir den Richter immer schmutzig denken! – weil er keinen Geschmack hat. Denken Sie nur nicht, daß ich ihn nicht liebe. Au contraire, diesen Winter lacht' und weint' ich nur mit ihm. Adieu! Und – wär's wohl möglich, daß ich mit meiner, grad' mit meiner Laune den Richter nicht goutierte? Adieu!«

Und dann war der »Hesperus«-Autor, wie aus dem nächsten Brief an Brinckmann hervorgeht, doch ganz anders: »Er hat überaus etwas Beruhigendes an sich. Vor dem könnt' ich mich gar nicht schämen. Nie hat ein Mensch so ganz anders ausgesehen, als ich ihn mir denken mußte. Keine Ahndung vom Komischen. Er sieht scharfsinnig aus, die Stirn von Gedanken wie von Kugeln durchschossen. Er spricht so ernst, sanft, gelassen und geordnet, hört so gern – süß möchte ich sagen – und väterlich zu, daß ich nie geglaubt hätte, es sei Richter. Und blond ist er! Sie sind es nicht! möchte ich immer zu ihm sagen. Das reizt mich nur noch mehr; denn nun ist er Richter und hat die neuen rührenden Eigenschaften noch obenein.«

Sie war also von ihm begeistert, er dagegen nannte sie zwar witzig und philosophisch, doch war es nicht das, was er an Frauen schätzte. In seiner liebenswürdig-blumigen Art wahrte er also Abstand, denn von intellektuellen Frauen hatte er inzwischen genug. Mehrere von ihnen, die fast alle adlig waren, hatten ihn in den letzten Jahren umworben. Mit dem Stolz und der Eitelkeit des von unten Gekommenen war er glücklich darüber gewesen. Sogar in ein Verlöbnis, das er schnell wieder gelöst hatte, war er getrieben worden. Er hatte an den Damen Erfahrungen gesammelt, die er für seinen »Titan« brauchte, aber die Frau, die er sich fürs Leben wünschte, war nicht dabei.

Wie diese Frau seiner Träume sein sollte, hatte er ein Jahr zuvor, 1799, der Öffentlichkeit schon geschildert, und zwar in einem seiner seltsamsten Bücher mit dem durchaus treffenden Titel: »Jean Pauls Briefe und bevorstehender Lebenslauf«. In der dort enthaltenen Zukunftsvision seines Lebens (er nennt sie »Konjektural-Biographie«, also eine auf Vermutungen beruhende Lebensbeschreibung) bleibt die Schriftstellerei natürlich die Hauptsache. Für diese aber ist ihm eine Häuslichkeit vonnöten, der eine Frau Ordnung und Wärme gibt. Sie soll Rosinette heißen, nach Rosina, seiner Mutter, die er aus Mangel an anderer Anschauung schon im Eheroman »Siebenkäs« zu seiner Frau gemacht hatte. Sie soll voll munterer Laune sein, soll leicht weinen, leicht lachen und leicht erröten, milde sein gegen alle Wesen und voller Wärme für den Nächsten. Ein offenes Auge für den »Zauberpalast des Lebens und der Natur« soll sie haben. Des Mannes Freunde soll sie gern haben und für sie hausfraulich sorgen, wenn sie zu Besuch kommen. Sie soll aber auch gerne lesen, am liebsten Jean Paul natürlich. Auf dem Spaziergang am Hochzeitstage, den man in aller Stille feiert, lesen sie gemeinsam das Buch, in dem sie vorkommen, »Jean Pauls Briefe und bevorstehender Lebenslauf« also. Von der Art Rosinettes, meint er, seien die wirklich guten Frauen, die weiblichen »Kraftgenies hingegen«, für die er auch Ausdrücke wie Titaniden oder Pracht- und Fackeldisteln findet, »sind nur wie wir«.

An dem Willen, diesen Traum wahrzumachen, konnten ihn weder Adel noch Reichtum noch Schönheit und schon gar nicht Intelligenz der ihn umwerbenden Frauen hindern. Als er nach einem Besuchsmonat in der preußischen Hauptstadt den Entschluß faßte, ganz nach Berlin überzusiedeln, hoffte er auch, die lange »Treppe zum Ehebette« hier endlich ersteigen zu können und hineinzuspringen. »Es muß bloß ein sanftes Mädgen drin liegen, das mir etwas kochen kann, und das mit mir lacht und weint.«

Daß seine künftige Frau den Entschluß, nach Berlin zu ziehen, veranlaßt hatte, ist nicht sicher, aber doch möglich, begegnet jedenfalls war er ihr schon. Darüber hinaus aber galt seine Begeisterung Berlin als Ganzem, diesem »architektonischen Universum«, wo die »Einwohner, sogar die Einwohnerinnen« sich einfach kleideten, ein freier Umgangston herrschte und Adel und Bürgertum gleichberechtigter miteinander verkehrten als in den ihm bekannten kleineren Residenzen. »Der Adel«, schrieb er an Karoline Herder, »vermengt sich hier mit dem Bürger. Gelehrte, Juden, Geheime Räthe, Edelleute, kurz alles, was sich an andern Orten (Weimar ausgenommen) die Hälse bricht, fället hier einander um diese und lebt wenigstens freundlich an Thee- und Eßtischen zusammen.« Berlin sei, heißt es an anderer Stelle, ein »Juwel«, dem aber leider die »Fassung« fehle, worunter er eine »schöne Gegend« verstand. Denn die Mark konnte er, wie alle seine Zeitgenossen, der fehlenden Berge wegen nicht als schön empfinden. Sie war ihm eine »Sandwüste« mit Berlin als Oase, der allerdings auch etwas fehlte, nämlich das Bier, das er brauchte und das ihm nur gut schien, wenn es aus Bayreuth oder Kulmbach kam.

Mit seiner hauptsächlich aus Papieren bestehenden Habe siedelte er am 3. Oktober 1800 nach Berlin über, zu einem Freund in die Neue Friedrichstraße 22, wo ihm das wichtigste Stück der sparsam möblierten Stube der Schreibtisch war. Ohne seine »schriftstellerische Spinnmaschine« zur Ruhe kommen zu lassen, besuchte er wieder alle Berühmtheiten, von den Ministern bis zu den Salondamen, ohne sich irgendwo näher anzuschließen, sieht man von der töchterreichen Geheimratsfamilie Mayer ab. Bei dieser, in der Leipziger Straße 77, war er schon drei Tage nach seiner Ankunft zu finden, und vier Wochen später war er mit der dreiundzwanzigjährigen Karoline, der mittleren der drei Mayer-Töchter, die, der erträumten Rosinette ähnlich, ihn und seine Bücher liebte, verlobt. »Einzige! endlich hat mein Herz sein Herz – endlich ist mein Leben gerade und licht. So bleibt es, und niemand könnt' uns trennen als wir, und wir tun es nicht.«

Mit diesen Worten wurde am 4. November das Verlöbnis schriftlich bekräftigt und fünf Tage später der Geheime Obertribunalsrat Mayer Hochwohlgeb. arabeskenreich um die Hand seiner Tochter gebeten – was Jean Paul auf folgende Weise sagt: »Ich trete jetzt zu dem Manne, für welchen die Achtung und Liebe, die ich schon ohne dieses Verhältnis fühlen würde, durch dieses so kindlich steigt, weil seine zugleich weiblich-zarte und männlich-philosophische Einwirkung die Wurzeln dieser holden Sonnenblume fester machte. Zu diesem guten Vater der guten Tochter trete ich und sage meine kurze und wichtigste Bitte: sei der meinige, sie wird glücklich wie ich!«

Da die Vormundschaft des Vaters damals nur für die Söhne bei ihrer Volljährigkeit endete, für die Töchter aber erst bei der Eheschließung, wenn der Mann ihr Vormund wurde, war dieser Antrag nicht nur der Konvention, sondern auch dem Gesetz nach nötig, und der künftige Schwiegervater, ein hoher Justizbeamter, der seinen Töchtern eine gute Bildung hatte zukommen lassen, nahm ihn erst einmal wohlwollend auf. Sein Mißtrauen in die Finanzkraft des Dichters zeigte sich Monate später, als er vorsichtshalber seine Tochter in der Witwenpensionskasse versicherte und in seiner nüchternen Art beim Schwiegersohn anfragte, ob die Autorenhonorare überhaupt zum Erhalt einer Familie ausreichten, worauf er natürlich eine positive Antwort bekam.

Aber frei von Sorgen war auch Jean Paul nicht in dieser Hinsicht. Für ein gutbürgerliches, wenn auch anspruchsloses Leben, wie es ihm vorschwebte, bildeten die schwankenden Honorare eine zu unsichere Grundlage. Da er nicht, wie in seiner »Konjektural-Biographie« erdichtet, ein kleines Gut zur Verfügung hatte, konnte er zu regelmäßigen Einkünften nur gelangen, wenn er sich entweder um ein Amt bemühte, was er der Schriftstellerei wegen nicht wollte, oder in den Genuß einer vom Staat oder der Kirche vergebenen Leibrente, Pfründe oder Präbende kam. So etwas gab es auch in Preußen, aber nur selten, und nur als Gnadenakt des Königs, an den dann auch, drei Wochen vor der Hochzeit, der Bittbrief gerichtet wurde, in dem verständlicherweise das dichterische Wirken und Wollen des vielstimmigen Autors sehr verkürzt und einseitig dargestellt wird. Nachdem er sich als »armer Pfarrsohn aus dem Bayreuthischen« vorgestellt hat, fährt er folgendermaßen fort: »Durch einen langen einsamen literarischen Fleiß und durch das Opfern aller geselligen Freuden wurd' ich zu der Zeit schon Schriftsteller, wo man sonst noch Leser ist. Erst nach einem langen Verarmen und Mißlingen gewann ich mit meinen ästhetischen Werken das kleinere höhere Publikum und später ein größeres; aber da mir ihr Zweck, den sinkenden Glauben an Gottheit und Unsterblichkeit und an alles, was uns adelt und tröstet, zu erheben und die in einer egoistischen und revolutionairen Zeit erkaltete Menschenliebe wieder zu erwärmen, da mir dieser Zweck wichtiger sein mußte als jeder andre Lohn und Erfolg meiner Feder: so opferte ich diesen und Zeit und Gesundheit dem höhern Ziele auf und zog die längere Anstrengung dem reichern Gewinst vor. Jetzt indessen, da ich in die Ehe trete, wo die eigne Aufopferung nicht bis zur fremden gehen darf, verspricht mir mein Gewissen einige Entschuldigung, wenn ich vor dem Throne, der so Viele zu erhören und zu beglücken hat, auch meine Bitte um Unterstützung, welche die wachsenden Jahre nötiger machen, die unterthänigte Bitte um eine Präbende hoffend niederlege.«

Trotz seiner Fürsprecher am Hofe, zu denen neben der Königin und einem Minister vor allem Karoline von Berg, die vertraute Freundin Luises, gehörte, war der Bettelei kein Erfolg beschieden. Statt Jean Paul auf diese Weise an Preußen zu binden, vertröstete der König ihn kühl auf spätere Zeiten, so daß in den Briefen des Abgewiesenen nun häufig die Frage auftauchte, in welch kleineren Städten ein Familienvater mit unsicherem Einkommen billiger leben könne als in Berlin. Gewählt wurde Meiningen, das sich zwei Jahre später als erster Schritt auf dem Weg in das heimatliche Bayreuth erweisen sollte, wo 1804, im Jahre von Napoleons Kaiserkrönung, die Dichterwanderschaft enden wird. Bis ans Lebensende wird er hier bleiben, ab 1810 als Angehöriger des bayrischen Staates, der ihn aber nach seinem Tode auch nicht seinem Rang entsprechend achten wird. Vergeblich werden Jean Pauls Nachfahren gegen Ende des Jahrhunderts den umfangreichen Dichternachlaß in München anbieten, die Preußische Staatsbibliothek aber wird Interesse bekunden und die etwa 18 500 meist beidseitig beschriebenen Blätter und viele Briefe für den heute lächerlich wirkenden Preis von 3000 Talern erwerben, womit der Fehler Friedrich Wilhelms III. wieder gutgemacht werden wird.

Bevor in den letzten Maitagen 1801 die Hochzeit gefeiert wurde, genoß Jean Paul noch das gesellige Großstadtleben, besuchte Opern, Schauspiele und Konzerte, befolgte Einladungen des Hofes, eilte »liebend und geliebt von Teetisch zu Teetisch« und widmete sich nun auch häufiger als bei seinem Besuch im Vorjahr den Geistesgrößen der Stadt. Besonders den Mitgliedern der Romantischen Schule, die ihn teils scharf kritisiert, teils wie einen der ihren bejubelt hatten, kam der Einzelgänger jetzt näher, verkehrte freundschaftlich mit Tieck und dessen Schwager Bernhardi, hatte lange Diskussionen mit Fichte – um am Ende zu merken, daß er das alles nicht brauchte und die Hauptsache seines Lebens, das Schreiben, drunter litt.

Sein Berlin-Aufenthalt in der Mitte des preußischen Friedensjahrzehnts war der Scheitelpunkt seines Lebens. Die Jahre davor hatten dem Aufbruch in die Welt und zu den Gipfeln des Ruhms gegolten, was danach kam würden Etappen der Heimkehr sein. Intensiver als in Berlin konnte er nirgends gefeiert werden. Mit vollen Zügen hatte er seinen Ruhm genossen, nun begann er seiner schon müde zu werden, und die Enttäuschung, die ihm der Umgang mit mancher Berühmtheit bereitet hatte, gestand er sich ein. Der Haß auf die provinzielle Enge, die ihm die Jugend verbittert hatte, begann der Sehnsucht nach ihr und ihrer Ruhe zu weichen. Gleich nach der Hochzeit verabschiedete er sich ohne Bedauern von Berlin und der großen Welt und den ihn umschwärmenden Frauen, um sich zwei Wochen später schon zu einer ganz anders gearteten Seligkeit zu bekennen: »Die Ehe hat mich so recht tief ins häusliche feste stille runde Leben hineingesetzt. Gearbeitet und gelesen soll jetzt werden. Das Verlieben wird ausgesetzt.«

Von Liebe und Tod

Im Jahre 1800 beschloß der dreiundzwanzigjährige Leutnant von der Marwitz, der seit seinem vierzehnten Lebensjahr im Regiment Gensdarmes diente, zu heiraten. Eine heimlich Geliebte, deren Namen er auch im Alter nicht preisgab, war ihm gestorben, und nun suchte er eine so gute und schöne Seele wie sie. Er fand sie in einer siebzehnjährigen Franziska, genannt Fanny, die noch ganz eingezogen lebte, wie man das damals nannte, also noch nicht in die Gesellschaft eingeführt war. Ihr Vater, Carl Adolph Reichsgraf von Brühl, Sohn des berühmten sächsischen Ministers und Feind Friedrichs des Großen, war von Friedrich Wilhelm II. als Erzieher des Kronprinzen Friedrich Wilhelms (III.) nach Preußen geholt worden und hatte mit seiner Familie bis zur Heirat seines Zöglings wie dieser im Kronprinzenpalais gewohnt. Seine Frau, eine Engländerin, die aus bürgerlichem Hause stammte und sich wohl deshalb in der Hofgesellschaft besonders bewähren mußte, war bei den jungen Männern von Adel als Hüterin höfischer Etikette bekannt und gefürchtet; in ihrem Hause verkehren zu dürfen, wurde als Auszeichnung angesehen. Sie hatte zwei Töchter, Marie und Franziska, und da nur die Ältere in der Gesellschaft, die ja auch Heiratsmarkt war, auftreten durfte, wurde Marwitz anfangs mit ihr nur bekannt. Erst als die Mutter die Vorzüge des jungen, ledigen Mannes erkannte und ihm die Erlaubnis zum Verkehr in ihrem Hause erteilte, sah er die dunkelhaarige und blauäugige Fanny, wußte sofort, daß sie es war, die er gesucht hatte, unterrichtete schnell entschlossen die Eltern von seinen Absichten, und diese, obwohl sie gehofft hatten, daß er die ältere Tochter erwählen würde, stimmten unter der Bedingung, daß er Fannys Zuneigung erringen könne, dem Antrag zu.

Leicht war diese Bedingung nicht zu erfüllen. Denn die Siebzehnjährige, die die Eltern bisher von der Welt abgeschirmt und wie ein Kind gehalten hatten, besaß auch das reine Gemüt eines solchen, ahnte also nicht, was man mit ihr vorhatte, und da sie sehr empfindsam war und auf Zumutungen schnell mit Abwehr oder gar mit Krankheit reagierte, durfte der Heiratskandidat nicht mit der Tür ins Haus fallen, mußte sich vielmehr, wie ihn die fürsorgliche Mutter ermahnte, vorsichtig und langsam dem Ziele nähern, was Marwitz dann auch monatelang in vorbildlicher Weise tat.

Wie leichtverletzbar die jungen Gräfinnen waren, zeigte sich auch an Marie, der älteren Schwester, obwohl sie, die später Clausewitz heiraten und sich als Herausgeberin seiner kriegsphilosophischen Schriften bewähren sollte, wohl mehr als die liebreizende Fanny vom Intellekt bestimmt war. Als ihre Mutter und sie einmal in einer Loge der Oper Unter den Linden saßen und Marwitz vom Parkett aus zu ihnen hinaufgrüßte, vertraute die Mutter ihr an, daß er um Fannys Hand angehalten hatte, worauf Marie, die das Interesse des Leutnants an ihrer Familie auf sich bezogen hatte, ohne ein Wort zu sagen in Ohnmacht fiel.

Nach dem Übereinkommen mit der Mutter war Marwitz erlaubt worden, wann immer er wollte, bei den Brühls vorzusprechen, und er machte reichlich davon Gebrauch. Wenn nicht militärische Pflichten ihn abhielten oder seine Anwesenheit in Friedersdorf notwendig wurde, verbrachte er seine Abende nun bei den künftigen Schwiegereltern, die nicht mehr im Kronprinzenpalais lebten, sondern in einem Haus in der nördlichen Friedrichstraße, das zwischen dem heutigen Bahnhof und der Weidendammbrücke lag. Ein schneller Erfolg aber war ihm nicht beschieden, weil die Erwählte nicht nur schüchtern, sondern auch hochgradig verschlossen war. Zwar war sie freundlich zu dem Besucher, blieb aber unnahbar, und als sie endlich ein wenig Vertrauen zu ihm faßte, war es deutlich ein freundschaftliches, das mit Liebe nichts zu tun hatte, so daß bei der Mutter die Hoffnung auf Heirat schon schwand. Marwitz aber dachte nicht daran aufzugeben. Um weiterzukommen, so erklärte er der gräflichen Mutter,

Als Poesie gut

Franziska (Fanny) von der Marwitz, geb. Gräfin Brühl.
Künstler unbekannt

müsse ihm auch erlaubt werden, ab und zu einmal mit Fanny allein sein zu können, und als das trotz vieler Bedenken gebilligt wurde, er also einige Minuten, später auch eine halbe Stunde, mit ihr unter vier Augen sprechen konnte, blieb sie freundlich, zutraulich und unbefangen, nicht anders also als sie auch in Gegenwart von Vater und Mutter war. Zwar freute sie sich darüber, daß er, wie er ihr sagte, mit ihr lieber zusammen war als mit anderen Mädchen, aber ihm zu sagen oder anzudeuten, daß auch er ihr lieber war als andere Männer, fiel ihr nicht ein. Nie gab sie ihm zu erkennen, daß auch sie von dem Gefühl bewegt wurde, das, wie Marwitz es ausdrückte, im Unterschied der Geschlechter begründet ist.

So ging das nun, sehr zum Verdruß der ungeduldigen Mutter, Monat um Monat, bis eines Abends ein Fortschritt erkennbar wurde, der Hoffnung gab. Marwitz hatte einige Tage in Friedersdorf sein müssen, doch hatte die Sehnsucht ihn früher als verabredet zurückgetrieben, so daß sein Besuch unerwartet kam. Fanny war allein mit ihrer Mutter, saß halb liegend auf dem Sofa, nahm aber, als sie Marwitz erkannte, die Beine sofort herunter und strahlte über das ganze schöne Gesicht. Sie hatte, wie Marwitz am nächsten Tag von der Mutter erfuhr, in den Tagen seiner Abwesenheit an Kopfschmerzen gelitten, doch waren die verschwunden gewesen, als er das Zimmer betrat. Ein deutlicheres Zeichen für den Erfolg seiner Werbung war kaum zu erwarten, und so entschloß sich Marwitz, im Einverständnis mit Graf und Gräfin, zum entscheidenden Wort. Er wurde mit Fanny allein gelassen und erklärte ihr ruhig und freundlich, ohne jede Emphase, aber mit deutlichen Worten, was er mit seinen häufigen Besuchen bezwecke – worauf sie, ohne ein Wort zu erwidern, in Ohnmacht fiel. Marwitz konnte sie auffangen und auf einen Stuhl setzen. Er rief nach der Mutter, und diese führte sie fort.

Am nächsten Tag war Fanny ruhig und freundlich wie immer, bat ihres Benehmens vom Vortag wegen um Verzeihung, sagte aber über die Werbung kein Wort. Mehr der Ungeduld der Mutter als der eignen wegen, gab sich Marwitz aber damit nicht zufrieden, sondern bat sie, ihm doch wenigstens zu sagen, ob sie ihm weitere Besuche gestatte, und als sie ihm das wie selbstverständlich erlaubte, wagte er es zum ersten Mal, ihr die Hand zu küssen. Sonst ging alles so weiter wie in den Wochen zuvor.

Marwitz, der die Geliebte nicht wieder erschrecken wollte, war bereit, in Geduld abzuwarten, aber die Gräfin, die den Gesellschaftsklatsch fürchtete, drängte darauf, endlich zum Ende zu kommen, worauf Marwitz ihr vorschlug, eine List zu gebrauchen. Sie sollte ihm in Fannys Gegenwart mit Entschiedenheit sagen, daß er das gräfliche Haus von jetzt an zu meiden habe, es sei denn, Fanny sage zu seiner Bewerbung ja.

Obwohl beide ihre Rollen vortrefflich spielten, war Fanny, nachdem sie die Hausverbotsdrohung aus dem Munde der Mutter angehört hatte, zu keinem Wort zu bewegen. Sie blickte nur ungläubig von einem zum andern, bis Marwitz, um erneuter Ohnmacht zuvorzukommen, die stumme Szene mit dem Vorschlag beendete, sie solle doch im Falle der Zustimmung seine Hand ergreifen, und als er die seine nach ihr ausstreckte, gab sie ihm, weiterhin schweigend, aber ohne zu zögern die ihre. Nun konnte die Gräfin den künftigen Schwiegersohn freudig umarmen, worauf dieser dasselbe bei Fanny wagte. Den Verlobungskuß, den er in seinen Erinnerungen als »höchst bescheidentlich« bezeichnet, wagte er ihr erst nach Aufforderung durch die Mutter zu geben. Erwidert wurde sein Kuß aber nicht.

Erst viele Monate nach der Hochzeit geschah es, daß Fanny ihren Mann glücklich machte, indem sie ihn erstmals aus eignem Antrieb küßte. Als sie aus einer Abendgesellschaft, in der Fannys Jugend und Schönheit viel Anerkennung gefunden hatte, in einer Kutsche nach Hause fuhren, machte sie ihm unter »herzinniglichen« Küssen ihre erste Liebeserklärung, die, wie sich der alte Marwitz erinnert, den folgenden Wortlaut hatte: »Ach, lieber Herr, Ihr seid doch der beste aller Menschen, die ich kenne. Ich hab Euch so lieb, daß ich es gar nicht sagen kann. Und ich weiß gar nicht, was am Ende daraus werden soll, denn es wird alle Tage ärger damit.«

Zu dieser Zeit war sie schon schwanger. Zwei Wochen nach der Geburt einer Tochter starb sie. Beigesetzt wurde sie in der Familiengruft der Friedersdorfer Kirche, an deren Außenwand ein Gedenkstein bis heute an sie erinnert. Wie für alle Toten, die er später noch zu beklagen hatte, fand Marwitz auch hier Worte für seinen Schmerz.

Die Inschrift des Steins lautet: »Caroline Franziska Gräfin Brühl ward geboren 1783, den 23. März, vermählt 1803, den 12. May, an Friedrich August Ludwig von der Marwitz, Erbherrn auf Friedersdorf. Der verließ sie gesund am 14. März 1804, vierzehn Tage nach einer glücklichen Entbindung, kehrte am 16. zurück und fand sie tot. Sie war die Freude aller, die sie kannten.«

Und ganz oben auf dem Stein stehen die Worte: »Hier liegt mein Glück.«

Das Selbstbildnis

Das einzige Gemälde, das wir vom Bildhauer Friedrich Tieck kennen, ist ein Selbstbildnis, das er in Rom für eine in Holstein lebende Geliebte gemalt hat, das aber nie in deren Besitz kam, sondern nach Weimar gelangte, wo es heute noch ist. Hier hatte das Liebesverhältnis, dem nur ein halbes Jahr gegönnt war, begonnen und sich dann noch in einer zweijährigen lebhaften Korrespondenz fortgesetzt. Es war ein leidenschaftliches Verhältnis, das besonders intensiv erlebt wurde, weil es Zukunft nicht einmal in Träumen hatte. Sie war verheiratet und hatte zwei Söhne, er völlig mittellos.

Streng, ungeschönt sieht sich der Künstler in diesem Bildnis. Seinem schmalen Gesicht, das keine Ähnlichkeit mit dem seines Bruders Ludwig aufweist, geben die geschlossenen Lippen, die betonten Wangenknochen und die tiefliegenden Augen etwas Asketisches. In die hohe Stirn fallen einige Strähnen des spärlichen blonden Haares, deretwegen ihn seine Liebste einmal »Flachsmännchen« nennt. Von der Melancholie, die die meisten seiner Briefe grundieren, ist hier nichts zu spüren, auch von seiner Gutmütigkeit und seinen Selbstzweifeln nicht. Der immer Passive, selten Selbstbestimmte und deshalb Umhergetriebene zeichnete hier ein Teil seines Wesens, das manchmal auch andere an ihm bemerkten: das Überhebliche und Ungehobelte, das auch Goethe, der ihn als Künstler schätzte, an ihm nicht mochte und sich mit verspäteter Jugendlichkeit erklärte. Während die Geliebte ihn nur weichherzig, zärtlich und liebenswürdig erlebte, wurden andere von seiner oft groben Kritik verletzt. Völlig unkritisch aber war er seiner Schwester gegenüber, von der er sich lebenslang ausnutzen ließ.

Als Jüngster der drei Kinder des Seilermeisters Johann Ludwig Tieck war er 1776 am Köllnischen Fischmarkt geboren worden, mehr als unter dem Einfluß der Eltern unter dem der älteren Geschwister Ludwig und Sophie aufgewachsen und an diese gekettet gewesen, bis ins Erwachsenenalter hinein. Auf dem Gymnasium, auf dem Ludwig immer geglänzt hatte, war Friedrich, wie ein Jahrzehnt später Schinkel, mit dem Lernen nicht recht vorangekommen, und da er dort nur

Friedrich Tieck. Selbstbildnis, 1805–1806

im Zeichnen Begabung gezeigt hatte, war er vom Vater mit dreizehn Jahren zu dem Bildhauer Sigismund Bettkober in die Lehre gegeben worden, der in der Fischerstraße wohnte, also fast nebenan. Für eine sechsjährige Lehrzeit mußte er sich verpflichten, doch konnte Bettkober, der seine sechs Lehrlinge zu allen möglichen Hilfsarbeiten heranzog, dem Jungen nur handwerkliche Fertigkeiten, nicht aber Bildung vermitteln, für diese waren die vorwiegend literarisch orientierten Freunde seiner Geschwister da. Unter deren Einfluß wurde er zu einem eifrigen Leser, so daß ihn sein Meister schon tadelnd fragte, ob er Bildhauer oder Gelehrter zu werden gedenke, und ihm auch im Alter noch der Vorwurf gemacht wurde, anstatt zu arbeiten, gäbe er sich der Lektüre hin. Zu Wackenroder war seine Beziehung besonders innig, mit dem vermögenden Wilhelm von Burgsdorff konnte er eine Reise zu den Kunstschätzen Dresdens machen, und den Brüdern Humboldt hatte er es später zu verdanken, daß er Aufträge in Weimar bekam. Wichtig für ihn wurde auch die Akademie der Künste, wo er in freien Stunden den Zeichenunterricht besuchte, und da Bettkober auf den Akademieausstellungen von 1793 und 1794 Arbeiten seines Schülers zeigte, wurde Schadow auf den begabten Anfänger aufmerksam und förderte ihn. An einem Wettbewerb für eine allegorische Darstellung des Baseler Friedens, der 1795 auf Veranlassung Friedrich Wilhelms II. ausgeschrieben wurde, beteiligte er sich mit einem Relief. Amor überreicht auf ihm dem Mars eine Flöte, während im Helm des Kriegsgottes ein Taubenpaar nistet. Die Mitglieder der Akademie, die zu entscheiden hatten, gaben ihm den Preis, der mit hundert Talern dotiert war, und Schadow, der ihn ab und zu auch schon in seiner Werkstatt beschäftigte, verschaffte ihm das Stipendium für einen dreijährigen Auslandsaufenthalt. Vor dieser Reise, die er erst 1797 antreten konnte, entstanden einige Büsten und Medaillons von Personen, die er schätzte, so von Wackenroder und Burgsdorff, das Doppelbildnis von Sophie und Ludwig und das bekannte Medaillon Rahels, das diese selbst, damals fünfundzwanzigjährig, als sehr ähnlich bezeichnete und von dem Varnhagen im Alter seitenlang schwärmte: »Die Ähnlichkeit ist so groß«, schrieb er, »daß alle Freunde, welche in jener frühen Zeit Rahel gekannt haben, versichern, schon damals sei das Bild sprechend ähnlich gewesen, und daß gleicherweise ihr späteres Aussehen in ihren letzten Lebensjahren vollkommen dadurch wiedergegeben worden ist. Diese Auffassung des Wesentlichen und Bleibenden, das durch einen Zeitraum von sechsunddreißig Jahren sich bewährt hat, gereicht dem Künstler zu großer Ehre.«

Da Napoleons italienische Feldzüge die Reise nach Rom zu gefährlich gemacht hätten, wurde Tiecks von staatlichen Stipendien finanzierte Reise, die er im Sommer 1797 mit Burgsdorff und den Brüdern

Das Selbstbildnis

Rahel Levin. Bronzemedaillon, 1796, von Friedrich Tieck

Humboldt zusammen antrat, in Wien unterbrochen, und man entschloß sich, statt nach Rom, nach Paris zu gehen. Hier konnte Tieck im Atelier des Malers der Französischen Revolution Jaques-Louis David unterkommen, das auch eine hervorragende Ausbildungsstätte war. Hier trieb er im Kreise anderer junger Künstler Naturstudien, ließ sich in der Ölmalerei unterrichten und faßte großartige Lebenspläne, aus denen nie etwas wurde, da er, um Geld zu verdienen, immer nur Aufträgen nachjagte und sein Ehrgeiz nicht groß genug war. Da er sich der Berliner Freunde wegen nicht von Paris trennen konnte, unterblieb die Reise nach Italien, so daß er, als die drei finanzierten Jahre um waren, nach Deutschland zurückkehrte, aber nicht nach Berlin, sondern nach Weimar, wo er auf Aufträge hoffen konnte, da er Goethe von den Freunden Wilhelm von Humboldt und August Wilhelm Schlegel empfohlen worden war. Abgesehen von kürzeren Berlin-Aufenthalten, die, nachdem seine Eltern gestorben waren, ausschließlich seiner unglücklich verheirateten Schwester galten, blieb er vier Jahre in Weimar, wo man ihn, wie auch in Jena, als Mensch und Künstler schätzte und mit mehr Aufträgen bedachte, als er schaffen konnte. Neben den Skulpturen und Reliefs für das Neue Schloß in Weimar entstanden damals viele Bildnisbüsten, so die von Goethe und seinem Herzog Carl August, von Johann Heinrich Voß und Schiller, von Schauspielerinnen, Beamten und Clemens Brentano. Von dem Geld, das er in diesen Jahren verdiente, hätte er sich ein eigenes Atelier einrichten können, wäre da nicht seine Schwester Sophie gewesen, die es ihm immer wieder abzubetteln verstand. Um sie vor ihrem angeblichen Elend zu retten, lebte er so bedürfnislos wie immer, und selbst von seiner herzlich geliebten Charlotte borgte er für Sophie beträchtliche Summen – die sie nie wiederbekam.

Die Schriftstellerin Charlotte von Ahlefeld, geb. von Seebach, deren etwa 50 Romane in den Jahren des Biedermeier die überall florierenden Leihbüchereien mit leichter Kost versorgten, war nicht, wie nach dem »Neuen Nekrolog«, Band 27 von 1849, auch heutige Nachschlagewerke noch behaupten, 1781, sondern schon vier Jahre vorher zur Welt gekommen, wie im Kirchenbuch des thüringischen Ottmannshausen zu lesen ist. »Den 6. Dezember früh nach 4 Uhr ist Ihro Hochwohlgeboren, d. Königlich Brittanischen Hn. Rittmeister Alexander Christoph August von Seebach und Frau Gemahlin Wilhelmine Ernestine ein junges Fräulein zu Welt geboren u. d. 9. huius im Zimmer auf d. Hochedlen Hofe zu Stetten [bei Weimar] getauft und Elisabeth Louise Charlotte Wilhelmine genennet worden.« Sie war also, als 1798 ihre zwei ersten Romane gedruckt wurden, nicht, wie der unbekannte Verfasser des Nekrologs behauptet, sechzehn, sondern schon einundzwanzig Jahre alt. In dasselbe Jahr fiel ihre Hochzeit mit dem wohlhabenden Herrn Johann Rudolph von Ahlefeld, dem sie auf seine Güter nach Holstein folgte, zwei Söhne schenkte, ihn als grob, gefühlskalt und ungebildet erkannte, mit ihm unglücklich wurde und nach fünfjähri-

Das Selbstbildnis

Charlotte von Ahlefeld um 1800. Zeichnung von Ferdinand von Blumenbach

ger Ehe bei einem längeren Aufenthalt in Weimar in Friedrich Tieck dem Mann begegnete, an dessen Seite sie vielleicht ihr Glück hätte finden können. Aber anscheinend wurde an eine engere Bindung der Liebenden nicht gedacht. In ihren Briefen an ihn, die im Gegensatz zu den seinen erhalten blieben, klagt sie viel über das Unglück ihrer Ehe und über die Trennung von dem Geliebten, läßt aber die Möglichkeit eines Zusammenlebens mit dem Künstler, der sein schwerverdientes Geld seiner Schwester opfert, unberührt. Wohl lebt sie in »gänzlicher Absonderung« von ihrem Gatten und gestattet ihm nicht »die geringsten Vertraulichkeiten«, aber er will keine Scheidung, und wenn sie sie erzwänge, stünde sie ohne die Kinder und jegliche Einkünfte da. Wie in ihrem ersten Roman, »Liebe und Trennung«, sieht sie die Lösung in der Entsagung. Beendet werden können ihre Leiden, so heißt es in ihren Briefen, nur durch den Tod.

In den Jahren 1803 und 1804 wurden 151 Liebesbriefen von ihr geschrieben, aber in keinem von ihnen wird ihre schriftstellerische Arbeit auch nur andeutungsweise erwähnt. Dabei hatte sie anonym oder unter einem Pseudonym bis zum Ende des Briefwechsels schon sechs Romane veröffentlicht. Sie muß also auch während ihres Liebeskummers an solchen geschrieben haben, doch sagt sie darüber kein Wort. Obwohl sie oft auch Details ihres leidvollen, träge dahinschleichenden Alltags schildert, spielt ihre Schreibtätigkeit nie eine Rolle, und selbst wenn sie sich bei einem Berlin-Besuch über die Aufdringlichkeit des Verlegers Unger ärgert, fällt über die Romane, die bei ihm erschienen waren oder erscheinen sollten, kein Wort. Vielleicht wollte sie damit ausdrücken, daß ihr, verglichen mit der Kunst des Geliebten, ihre fragwürdige Schreiberei nichts bedeute. Vielleicht aber hatte sie diese nicht nur der Weimarer Gesellschaft, sondern auch dem Geliebten verschwiegen. Denn an Frauen, die mit Schreiben Geld verdienten, hatte man sich noch nicht gewöhnt.

Der Briefwechsel endete, als Friedrich Tieck 1805 Weimar in Richtung Italien verließ. Seine auf großem Fuß lebende Schwester, die mit ihren zwei Söhnen ihren Gatten Bernhardi verlassen hatte, wartete in Rom auf ihn und sein Geld.

Coffée und Tobak

»Als ich um meine Frau anhielt und sie mir das Jawort gab, sagte ich ihr, aber Mamsell, wenn Sie die Meinige werden wollen, so müssen Sie keinen Coffée trinken, weil ich damals glaubte, daß wenn wir Kinder bekommen sollten, dieser den Kindern nachteilig sei. Wollen Sie Coffée doch trinken, so heirate ich Sie lieber gar nicht. Ich rauche gern Tobak – so Ihnen dieses zuwider, so rauche ich nicht mehr. Nun sagte sie, Sie mögen zu rauchen fortfahren – ich trinke vom heutigen Tag an keinen Coffée mehr. Nach zehn Monaten unserer Verheiratung kam meine Frau mit einem Sohn in die Wehen. Das Kind starb bald nach seiner Geburt, und meine liebe Frau bekam heftiges Kindbettfieber, so daß ich um ihr Leben in Sorge war. Das Fieber war heftig und die Nächte schlaflos. In der vierten Woche nach ihrer Niederkunft kam ich eines Nachmittags zu ihr und fand sie weinend. Ich frug nach der Ursache, warum sie weinte, sie antwortete mir, dies könne sie mir nicht sagen. Sind Deine Eltern oder eine von den Domestiken oder vielleicht ich selbst die Ursache des Weinens, frug ich. Nein, nein, aber ich unterstehe mich nicht, es Dir zu sagen, sagte sie mit beklommenen Herzen – ach, ich habe seit mehreren Tagen ein so heftiges Verlangen, eine Tasse Coffée zu trinken, aber ich habe mich nicht unterstehen können, Dich darum zu bitten. Ich konnte mich vor Rührung der Tränen bei diesem Geständnis nicht enthalten, ließ ihr sogleich Coffée zu trinken geben, die Nacht darauf schlief sie gut, und den folgenden Tag hatte sie noch die nämliche Sehnsucht nach Coffée, und nachdem sie zehn Monate keinen Coffée getrunken hatte, trank sie ihn nun täglich und trinkt ihn noch bis auf den heutigen Tag. Kaum hatte sich meine Frau erholt, so wurde sie wieder schwanger und kam im März 1782 glücklich nieder. Zu Anfang des Jahres 1783

Als Poesie gut

befand sie sich wieder in anderen Umständen«, – und der Doktor Ernst Ludwig Heim, dem seine Charlotte insgesamt acht Kinder zur Welt bringen sollte, riet den Frauen nun nicht mehr vom Kaffee ab. Berühmte Ärzte, meist jünger als er, gab es mehrere im Berlin jener Jahre. Heim war der populärste von ihnen, eine Anekdotengestalt schon zu Lebzeiten, ein praktischer Arzt in des Wortes genauester Bedeutung, der seiner Patienten zuliebe auf Universitätskarrieren verzichtet hatte und der auch vom Bücherschreiben nichts hielt. Seine im hohen Alter geschriebenen Erinnerungen, aus denen oben zitiert wurde, waren nicht dazu bestimmt, veröffentlicht zu werden, sie sollten nur einem seiner Schwiegersöhne als Materialsammlung für eine Biographie über ihn dienen, geben aber in ihrer naiven Geradheit sein zufriedenes, humorvolles und menschenfreundliches Wesen wieder, das ihn, trotz einer gewissen Derbheit, überall beliebt machte, bei arm und reich. Verdient machte er sich auch als Bekämpfer der epidemisch auftretenden Pocken oder Blattern, die noch 1796 in Preußen 30000 Todesfälle und unzählige Verstümmelungen verursacht hatten. Im selben Jahr war von dem englischen Arzt Edward Jenner die Wirkung der Impfung mit Kuhpocken entdeckt und in den Jahren darauf publiziert worden, worauf Heim 1800 als erster Arzt in Berlin mit dieser Schutzimpfung von Kindern begann. »Heute hab ich 3 Kinder des Stuhlfabrikanten Voigt mit Kuhpockenmaterie, die ich aus England erhalten habe, inoculiert«, kann man unter dem 1. Februar in Heims Tagebuchnotizen lesen. Damit begann eine Entwicklung zum Besseren, die in den nächsten Jahren durch Hufeland verbreitet und erfolgreich weitergeführt wurde. Zur Erinnerung an den englischen Kollegen, der am 14. Mai 1796 zum erstenmal ein Kind erfolgreich mit Kuhpocken geimpft hatte, feierte die Berliner Ärzteschaft noch lange an diesem Tage ihr Jenner-Fest.

Wie manches Berliner Original war auch Heim kein geborener Berliner, er kam aus einem Dorf Sachsen-Meiningens, wo sein Vater, der einer Ärztefamilie entstammte, Pastor gewesen war. Nach einem Studium der Medizin und Botanik in Halle und längeren Reisen durch Holland, Frankreich und England war er Arzt in Spandau und Kreisphysikus des Havellandes geworden und 1783 nach Berlin übergesiedelt, wo er erst direkt am Gendarmenmarkt, später nicht weit davon in der Kronenstraße, Ecke Markgrafenstraße, wohnte und auf Grund seiner Heilerfolge bald viele Patienten hatte, und zwar aus allen Schichten der Stadt. Er verstand es, von seinen wohlhaben-

Ernst Ludwig Heim.
Kupferstich von Friedrich Bolt, 1819

den Kranken so viel zu fordern, daß er die weniger Bemittelten unentgeltlich behandeln und sich trotzdem im Laufe der Jahre einen Wohlstand erwerben konnte, der ihm und seiner großen Familie Sicherheit gab. Jeden Morgen bevor er zu Pferde, später mit Pferd und Wagen zu seinen Krankenbesuchen aufbrach, hielt er von sechs bis acht Uhr Sprechstunde für die Ärmsten der Armen, und zum Mittagstisch war er oft in adligen oder bürgerlichen Häusern, wie zum Beispiel bei den Ministern von Hardenberg und von Hertzberg, zu Gast. Neben der Sorgfalt, mit der er sich um seine Patienten bemühte, und seinem volkstümlichen Witz, aus dem die Heim-Anekdoten entstanden (deren eine sogar einen Brief Zelters an Goethe unterhaltsamer machte), war es sein Bürgerstolz, der allgemein imponierte und sich vor arroganten Offizieren genauso wie an Prinzenhöfen bewährte, wo er nicht zuließ, daß man in ihm so etwas wie einen Domestiken sah.

Nachdem er in seinen ersten Berliner Jahren durch Empfehlung älterer Kollegen bei der musikliebenden alten Prinzessin Amalie, der jüngsten Schwester Friedrichs des Großen, die Stellung eines Leibarztes bekleidet hatte, holte man ihn nach deren Tode an den Hof ihres Bruders Ferdinand, also ins Schloß Bellevue. Als ihn hier die Dame des Hauses nicht mit der nötigen Achtung behandelte, drohte er an, nie wieder zu kommen, was Eindruck machte und dazu führte, daß dergleichen nie wieder geschah. Hier wurde er zu Festen geladen, sah die Kinder (Ludwig, genannt Louis Ferdinand, Luise, die Anton von Radziwill heiratete, und August, den späteren Chef von Clausewitz) aufwachsen und weigerte sich, seine ärztliche Autorität auch erzieherisch einzusetzen, als August, der Jüngste, den die Mutter verzogen hatte, als Halbwüchsiger über die Stränge schlug. Der schönen und gebildeten Luise Radziwill war er auch später immer in Freundschaft verbunden, und er stand auch ihren Kindern in ihrem Palais in der Wilhelmstraße in allen Krankheiten bei. Seine Patientin, an deren Sterbelager er 1797 gerufen wurde, war aber auch die »berühmte und berüchtigte Hurenwirtin Madame Schuwitz« in der Behrenstraße, und als 1803 der giftmischerischen Geheimratswitwe Ursinus, die nicht nur ihren Mann umgebracht hatte, der Prozeß gemacht wurde, mußte auch ihr Arzt Doktor Heim Zeuge sein.

Das Originelle des Alten Heim (wie er wohl auch deshalb genannt wurde, weil die anderen medizinischen Kapazitäten, wie Hufeland und Reil, bedeutend jünger waren) bestand auch darin, daß er in der literatur-, musik- und theaterbegeisterten Stadt zwar viele Künstler persönlich kannte, für Literatur, Musik und Theater aber nichts übrig hatte. Seine ganz auf Arzneikunst ausgerichtete Seele bot nur noch ein wenig Platz für die Botanik, speziell für Moose, deren eines sogar seinen Namen trägt: Pottia Heimii. In seinen Tagebuchnotizen findet sich 1802 die Mitteilung, daß er der Frau und der Töchter wegen das Schauspielhaus besuchte, sich dabei auch amüsierte, aber eine Wiederholung nicht vorhabe, weil er sich dabei »zu sehr zerstreue«, worunter dann seine »Kranken leiden« müßten. Diesen zuliebe versuchte er sich auch der Politik zu enthalten, verehrte den König und seine Luise und war sowohl den Reformern, wie Stein und Hardenberg, als auch den Konservativen, wie den Marwitz' und den Gerlachs, ein guter Arzt. Er war überzeugter Christ, aber kein Frömmler oder Orthodoxer, besuchte selten die Kirche, doch ließ ihn sein Gottvertrauen, das er aus dem Elternhaus mitgebracht hatte, Schicksalsschläge tapfer ertragen und in steter Zufriedenheit mit sich und der Umwelt leben. Hätte er, was ihm fernlag, Gedichte geschrieben, wären diese sicher denen des Schmidt von Werneuchen ähnlich gewesen, nur hätte das gereimte Lobpreisen nicht dem Landleben gegolten, sondern dem Treiben der großen Stadt. Passagen, die diese Vermutung belegen, kommen immer wieder in seinem Tagebuch vor: »Es ist doch recht schön auf der Welt, und ich lebe mit Wohlgefallen darinnen. Ich bin gesund und habe keine unangenehmen Sorgen, fürchte Gott und liebe alle Menschen und bin mit der Einrichtung der Welt vollkommen zufrieden. Ich will mein Glück froh genießen und hoffe auch einstens, da ich den Tod ja nicht fürchte, er mag kommen wann er will, froh zu sterben. – Abends schmeckte mir der Karpfen, den mir Puttkamers Köchin sieden mußte, ganz entschieden gut.«

Gern war er in froher Gesellschaft, hatte Freude an gutem Essen und guten Weinen, zu denen er sich gern von seinen Patienten einladen ließ. So kann man in seinem Tagebuch von 1805 lesen, daß er am 3. Januar beim Grafen von Wartensleben speiste, »am 4. bei Frau von Berg, den 5. beim Fürsten Radziwill, den 6. beim Geheimrat von Faudel, den 7. beim Prinzen Ferdinand, den 8. beim Grafen von Lottum, den 9. zu Hause, den 10. beim englischen Gesandten, den 11. beim Minister von Voß, den 12. beim Minister von Hardenberg, den 13. bei Frau von Berg, mit Klaproth, Görcke und Zelter, den 14. beim Justizrat Becker, den 15. zu Hause und den 16. mit sämtlichen Lehrern des Werderschen Gymnasiums bei mir.«

Als Poesie gut

Frohe Runden konnte ihm auch die Berliner Ärztevereinigung bieten, die sich Medizinisch-physikalische Gesellschaft nannte und ihn zum Präsidenten wählte. Denn wenige Neider ausgenommen, hatte er auch das Wohlwollen seiner Kollegen, von denen einige durch ihre Schriften in der medizinischen Welt bekannter waren als er. Deren größere Kenntnisse konnte er neidlos anerkennen, während sie zwar seine Heilmethoden nicht immer guthießen, seine langen und reichhaltigen Erfahrungen im Erkennen der Krankheiten aber zu schätzen wußten. Standen doch damals die heutigen physikalischen, chemischen und immunologischen Diagnosehilfsmittel genau so wenig wie Asepsis und Narkose zur Verfügung, so daß Scharfblick und auch Intuition gefragt waren in der ärztlichen Kunst.

Der berühmteste seiner Kollegen, der es sich sogar hatte leisten können, eine Berufung als Leibarzt des Zaren abzulehnen, war Christoph Wilhelm Hufeland. Er war fünfzehn Jahre jünger als Heim, stammte wie dieser aus Thüringen, war aber mehr der Typ eines Gelehrten und Schriftstellers, dazu ein guter Organisator, so daß die beiden, die ihre Qualitäten gegenseitig anerkannten, sich in gemeinsamen Aufgaben ergänzen konnten, in der Seuchenhygiene, der Pockenschutzimpfung und der Fürsorge für die Armen, deren es in Berlin reichlich gab.

Sechzehn Jahre lang hatte Hufeland in Weimar und Jena als Arzt und Professor der Medizin gelebt. Er hatte in freundschaftlichen Beziehungen zu den dortigen Geistesgrößen gestanden und bedeutende Werke geschrieben, von denen einige in fast alle europäischen Sprachen übersetzt worden waren. 1801 war er nach Berlin berufen worden, wo er gleich drei wichtige medizinische Aufgaben zu erfüllen hatte: als Leibarzt der Königsfamilie, als Direktor des Collegium Medicum, das das gesamte Heilwesen Preußens zu überwachen hatte, und als erster Arzt des Armenkrankenhauses, der Charité.

Eine europäische Berühmtheit war Hufeland vor allem durch sein 1796 erschienenes populäres Werk von der »Kunst das menschliche Leben zu verlängern« geworden, das er von der zweiten Auflage an »Makrobiotik« nannte und den alten Titel als Untertitel beließ.

Wenige medizinische Werke sind im 19. und 20. Jahrhundert so oft nachdruckt worden wie dieses, und auch heute kann man es noch mit Gewinn lesen, sich manchmal über Irrtümer und kuriose Vorurteile der damaligen Zeit amüsieren, mehr aber darüber staunen, wie viele richtige Ratschläge für eine gesunde Lebensweise der Autor

Christoph Wilhelm Hufeland.
Büste von Johann Gottfried Schadow, 1812

rein aus der Erfahrung des Arztes schon geben konnte, ob das nun die Bewegung, die Umwelt, das Schlafen, das Essen, das Trinken oder das Rauchen betrifft. Für den alten Immanuel Kant in Königsberg war die Lektüre der »Makrobiotik« so anregend, daß sie ihn zu seiner für Hufeland bestimmten und von diesem später herausgegebenen Abhandlung »Von der Macht des Gemüts, durch den bloßen Vorsatz seiner krankhaften Gefühle Meister zu sein« veranlaßte, in der man durch seine langen, verschlungenen Sätze unter anderem erfährt, daß »das Bett das Nest einer Menge von Krankheiten« ist, das Philosophieren als »Mittel der Abwehrung mancher unangenehmen Gefühle« taugt, auch Philosophen häufig an Schlaflosigkeit leiden und man um der Gesundheit willen beim Essen oder beim Gehen nicht zugleich angestrengt denken soll.

Hufeland, der erst in der Charlottenstraße, dann in einer Tiergartenvilla und später in der Letzten Straße, der heutigen Dorotheenstraße, wohnte, führte ein Leben, das ganz seiner Arbeit gewidmet war. Neben seinen drei staatlichen Posten hatte er auch Patienten, die er betreute; in den frühen Morgenstunden, zwischen fünf und neun Uhr, schrieb er an seinen Werken weiter, und an den Abenden fanden in seinem Hause auch oft, wie schon in Weimar, literarische und musikalische Abendgesellschaften statt. Dieses anstrengende Leben, zu dem erschwerend auch noch Eheprobleme kamen, zerrüttete seine Gesundheit, die er endlich verbessern zu können hoffte, als er im Sommer 1806 mit der Königin Luise zusammen zur Kur fahren konnte. Während die Armee schon mobilisiert wurde, erholte er sich in Bad Nenndorf, seine königliche Patientin im nahen Bad Pyrmont. Nach der Rückkehr dauerte das normale Leben nur noch einige Wochen. Am 14. Oktober wurden die preußischen Truppen bei Jena geschlagen, in Berlin aber wurde eine Siegesmeldung verbreitet, die Hufeland dazu brachte, zusammen mit Fichte, den er schon von Jena her kannte, am Abend des 16. ein »frohes Siegesmahl« zu feiern, wie er in seiner Selbstbiographie schreibt. »Den 18. früh, 6 Uhr, ward ich aufs Königliche Palais zu Königin gerufen, die in der Nacht angekommen war. Ich fand sie mit verweinten Augen, aufgelösten Haaren, in voller Verzweiflung. Sie kam mir mit den Worten entgegen: Alles ist verloren, ich muß fliehen mit meinen Kindern, und Sie müssen uns begleiten. Dies sagte sie mir um 6 Uhr, und um 10 Uhr saß ich im Wagen, nachdem ich in aller Eile nur das Notwendigste geordnet, meine Kranken übertragen und meine Arbeitsstube verschlossen hatte. Es war ein harter Kampf und eine schwere Stunde, aber die heilige Pflicht gebot.«

Mit ihm im Wagen saß sein Freund Fichte. Und beide Ehemänner hatten ihre Frau und ihre Kinder zurückgelassen – was bei den Hufelands dazu führte, daß die Ehe wenige Monate später zerbrach.

Minnelieder

Das Erscheinen von Tiecks »Minneliedern aus dem Schwäbischen Zeitalter« fiel zeitlich etwa mit dem Beginn seiner Liebe zu Henriette zusammen, und beides rettete ihn aus Krisen, in die er um die Jahrhundertwende geraten war. Die Ehe mit Amalie Alberti war nicht so glücklich verlaufen, wie er es sich erhofft hatte. Sein Einkommen als Schriftsteller war dürftig geblieben, so daß ständige Schulden ihn drückten. Und die Intensität seines Schaffens nahm mit zunehmendem Alter ab. Er war berühmt geworden, dabei aber arm geblieben. Seine einzigartigen Märchenerzählungen, die Erfolg gehabt hatten und noch heute gelesen werden, konnte er 1802 nur noch durch den »Runenberg« ergänzen, und sein mühsam zustande gekommenes letztes romantisches Werk, das zweiteilige Lustpiel »Kaiser Octavianus«, mißlang. Bekannt daraus blieben nur aus dem »Aufzug der Romanze« genannten Prolog die Schlußverse, die später oft zur Kennzeichnung der Romantik dienten:

»Mondbeglänze Zaubernacht,
Die den Sinn gefangen hält,
Wundervolle Märchenwelt,
Steig auf in der alten Pracht.«

Tiecks Krise in den ersten Jahren des neuen Jahrhunderts war auch eine der gesamten Frühromantik, deren Erbe nun an die junge Generation überging. Die Vorträge, mit denen August Wilhelm Schlegel in diesen Jahren die Berliner über die romantische Kunstauffassung informierte, faßten eine Entwicklung zusammen, die zum Teil schon Geschichte geworden war. Das »Athenaeum« war eingegangen, Wak-

Als Poesie gut

kenroder war 1798, Novalis 1801 gestorben, Friedrich Schlegel hatte Berlin verlassen, sein Freund Schleiermacher hatte 1802 eine Predigerstelle im hinterpommerschen Stolp angenommen, und auch Tieck hatte Berlin den Rücken gekehrt. Mit seiner Frau Amalie und der im März geborenen Tochter Dorothea zusammen war er im Oktober 1799 Friedrich Schlegel nach Jena gefolgt. Dort und in Weimar hatte er neben Fichte, Schelling und Steffens auch Herder, Goethe und Jean Paul kennenlernen können. Beglückend war für ihn die Freundschaft mit Novalis gewesen, die fast die Intensität seines Verhältnisses zu Wackenroder gehabt hatte. Doch war, wie nicht anders zu erwarten, das großfamilienähnliche Zusammenwohnen mit den Brüdern Schlegel und den anderen ehrgeizigen Dichtern und Denkern mißglückt. Als die Eifersüchteleien und Streitereien, besonders unter den Frauen, unerträglich wurden, verlief sich diese Intellektuellengemeinschaft wieder – wie es so manch anderer nach ihr erging. Mit dem Bau des babylonischen Turms wurde dieser Versuch später von Steffens verglichen. Es habe »etwas Ruchloses« in diesem Experiment gelegen, meinte er nachträglich. »Ein geistiger Babelsturm sollte errichtet werden, den alle Geister aus der Ferne erkennen sollten. Aber die Sprachverwirrung begrub dieses Werk des Hochmuts unter seinen eignen Trümmern. – Bist du der, mit dem ich mich vereinigt träumte? fragte einer den andern. – Ich kenne deine Gesichtszüge nicht mehr, deine Worte sind mir unverständlich«, und so ging jeder wieder seiner eignen Wege, die meisten von ihnen mit der wahnwitzigen Vorstellung, den »Babelsturm dennoch auf eigne Weise bauen« zu können.

Im Sommer 1800 verließ Tieck Jena wieder, verlebte in Berlin, in der Linienstraße, einen trüben Winter, mußte seine Eltern begraben, die beide innerhalb einer Woche gestorben waren, wurde in literarische Fehden, auch mit Iffland, verwickelt, litt wie immer unter finanziellen Nöten und floh im April des nächsten Jahres nach Dresden, wo er im gastfreien Hause einer dort verheirateten Schwester der Schlegels mit seinen Talenten als Vorleser glänzte und mit Freuden feststellen konnte, daß mancher der jungen Künstler von seinem Maler-Roman »Franz Sternbalds Wanderungen« beeinflußt worden

Minnelieder

Schloß Ziebingen. Gemälde von unbekannter Hand

war. Von den Sorgen um die Existenz der Familie, die ihn natürlich hier weiter plagten, befreite ihn nach einem Jahr etwa Wilhelm von Burgsdorff, der Jugendfreund vom Friedrichwerderschen Gymnasium, indem er ihm und seiner kleinen Familie auf einem seiner Landsitze Unterkunft bot. Im Oktober 1802 siedelten die Tiecks also in die Neumark über, nach Ziebingen (heute Cibinka) am Ostufer der Oder, südlich von Frankfurt, gegenüber dem heutigen Eisenhüttenstadt. Bewirtschaftet wurde das Gut von Burgsdorffs Onkel, dem kunst- und literaturliebenden Grafen von Finckenstein auf Alt Madlitz, der den Besitz 1807 kaufte, das Herrenhaus nach Plänen von Hans Christian Genelli zu einem ansehnlichen Schloß umbaute und sich Tieck und anderen Künstlern gegenüber als Mäzen erwies. Hier konnten die Tiecks bis zum Tode des Grafen ohne Geldsorgen leben, von hier aus konnte der Dichter, ohne sich Sorgen um die Familie zu machen,

Titelblatt von Finckensteins Nachdichtungen

zu langwährenden Reisen aufbrechen und hier auch seine große Liebe finden, die Henriette hieß und die älteste Tochter des Grafen war.

Graf Finck von Finckenstein war ein Sohn des bekannten Ministers Friedrichs des Großen und der Vater jenes jungen Mannes, der Rahel Levin geliebt und enttäuscht hatte und inzwischen zum

Gesandtschaftssekretär in Wien ernannt worden war. Der alte Graf, der sein Mäzenatentum nicht auf Tieck beschränkte, war im Verlauf des berühmten Müller-Arnold-Prozesses vom König seines Postens als Regierungspräsident der Neumark enthoben worden, hatte sich, obwohl erst fünfunddreißigjährig, nach Alt Madlitz, im Kreis Lebus, zurückgezogen und fortan nur für seine Besitzungen, seine große Familie und seine Interessen gelebt: Er hatte die Modernisierung seiner Güter vorangetrieben, sich mit Anlage und Ausgestaltung des Madlitzer Landschaftsparks beschäftigt, sich der antiken und neueren Literatur gewidmet und mit seinen Kindern auf hohem Niveau musiziert. Unter dem Titel »Arethusa oder die bukolischen Dichter des Altertums« hatte er annotierte Übersetzungen der Gedichte Theokrits herausgegeben und von Ewald von Kleists »Frühling« eine kritische Neuausgabe ediert. Da er Schriftsteller und Künstler häufig bei sich zu Gast hatte, blieb er aber auch in Berührung mit dem zeitgenössischen Geistesleben, und Tiecks Bemühen um mittelhochdeutsche Texte regte auch ihn zur Beschäftigung mit den Minnesängern und dem Nibelungenlied an.

Tiecks »Minnelieder aus dem schwäbischen Zeitalter«, die 1803 bei Reimer in Berlin erschienen und auch für die Bildende Kunst von Bedeutung waren, da fünf symbolische Vignetten von Philipp Otto Runge sie schmückten, beginnen mit einer Einleitung, die deutlich den Einfluß der Schlegels zeigt. Nach einer Zeit, in der die schönen Künste nicht beachtet oder auch mißachtet wurden, sei nun ein Zeitalter angebrochen, »in welchem die Liebe zum Schönen und das Verständnis desselben von neuem erwache« und das auch die Schätze der Vergangenheit zu würdigen wisse, und zwar als Bestandteile eines Ganzen, zu dem die Werke Dantes und Cervantes', Shakespeares oder auch der Inder genau so gehörten wie die der altdeutschen Dichter. Es gebe nur »Eine Kunst, Eine Poesie«.

Mit dem Schwäbischen Zeitalter gemeint war die Zeit der schwäbischen Kaiser, der Staufer, also das Hochmittelalter, dessen Dichtungen Tieck hier auf fast 300 Seiten vorstellte, und zwar in einer freien Übertragung, die philologisch fragwürdig, aber publikumswirksam

Als Poesie gut

Von Philipp Otto Runge gestaltetes Titelblatt der
»Minnelieder« von Ludwig Tieck

war. Die »Minnelieder« machten die ältere deutsche Dichtung einem breiteren Leserkreis zugänglich, förderten in einer Zeit, die auch alte Baudenkmäler zu würdigen lernte, das Verständnis für ältere Sprachkunstwerke und übte dadurch, wie die jüngeren Arnim, Brentano und Jakob Grimm bezeugten, deutlichen Einfluß auf die weitere Entwicklung der deutschen Romantik und die Herausbildung der Germanistik aus. Auch mit der Erforschung und Übersetzung des Nibelungenliedes war Tieck in diesen Jahren beschäftigt, führte das Vorhaben aber nicht zu Ende, wie manches andere in dieser Zeit. Denn für ihn, den später von Hebbel zum »König der Romantik« gekrönten, endete ironischerweise bald nach den »Minneliedern«, auf deren Titelblatt er sich veraltdeutschend Ludewig genannt hatte, die schöpferisch-romantische Periode. Bevor er im Alter zum realistischen Erzähler wurde, verlegte er sich vorwiegend auf das Erforschen, Übersetzen und Vermitteln von Literatur.

Im Hauptwerk seiner späteren Ziebinger Jahre, dem dreibändigen »Phantasus«, in dem er die meisten seiner früheren Werke zusammenfaßte und nach Art von Boccaccios »Dekamerone« durch Gespräche einer gebildeten Gesellschaft auf dem Lande zu verbinden versuchte, wird etwas von der reizvollen Stimmung deutlich, die diese von Natur, Poesie und Gesang verschönten Zusammenkünfte im Finckensteinschen Ziebingen und Madlitz hatten – oder vielleicht auch nur in Tiecks Träumen hatten; denn so harmonisch wie in der dichterischen Verklärung, die konsequent alle familiären und ständischen Konflikte vermeidet, wird es an den Sommerabenden im Garten nicht immer zugegangen sein.

Doch wußten auch Clemens Brentano, Achim von Arnim, der Philosoph Solger, Philipp Otto Runge und andere Besucher viel Lobendes über die musische Atmosphäre der Finckensteinschen Schlösser zu sagen. Begeistert waren sie nicht nur von den Gesprächen und von Tiecks Vorlesekünsten, sondern auch von der musik- und literaturliebenden Familie des Grafen. Daß man in dieser auch die jüngste Literatur kannte, bezeugen Briefe der jüngeren Söhne Heinrich und Alexander an Eltern und Schwestern. Von Erlangen aus, wo sie studierten, gingen und fuhren sie auf den Spuren von Tieck und Wakkenroder nach Bamberg, Nürnberg und Pommersfelden und setzten, wenn sie davon erzählten, die Kenntnis des »Herzensergießungen« und des »Sternbald« voraus.

Das größte Entzücken aller Besucher aber galt dem Gesang der drei älteren Töchter. Schleiermacher, der Madlitz schon vor Tieck besucht hatte, schwärmte von der »göttlichen Musik«, die er hier hören konnte. »Zwei von den Gräfinnen singen den Diskant und die dritte den Alt, der eine Bruder den Tenor und der andere den Baß, und so können sie also, da sie auch sämtlich gut Klavier spielen, die schönsten Sachen ganz vollständig aufführen. Sie haben mir nicht nur viele alte, sehr sublime italienische Kirchenmusik zum Besten gegeben, sondern mir stückweise die ganze Glucksche ›Alceste‹ vorgesungen.« Brentano, der 1803 bei Tieck drei Wochen Ferien machte, war entzückt von den »göttlichen Kirchenmusikfräulein«, die alle »wahrhaft ausgezeichnete adlige schöne ernste heilige Gemüter haben«, und die so herrlich sangen, daß ihm danach jede »andere Musik nur« als »trauriges Gewelsch« erschien.

Unter anderen Namen sind die singenden Schwestern selbstverständlich auch im »Phantasus« vertreten. Ihnen sind die eingestreuten Gedichte über Musik gewidmet, denen Tieck später bei der Herausgabe seiner gesammelten Lyrik ein »Weihung« überschriebenes Sonett voranstellte, dessen erste Strophe lautet:

»Dies soll den Schwestern meine Grüße schicken,
Die in Gesang des Herzens Blum entbunden,
Die mir in Nacht schon war hinweggeschwunden,
Nun fühl ich wieder ihr goldnes Blicken.«

Und noch in seiner Erzählung »Eine Sommerreise« von 1833 schwärmt er von der gräflichen Familie, der er »echte Humanität und Urbanität« bescheinigt, und von den »drei edlen und schönen Töchtern«. »Die zweite ernst, die dritte mutwillig und froh und die älteste graziös und lieblich, erscheinen sie, im Gesang vereinigt, wie der Chor der Himmlischen. Vorzüglich die Stimme der älteren Schwester ist der reinste, vollste und auch höchste Sopran, den ich jemals vernommen habe. Wäre sie nicht als Gräfin geboren, so würde sie den Namen auch der berühmtesten Sängerinnen verdunkeln. Hört man diese Henriette die großen leidenschaftlichen Arien unseres musikalischen Sophokles, des einzigen Gluck, vortragen, so hat man das Höchste erlebt und genossen.«

Über das Liebesverhältnis, das Henriette lebenslang an Tieck binden sollte, berichtet nur ein einziges Dokument, das der Vernichtung des Nachlasses hatte entgehen können: ein unvollständiger Brief, den er ihr im November 1806, kurz nach seiner Italienreise, schrieb. Aus ihm läßt sich herauslesen, daß die leidenschaftliche Liebe der beiden schon bald nach Tiecks Ankunft in Ziebingen begonnen hatte und jahrelang vor ihren Eltern verheimlicht worden war. Über die Schmerzen, die die Liebenden damit Tiecks Frau und Henriettes Eltern zufügten, wissen wir nichts.

Daß der Handwerkersohn, der sich im »Phantasus« als gleichberechtigt in die aristokratische Runde träumte, in Liebe zu Henriette entbrannte, hatte sicher nicht nur mit ihren Sangeskünsten, ihrer Jugend und ihrer Schönheit, sondern auch mit ihrem Adligsein zu tun. Dieses aber schaffte natürlich Probleme. Vielleicht hingen Tiecks lange Abwesenheiten von Ziebingen mit den sich aus dem Liebesverhältnis ergebenden Schwierigkeiten und Ärgernissen zusammen. Vielleicht aber war seine Ehe schon vor dem Umzug nach Ziebingen zerrüttet, und Amaliens Affäre mit Burgsdorff war nicht nur Folge von Tiecks Untreue. Vielleicht auch war Amalie keine so blasse Gestalt, wie sie der Nachwelt aus Mangel an Nachrichten über sie erscheint.

Auch sie, Amalie Alberti, die Tieck beim Kapellmeister Reichardt kennengelernt hatte, kam aus einem Milieu, in das der junge Autor eigentlich nicht gehörte, aber gehören wollte, nämlich aus Kreisen von Gelehrten und Künstlern. Ihr Vater, ein Hamburger Pastor, war Freund Klopstocks und Mitstreiter Lessings gewesen. Eine ihrer Schwestern hatte Reichardt, eine andere den Maler und Kunstwissen-

Als Poesie gut

schaftler Christian Waagen geheiratet, und eine dritte, Maria Alberti, die übrigens mit Runge zusammen Ziebingen besuchte, war Malerin. Amalie war also nicht fremd unter Künstlern, war aber wohl weniger als beispielsweise Tiecks Schwester Sophie auf ihre Geltung bedacht. Wenn sie tatsächlich, wie der Jenaer Klatsch wußte, bei Vorlesungen ihres Mannes einzuschlafen pflegte, so könnte das auch daran gelegen haben, daß sie das Vorgelesene schon bis zum Überdruß kannte und daß der leidenschaftliche Vorleser bei seinen oft mehrere Stunden dauernden Darbietungen auf die schwindenden Kräfte der Zuhörer keine Rücksicht nahm. Vielleicht läßt sich als Zeichen ihres Selbständigwerdens betrachten, daß sie ohne ihren Gatten katholisch wurde und die katholische Erziehung ihrer Töchter durchsetzte. Vielleicht hing ihr Ausharren an der Seite ihres Mannes mit ihrem Katholizismus, vielleicht auch mit der Verantwortung für die Töchter zusammen. Unbekannt ist, wie sie sich zu der anderen Frau stellte, wie diese, Henriette, sich als Dritte im Bunde fühlte, wie die Töchter sich zu der Rivalin ihrer Mutter verhielten, und wir sind auch nicht davon unterrichtet, was in der Finckensteinschen Familie passierte, als klar wurde, daß Henriette zu ihrem bürgerlichen und verheirateten Dichter hielt.

1806 war ihr Verhältnis noch ein Geheimnis, 1813, als sie, um dem Krieg auszuweichen, gemeinsam nach Prag reisten, trat sie schon öffentlich als seine Begleiterin auf. Hier traf sie auch mit Rahel Levin zusammen, die sich noch gut an Finckensteins Schwärmereien für seine Schwestern erinnerte und deshalb voller Vorurteil gegen sie war. Auch sie hatte etwas über ihren Sopran zu sagen: »Sie hat sich liebenswürdig erboten, mir mit ihrer kassierten alten Stimme etwas zu singen.«

Damals war Henriette neununddreißig. Sie hat Tieck und seiner Familie ihr Vermögen geopfert und ihn immer begleitet. Nach Madlitz, auf den Familienfriedhof, kehrte sie erst nach ihrem Tode im Alter von dreiundsiebzig Jahren zurück.

Das Andenken der Väter

Im »Freimüthigen. Berlinische Zeitung für gebildete, unbefangene Leser«, bekannt durch mehr oder weniger hämische Angriffe auf Tieck, die Brüder Schlegel und Goethe, erschien am 26. August 1803 ein Artikel, der, ganz im Sinne der romantischen Bewegung, die Zerstörung eines historischen Bauwerks anprangerte und zu den Bemühungen seiner Erhaltung den Auftakt gab. Obwohl keineswegs glänzend geschrieben, fand er starke Beachtung, weil er einen Gesinnungswandel in Worte faßte, den Tieck und Wackenroder mit der Wiederentdeckung der altdeutschen Kunst in Franken angestoßen hatten und der sich nun mit dem Wechsel der Generationen in den gebildeten Schichten vollzog. Mit der Abkehr vom rationalistischen Nützlichkeitsdenken der friderizianischen Epoche wuchs die Ehrfurcht vor den Überresten vergangener Zeiten und mit ihr der Wille zum Denkmalschutz.

Das Preußen des 18. Jahrhunderts kannte dergleichen Sentimentalitäten nicht. Friedrich Wilhelm I. hatte, um Baumaterial für seine Siedlungstätigkeit zu gewinnen, die romanische Marienkirche auf dem Harlunger Berg bei Brandenburg mit dem besten Gewissen der Welt abreißen lassen. Paläste, die nicht mehr gebraucht wurden, machte man zu Fabriken. Nicolai, der Repräsentant solchen Denkens, hatte für das Interesse an altdeutscher Literatur oder das Sammeln von Volksliedern nur Hohn und Spott übrig. Und auch mit dem Bauwerk, von dem der Artikel handelte, war man ähnlich pietätlos umgegangen, mit der Marienburg an der Nogat nämlich, dem ehemaligen Sitz des Hochmeisters des Deutschen Ordens, einem gewaltigen und einzigartigen Denkmal mittelalterlicher Backsteingotik, das nach der Auflösung des Ordensstaates polnische Provinzverwaltun-

Als Poesie gut

Ansicht der Marienburg 1794. Radierung von Friedrich Frick nach der Zeichnung von Friedrich Gilly

gen beherbergt und den Besuch polnischer Könige empfangen hatte, bis es 1772 mit der ersten polnischen Teilung an den Staat Friedrichs des Großen gefallen war. Nach zweckmäßigen Umbauten und der Entfernung vieler überflüssiger Zierate, die zu Aufschüttungen verwendet wurden, hatte man den Bau erst als Kaserne, dann zur Aufstellung von Webstühlen und schließlich als Korn- und Mehlmagazin genutzt. Beim Umbau zum Magazin hatte der Oberbaurat David Gilly geplant, das sogenannte Hochschloß ganz abzureißen und durch einen Zweckbau zu ersetzen, doch war das Vorhaben an den hohen Kosten gescheitert, so daß der Umbau von 1801 dann weniger barbarisch ausgefallen war.

Anders als der auf Nutzbauten des platten Landes spezialisierte Oberbaurat hatte sein Sohn Friedrich auf das mittelalterliche Bauwerk reagiert. 1794 hatte der Zweiundzwanzigjährige seinen Vater auf eine Dienstreise zur Marienburg begleitet, hatte sie schön gefunden und sie in Zeichnungen festgehalten, während ihre Zerstörung unter Anleitung seines Vaters weitergegangen war. Dieser bei jungen Leuten eintretende Anschauungswechsel zeigte sich dann auch öffentlich, als 1795 in der Akademieausstellung der Zyklus von zehn Marienburg-Zeichnungen des jüngeren Gilly starke Beachtung fand. Der Text, mit dem er sein Werk erklärte, preist den »wirklich großen einfachen Stil« und die »kolossalen kühnen Strukturen« des Bauwerks, nennt es »ein wichtiges Denkmal für den Antiquar und für die vaterländischen Begebenheiten«, rügt die »Unvorsichtigkeiten« der »Aufräumungen« und macht darauf aufmerksam, wie leicht ein Denkmal dieser Art »ganz vertilgt werden« kann.

Doch gingen die Abrisse und Umbauten, das Einschlagen der Gewölbe und das Herausreißen noch brauchbarer Steine weiter, bis 1803 im »Freimütigen« der oben genannte Artikel unter dem Titel »Ein Beispiel von der Zerstörungssucht in Preußen« erschien. Darin heißt es, daß unter »allen Überbleibseln gotischer Baukunst in Preußen« die Marienburg obenan stünde, diese nun aber »ausgeweidet« würde, so daß nur noch die Seitenwände stehen blieben – eine »Entheiligung« des Bauwerks, wie der Verfasser meint. Die Kosten dieser Zerstörung, so heißt es weiter, würden wahrscheinlich die eines Magazinneubaus aufwiegen, doch auch wenn dies nicht so wäre, »wenn niemand darin wohnen, wenn kein Gericht oder dergleichen sich darin versammeln könnte, so müßte man doch das Andenken der Väter ehren und nicht verwüsten«. Noch gäbe es, wenn man jetzt innehielte mit der Zerstörung, etwas zu retten, noch stünden der Rittersaal und die Kirche. »Wollen vielleicht nur die Baumeister das so einträgliche Geschäft nicht aufgeben?« Und der Artikel schließt mit den Worten: »Wer retten will und kann, der rette bald«, denn Eile sei nötig, sonst sei bald nichts mehr zu retten da.

Der Autor dieser Mahnung, Ferdinand von Schenkendorf, der sich später aus Begeisterung für Schillers Piccolomini den Vornamen Max geben sollte, war noch einige Jahre jünger als Tieck und Wackenroder, zur Zeit dieses Artikels erst neunzehn Jahre alt. Geboren war er in Tilsit, hatte sich früh für romantische Dichtung und vaterlän-

Als Poesie gut

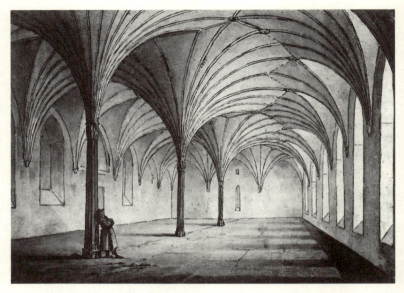

Refektorium der Marienburg. Zeichnung von Friedrich Gilly, 1794

dische Geschichte begeistert und studierte jetzt in Königsberg Jura. Bekannt wurde er später vor allem als Dichter der Befreiungskriege, sein Lied »Freiheit, die ich meine, / Die mein Herz erfreut« wurde auch noch im 20. Jahrhundert gesungen, und sein Lob der Muttersprache (»Muttersprache, Mutterlaut, / Wie so wonnesam, so traut«) wurde lange von fast jedem Grundschüler auswendig gelernt. Daß sein Artikel über die preußische Zerstörungssucht so stark beachtet wurde, hing möglicherweise auch mit dem Zufall zusammen, daß die Abkürzung »F. v. Sch.«, mit der er ihn unterzeichnet hatte, für die eines höheren Regierungsbeamten gehalten wurde, vor allem aber wohl damit, daß Friedrich Gilly mit seinen Zeichnungen, die inzwischen auch von dem Radierer und Kupferstecher Friedrich Frick in druckgraphischer Vervielfältigung herausgegeben worden waren, dem Aufruf schon vorgearbeitet hatte, so daß eine Sensibilisierung in dieser Hinsicht schon vorhanden war.

Das Andenken der Väter

Schenkendorfs Text hatte zur Folge, daß auf Anordnung des Oberpräsidenten von Ost- und Westpreußen, Friedrich von Schroetter, der später zu den führenden Köpfen der Reformbewegung gehören sollte, die Abrißarbeiten eingestellt wurden und Friedrich Wilhelm III. 1804 die Erhaltung des Denkmals befahl. Dies war der Beginn der Denkmalpflege in Preußen, die Gillys Schüler Schinkel entscheidend befördern sollte, so daß wiederum dessen Schüler, Ferdinand von Quast, 1848 zum ersten Landeskonservator ernannt werden konnte. Das ganze 19. Jahrhundert hindurch war man mit der Wiederherstellung der Marienburg beschäftigt, die heute zum UNESCO-Weltkulturerbe gehört.

Neben Bildenden Künstlern waren daran auch immer wieder Autoren beteiligt, wie Eichendorff beispielsweise, der 1844 ein ganzes Buch über die Geschichte und die Wiederherstellung der Marienburg schrieb. Für ihn war die Erhaltung bedeutender Denkmäler ihrer Schönheit und ihrer patriotischen Wirkung wegen schon zur selbstverständlichen Pflicht geworden. Nicht nur »sogenannte Kenner« und »vorwitzige Touristen« sollten nach seiner Meinung die Marienburg besuchen, alles Volk sollte vielmehr zu ihr pilgern, um sich an der »Schönheit der Formen« zu erbauen und dabei unbewußt etwas von der Würde in sich aufnehmen, die dem Bau innewohnt.

Ein Gast aus Frankreich

Zweieinhalb Jahre vor Napoleon hielt seine Widersacherin, die berühmte Madame de Staël, in Berlin ihren Einzug. Sie kam nicht an der Spitze von Bataillonen, sie kam mit zweien ihrer Kinder, dem vierzehnjährigen August und der zwölfjährigen Albertine, und sie war ausgerüstet mit fünfundzwanzig Empfehlungsschreiben, die ihr bei Aristokraten und Geistesgrößen die Türen öffnen sollten. Aber Empfehlungen wären gar nicht nötig gewesen, da einige Berliner, wie Wilhelm von Humboldt, sie schon von Paris her kannten und die Zeitungen ihren Ruhm verbreitet hatten, so daß jeder es als Auszeichnung betrachtete, von der geistvollen Autorin, die sich dem mächtigen Korsen entgegengestellt hatte, besucht zu werden. Man wußte, daß sie sich für die deutsche Kultur interessierte und ein Buch darüber zu schreiben gedachte. Schon in Weimar, wo sie sich vorher zehn Wochen lang aufgehalten hatte, war die Freude über sie groß gewesen, obwohl Schiller ihr zu schnelles Sprechen bemängelt und manch anderer sie als zu aufdringlich empfunden hatte. Ähnlich war es auch der Frau Rath Goethe ergangen, als der französische Gast in Frankfurt am Main Station gemacht und natürlich auch die Mutter des berühmtesten deutschen Dichters besucht hatte. »Mich hat sie gedrückt als wenn ich einen Mühlstein am Halse hangen hätte«, schrieb sie dem Sohn nach Weimar. »Ich ging ihr überall aus dem Wege, schlug alle Gesellschaften aus, wo sie war, und atmete freier als sie fort war.« Und acht Wochen später freute sie sich zu hören, daß die französiche Dame sich in Weimar paradiesisch fühle und deshalb wohl später in ihrem Buch die Weimarer loben und preisen werde. »So was freut mich von Herzen – wenn ich davon wegbleiben kann.«

Ein Gast aus Frankreich

Die Beziehungen, die auf verschiedenen Ebenen zwischen Berlin und Weimar bestanden, bewährten sich auch in diesem Fall wieder. Seinem Freund Zelter empfahl Goethe, diese »seltene Frau«, die allerdings mehr Sinn für Literatur und Philosophie als für die Musik habe, bald nach ihrer Ankunft in Berlin aufzusuchen, aber Zelter fand dann wenig Gefallen an ihr. »Mit dieser seltenen Frau ist mirs ergangen«, schrieb er an Goethe, »wie mirs mit verdienstlichen Menschen schon öfter ergangen ist: wir haben nicht zusammen finden können, ohne einander absichtlich auszuweichen. Zweimal habe ich sie am dritten Orte gesprochen; das zweite Mal auf der Singakademie, wo sie sich zu gefallen schien. Einen Brief von Ihnen hat sie mir nicht abgegeben, wie ich erwartete. Das erste Mal ließ sie mich zu sich einladen, um eine mir gefällige Zeit; ich ging gegen 12 Uhr zu ihr, doch konnte ich sie nicht sprechen, sie war im Bade. Das zweite Mal lud sie mich zum Tee, welches ich, geschäftehalber mußte absagen müssen, und so haben Sie meine ganze Geschichte mit Fr. v. St. Unsere Gelehrten, Künstler und schönen Geister haben kaum satt werden können, sich herunterdeutschen zu lassen und auf gut vaterländisch, schweizerisch-französische Naivetäten zu bewundern, die auf meinem Boden nicht gedeihen wollen, wenn ich auch den Dünger daran wenden wollte.«

Auch Nicolai, der einst so Mächtige, konnte mit der französischen Intellektuellen, die in den Brüdern Schlegel ihre besten Kontaktpersonen gefunden hatte, nicht recht warm werden, ließ ihr aber doch über Johannes von Müller seinen antischlegelschen Roman »Vertraute Briefe der Adelheid S.« zukommen, weil er Wert darauf legte, in ihrem geplanten Buch über die deutsche Kultur auch vertreten zu sein. Die Enttäuschung darüber, daß sein Name in ihrem Buch, »De l'Allemagne«, gar nicht vorkommt, hat er nicht mehr erlebt.

Glücklicher mit ihr war man am Königlichen Hofe, dem der Herzogliche in Weimar die Berlin-Besucherin signalisiert hatte. Kurz nachdem sie, am 8. März 1804, in Berlin eingetroffen war und für einige Tage, bis sie eine Wohnung und eine Equipage mieten konnte, im Hotel »Stadt Paris«, in der Brüderstraße, Unterkunft gefunden hatte, wurde sie zu einem der Bälle geladen, mit denen der Hof den achtundzwanzigsten Geburtstag der Königin Luise beging. »Die Königin ist reizend«, schrieb sie an ihren Vater, sie sei die schönste Frau, die sie je gesehen habe, sie sei von ihrer Schönheit verwirrt und geblendet worden, habe dann aber doch die richtige Antwort gefunden, als die Königin ihr folgendes gesagt habe: »Ich hoffe, Madame, Sie merken, daß wir genügend guten Geschmack haben, um durch Ihre Anwesenheit in Berlin geschmeichelt zu sein. Sie werden hier schon lange bewundert, vor allem von mir.« Auf diese Schmeichelei, die besonders auf ihren 1802 erschienenen, autobiographisch gefärbten Roman »Delphine« zielte, konnte deren Autorin mit einem noch stärkeren Kompliment reagieren. Sie bereue es, ihren Roman schon geschrieben zu haben, ohne die Schönheit, die nur ihre Phantasie sich ausgemalt habe, in Wirklichkeit gesehen zu haben.

Die beiden Frauen waren also entzückt voneinander, so daß die Höflinge, die mancherlei Vorbehalte gegen die republikanisch gesinnte Intellektuelle aus Frankreich hatten, gute Miene dazu machen mußten und den Gast, der sich so lebhaft für die deutsche Kultur interessierte, von einem Salon zum anderen weiterreichten, um ihn mit allen Geistesgrößen bekanntwerden zu lassen. Ein peinlicher Vorfall auf einem der Maskenbälle trübte zwar die Harmonie etwas, aber doch nur für kurze Zeit.

Gustav von Brinckmann, der Madame de Staël schon von Paris her vertraut war, brachte ihr eines Tages die Unglücksmeldung, daß ihre Tochter Albertine auf einem Ball, an dem die Kinder hatten teilnehmen dürfen, den Kronprinzen geohrfeigt habe und daß nun die Hofleute sagten: Das also käme bei den Erziehungsmethoden der Republikaner heraus. Die Übeltäterin, die von ihrer erschrockenen Mutter vernommen wurde, gab zu, einen ihr nicht bekannten Jungen geohrfeigt zu haben. Ihr wurde Stubenarrest verordnet und der Besuch weiterer Bälle verboten, doch setzte sich dann die Königin Luise, die der Streit unter Kindern wohl eher belustigt hatte, für die temperamentvolle Arrestantin ein. Der Vorfall hatte zur Folge, daß Madame de Staël die Königin noch mehr als vorher verehrte, der

Ein Gast aus Frankreich

Madame de Staël. Anonymer Kupferstich

Als Poesie gut

Freundlichkeit der Höflinge aber fortan mißtraute. In Briefen bekannte sie ihrem Vater, daß sie sich eigentlich hier nur in der Gesellschaft Gelehrter, womit man damals auch die Publizisten und Dichter meinte, wirklich wohlfühlen könne, obwohl manchen von ihnen das Französischsprechen schwerer als den Leuten vom Hofe fiel.

Das Mißbehagen an der gelehrten Dame aus Frankreich wird auch bei Marwitz deutlich, wenn er in seinen Erinnerungen von dem Geburtstagsball für die Königin erzählt. Seine geliebte Fanny, die am 28. Februar ihre Tochter geboren hatte, war am 12. März noch nicht fähig, den Ball zu besuchen, war aber, da sie im Vorjahr neben der Königin und den Prinzessinnen an den sogenannten Lebenden Bildern mitgewirkt hatte, neugierig auf die neuen Darbietungen und schickte ihren Mann deshalb dorthin. Im Komödienhaus auf dem Gendarmenmarkt, das 1802 erst fertig geworden war und 1817 abbrennen sollte, konnte er nun den Prinzen Louis Ferdinand als Alexander den Großen und die Königin Luise als Perserin Statyra bewundern, und unter den Zuschauern sah er, wie er es ausdrückte, auch »die berühmte, oder eigentlich berüchtigte, Frau von Staël«. Grob und direkt wie immer wird sie von ihm als große und dicke Frau bezeichnet, und weil sie sich wie selbstverständlich auf die erhöhten, für die königliche Familie reservierten Plätze zwischen die Prinzessinnen setzte, galt sie ihm als »höchst impertinent«.

Als liebenswürdig, wißbegierig und anstrengend wird sie von Henriette Herz beschrieben, die im Salon der Herzogin Dorothea von Kurland ihre Bekanntschaft machte, sich mit ihr anfreundete und ihr beim Kennenlernen anderer Leute behilflich war. Eine »lebendigere und geistreichere Unterhaltung« als die ihre sei nicht zu denken, schrieb sie in ihren Erinnerungen. »Allerdings aber wurde man von ihr fast bis zum Übermaß mit Geistesblitzen überschüttet«, ihre Fragen folgten so schnell aufeinander, daß man kaum Zeit zum Antworten finden konnte, und ihr Verlangen, selbst die schwierigsten philosophischen Probleme in Kürze erklärt zu bekommen, erregte oft Spott. So wurde Professor Spalding zum Beispiel von ihr zu einem Diner eingeladen, bei welchem sie von ihm die Philosophie seines

Freundes Fichte erklärt haben wollte. Er sollte, so bekam Henriette Herz von ihm zu hören, ein Werk, das er nicht verstehe, in einer Sprache, die er nur schlecht beherrsche, erklären. »Ein saures Diner!«

Bei der Fürstin Radziwill, der Schwester des Prinzen Louis Ferdinand, die der französischen Besucherin wegen viele Geistesgrößen in ihr Palais in der Wilhelmstraße eingeladen hatte, lernte Madame de Staël auch Fichte selbst kennen, und in den Anekdoten, die über diese Begegnung erzählt wurden, räumte sie dem Philosophen, der mit dem Französischen ebenfalls Schwierigkeiten hatte, für die Darlegung seiner gesamten philosophischen Lehre nicht mehr als fünfzehn Minuten ein. Mit Rahel Levin dagegen konnte sie angeblich, wie Brinckmann berichtet, unter Mißachtung der ganzen übrigen illustren Gesellschaft intensiv und anhaltend plaudern, doch wurde diese Bekanntschaft nicht, wie bei Rahel sonst immer, mit einem Briefwechsel fortgesetzt. Zwar behauptete Rahel später, sie habe sie geliebt, die kluge Französin, aber wenn sie sie in ihren Briefen erwähnte, überwogen die kritischen Töne, die an Schärfe zunahmen, als »De l'Allemagne«, das im napoleonischen Frankreich verboten worden war, 1813 endlich in London erscheinen konnte und in den kommenden Jahrzehnten der kulturellen Verständigung zwischen Frankreich und Deutschland sehr dienlich war. Rahel aber war mit dem Buch, in dem sie nicht vorkommt und das tatsächlich von Vorurteilen und Fehlern nicht frei ist, sehr unzufrieden. Deutschland erschien ihr darin gänzlich verzeichnet. Von Sympathien für die Autorin war bei ihr nun nicht mehr die Rede. Jetzt hielt sie sie für eitel, unschöpferisch und kalt. Viel Verstand habe sie, aber »keine horchende Seele«, nie sei es »still in ihr«, nie spüre man, daß »sie selbst nachdächte«, immer höre sie nur auf andere, sie sei »ohne Sinne, ohne Musik« und immer nur auf den Beifall Pariser Schöngeister aus.

Die Nachricht, daß ihr Vater, der Genfer Bankier Jacques Necker, der in der französischen Monarchie das Amt des letzten Finanzministers bekleidet hatte, im Sterben liege, veranlaßte Madame de Staël zur vorzeitigen Abreise, und so wie wenige Jahre später Napoleon durch den Raub der Quadriga Berlin ärmer machte, führte auch sie eine Beute mit sich in ihr luxuriöses Schweizer Asyl. Ihre Eroberung hieß August Wilhelm Schlegel, der fortan zu ihrem Hofstaat gehörte, mit dem sie sich in ihrem Schloß Coppet am Genfer See umgab. Sein Weggang schwächte Berlins Literaturszene, die fünf Jahre zuvor schon seinen Bruder verloren hatte und auch durch die Stadtflucht Tiecks ärmer geworden war. Mit dem älteren Schlegel verließ der letzte Vertreter der Gründergeneration der Romantischen Schule die Stadt ihrer Entstehung, aber schon war mit Achim von Arnim, Fouqué, E. T. A. Hoffmann, Chamisso, Kleist und Varnhagen die jüngere Generation auf dem Plan.

Schlegel war dem französischen Gast von Goethe als beste Auskunftsperson für Literatur und Philosophie empfohlen worden, und schon bei der ersten Begegnung hatte sein immenses Wissen, das er in geläufigem Französisch vermitteln konnte, Eindruck gemacht. Mit ihm, dem nur ein Jahr Jüngeren, traf sie nun häufig, bald täglich zusammen, lernte Deutsch bei ihm, ließ sich deutsche Dichtung erklären und meldete sich auch als Zuhörerin bei seinen Vorlesungen im Akademiegebäude an. »Ich habe hier einen Mann getroffen, der in literarischen Dingen besser unterrichtet und klüger ist als fast alle Leute, die ich kenne«, schrieb sie ihrem Vater. Er sei »klein und ziemlich häßlich«, habe aber »ausdrucksvolle Augen«, spreche Französisch wie ein Franzose und Englisch wie ein Engländer, habe, obgleich erst sechsunddreißig, »alles auf der Welt gelesen« und sei, wie es scheine, nicht abgeneigt, dem Angebot, das sie ihm gemacht habe, zu folgen, sie also nach Coppet zu begleiten, um dort ihre Kinder zu unterrichten und ihr beim Schreiben des Deutschland-Buches behilflich zu sein.

Ihr Angebot war für den mittellosen Literaten mehr als verlockend: Ein Jahresgehalt von 12 000 Livres sollte er für nur wenige Unterrichtsstunden erhalten, in gesellschaftlicher Hinsicht sollte er nicht als Hofmeister, sondern als Freund oder Bruder gelten, und nach einigen Jahren sollte ihm auch eine Lebensrente sicher sein. Vielleicht weil er auch auf Anzeichen von Liebe hoffte, zögerte Schlegel mit seiner Entscheidung. Seine Ausrede, er müsse erst seine Shakespeare-

Ein Gast aus Frankreich

Übersetzungen zu Ende bringen, konnte sie mit dem Hinweis auf die gute Bibliothek in Coppet entkräften, und als sie erfuhr, daß eine Frau ihn in Berlin halte, begehrte sie diese zu sehen. Henriette Herz, die darüber berichtet, wurde gebeten, dieses Zusammentreffen zu arrangieren. Ihr Einwand, die Frau spreche kein Wort Französisch, wurde von der Französin entkräftet, indem sie »in ihrer überwältigenden Lebhaftigkeit« ausrief: »Ich werde sie sprechen sehen!«

Um die Absichten der Madame de Staël zu maskieren, mußte Henriette Herz neben dieser und der zu prüfenden Sophie Bernhardi eine größere Gesellschaft einladen, doch konnten bald alle Beteiligten merken, worum es hier ging. Denn jedes Wort von Tiecks Schwester hatte die an Schlegel gerichtete Frage: Was sagt sie? zur Folge, und wenn Schlegel dann so frei oder auch so falsch übersetzte, daß der Gast nicht verstört oder verärgert wurde, amüsierte sich die ganze Gesellschaft darüber, was die Fragende irritierte, bis die Gastgeberin sich verpflichtet fühlte, »dem trügenden Dolmetscher in scherzendem Tone das Handwerk zu legen«. »Als Frau Bernhardi behauptete, die französische Sprache sei eine durchaus unmusikalische« und Schlegel daraus ein Loblied auf »das melodische Element des Französischen« machte, berichtigte sie lachend den Übersetzer, worauf die Madame sich nun tatsächlich damit begnügte, der Frau Bernhardi, von deren geistiger Unebenbürtigkeit sie sich wohl sowieso schon überzeugt hatte, beim Sprechen nur zuzusehen.

Am 18. April erreichte sie im Palais Radziwill die Nachricht von der gefährlichen Erkrankung ihres Vaters, und schon wenige Stunden später, in der Nacht zum 19., begann sie mit ihren zwei Wagen, sieben Pferden und sechs Bediensteten ihre langwierige Heimreise. Schlegel, dem sie noch rasch Geld zugestellt hatte, damit er einen Teil seiner vielen Schulden begleichen konnte, begleitete sie. Sie fuhr über Weimar, wo Schiller, dessen Französisch nicht ausgereicht hatte, um die Schnellredende richtig verstehen und ihre philosophische Wißbegier stillen zu können, sie mit einem Abschiedsbrief erfreute. Er wollte ihr wohl noch sagen, welche Bedeutung sie als Mittlerin zwischen Frankreich und Deutschland in seinen Augen besaß:

Als Poesie gut

»Es ist traurig, meine verehrte Freundin, daß die ersten Zeilen, die ich an Sie schreibe, ein Wort des Abschieds sind. Aber Ihr Bild ist in meinem Herzen und wird ewig darin wohnen. [...] Leider hat uns die Sprache getrennt — die Gesinnung, ich darf es hoffen, würde uns immer fester vereinigt haben. Doch tröstet mich bei diesem Mißgeschick, daß, wenn auch ich mich Ihnen nicht mitteilen konnte, wie ich es wünschte, doch die Mitteilung Ihres Geistes bei mir nicht verloren war. Ich werde ihn ewig bewundern, aber noch mehr das schöne Herz und den Adel der Gesinnung, den hohen Wahrheitssinn und den Ernst der Empfindung, der Ihnen eigen ist. Leben Sie wohl. Möge der große Verlust, den Sie jetzt erlitten und den ich mit herzlichem Anteil mit Ihnen beklage, das letzte Leiden sein, das Sie erfahren und von jetzt an Freude und Glück Sie auf allen Wegen begleiten. Schiller«

Von Schlegel, der wie andere Männer, die ihr verfielen, mehr Leiden als Freuden an ihrer Seite erlebte, wurde sie bis zu ihrem Tode begleitet. Ein Brief von ihm, im zweiten Jahr ihres Bündnisses nach einem der quälenden Zerwürfnisse geschrieben, zeigt überdeutlich die Art seiner Bindung an sie.

»Sie haben den Wunsch ausgesprochen, liebe anbetungswürdige Freundin, ich sollte Ihnen ein schriftliches Versprechen geben, glaubten aber, ich zögerte es hin. Hier haben Sie es: Hiermit erkläre ich, daß Sie jedes Recht auf mich haben und ich keines auf Sie. Verfügen Sie über meine Person und mein Leben, befehlen und verbieten Sie — ich werde Ihnen in allen Stücken gehorchen. Ich verzichte auf jedes weitere Glück als jenes, das Sie mir freiwillig schenken wollen. Ich will nichts besitzen und alles nur von ihrer Großmut annehmen. Ich bin gern bereit, an meinen eignen Ruhm überhaupt nicht zu denken, ich will mich ausschließlich Ihnen widmen, mit allem, was ich an Kenntnissen und Talenten besitze. Ich bin stolz darauf, Ihnen zu eigen gehören zu dürfen.

Ich werde keine neuen Verpflichtungen auf mich nehmen, die mich von Ihnen trennen könnten, nur hoffe ich auf Ihr Einverständ-

Ein Gast aus Frankreich

nis, die alten Verpflichtungen, die frühere Verbindlichkeiten mir auferlegen, einlösen zu dürfen. Vielleicht tue ich Unrecht daran, – ich weiß es nicht – mich so völlig in meinen Gefühlen und Entschlüssen an einen anderen Menschen zu binden. Aber Sie haben eine übernatürliche Macht über mich – es wäre nutzlos, dagegen anzukämpfen. Ich glaube, in den sonderbaren Wechselfällen meines Lebens die Hand des Schicksals zu sehen. Gewiß war es nicht ein Zufall, der uns zusammengeführt hat, daß Sie inmitten gesellschaftlicher Zerstreuungen, aber auch gerade in dem Augenblick, als der grausamste und unersetzlichste Verlust Sie traf, sich zu mir hingezogen fühlten. Ich selber, der ich den größten Teil meines Lebens gesucht habe, habe endlich gefunden, was unvergänglich ist und was mich bis zum Grabe hin nicht verlassen wird.

Nützen Sie Ihre Macht über mich nicht aus: Sie könnten mich leicht unglücklich machen, ohne daß ich Waffen gegen Sie in der Hand hätte. Vor allem aber beschwöre ich Sie: verbannen Sie nie aus Ihrer Umgebung Ihren Sklaven

A. W. Schlegel
18. Oktober 1805«

Schiller in Berlin

Das Areal zwischen der Straße Unter den Linden und der Behrenstraße, das heute die Komische Oper beansprucht, war im 18. Jahrhundert bescheidener und vielgestaltiger bebaut. Zweigeschossige Wohnhäuser umschlossen einen geräumigen Hof, den man nur durch den Flur des Hauses Behrenstraße Nummer 55 erreichen konnte. Auf ihm war 1764 ein schlichtes Fachwerkgebäude errichtet worden, das bis 1786, dem Todesjahr König Friedrichs, als Theater gedient hatte. Während der König nur die Italienische Oper Unter den Linden und die Französische Komödie am Gendarmenmarkt gefördert hatte, wurden den Berlinern in diesem Privattheater deutschsprachige Schauspiele geboten, so daß mit Stücken von Lessing und Goethe Berlin schon früh am Aufblühen der nationalen Dramatik beteiligt war. Unter den siebenhundert Zuschauern, die das Haus mit der relativ kleinen Bühne faßte, hatte auch der Schüler Ludwig Tieck gesessen, als der »Götz von Berlichingen« Aufsehen erregt hatte, und hier hatten Shakespeare-Aufführungen seine lebenslange Beschäftigung mit dem größten aller Dramatiker angeregt.

Auch die ersten Stücke des jungen Schiller, die in Mannheim nicht recht hatten ankommen wollen, waren hier, trotz der Verrisse durch Karl Philipp Moritz, Erfolge geworden, so daß ihr Autor zeitweilig die preußische Residenzstadt als Wohnort erwogen hatte, doch hatte er dann Jena und Weimar zum Ziel seiner Flucht aus der württembergischen Heimat erwählt. Später war er in Gegnerschaft zu Berlin geraten. In seiner Zeitschrift »Die Horen« hatte er mit Goethe gemeinsam Nicolai und seine Berliner Anhänger ihrer veralteten ästhetischen Ansichten wegen scharf angegriffen, doch wurde schon auf dem Höhepunkt dieses Streites, im Jahr der Xenien 1796, eine Abschwächung seiner Berlin-Opposition merkbar, die mit der Veränderung am Berliner Theater zusammenhing. An der deutschsprachigen Bühne, die nach dem Tod König Friedrichs von seinem Nachfolger aus ihrem Hinterhofdasein erlöst und als vom König gefördertes Nationaltheater den repräsentativen Platz auf dem Gendarmenmarkt erhalten hatte, wechselte nämlich die Direktion. Statt Johann Jakob Engel und Karl Wilhelm Ramler, die Nicolais Generation und Weltsicht angehörten, übernahm nun der berühmte Schauspieler und Stückeschreiber August Wilhelm Iffland, den Schiller schon von Mannheim her kannte, die Theaterleitung. Er erzog die zum Teil hervorragenden Schaupieler zu einer mehr natürlichen Ausdrucksweise, er war für moderne Stücke aufgeschlossen, und er hatte den Ehrgeiz, neben dem täglichen Bühnenbrot der Lust- und Singspiele, von denen viele aus Kotzbues und seiner eignen unermüdlichen Feder flossen, auch großes Theater zu bieten, was vor allem hieß: Schiller zu spielen. Am Gendarmenmarkt, wo man mit Besetzung und Ausstattung besser gestellt war als in Weimar, feierten dann alle Stücke Schillers Triumphe – aber immer ohne die Anwesenheit des Autors. Der konnte zwar seinen Einfluß aus der Ferne geltend machen, kam aber aus unterschiedlichen Gründen nie dazu, die oft prächtigen und aufwendigen Inszenierungen seiner Stücke mitzuerleben, bis er sich, für die Weimarer unerwartet, im April 1804 zur Berlin-Reise entschloß.

Elf Tage nachdem Frau von Staël mit ihren zwei Kindern Berlin, das sie später in ihrem Buch über Deutschland als dessen geistiges Zentrum und seine wahre Hauptstadt bezeichnen sollte, in ihrem eignen bequemen Wagen verlassen hatte, traf Schiller nach einer fünftägigen Reise in der beengten Postkutsche mit seinen zwei Söhnen und seiner schwangeren Frau Charlotte hier ein. Am 1. Mai, einem Dienstag, waren sie gegen Mittag Unter den Linden, wo sie im »Hotel de Russie« abstiegen, zufälligerweise von dem Hinterhoftheater, das zwanzig Jahre zuvor seine frühen Stücke aufgeführt hatte, nur wenige Schritte entfernt. Denn das Hotel und der danebenliegende Gasthof »Zur Sonne« befanden sich auch auf der Südseite der Linden,

Als Poesie gut

*Hotel de Russie, Unter den Linden, rechts.
Lithographie von Ludwig Eduard Lütke, um 1830*

ein wenig westlich der Friedrichstraße, wo heute das in DDR-Zeiten erbaute Appartementshaus mit Läden steht. Hier logierte Schiller mit seiner Familie mehr als zwei Wochen, immerfort kränkelnd, an einigen Tage zu Unternehmungen unfähig. Denn er, der erst Fünfundvierzigjährige, der selbst kein längeres als ein fünfzigjähriges Leben erwartete, war schon dem Tode geweiht.

Zu der strapaziösen Reise veranlaßt hatte ihn die Erwägung, eventuell in die preußische Hauptstadt überzusiedeln, doch entschlossen dazu war er noch nicht. Viel sprach dafür und vieles dagegen. So war er der Öffentlichkeit, für die er doch schließlich wirkte, in der Großstadt mit dem erfolgreichen Theater näher, während das kleine Weimar ihm durch den Mangel an Ablenkung und seine beschauliche Ruhe die bessere Atmosphäre zum Arbeiten bot. Hauptgrund für die Umzugserwägung war aber die Sorge um das künftige Schicksal seiner Familie. Da er mit seinem frühen Tod rechnen mußte, wollte er die Existenz seiner Witwe und die Ausbildung der Söhne gesichert wissen. Von Berlin erhoffte er sich eine Berufung, die ihm mehr einbrachte, als der Weimarer Hof ihm zahlte. Nicht um sich bejubeln zu lassen, sondern um die Bedingungen einer eventuellen Ortsveränderung zu erkunden, hatte er die Reise gemacht. Aber auch seine Verbindung mit dem Theater sollte gefestigt werden, weshalb er nicht nur Ifflands Einladungen in dessen Tiergarten-Villa folgte, sondern auch mehrere Abende, an denen Krankheit ihn nicht hinderte, in der Ehrenloge des Nationaltheaters verbrachte, dem großen, neuen Bau von Langhans, der erst am 1. Januar 1802 eröffnet worden war. Hier gab es neben dem Theater mit 2000 Plätzen auch noch einen Konzertsaal für 1000 Zuhörer, und auch für Garderoben, Dekorationswerkstätten und sogar für eine Konditorei war noch Platz. Iffland hatte, auch dank Schillers Mithilfe, diese Bühne zu einer der führenden Deutschlands machen können, und nun hoffte er, Schiller bald als seinen Hausautor und Berater zu sehen.

Dem Gast zu Ehren, und wohl auch in der Absicht, ihn zu gewinnen, bestückte Iffland den Spielplan dieser zwei Wochen mit Schiller-Dramen, mit den »Räubern« beginnend, die der über sein Jugendwerk Hinausgewachsene aber nicht sehen wollte, mit der »Braut von Messina«, bei der die theaterbesessenen Berliner den Verehrten zum erstenmal bejubeln konnten, mit der »Jungfrau von Orleans«, bei der Iffland viel Aufwand mit Dekorationen und Statisten getrieben hatte, was dem auf das Wort bedachten Dichter nicht recht behagte, und schließlich mit »Wallensteins Tod«. Iffland, der in der Rolle des Wallenstein glänzte, konnte zu seinem Bedauern den wenige Wochen zuvor erst fertiggeschriebenen »Wilhelm Tell« noch nicht bieten. Dessen Premiere fand erst vier Wochen nach dem Besuch seines Autors statt.

Daß Schiller, der sich für die literarische Szene Berlins immer interesssiert hatte, sie bei seinem Besuch vernachlässigte, war teils der Abwesenheit seiner Freunde geschuldet, teils hatte es mit literarischem Streit oder persönlicher Abneigung zu tun. Besucht wurden von ihm und seiner Familie vertraute Menschen, so der Philosoph

Als Poesie gut

Fichte, einst wie er Professor in Jena, der mit seiner Familie am Hakkeschen Markt wohnte, ferner Hufeland, Leibarzt der königlichen Familie und Autor des in ganz Europa bekannten Buches »Makrobiotik oder Die Kunst das menschliche Leben zu verlängern«, der ebenfalls eine Jenaer Professur innegehabt hatte und nun in der Letzten

Schiller 1804.
Zeichnung von Johann Gottfried Schadow

Straße wohnte, und schließlich der Goethe-Freund und Singakademiedirektor Zelter, der ihn nach einem Treffen beider Familien auch an Chorproben teilnehmen ließ. Da die Singakademie noch kein eigenes Haus hatte, sondern die Räume des Kunstakademie Unter den Linden mit nutzte, hatte er hier die Freude, daß zu seiner Begrüßung sein Lied »An die Freude« (»Freude, schöner Götterfunken, Tochter aus Elysium«) erklang.

Sicher wäre auch ein Besuch im Schlößchen Tegel unumgänglich gewesen, wenn sein Freund Wilhelm von Humboldt in Berlin gewesen wäre, er war aber in Rom als preußischer Gesandter, während sein Bruder Alexander auf dem Weg nach Amerika war. Mit August Wilhelm Schlegel, der sich wenige Tage vorher von der Madame de Staël

*August Wilhelm Iffland.
Stich von Friedrich Wilhelm Müller nach
einem Gemälde von Ferdinand Jagemann*

an den Genfer See hatte entführen lassen, war er zwar früher in Jena gut ausgekommen, doch war nach den Angriffen, die Friedrich Schlegel gegen ihn gerichtet hatte, sein Verhältnis zu ihm und der ganzen Romantischen Schule gespannt. Ludwig Tieck hatte schon fünf Jahre zuvor die Stadt verlassen und sich nach kurzen Aufenthalten in

Als Poesie gut

Jena und Dresden bei seinem Freund Burgsdorff in der ländlichen Einsamkeit Ziebingens an der Oder niedergelassen. Zu den jüngeren Dichtern, wie Fouqué und Chamisso, die Schiller verehrten, bestanden keine Beziehungen, während die zum alten Nicolai seit dem Xenienstreit von 1796 vergiftet waren. August von Kotzebue aber, der unermüdliche Belieferer des Berliner Theaters mit Unterhaltungsware, war auf den Bühnenrivalen Schiller nicht gut zu sprechen, in seiner Zeitschrift »Der Freimüthige« verfolgte er ihn mit Mißgunst und Neid. Der hochverehrte und unangreifbare Dichterfürst, zu dem er im Laufe des 19. Jahrhunderts erhoben werden sollte, war Schiller zu seinen Lebzeiten noch nicht.

Auch Rahel und ihre Freunde duldeten ihn nicht als gleichrangige Größe neben dem göttlichen Goethe, weshalb sie sich wohl auch nicht um seinen Besuch bemühten, nur Henriette Herz, die sein Profil edel nannte (während Jean Paul von ihm erschreckt wurde), will ihn in einer nicht genauer genannten Berliner Gesellschaft gesehen haben, wobei er sich nicht, wie sie erwartet hatte, als ein feuriger Marquis Posa zeigte, sondern als lebenskluger Gesprächspartner, »der namentlich höchst vorsichtig in seinen Äußerungen über Personen war«.

Dem Zweck seiner Reise entsprechend, waren ihm die Besuche bei Literaten weniger wichtig als die bei den höheren Chargen, also bei Politikern und bei Mitgliedern der königlichen Familie; denn ausschlaggebend für seine Berufung und die Höhe seiner Besoldung war der König, der aber, wie man wußte, schöngeistige Interessen der Königin überließ. Diese aber war in ihren literarischen Vorlieben und der Auswahl ihrer Lektüre stark beeinflußt, wenn nicht gar abhängig, von ihrer vertrautesten Freundin, der siebzehn Jahre älteren Caroline von Berg, einer geborenen von Häseler, die aber seit 1801 geschieden war. Sie war mit dem Freiherrn vom Stein und vielen Autoren befreundet, darunter auch mit Goethe, Herder und Jean Paul. Ihr vor allem war es zu danken, daß ein Hauch des Weimarer Geistes auch am preußischen Hofe wehte und die Königin Luise zur Schiller-Verehrerin wurde, obwohl ihr Mann das nicht gerne sah. Er hielt den Einfluß der Frau von Berg für gefährlich, weil die Königin sich dadurch geistig von ihm entfernte. Doch so sehr Luise sich sonst ihrem Gatten fügte, in dieser Hinsicht gab sie nicht nach. Noch in den Erinnerungsbruchstücken, die Friedrich Wilhelm III. nach dem Tod seiner geliebten Frau verfaßte, machte er seinem Ärger über den weiblichen Schöngeist Luft. Diese »gefährliche Frau«, schrieb er dort, habe mit »ihrem Gemisch von Enthusiasmus und hoher Poesie, Trivialität, exzentrischem Wesen, Natürlichkeit, Austerität [Unfreundlichkeit], mit Leichtsinn und Adulation [Schmeichelei] gepaart, wenig Gutes, aber manches Üble gestiftet und hätte noch mehr stiften können, wenn der gute Genius meiner Frau nicht stets über sie gewacht hätte. Dieses beweisen manche Zettelchen, die ich zu Gesicht bekommen, und die unter dem Schein des Edlen und der Konsequenz die größte Inkonsequenz mit Sophismen untermischt und die Absicht zu intrigieren deutlich durchblicken ließen. Ich habe meine Frau beständig vor dieser Frau gewarnt, die ich immer für das hielt, was ihre Zettelchen später bestätigt haben. Deshalb kam sie auch selten in meiner Gegenwart zum Vorschein und verließ gewöhnlich schnell das Zimmer, wenn ich eintrat, da sie wohl fühlen mußte, daß mir ihre Gegenwart nicht besonders willkommen war.«

Frau von Berg zu besuchen, wäre für Schiller also wichtig gewesen, doch als ihn am 8. Mai ein kurzer Brief von Brinckmann erreichte, der ihn zu einem »ganz kleinen freundschaftlichen Mittagsmahl« in das Haus der Frau von Berg einlud, mußte er zu seinem Bedauern absagen. »Eine gänzliche Erschöpfung und ein catarrhalisches Fieber« hatten ihn gepackt.

Ein Grund mit für seine Erschöpfung war vielleicht auch ein Abend gewesen, den er in kleiner Runde beim Prinzen Louis Ferdinand in dessen Haus an der Weidendammer Brücke verbracht hatte, wo der Gastgeber als geistreicher Plauderer und als Pianist mit eignen Kompositionen zu glänzen pflegte und immer reichlich Wein oder Champagner floß.

Am 13. Mai kam auch Schillers Begegnung mit der Königin Luise zustande, die er schon 1799 in Weimar gesehen hatte. »Grazios« hatte er sie damals genannt und ihr ein »verbindlichstes Betragen« bescheinigt, Lobeshymnen aber, wie man sie bei anderen Dichtern findet, hatte er nicht angestimmt. Auch bei der erneuten Begegnung scheint sie ihn nicht sonderlich beeindruckt zu haben, jedenfalls bleibt sie in seinen Briefen, in denen er über die Berlin-Reise berichtet, unerwähnt. Er wurde auch nicht, wie drei Jahre vorher Jean Paul, zum Mittagessen mit ihr nach Sanssouci eingeladen, er sah sie nur kurz im Audienzsaal des Berliner Stadtschlosses, wo Luise zwar, wie über Dritte verlautet, ihren Wunsch, ihn nach Berlin zu holen, hatte erkennen lassen, aber Entscheidendes offensichtlich dabei nicht zur Sprache kam.

Das geschah erst vier Tage später, im Verlauf seiner Rückreise, die ihn über Potsdam führte, wo er nicht nur eine offizielle Unterredung mit dem für Kulturelles zuständigen Geheimen Kabinettsrat Beyme hatte, sondern auch einen Bekannten aus württembergischen Jugendtagen besuchte, den Major von Massenbach nämlich, mit dem zusammen er in Ludwigsburg auf der Lateinschule und in Stuttgart auf der Carlsschule gewesen war. Nach Schillers Flucht im Jahre 1783 war Massenbach an der Carlsschule Lehrer für Mathematik, Taktik und Strategie geworden, hatte sich durch die Übersetzung einer französischen Untersuchung »Über die Kugelbahn« bei Friedrich dem Großen empfohlen, war nach einer persönlichen Unterredung mit dem König in preußische Dienste getreten und hatte sich durch militärwissenschaftliche Veröffentlichungen bekannt gemacht. Weil Schiller für ihn etwas in die Jenaer »Allgemeine Literaturzeitung« bringen sollte, hatte er sich im Dezember 1790 brieflich an ihn gewendet, ihn an die gemeinsame Schulzeit erinnert und ihm versichert, daß seine Werke ihn immer wieder »in Enthusiasmus versetzt« hätten. »So oft ein neues Werk von Ihnen erschien, war ich wie der Blitz dahinterher und zündete das Öllämpchen meines Geistes an dem Feuermeer des Ihrigen wieder an.« Er selbst habe »Fortune gemacht«, indem er es mit zweiunddreißig Jahren schon zum Major, zum Flügeladjutanten und zum Träger des Ordens Pour le mérite gebracht habe, doch drohe er nun zu verrosten, da er in der ihm gemäßen »Sphäre« nicht eingesetzt würde, womit er die Strategie meinte, die ihn später noch viel beschäftigen sollte, und zwar nicht nur als Generalstäbler, sondern auch als Schriftsteller, als der er sehr kritisch und ein wenig zu redselig war. Er gehörte zu jenen gebildeten Offizieren, die mit der literarischen Welt in Beziehung standen, nicht nur mit dem Schulfreund Schiller, der an diesem 17. Mai 1804 in seinem Haus in der Potsdamer Waisenstraße übernachtete, sondern auch mit jüngeren wie Kleist und Fouqué.

Der Geheime Kabinettsrat Carl Friedrich Beyme, der sich später eine Villa in Steglitz (das heute sogenannte Wrangelschlößchen) baute, empfing Schiller in seiner Potsdamer Wohnung in der Nauener Straße. Im Kabinett des Königs war er für Justiz und Inneres zuständig. Er hatte Einfluß auf den König, war für Kulturelles aufgeschlossen und hatte schon den Theatermann Iffland, den Philosophen Fichte, den Arzt Hufeland und den Historiker Johannes von Müller nach Berlin gelockt. Nun machte er Schiller, den der Weimarer Herzog mit 400 Talern im Jahr unterstützte, das lukrative Angebot von 3000 Talern jährlich, vorausgesetzt, er verlegte seinen Wohnsitz dauerhaft nach Berlin. Auch sollte er, seiner Krankheit und der weiten Berliner Entfernungen wegen, über eine Equipage verfügen können. Schiller bat sich Bedenkzeit aus.

Diese dauerte vier Wochen, in denen der Herzog, um ihn zu halten, seine Einkünfte verdoppelte und Schiller sich zu einem Kompromiß entschloß. Am 18. Juni schrieb er an Beyme, er wolle in Weimar bleiben, sei aber für 2000 Taler jährlich bereit, »mehrere Monate des Jahres« nach Berlin zu kommen, um »in das Ganze der dortigen Theateranstalt zweckmäßiger einzugreifen. [...] Ich würde durch eine solche Abwechslung meines Aufenthalts die beiden Vorteile vereinigen, welche das rege Leben in einer großen Stadt zur Bereicherung des Geistes und die stillen Verhältnisse einer kleinen zur ruhigen Sammlung darbieten; denn aus der größern Welt schöpft der Dichter seinen Stoff, aber in der Abgezogenheit und Stille muß er ihn verarbeiten.«

Damit war es mit dem preußischen Werben um Schiller zu Ende. Der Brief wurde nicht beantwortet. Beyme ließ ihn zu den Akten legen. Am 9. Mai des nächsten Jahres starb Schiller. Er wurde nur 46 Jahre alt.

Sophie und ihre Söhne

Die Frauen, die Ludwigs Tiecks Leben liebend, dienend oder auch störend begleiteten, hießen: Anna Sophie Tieck, Sophie Tieck, Amalie Tieck, Dorothea Tieck, Agnes Tieck und Henriette Gräfin Finck von Finckenstein. Die erste, eine fromme Frau, die dörfliche Spukgeschichten aus ihrer märkischen Heimat erzählen konnte, war seine Mutter, die zweite, eine Dichterin, die weniger durch ihre Werke als durch einen Eheskandal berühmt wurde, seine Schwester, die dritte, eine geborene Alberti, die beim Vorlesen Tieckscher Werke einzuschlafen pflegte, seine Frau, die vierte, deren Namen man auf Titelblättern deutscher Shakespeare-Ausgaben findet, seine Tochter, die sechste fünfundvierzig Jahre lang seine Geliebte, über die aber wenig bekannt ist, da die fünfte, die Agnes, die als Tiecks Tochter galt, es aber wahrscheinlich nicht war, die Familienehre dadurch zu retten glaubte, daß sie aus dem Nachlaß ihres angeblichen Vaters alles verbrannte, was sich auf seine Ehe und sein Verhältnis zur Gräfin bezog.

Tiecks Mutter konnte es noch erleben, daß ihr ältester Sohn als Dichter, ihr jüngster als Bildhauer bekannt wurde. Agnes heiratete früh und entfernte sich aus dem Tieckschen Umkreis. Amalie, Henriette und Dorothea blieben dem Dichter in Verehrung immer verbunden, während Sophie, seine Schwester, notgedrungen eigne Wege suchte, die Brüder dabei aber an sich zu fesseln versuchte, was ihr auch immer wieder, besonders beim jüngeren, dem Bildhauer Friedrich, gelang.

Der Ausbruch der drei Geschwister aus der gesicherten Welt der Handwerker in die unsichere Existenz als Künstler war für alle schwierig, am meisten aber für das Mädchen, da es am wenigsten dafür gerüstet war. Die Bildung, die der aufgekärte Seilermeister seinen

Sophie und ihre Söhne

Söhnen hatte zukommen lassen, war der Tochter verweigert worden. Während Ludwig das Gymnasium und die Universitäten besuchte und Friedrich zum Bildhauer ausgebildet wurde, saß sie, die vielleicht nicht weniger talentiert war, kochend und strickend zu Hause und vermißte den älteren Bruder, der sie in Künstlerkreise eingeführt hatte, in denen sie aber ohne ihn nichts galt. Zwar lernte sie von den Brüdern, aber das war eine oberflächliche Bildung, die in den Kreisen, in die sie geraten war, nicht genügte, und da ihre äußeren Reize nicht groß genug waren, um den inneren Mangel zu kompensieren, mußte sie sich stets unterlegen und zurückgesetzt fühlen, was ihrem Charakter nicht gut bekam. Aus eignen Kräften war, wie sie bald merkte, ihr Ehrgeiz nicht zu befriedigen, sie mußte sich also anderer bedienen und setzte so auch alle Gefühle, die sie erregte, von der Liebe und der Freundschaft bis zum Mitleid, als Erfolgsmittel ein. In allen ihren Briefen wird geklagt, gebettelt oder gefordert. Immer ist sie krank oder unglücklich, oft angeblich auch dem Grabe nahe, nie hat sie zu dem von ihr geführten aufwendigen Leben das dazu nötige Geld. Fliehend und glücksuchend durchquerte sie halb Europa, aber obwohl die Berliner Seilerstochter als Baronin und Gutsherrin endete, war es eine erfolglose Jagd.

Sophies Kindheit und Jugend am Köllnischen Fischmarkt war stark vom Bruder Ludwig bestimmt. Er war der erste Mann, an den sie sich klammerte, denn die Liebe, die die autoritären Eltern nicht gaben, zumindest nicht zeigten, fand sie bei ihm. Von ihm beschützt erforschte sie die Straßen um Fischerinsel und Petrikirche. Er ließ sie an seinen frühen literarischen Versuchen teilnehmen, regte sie an zu eignen und führte sie in seinen Freundeskreis ein. Alle ihre Bekannten waren eigentlich die seinen. Als er mit achtzehn Jahren des Studiums wegen die Stadt verließ, wußte sie nichts mit sich anzufangen. Die Briefe, die sie ihm nach Halle, nach Erlangen und nach Göttingen schrieb, waren Liebesbriefe, und wie in den späteren an andere Männer dominierten in ihnen schon Mißtrauen, Drohung und Bettelei. Sie klagt über die Einsamkeit, in der er sie zurückgelassen habe, mißtraut der Beständigkeit seiner Liebe, unterstellt ihm, ihre Briefe ungelesen beiseitezulegen, grollt ihm, weil er heiter sein könne, während sie unter seiner Abwesenheit leiden müsse, verlangt seinen Besuch in den Semesterferien, andernfalls droht sie mit Krankheit und Tod. Sein Versprechen, nach dem Studium mit ihr in Berlin zusammenzuleben, will sie ständig erneuert haben, und er verspricht es ihr immer wieder und hält es dann auch.

Ab 1794 wohnte Ludwig Tieck dann tatsächlich mit seiner Schwester zusammen, aber nicht bei den Eltern in dem engen Haus in der Roßstraße, sondern draußen im Norden, außerhalb der alten Stadtgrenzen, vor dem Rosenthaler Tor. Dort erhob sich der ehemals Sparrsche, dann Mollardsche und später Wollanksche Weinberg, an den heute der Weinbergsweg noch erinnert, wo aber auch schon zu jenen Zeiten kein Wein mehr wuchs. Jetzt standen hier Landhäuser mit Gärten, und ein bekanntes Ausflugslokal wurde an Sonntagen viel besucht. Hier fanden die beiden eine billige Wohnung und versuchten mit dem Wagemut junger Leute als Schriftsteller zu existieren, und da er schnell schreiben und sich den Erfordernissen anpassen konnte, gelang es ihnen auch recht und schlecht. Sophie, die erste literarische Versuche machte, aber zum Unterhalt wenig beitragen konnte, erschwerte das Zusammenleben, indem sie eifersüchtig jeden selbständigen Schritt des Bruders verfolgte, andere Frauen von ihm fernzuhalten versuchte und ihm seine Verlobung mit Amalie Alberti, der Schwägerin Reichardts, sehr übelnahm. Als er 1798 heiratete, endete das Zusammenleben der Geschwister, das nicht das letzte sein sollte. Jetzt aber war sie erst einmal auf sich selbst gestellt.

Wollte sie nicht zu den Eltern an den Köllnischen Fischmarkt und damit in ihre alten, inzwischen von ihr verachteten Kreise zurückkehren, war sie, um existieren zu können, auf männliche Hilfe angewiesen. Varnhagens Behauptung ist deshalb zu glauben, Ludwig habe, als er heiraten wollte, Sophie, um sie loszuwerden, auch das Heiraten eingeredet, sie also sozusagen verkuppelt, und zwar an den Freund und Schriftstellerkollegen August Ferdinand Bernhardi, seinen ehemaligen Gymnasiallehrer, mit dem er in diesen Jahren auch durch gemeinsame literarische Vorhaben verbunden war.

Sophie und ihre Söhne

1799 wurde also aus dem Fräulein Tieck eine Frau Bernhardi, die in den nächsten Jahren drei Söhnen das Leben schenkte, von denen einer bald wieder starb. Mit ihrem als Lehrer, Schriftsteller und Sprachwissenschaftler tätigen Mann zusammen versuchte sie in der Oberwasserstraße, wieder nicht weit entfernt von Jungfernbrücke

Sophie von Knorring, geb. Tieck, gesch. Bernhardi, um 1830. Künstler des Bildes ist nicht bekannt

und Petrikirche, ein bürgerliches Familienleben zu führen, war aber dafür so wenig wie er geeignet, so daß die Ehe von Anfang an unglücklich war. Über die Lieblosigkeit des anderen beklagten sich beide, und sie empfand ihre Ehe, wie sie nachträglich meinte, als Sklaverei und als Hölle, so daß sie guten Gewissens Trost und Beistand, auch finanziellen, bei zwei anderen Männern suchte und fand.

Der erste von ihnen war August Wilhelm Schlegel, der ältere der berühmten Brüder. Er war 1801, als die kurzlebige Romantikergemeinschaft in Jena sich aufgelöst und seine Frau Caroline sich in Schelling verliebt hatte, in die preußische Hauptstadt gekommen, um in den Räumen der Akademie vor bildungshungrigen Berlinern Vorträge über Kunst und Literatur zu halten, und war froh gewesen,

*August Ferdinand Bernhardi etwa 1820.
Zeichnung von Ferdinand Busch*

bei den Bernhardis wohnen zu können, da er sich stets in Geldverlegenheiten befand. Bald lebte er hier wie zur Familie gehörig, so daß Fouqué, der von den wahren Verhältnissen nichts ahnte und stets das Beste von Menschen dachte, in seinen Briefen an Schlegel immer auch seine »Hausgenossen« oder den »teuren Familienzirkel« grüßen ließ. Die heiße Anfangsphase des Liebesverhältnisses zwischen Sophie und Schlegel bezeugen heimlich geschriebene Briefe von ihr aus dem Jahre 1801. Da ist davon die Rede, daß sie sich »so ganz ohne

Rückhalt hingegeben« und in seinen Armen Schutz vor manchem Leid gefunden habe, und sie spricht von »heißester Sehnsucht« und »verzehrender Glut«. Wenn Bernhardi mit Fichte ausgeht, um »rohe Freuden« zu genießen, kann sie ihrem »lieben lieben Wilhelm« sowohl von ihren Gewissensqualen als auch von ihrer stets fordernden Liebe schreiben, und nicht nur weil sie mit Satzzeichen immer zu sparen pflegt, macht es Mühe, sie zu verstehen. »Ich kan es«, heißt es da buchstabengetreu, »mir nicht abläugnen daß wen ich Bernhardi auch nicht hintergehe daß ich ihm doch verheimliche und oft wen ich ihm freundlich bin erscheint es mir als eine Treulosigkeit gegen Dich und gegen ihn. Ich fühle daß meine Liebe zu Dir das Edelste und Höchste ist was mein Herz erreichen kan, er hat diese Liebe nie von mir erwartet aber er hat vieleicht vorausgesetzt, daß mich nach meinem Bruder kein Wesen mehr so heftig und so gewaltig berühren wirde und ist dan mein Verfahren nicht Betrug?« Und später noch in diesem Nachtbrief: »Ich weiß es daß ich für Dich eigentlich zu viel fodere ich richte alle meine Gedanken an Dich und bin auf all Dein Thun eifersüchtig, alles soll mir geweiht sein. Und kann ich das von Dir fodern? Ich bin nicht schön und reitzend daß ich Dich könnte alle schöne Frauen vergessen machen und wäre ich es so könnte ich Dein vergessen nicht belohnen und niemals das gewähren was Dein weltlich Gemüht wünscht. Daß mein heilig glühend Herz Dir Ersatz sein wirde kann ich es wohl hoffen?«

Die Entwicklung dieser seltsamen Liebesbeziehung bleibt für die folgenden zwei Jahre im Dunkeln, da Schlegel Berlin nicht verließ, die beiden also immer zusammen waren und sich keine Briefe schrieben. Dann aber, 1803, erschien mit dem vierunddreißigjährigen Baron Karl Gregor von Knorring, Sohn eines Gutsbesitzers in Estland, Sophies zweiter Verehrer und Nothelfer, dem Bernhardi, um sein kärgliches Lehrergehalt aufzubessern, Privatunterricht im Griechischen gab. Mit ihm, der ihr Leben bis zum Ende begleiten sollte, betrog Sophie nicht nur Bernhardi, sondern auch Schlegel, der sich von ihr aber nicht enttäuscht oder beleidigt abwandte, sondern die untreue Geliebte in den kommenden Jahren mit einer fürsorglichen

Als Poesie gut

Güte, besonders auch finanzieller Art bedachte, deren Ursachen trotz der Briefe, die von beiden erhalten blieben, rätselhaft bleibt. Entweder kann er, wie Josef Körner, der Entdecker und Herausgeber der Briefe, vermutete, Sophies zweiten Sohn, Felix, als den seinen betrachtet und sich zur Fürsorge verpflichtet gefühlt haben, oder er glaubte an ihr eine Enttäuschung gutmachen zu müssen, weil sein Verhältnis zu ihr über ein zärtlich-freundschaftliches niemals hinauskam — möglicherweise der Not gehorchend. Denn das Gerücht von seiner Zeugungsunfähigkeit verstummt nie. Wahrscheinlicher ist die erste Vermutung, für die auch Gedichte sprechen, die Schlegel für die Geliebte verfaßte, eines im Herbst 1802 vor der Geburt des Kindes, das andere nach einem Treffen mit Sophie und den Kindern 1805 in Rom.

In dem längeren Gedicht für die werdende Mutter lauten die beiden letzten Strophen:

»Noch den letzten Kampf zu tragen,
Sammle hohen Mut im Herzen,
Zürne nicht mir in den Schmerzen!
Alles will ich für dich wagen,
Aller Lust um Lieb entsagen,
Selbst der Lust in deinen Armen:
Gönnt dein zärtliches Erbarmen
Nur ein jungfräulich Umarmen,
Darf die Lipp' im Kuß erwarmen,
Soll mein Sehnen niemals klagen.

Bald vorüber ist das Zagen,
Und das neu entsproßne Leben
Wird in frohem Wachstum streben,
Seines Ursprungs Rätsel fragen,
Und uns unser Bündnis sagen.
O du, meines Herzens Wonne,
Reiner Güte Quell und Bronne,

Meines geist'gen Himmels Sonne,
Bald nun heilige Maddonne,
Wann du wirst dein Kindlein tragen.«

Die römischen Verse von 1805 dagegen sind nicht an die Mutter, sondern an den nun schon vierjährigen Sohn gerichtet:

»*August Wilhelm Schlegel an Felix Theodor Bernhardi*

Mir schlug das Herz, es rasselte der Wagen:
Den Abschied tönt er mir vom hohen Rom;
Und an der Engelsburg und Petrus Dom
Werd' ich in raschem Flug vorbeigetragen.

Ist es die Kunst aus alt- und neuen Tagen,
Die sieben Hügel und der gelbe Strom,
Ist es der Weltbeherrscherin Fantom,
Dem ich so tief erschüttert mußt' entsagen?

Ach nein, ach nein! Und wär es nichts als dies:
Ich bin ein Mann und sah schon manche Zeiten
Und litt, wie mich mein Schicksal unterwies.

Es ist ein lallend Kind, das ich verließ,
Du wirst nicht mehr die Arme nach mir breiten:
Leb wohl, mein Cherub und mein Paradies.«

In den vielen, oft langen Briefen Sophies an Schlegel, die nun jahrelang folgten, weicht das vertrauliche Du dem förmlichen Sie, und statt von Liebe ist von Freundschaft die Rede, vor allem aber von Sophies Ängsten, ihren Krankheiten und vom fehlenden Geld. Kaum war Schlegel am 19. April 1804 des Nachts mit der Madame de Staël aus Berlin verschwunden, angeblich nur um sie bis nach Leipzig zu begleiten, in Wahrheit aber, um mit ihr in der Schweiz zu

Als Poesie gut

bleiben, machte auch Madame Bernhardi mit ihren Söhnen sich auf, um ihrem Ehemann zu entfliehen. Angeblich wollte sie sich im Bad von einer Krankheit erholen, blieb aber wochenlang in Weimar, wo Knorring sie erreichte, um nun für immer an ihrer Seite zu bleiben, und auch ihre Brüder brachte sie immer wieder dazu, sie irgendwo zu treffen – und Geld mitzubringen, denn sie selbst hatte keins. Über Liebenstein, Töplitz und Dresden erreichte sie nach wochenlangen Zwischenaufenthalten München, wo sie mit dem gichtgeplagten Bruder Ludwig zusammen den Winter verbrachte, um im Frühling nach Italien zu gehen. Möglichst weit wollte sie sich von Preußen entfernen, denn Bernhardi erhob Anspruch auf die Kinder, und sie wußte, daß das Recht dabei auf seiner Seite war.

Mitte April 1805 konnte sie Rom erreichen, wo sie sich mit den Brüdern traf. Hier verkehrte Sophie in den höchsten Kreisen, lebte also entsprechend aufwendig, vorwiegend von Knorrings Geld. Denn Ludwig, der Dichter, war nicht nur mittellos, sondern auch bei mehreren Verlegern verschuldet, und Friedrich, der Bildhauer, hatte ihr bald schon alles aufgeopfert, was von ihm in Weimar verdient worden war. Knorring hatte zwar mehr Geld als die Geschwister, aber doch nicht genug, um die drei aushalten zu können; denn sein Vater in Estland, der die unstandesgemäße Heiratsabsicht des Sohnes mißbilligte, zahlte schlecht. Nie kam die von ihm angekündigte rettende große Summe, und auch die ankommenden kleineren Beträge verloren, da sie in Rubeln kamen, durch die angespannte politische Lage, nämlich den Krieg, den Napoleon mit Österreich und Rußland führte, an Wert. Letzte Rettung war immer Schlegel, dem Sophie in Rom auch kurz begegnen konnte, als er sich mit seiner Herrin auf einer Italienreise befand. Ihre Geldbitten an ihn glichen oft Forderungen, denen er mit gleichbleibender Freundlichkeit nachkam, auch wenn Sophie als Begründung anführte, »damit nicht Knorring wieder alles allein bezahlen muß«.

Aber nicht nur mit Geld war ihr Schlegel behilflich, sondern auch als ihr Lektor und Literaturagent. Jedes Gedicht, das sie schrieb, wurde von ihm korrigiert und verändert, er suchte für sie Verleger und

Sophie und ihre Söhne

trat mit seinem erfolgverheißenden Namen als ihr Herausgeber auf. Sie flehte ihn an, ihr Trauerspiel »Egidio und Isabella« in einem Verlag unterzubringen, damit ihr Name in Deutschland bekannt würde, was sie möglicherweise vor Bernhardis Nachstellungen schützte und ihr in Rom Kreditquellen offenhielt. Auch sollte er über sie schreiben und dabei »kein Hehl darauß haben, welche Achtung Sie für mich hegen. Wenden Sie Ihr ganzes Ansehen darauf, ich bitte Sie, liebster Freund. Bernhardi welcher behauptet daß ich einzig von anderes Geld lebe wird dadurch wiederlegt.« Für ein von ihr geplantes Stück über »Rudolpf von Hapsburg«, das sie für die in Rom weilende Erzherzogin von Österreich schreiben wollte, sollte Schlegel ihr den Stoff aufbereiten. Und er reagierte immer freundlich auf ihre Forderungen, obwohl er schon seit Jahren bei seinem Verleger in der Schuld war, weil es mit der vielbändigen Ausgabe des von ihm übersetzten Shakespeare nicht weiterging.

Im September 1806, als preußische Truppen schon nach Thüringen marschierten, um den verhängnisvollen Krieg zu beginnen, hatte Sophie andere Sorgen, die sie Schlegel auch mitteilte. In der deutschen Künstlerkolonie in Rom hatte sich nämlich das Gerücht verbreitet, sie sei gar keine vornehme Dame, sondern komme »aus den Hefen des Pöbels und wolle nur die Dahme spielen. Ich bitte Sie daher, weil mir diese Niederträchtigkeit in der That nachtheilig sein kann, es indirekt völlig niederzuschlagen, welches Sie ganz leicht in Ihrer Gewalt haben. Es ist nemlig in den Italiaenischen Zeitungen sehr oft von Ihnen, von meinem Bruder, kurz von allen deutschen Poeten die Rede, so wäre es ganz ohne Affecktation wen Sie einen Artikel über mich als Übersetzung aus einer deutschen Zeitung die Sie nicht zu nennen brauchten, in die Venezianische und Florentinische einrüken ließen. Sie könnten es ja sehr schmeichelhaft einrichten, daß wohl das Publikum Hoffnung hätte von der bekanten deutschen Poetin bald Flore und Blantscheflur gedruckt zu sehen, dan können Sie sehr weniges über dieß Gedicht sagen, und endlich daß ich mich meiner Gesundheit wegen in Italien aufhielte, und daß gewiß jeder von den Deutschen welcher sich für die schöne Litteratur interessierte, wünschen müsse daß mir das milde Clima heilsam wäre, weil man viele vortreffliche Werke alsdan von mir erwarten dürfte. Ich schäme mich gar nicht Ihnen dieß alles vorzuschreiben, den es ist etwas sehr gleichgültiges ein solches Lob in den Zeitungen und hier ist es die einzige mögliche Gegenwehr. Vorzüglich muß darin liegen daß mich ganz Deutschland kent, so schlagen Sie auf einmal alle diese niedrige Klätschereien nieder. [...] Ich bitte Sie es aber schnel zu thun, den je eher Sie diese Verläumdungen vernichten, welche man hier erfindet, je wichtiger ist der Dienst welchen Sie mir leisten. Jedoch miste es mit der grösten Verschwiegenheit geschehen, auch Ihrer Freundin [Frau de Staël] dürften Sie es nicht vertrauen, den sie wirde es mir für eine Eitelkeit auslegen, und es vielleicht an H.[errn] v. H[umboldt] schreiben welches mir dan weit mehr Schaden als Vortheil brächte.«

Wilhelm von Humboldt nämlich war, seit 1802 schon, preußischer Resident beim nur noch formell existierenden Kirchenstaat und als solcher für die Preußin Sophie und ihre Kinder zuständig, solange sie sich in Rom aufhielten. Wenn Bernhardi vor Gericht das Recht auf Rückführung der Kinder erstreiten würde, mußte er tätig werden. Sophie glaubte zu spüren, daß er nicht auf ihrer Seite, sondern auf der ihrer Gegner stand.

Zu diesen gehörte auch Fichte, Bernhardis Freund. Von ihm wurde die Auseinandersetzung um Sophie und ihre Söhne im März 1806 mit einem Brief an Humboldt in Rom eröffnet, der diesen veranlassen sollte, in der Auseinandersetzung zwischen den verbündeten Tieck-Schlegel und der in Berlin verbliebenen, sich um Bernhardi scharenden Gruppe Partei zu nehmen. Er hoffe, so Fichte an Humboldt, daß seine »Empfehlung« in einer ihm »sehr am Herzen liegenden Angelegenheit« einiges Gewicht haben werde. »Diese Angelegenheit ist die Auslieferung meiner Paten, der Kinder Bernhardis, meines vieljährigen sehr geachteten Freundes.« Er weist hin auf die »Folgen für die Gesellschaft«, wenn »es glücklich ablaufe, daß ein Weib mit dem ersten besten durchgehe, im Lande umherziehe und dem Mann auf eine hinterlistige Weise die Kinder entführe«; er bezweifelt, daß die Kinder »in Beziehung auf physische und moralische Pflege in guten

Sophie und ihre Söhne

Händen seien«, erwähnt als Beweis dafür die Aussage eines Weimarers, der gesehen habe, wie Knorrings Diener eines der Kinder als »verfluchter Balg« beschimpft und mit Füßen getreten habe; und er setzt als seine »Privatansicht« hinzu, »daß ich für meine Person durch dieses und alles andere Vorgefallene nichts Neues und Unerwartetes erfahren habe, indem ich seit 6 Jahren diese Dame, ihre Grundsätze und ihre Denkart sehr gut gekannt und meinem Freund Glück gewünscht habe, daß er bei dieser Gelegenheit dieser Frau entledigt werde. Nur wünschte ich nicht, daß er dabei die Kinder zugleich verlöre, so wie ich aus allgemeinem Interesse rechtswidrigen Unternehmungen keinen glücklichen Fortgang gönne.«

Humboldt aber enthielt sich in seinem Antwortschreiben jeder Stellungnahme. Er schrieb dem »Hochverehrtesten Herrn Professor«, daß eine »Begünstigung des Vaters von meiner Seite Ungerechtigkeit gegen die Mutter sein würde«, seine Pflicht sei es, »unparteiisch gegen beide Teile zu sein. Dasselbe habe ich Madame Bernhardi gesagt, als sie mir früher auch ihre Sache empfahl.« Entscheiden könne hier nur der Richter, und wenn eine solche Entscheidung vorläge, würde er selbstverständlich das Seinige tun.

Aber ehe es zu einer gerichtlichen Entscheidung kam, vergingen noch Jahre. Preußen zog in den Krieg, wurde von Napoleon geschlagen und begann mit seinen inneren Reformen. Humboldt wurde nach Berlin beordert, um die Bildungsreformen in Gang zu bringen. Die napoleonische Unterdrückung bewirkte in Preußen eine allgemeine Politisierung der Meinungen. An Sophie und ihren Brüdern aber, in deren Briefen sich kein Wort über die sich überstürzenden politischen und kriegerischen Ereignisse findet, ging anscheinend das alles unbeachtet vorbei.

Die Sanders

Eine andere Sophie, über die die besseren Kreise Berlins sich erregen konnten, war die Frau des Verlagsbuchhändlers Johann Daniel Sander, die erste bürgerliche nichtjüdische Dame, deren Salon von Bedeutung war. Die Initiative zu diesem Zirkel war zwar von ihrem Mann ausgegangen, der wie die meisten der etwa 30 in Berlin ansässigen Verleger aus geschäftlichen Gründen ein offenes Haus führte, Sophie aber, die zehn Jahre jünger war als ihr Gatte, wurde in diesem Kreise bald Mittelpunkt. Sie war als Tochter des Bad Pyrmonter Brunnendirektors in vornehmer Gesellschaft aufgewachsen, auf Gespräch und Geselligkeit also trainiert. Sie war liebenswürdig und schlagfertig, galt, im Gegensatz zu Rahel, die manchmal auch bei ihr verkehrte, als eine Schönheit, und sie war nicht ohne Koketterie. Täglich zur Teezeit empfing sie ihre Gäste, erst in der Breiten Straße 23, vom Schloß aus gesehen auf der linken Seite, mehr zum Mühlendamm hin gelegen, wo die Grundstücke an die Spree stoßen, ab 1803 in der Kurstraße, im eignen Haus. Mit der Bekanntheit des Rahelschen Salons konnte sich der ihre nicht messen, doch hatte sie Rahel voraus, daß Goethe ihr zeitweilig huldigte, sie mit einigen Briefen beehrte und bei einem ihrer Kinder Pate stand. Sophie war, wie alle diese kultur- und geselligkeitsbeflissenen Damen, von dem eitlen Bestreben, mit berühmte Namen zu prunken, nicht frei.

Ludwig Robert, Rahels Bruder, der sich darin gefiel, ihm bekannte und wohl auch beneidete Zeitgenossen in Akrostichen, das heißt in Gedichten, bei denen die Anfangsbuchstaben der Verszeilen den Namen des Gemeinten ergeben, zu charakterisieren, nahm sich in dieser meist gehässig ausfallenden Weise auch Sophie Sander vor: »Sorgenlos und fröhlich, / Oberflächlich-selig, / Plauderhaft und nelig. – / Höflich, nie betrübt, / Indolent-verliebt, / Ehrlich und geübt. –/ Sanft und süß und glatt, / Albern, nüchtern, platt, / Niedlich, freundlich, matt. –/ Dümmlich, heilig, zierig, / Eitel, aber schmierig, / Ruhig und begierig.« Und auch der junge Varnhagen, der, bevor er sich in Rahel verliebte, zusammen mit den Dichtergefährten des sogenannten Nordsternbundes, zu denen auch Ludwig Robert gehörte, bei Sophie Sander verkehrte, wird immer leicht spöttisch, wenn er sie erwähnt. Leider erzählt er in seinen Erinnerungen wenig von der dort herrschenden Gesprächsatmosphäre, viel dagegen von Sophies Liebeleien, die im Detail nicht immer stimmen müssen, aber doch deutlich machen, wie erotisch geladen eine solche Gesellschaft war. Ein bißchen verliebt waren die jungen Leute wohl alle in die ältere und erfahrene Schöne, und wenn sie einen von ihnen bevorzugte, wurden ihr vielleicht auch Liebschaften angedichtet, wie die zu dem Publizisten und Philosophen Adam Müller, ihrem Cousin. Nach Varnhagen hatte Müller erst einen »ernsthaften Liebeshandel« mit Madame Vogel, jener Beamtengattin, mit der gemeinsam fünf Jahre später Heinrich von Kleist in den Tod gehen sollte, wechselte von dieser zu Madame Sander über, hatte aber das Pech, daß sein Freund, Franz Theremin, dem er die Verlassene sozusagen übergeben hatte, seinem Beispiel folgte, sich auch in Sophie Sander verliebte und mehr Erfolg als Müller bei ihr hatte. Als Theremin, ein aus der Uckermark stammmender Theologe, der später ein beliebter Prediger der französich-reformierten Gemeinde wurde, Varnhagen in den Sanderschen Kreis einführte, stand die neue Liebe in schönster Blüte, natürlich tragisch umwittert, denn schließlich war ja auch noch der dicke, von Krankheiten und Existenzsorgen geplagte Ehemann da.

Varnhagens im Alter geschriebene Erinnerungen, die ein detailreiches Bild dieser Zeit vermitteln, lassen zwar die »sanfte, reizende Perfidie« deutlich werden, mit der Frau Sander über ihre amourösen Erfolge redete, gehen aber über die Leiden, die dem anhänglichen Ehemann zugefügt wurden, heiter hinweg. Sander hatte zeitweilig, als die Franzosen Berlin besetzten, den jungen Liebhaber sogar als Mitbewohner seines Hauses zu dulden, was natürlich ein »böses

Als Poesie gut

Zacharias Werner.
Lithographie nach Wilhelm Schadow von Gottfried Engelmann

Geklatsche« zur Folge hatte, vor allem in der französisch-reformierten Gemeinde, in der dann Theremin trotzdem als Pfarrer Karriere machte und eine Jüngere heiratete, so daß die Sandersche Ehe erhalten blieb.

Der in Magdeburg geborene Johann Daniel Sander, wie Tieck aus dem Handwerkermilieu stammend, war über ein Studium in Halle und eine Gymnasiallehrerstelle zum Verlagsmitarbeiter und schließlich zum Verleger geworden. Er hatte auch literarische Ambitionen, aus denen aber nichts wurde, doch bewährte er sich als Übersetzer und Lektor, denn er war ein glänzender, auch von Goethe geschätzter Stilist. Ob Sander tatsächlich, wie es Fontane in seinem »Schach von Wuthenow« darstellt, im engeren Kreise von Prinz Louis Ferdinand verkehrte, ist unwahrscheinlich. Daß aber die Kinder der Königin Luise, deren Kinderfrau eine Freundin von Sophie war, manchmal in der Wohnung des Verlegers in der Breiten Straße, vor deren Fenstern in den Adventstagen schon seit den Zeiten des Soldatenkönigs immer der Weihnachtsmarkt aufgebaut wurde, mit den Sanderschen Kindern spielten, kann man in Sanders Briefen an Carl August Böttiger nachlesen. In ihnen wurde auch der Klatsch vom preußischen Hofe, über den Sander durch den mit ihm befreundeten Oberhofmeister der Königin, Valentin von Massow aus Steinhöfel, informiert wurde, nach Weimar kolportiert.

Zu den Autoren des Sanderschen Verlages gehörte auch einer der produktivsten und erfolgreichsten Romanschreiber dieser Jahre, der in Halle ansässige und von Jahr zu Jahr beleibter werdende August Lafontaine. Seine frühen Romane, wie »Clara de Plessis und Clairent. Eine Familiengeschichte französischer Emigrierter«, »Die Familie von Halden« oder »Das Leben eines armen Landpredigers«, erlebten mehrere Auflagen, was den anderen von Sander verlegten Titeln selten beschieden war. Besonders die Frauen, von den Dienstmädchen bis zur Königin Luise, ließen sich von Lafontaines empfindsamen Romangestalten, die über Standesgrenzen hinweg liebten und die Tugenden bürgerlicher Häuslichkeit priesen, zu Tränen rühren, und die Kritiker, die die Handlungsklischees und die Flachheit der

Romancharaktere rügten, mußten doch zugeben, daß hier moralisch alles in Ordnung war. Mit Fleiß und Erfindungsgabe brachte Lafontaine etwa 120 Romane zustande, an denen allerdings auch Sander Verdienste hatte; denn erst er gab den flüchtig hingeschriebenen Geschichten stilistisch und inhaltlich eine lesbare Form. Als Sander sich 1798 selbständig machte, schienen ihm die Lafontainschen Romane die sicherste Einnahmequelle. Dem Brieffreund Böttiger versicherte er, daß es seinem »Unternehmen gewiß gutgehen« werde, »wenn Lafontaine leben bleibt«.

Mehr Kummer als mit dem Vielschreiber aus Halle hatte Sander mit seinen anderen Autoren, und zwar nicht nur, weil ihre Bücher schwerer abzusetzen waren, sondern auch weil sie nicht gut aufeinander zu sprechen waren und es ihm übelnahmen, wenn er aus Geschäftsinteresse eine Parteinahme vermied. Mit Goethe, der ihn als Lektor des Verlages Unger geschätzt hatte, war das gute Einvernehmen zu Ende, als Sander den »Freimütigen« druckte, der nicht nur gegen Tieck und Schlegel, sondern auch gegen Goethe und Schiller polemisierte. Als Sander später die »Galerie preußischer Charaktere« verlegte, deren ungenannter Verfasser, Friedrich Buchholz, als Franzosenfreund verdächtigt wurde, traf ihn die Verachtung der Patrioten. Mit seinem Bestreben, im Streit der Meinungen möglichst neutral zu bleiben, riskierte er Ärger mit beiden Seiten, wie auch die kuriose Episode um einen Braten, der fast zum Bruch einer langjährigen Freundschaft geführt hätte, beweist.

Böttiger, der zur Weihnachtszeit 1802 einige Fasane an Sander geschickt hatte, war später zu Ohren gekommen, daß diese auch dem verhaßten August Wilhelm Schlegel serviert worden waren, und er war so empört darüber, daß Sander ihm nun umständlich erklären mußte, wie es zu diesem »anstößigen Umstand« gekommen war: »Wir essen, wenn wir keine Gäste haben, sehr frugal«, schrieb er nach Weimar, »eine Suppe und noch ein Gericht«. Auch »Hausfreunde« müßten sich damit begnügen. Wenn aber Uneingeladene dazukämen, müsse »in aller Geschwindigkeit noch ein Gericht mehr angeschafft werden«, und so sei es auch zu jener Mittagszeit gewesen, als unangemeldet der ältere Schlegel erschienen war. Da sei es doch naheliegend gewesen, an die Fasanen zu denken, die sowieso bald verzehrt werden mußten, weil eine »gelinde Witterung« eingetreten war.

Unabhängig von allen Parteiungen hielt Sander auch weiterhin Ausschau nach neuen Talenten. So förderte er auch Zacharias Werner, einen Dramatiker der romantischen Richtung, der wie E. T. A. Hoffmann aus Königsberg stammte und wie dieser, den er in seiner Warschauer Stellung auch kennenlernte, ein der Kunst verfallener preußischer Beamter war. Werners erstes, als unaufführbar geltendes zweiteiliges Schauspiel »Die Söhne des Tales«, das den Untergang der Tempelritter im 14. Jahrhundert schildert, druckte er 1803 und 1804 in schöner, mit Kupfern geschmückter Ausstattung, obwohl seiner unerträglichen Längen und mystischen Verworrenheiten wegen ein Verkaufserfolg damit nicht zu erzielen war. Auch Werners zweites, ebenfalls zweiteiliges Stück, »Das Kreuz an der Ostsee«, dessen zweiter Teil aber wohl nie geschrieben wurde, erschien bei Sander. In ihm wird die Eroberung und Christianisierung des alten Preußen durch die Ritter des Deutschen Ordens behandelt, und wie im ersten Schauspiel wechseln auch hier theatralisch wirksame Szenen mit weitschweifigen Predigten, und freimaurerische und katholische Mystik werden in seltsamer Weise vermischt. Werners Absicht war, dem Theater die kultische Bedeutung zurückzugeben, die es im alten Griechenland hatte, nun aber im Sinne des Christentums. Kunst sollte zum Gottesdienst, Ästhetik zur Frömmigkeit werden, wie es auch schon Wackenroder und Novalis vorgeschwebt hatte. Schauspiele sollten religiöse Aufgaben erfüllen und so den Zuschauer zum »Heiligen« hinführen, wie er in seinen missionarischen Briefen an Chamisso, Varnhagen und andere schrieb. Daß er, der eine sinnlich-sündige Jugend mit drei Eheschließungen und mehreren Ehebrüchen hinter sich hatte, später zum Katholiken, ja sogar zum katholischen Priester wurde, deutete sich in diesen Stücken schon an.

Im Oktober 1805, als die Krise der preußischen Neutralitätspolitik sich verschärfte, war es dem Kammersekretär Werner endlich möglich, auf eine Stelle in Berlin überzuwechseln, wohin ihn besonders

Ifflands berühmte Bühne zog. In dem Brief, in dem er Sander seine baldige Ankunft meldet, wird dieser, weil er sich höheren Orts für die Versetzung verwendet hatte, als »Schöpfer meines Glücks« bezeichnet, doch hätte wohl eher der kunstsinnige Minister Freiherr von Schrötter, der den Dichter auf einen Posten setzte, auf dem er Zeit zum Dichten hatte, diese Bezeichnung verdient. Durch die Teegesellschaften seines hohen Gönners lernte Werner auch bedeutende Leute wie Fichte, Johannes von Müller und Schadow kennen, und im Salon der Sophie Sander, mit der er bald vertrauter wurde als mit dem schwerhörigen und hypochondrischen Gatten, wurde er auch mit den jüngeren Dichtern des Nordsternbundes bekannt. Er wohnte in der Behrenstraße, also nicht weit vom häufig besuchten Theater, und trat zu Iffland, mit dem er sich schon von Warschau her brieflich bekannt gemacht hatte, in ein fruchtbares Arbeitsverhältnis, aus dem in wenigen Monaten ein Luther-Drama mit dem Titel »Die Weihe der Kraft« geboren wurde, dessen aufwendige und statistenreiche Uraufführung am 11. Juni 1806 ein sensationeller Erfolg wurde, der nicht nur Iffland, der selbst die Hauptrolle spielte, und Anselm Weber, der die Liedkompositionen geliefert hatte, zu danken war. Auch der heftige Streit über die Frage, ob der Reformator zur Bühnenfigur gemacht werden dürfte, spielte wohl eine Rolle, vor allem aber war es die spannungsgeladene politische Atmosphäre am Vorabend des für Preußen so katastrophalen Krieges, die dem Stück, das so nicht gemeint war, eine aktuelle politische Bedeutung verlieh.

Die Luisenburg

Die Sommerreise des preußischen Königspaares, die im Mai und Juni 1805 über Magdeburg und den Harz in die fränkischen Besitzungen führte, schien der Königin Luise nachträglich die letzte unbeschwerte Reise ihres Lebens gewesen zu sein. Denn bald nach der Heimkehr geriet die Neutralitätspolitik, mit der der König bisher den Frieden bewahrt hatte, in eine Krise, die in die Katastrophe von Jena und Auerstedt mündete und auch den Verlust von Ansbach und Bayreuth nach sich zog.

Wie jede der vielen Reisen, die das Paar seit der Thronbesteigung im Jahre 1797 in die weitverstreuten Landesteile unternommen hatte, war auch diese nicht nur zur Erholung gedacht. Sie diente auch staatlichen Zwecken, vor allem dem, die von der Residenz weit entfernt lebenden Landeskinder mit ihren Herrschern vertraut zu machen, eine Aufgabe, die Luise ihrem öffentlichkeitsscheuen Mann zumeist abnahm – und wie es scheint, gern. Sie liebte es, sich und ihre Liebe zum Volke dem Volk auch zu zeigen und wurde deshalb von ihm auch mehr als andere Königinnen geliebt. Einer ihrer Auftritte dieser Reise, den Karl Immermann als Kind erlebte, wird von ihm in den »Memorabilien« geschildert. Als die Königin in Magdeburg ankam, konnte er ihren Wagen inmitten einer Menschenmenge bis zum Gouverneurshaus, wo sie abstieg, begleiten und dann von einem günstigen Platz aus beobachten, wie gut die Verehrte ihre Aufgabe, sich als Landesmutter zu präsentieren, verstand: »Die Königin trat in die Salontür. Ich erinnere mich ihres Anzuges noch ganz deutlich; sie trug einen stahlgrün-seidenen Überrock und war übrigens ohne Schmuck, einfach gekleidet. Das Volk begrüßte sie jubelnd, Hüte und Mützen schwenkend. Sie verneigte sich mit holdseliger Freundlichkeit nach allen Seiten., und nun wurde ich Zeuge eines Auftritts, der wohl verdient, erzählt zu werden. Auf silbernem Plateau wurde ihr eine Tasse dargeboten, sie nahm sie und frühstückte. Ein Herr mit mehreren Sternen auf der Brust näherte sich ihr aus der Tiefe des Salons und schien des Augenblicks zu warten, wo er ihr nach beendetem Frühstück die Tasse abnehmen dürfte. Plötzlich aber sah die Königin empor, dann mit unglaublicher Freundlichkeit nach dem Volke. Ihr Blick fiel auf ein Kind, mit welchem die Wärterin sich auch mit unter den vordersten befand. Die Schönheit des Kindes mochte ihr gefallen und das lange goldgelbe Lockenhaar der Kleinen. Sie winkte erst mit dem Finger, da aber niemand die liebenswürdige Natürlichkeit der Gebärde begriff, so sagte sie einem, der hinter ihr stand, etwas, worauf der Diensttuende über die Brücke gegangen kam und der Wärterin befahl, ihm mit dem Kinde zur Königin zu folgen. Die arme Person wurde blutrot, gehorchte zitternden Schrittes und sah sich derweilen nach der Menge um, als wollte sie sagen: ich maße mir diese Ehre nicht an. Inzwischen wollte der Herr mit den Sternen der Königin die Tasse abnehmen, sie aber lehnte es ab, neigte sich zu dem Kinde, welches unbefangen umherlächelte, faßte seine Händchen, streichelte ihm die Wangen und gab ihm dann aus ihrer Tasse mit dem Teelöffel zu kosten. Sie fragte die Wärterin nach dem Alter des Kindes, nach seinen Eltern und was dergleichen mehr war. Alles dieses geschah in der Entfernung weniger Schritte von dem Platze, wo ich stand, so daß ich diese Einzelheiten genau merken konnte. Man begreift, welchen Eindruck der Vorgang im Volke machen mußte, bei dem eine Königin sich so lieblich mütterlich gegen ein fremdes Kind bezeigte. Es wurde nicht gerufen oder sonst eine laute Freude an den Tag gelegt, aber rings um mich her hörte ich murmeln, daß das doch noch eine Königin sei, wie sie sein müßte.«

Nach Magdeburg waren Quedlinburg und Werningerode, von wo aus der Brocken bestiegen wurde, die nächsten Stationen. Dann bewegte sich die königliche Reisegesellschaft in ihren einundzwanzig, von hundertzwanzig Pferden gezogenen Wagen über Hildburghausen nach Bayreuth, wo drei Tage mit Festlichkeiten vergingen, bis man dann am 13. Juni Alexandersbad bei Wunsiedel erreichte,

Die Luisenburg

Ansicht des Alexandersbades bei Wunsiedel

wo man drei Wochen im Markgrafenschloß blieb. Luise sollte sich hier erholen, Brunnen trinken und das Bad gebrauchen, doch wurde wahrscheinlich, da man die Repräsentationspflichten nicht vernachlässigen konnte, kein rechtes Ausruhen daraus.

Schon am ersten Kurtag, dem 14. Juni, mußte man sich den Leuten aus Wunsiedel und Umgebung widmen. Zuerst wurde der in Wunsiedel geborene und seit einem Jahr in Bayreuth wohnende Jean Paul empfangen, der zu dem Schützenfest am Abend, bei dem die romantische Luxburg mit ihrer bizarren Felsenkulisse in Luisenburg umgetauft wurde, etwas gedichtet hatte. Am nächsten Tag mußte der Aufzug der Bergleute und Hammerherren bewundert werden, dann folgten tagtäglich, abgesehen von zwei Tagen mit schlechtem Wetter, Spaziergänge, Besichtigungen, Ausritte und Ausfahrten in die Umgebung, zweimal auch bis ins österreichische Eger, dazu Bälle und Festessen, zu denen der anssässige Adel geladen war. In den wenigen Urlaubsbriefen Luises ist nur vom Glück und der schönen Gegend die

Als Poesie gut

Rede, »göttlich, ein wahres Eden« ist für sie das »Bayreuther Land«. An ihren ältesten Sohn, den Kronprinzen Friedrich Wilhelm (IV.) schrieb sie: »Wir erleben hier schöne Tage und machen alle Tage schöne Landpartien. Die Luxburg, die uns gerade gegenüber liegt, haben wir schon dreimal bestiegen; so etwas kann man sich gar nicht denken, wenn man es nicht gesehen hat. Unglaubliche Felsklumpen sind übereinander gestürzt. Durch diese kann man kriechen und kommt dann wieder auf schöne Plätze, die man nach solcher dunklen Promenade gar nicht vermuten kann. Die Aussicht von oben, wenn man den ganzen Berg erklettert hat, ist außerordentlich schön und schauerlich. Gestern waren wir in Eger und haben da die Lanze, womit Wallenstein erstochen worden ist, gesehen. Auch die Stube und den Fleck, wo die Greueltat geschah. ... Küsse Deine Geschwister recht herzlich von mir und dem Papa. Wir bringen schöne Spielsachen mit ... Adieu. Deine zärtliche Mutter Luise«

Bei den Volksfesten des ersten Tages wurden Luise zwei poetische Werke geboten, deren erstes, ein von weißgekleideten Mädchen aus Wunsiedel vorgetragenes Gedicht, in dem sich »sichere Ruh« auf »Luise, Du« und »durch« auf »Luisenburg« reimte, besser ankam als Jean Pauls Festspiel, das wahrlich nicht zu seinen bedeutenden Werken zählt. Es hieß »Wechselgesang der Oreaden und Najaden« und wurde von einem versteckten Doppelchor mit Instrumentalbegleitung vorgetragen. In ihm werden Luise und ihre drei Schwestern personifiziert durch die vier auf dem Fichtelgebirge entspringenden Flüsse, deren Wasser sich ins Meer ergießt, deren Schönheit aber die Herzen der Menschen erfüllt. Der Dichter selbst war, als er das Werklein fünf Jahre später unter dem Titel »Meine ersten Verse« in der »Herbst-Blumine« veröffentlichte, nicht gerade »froh gestimmt beim Wiederlesen«, erinnerte sich in der Vorrede aber gern an die Freuden dieser friedlichen Tage, die an der Schwelle zum Kriege lagen, was sich bei ihm so anhört: »Eben damals grub der Krieg seine Minen zu Ende und säete unter die Erde länderbreit die Pulverkörner zum Aufgehen.« Und zum Ruhme der Neutralitätspolitik Friedrich Wilhelms III. fügte er hinzu: »Der König aber half nicht säen.«

Der Freimütige

Als sich die königliche Urlaubskarawane im Juni 1805 aus Jean Pauls Heimat kommend wieder in Richtung Berlin bewegte, war die Krise, in die die Friedenspolitik des Königs geraten war, schon offensichtlich. Nachdem im November des Vorjahres Österreich und Rußland ein Verteidigungsbündnis gegen Napoleon geschlossen hatten, war Ende Mai ein russisch-englisches Bündnis hinzugekommen, und man verhandelte schon über eine österreichisch-russisch-englisch-schwedische Allianz. Sie kam im August zustande, und da Preußen sich weigerte, sich ihr anzuschließen und der russischen Armee den Marsch durch Schlesien zu gestatten, wollte man es zum Beitritt zwingen, worauf zur Wahrung der Neutralität die preußische Armee teilweise mobilisiert wurde, dann aber nicht den Russen entgegenmarschierte, sondern sich gegen die Franzosen wandte, weil Napoleon eine seiner Armeen am 3. Oktober ohne Ankündigung durch das preußische Ansbach ziehen ließ. Diese Nichtachtung der Souveränität Preußens verstärkte in Berlin die antinapoleonische Stimmung, so daß der König von allen Seiten gedrängt wurde, die Neutralitätspolitik aufzugeben und, um den Eroberungen Napoleons ein Ende zu setzen, ein Bündnis mit Österreich und Rußland einzugehen. Der Freiherr vom Stein, damals Finanzminister, und Prinz Louis Ferdinand, auf den die Armee hörte, waren die Wortführer dieser Bewegung, und auch die Königin Luise, die sich bisher in politischen Fragen zurückgehalten hatte, schloß sich den Ansichten der sogenannten Kriegspartei an. Zu ihr neigten auch Scharnhorst, Gneisenau, Clausewitz, Kleist und Marwitz, und auch im übrigen Deutschland setzte man Hoffnungen auf ein Eingreifen Preußens, wie zum Beispiel auch aus der berühmten Flugschrift »Deutschland in seiner tiefen Erniedrigung«, für deren Veröffentlichung der Buchhändler Palm im August 1806 erschossen wurde, ersichtlich ist: »Als vor sieben Monaten«, so schrieb dort der anonyme Verfasser rückblickend, »alle öffentlichen Blätter ein mobilgemachtes preußisches Heer und dessen angetretenen Marsch verkündigten, dünkte sich Europa, im preußischen Kabinett die Waagschale zu sehen, auf welcher Germaniens Los abgewogen werden sollte. Schon verehrten unzählige Deutsche den König von Preußen in der Stille als den Retter der Freiheit ihres Vaterlandes und Hersteller des politischen Gleichgewichts.« Aber sie wurden bitter enttäuscht.

Denn Friedrich Wilhelm III. protestierte zwar gegen die Neutralitätsverletzung, schloß in Potsdam mit dem Zaren Alexander ein Bündnis, das theatralisch durch eine mitternächtliche Abschiedsszene am Sarge Friedrichs des Großen bekräftigt wurde, und schickte sogar Truppen nach Hannover und Sachsen, zu denen auch der Leutnant Chamisso gehörte, um dann aber, als am 26. Oktober eine österreichische Armee bei Ulm kapitulierte, mit den kriegerischen Bewegungen innezuhalten und durch den Minister Haugwitz Verhandlungen einzuleiten. Napoleon, der am 13. November Wien erobert und am 2. Dezember die Russen und Österreicher bei Austerlitz geschlagen hatte, konnte Haugwitz am 15. Dezember in Schönbrunn einen Vertrag diktieren, der Preußen die rheinischen und fränkischen Besitzungen kostete und in Berlin Unwillen erregte. Zum Ärger des Königs wurde dieser auch schon öffentlich laut.

In diesen Zeiten der Krise trat die öffentliche Meinung in Preußen zum erstenmal als eine politische Kraft in Erscheinung. Sie artikulierte sich in Büchern und Zeitschriften, in aktuellen Broschüren, Satiren und Karikaturen, oder sie wurde auch im Theater laut. Als im Oktober 1805 am Abend vor dem Ausmarsch der Truppen das Schauspielhaus auf dem Gendarmenmarkt, das damalige Nationaltheater, »Wallensteins Lager« spielte, wurde Schillers Reiterlied, »Wohl auf, Kameraden, aufs Pferd, aufs Pferd!«, vom Publikum mitgesungen, und nach der Vorstellung wurde spontan das sich als preußische Nationalhymne einbürgernde, ursprünglich dänische »Heil dir im Siegerkranz, Herrscher des Vaterlands!« angestimmt. In antinapoleonischer Absicht wurden verschiedene Kupferstiche von der rührenden Szene mit dem König, der Königin und dem Zaren am Sarge Friedrichs des Großen gefertigt, und bei einigen von ihnen wurde aus der Abschiedszeremonie gleich ein Treueschwur. Auch die Zeitschriften

Garlieb Merkel. Künstler unbekannt

bekamen für die öffentliche Meinung erhöhte Bedeutung. Während die beiden Berliner Tageszeitungen, die »Spenersche« und die »Vossische«, bei ihrer bewährten Trockenheit und von Vorsicht bestimmten Einfallslosigkeit blieben, waren einige Zeitschriften mehr und mehr um die Spiegelung der Volksstimmung und deren Beeinflussung bemüht. Allen voran ging dabei der »Freimüthige«, dessen ursprünglich nur literarische Ausrichtung 1805 politischer wurde. Einer ihrer Herausgeber, der in der Literaturgeschichtsschreibung viel gescholtene Garlieb Merkel, hatte besonderen Anteil daran.

Der Sohn eines deutschen Pastors aus dem russischen Livland, der sich 1796 durch sein in Riga erschienenes, die Leibeigenschaft der lettischen Bauern anklagendes Werk »Die Letten, vorzüglich in Liefland am Ende des philosophischen Jahrhunderts« einen Namen gemacht hatte, seit 1799 als Publizist und Zeitschriftenherausgeber in Berlin lebte und dort als jüngerer Gefährte der Nicolai, Engel und Biester wirkte, hatte sich durch seine 1800 bis 1803 erschienenen »Briefe an ein Frauenzimmer über die neuesten Produkte der schönen Literatur« vor allem bei Tieck und den Brüdern Schlegel, daneben aber auch bei Schiller und Goethe verhaßt gemacht. Er war schreibgewandt, scharfzüngig und allgemein verständlich, ein unterhaltsames Talent erster Güte, dem aber der Sinn für Poesie fehlte, und er wurde, als er ab 1803 den kulturellen Teil der Haude- und Spenerschen Zeitung vielgestaltiger und lebendiger, also feuilletonistischer machte, zu einer publizistischen Macht in Berlin. Auch seine eigne Zeitschrift »Ernst und Scherz«, die er 1804 mit Kotzebues »Freimüthigem« vereinte, war antiromantisch und antiweimarerisch, den Goetheverehrern also ein Ärgernis, aber gelesen wurde sie viel. Sie konnte sich bis zum Oktober 1806, als Preußen zusammenbrach, halten, während Tiecks »Poetisches Journal« und das »Athenaeum« der Schlegels nicht lange lebten und die jüngeren Romantiker um Varnhagen, Fouqué und Chamisso mit ihrem »Musenalmanach« völligen Schiffbruch erlitten, so daß die romantische Richtung in Berlin nur noch durch die Akademievorträge August Wilhelm Schlegels vertreten gewesen wäre, hätte es die Salons, wie den der Rahel, nicht gegeben, diese Horte der Goethe-Verehrung, die Merkels Spott natürlich herausfordern mußten, zum Beispiel im ersten seiner »Briefe an ein Frauenzimmer«, in dem er der Adressatin, die der Mode gehorchend über die neueste Literatur mitreden möchte, aber keine Zeit hat, um Bücher zu lesen, folgenden Ratschlag gibt: Sie solle doch einfach einen Teezirkel (»Thé spirituell«) gründen, indem sie bekannt mache,

daß ihr »an einem gewissen Tage, zu einer bestimmten Stunde jeder schöne Geist willkommen sein« solle, und sie werde erstaunt sein, »welch ein Gedränge« ihren Salon füllen werde. »Das ganze literarische Stutzerheer Berlins, jeder, der das Glück erlebte zehn Reime von seiner Feder gedruckt zu sehen«, dazu »die angehenden Romanschreiber, diese belletristischen Gurkenhändler«, deren Früchten, »außen voll Runzeln und innen voll Wasser«, man keinen Geschmack abgewinnen könne, »kurz, alles Schöngeisterische« werde sich bei ihr versammeln, und sie werde »in der bunten Menge thronen wie die Königin der Literatur«. Die Tasse Tee werde man ihr mit Rezensionen von Werken lohnen, die man nicht gelesen habe. Man werde ihr, da er gerade Mode ist, Goethe preisen, ohne die Schönheiten seiner Werke von deren Fehlern unterscheiden zu können. Wie ein Fürstendiener mit seiner Livree werde der Schöngeist vor ihr mit seiner Goethe-Ergebenheit prahlen, und sie werde, falls sie sich das Lachen über dieses Theater nicht anmerken lasse, »außer dem Spaß, den eine solche Menagerie von Äffchen« gewähre, alles über die neue Literatur erfahren und bald auch als Richterin über ästhetische und philosophische Fragen gelten – »und das alles für ein paar Pfund Tee«.
Nicolais Krieg der vergangenen Jahrzehnte gegen Goethe und Schiller führte Garlieb Merkel, zeitweilig als Verbündeter Kotzebues, auf wesentlich geistvollerem Niveau weiter, ließ aber ihre Größe durchaus gelten, während er an Tieck und der »Schlegelschen Clique« alles für Unsinn hielt. Wegen dieser Fehlurteile verdammte man ihn später, besonders auch in Weimar, als überheblichen und gewissenlosen Vielschreiber und vergaß darüber seine Verdienste als politischer Publizist. Sein anklagendes Frühwerk über die Unterdrückung der Letten war im Baltikum nicht ohne Wirkung geblieben, und auch seine Rolle in der Geschichte der öffentlichen Meinung Preußens war beachtenswert. Nachdem er sich in Berlin vorwiegend literarisch betätigt hatte, machte ihn das bewegte Jahr 1805 zum politischen Schriftsteller, der in seinem vier- bis fünfmal wöchentlich erscheinenden »Freimüthigen« gegen Napoleon und für einen preußischen und deutschen Patriotismus focht. Die politischen Ereignisse

Als Poesie gut

des Jahres verfolgte er mit lebendigen Berichten, pries das russisch-preußische Bündnis, forderte von den anderen deutschen Staaten, sich dem Kampf gegen Napoleon anzuschließen, polemisierte gegen die französische Propaganda, machte sich über Falschmeldungen der französischen Presse lustig – und blamierte sich gräßlich, als er am 10. Dezember 1805, unsicheren, aber seinen Wünschen entsprechenden Gerüchten vertrauend, den Sieg des Zaren über Napoleon bei Austerlitz meldete und alle Welt sich über ihn lustig machte. Für einige Monate zog er sich darauf von der politischen Bühne zurück.

Grund dafür war auch das fast gleichzeitige Scheitern seiner Pläne, eine der preußischen Regierung verpflichtete Zeitung zu gründen, wie Frankreich sie mit dem »Moniteur« besaß. Der schon vorher existierende »Le Moniteur universel« war 1799 vom Ersten Konsul Bonaparte zum offiziellen Organ der Regierung gemacht worden und übte seitdem in Europa, auch im Sinne der psychologischen Kriegführung, bedeutenden Einfluß aus. Diesem wollte Merkel mit einem ähnlichen Blatt von preußischer Seite begegnen. So wie wenig später die preußischen Reformer wußten, daß sie Frankreich ähnlicher werden mußten, um ihm standhalten zu können, so war auch Merkel ganz auf Modernisierung durch Nachahmung aus. »Täglich argumentiert im Moniteur eine laute Stimme für Frankreichs Interesse«, schrieb er im November 1805 an den Geheimen Kabinettsrat Beyme, »und die deutsche Presse ist demgegenüber entweder stumm oder das Echo der französischen Artikel. Diesen gefährlichen Einfluß kann nur ein deutsches Blatt eindämmen, das mit ebenso konsequentem Patriotismus für Preußens Interesse kräftig, würdevoll, aber zugleich populär rechtet. Soll ein solches Blatt Wert haben und im Geiste der Regierung sprechen, so muß es Aufträge und Instruktionen vom Kabinett erhalten, und um diese bittet der Herausgeber, der der Unterstützung der ausgezeichnetsten Schriftsteller Berlins sicher ist.«

»Der Zuschauer« sollte die neue Zeitung heißen, und als »Leuchtkugel, um das Terrain zu recognoscieren«, wurde sie im »Freimüthigen« voreilig angekündigt. Unter seinem harmlosen Titel sollte das »politisch-historische Blatt« einen »Krieg auf Leben und Tod mit

Der Freimütige

dem Moniteur führen« — aber es kam nie zustande, weil das Königliche Kabinett, das sich die Wege zu erneuter Verständigung mit Frankreich nicht versperren wollte, eine solche Modernisierung ablehnte und so Merkel davor bewahrte, zum offiziellen Staatsschreiber zu werden, der jede politische Wendung, auch Kehrtwendung, der Regierung mitzuvollziehen gehabt hätte. Dazu bereit wäre er gewesen. Aus seinen Briefen an den Freund und Mitarbeiter Carl August Böttiger geht das eindeutig hervor.

Bittsteller Kleist

Der Gang ins königliche Schloß, den der siebenundzwanzigjährige Heinrich von Kleist am 22. Juni 1804 hatte antreten müssen, war ihm sicher schwerer gefallen, als sein detailfreudiger Brief an die Halbschwester Ulrike vermuten läßt. In ihm wird der Bittgang zur Schauspielszene. Ort der Handlung ist ein Vorzimmer im Schloß Charlottenburg, dem Sommeraufenthalt Friedrich Wilhelms III. Der Generaladjutant des Königs Generaloberst von Köckeritz und der ehemalige Leutnant von Kleist sind die handelnden Personen, deren Gespräch nur mühsam in Gang kommt, weil der Ranghöhere, der auch der Ältere, Größere und Dickere ist, auf die Frage des Besuchers, ob er sich an ihn noch erinnere, mit nichts als einem Ja antwortet und dabei sein fleischiges Gesicht mißmutig verzieht. Er sei gekommen, sagt der Besucher, um anzufragen, ob der General es für aussichtsreich halte, den König um erneute Anstellung im Staatsdienst zu bitten, trotz allem, was inzwischen geschehen sei. Köckeritz nimmt ein Schnupftuch aus der Tasche, schneuzt sich ausgiebig, erklärt dem Bittsteller, daß er und der König schlecht von ihm dächten, und zählt ihm alle seine Verfehlungen auf. Er habe das Militär und danach auch seinen zivilen Posten verlassen, habe versucht, in der Schweiz als Bauer zu leben, sich lange in Frankreich aufgehalten, habe vorgehabt, in die französische Armee einzutreten, und überdies habe er auch noch Verse gemacht. Mit Tränen in den Augen versucht Kleist ihm klarzumachen, daß nur eine nervliche Zerrüttung ihn zu dem unsinnigen Vorhaben getrieben habe, in der Armee Napoleons die geplante Invasion Englands mitzumachen, so daß sein Vergehen medizinisch, nicht aber politisch zu beurteilen sei. Als Kleist auch erklärt, er wolle nur seinem preußischen König, nicht aber einem ausländischen dienen, läßt der an sich gutmütige Köckeritz sich schließlich rühren, rät ihm, das Gesuch an den König zu schreiben, verspricht ihm, dem nicht entgegenzuwirken, bittet ihn sogar, falls er ihn beleidigt haben sollte, »in einer recht herzlichen Art um Verzeihung« und verwünscht seinen Posten, auf dem er es keinem rechtmachen könne und deshalb Ziel des Unwillens aller sei.

Nicht weniger gutmütig als sein Generaladjutant, dem die Zeitgenossen Beschränktheit und Bequemlichkeit, nie aber Böswilligkeit nachsagen konnten, sollte sich auch der König erweisen. Statt dem Leutnant a. D., der bei seinem Abschied gelobt hatte, nie in ausländische Kriegs- oder Zivildienste zu treten, den Prozeß zu machen, konnte er ihm den Wortbruch verzeihen. Kleists »Gemütskrankheit«, die ihn, wie er Köckeritz gegenüber behauptet hatte, zu den unbedachten Schritten an Frankreichs Kanalküste getrieben habe, wird bei dieser Entscheidung weniger eine Rolle gespielt haben als die Rücksichtnahme auf den berühmten Namen seiner Familie und die Fürsprache Marie von Kleists und ihres Schwagers von Massenbach. Die Ermahnung, den König nicht zum dritten Mal zu enttäuschen, mußte Kleist noch über sich ergehen lassen, als er fünf Wochen später aus dem Munde des Generaladjutanten von der Genehmigung seines Gesuches erfuhr. Der Nachkomme einer alten Offiziers- und Adelsfamilie, der sich zum Dichter berufen fühlte, die Traditionslast seines Standes aber nicht loswerden konnte, war nach der Flucht vor allen staatlichen, ständischen und familiären Abhängigkeiten, die ihn ins Ausland getrieben hatte, nun wieder heimgekehrt. Preußen und die Familie hatten ihn wieder eingebunden, ohne ihm den literarischen Ehrgeiz nehmen zu können. Der brannte weiter in ihm.

Ohne Angabe des Verfassernamens war im Jahr zuvor in der Schweiz sein erstes Drama, »Die Familie Schroffenstein«, erschienen und im Januar 1804 in Graz uraufgeführt worden. Unter Qualen war sein »Robert Guiscard« entstanden und in Paris in einem Verzweiflungsanfall vernichtet worden. Seit Jahren schon war er mit dem »Zerbrochenen Krug« und auch bereits mit dem »Amphitryon« beschäftigt, doch wußten davon nur die engsten Freunde, so daß er

Als Poesie gut

für die literarischen Kreise Berlins noch nicht zählte, auch wenn er, wie wir von Varnhagen wissen, sich in diesem dreiviertel Jahr seines Berlin-Aufenthalts manchmal in Gesellschaft begab. Im Hause des Fabrikanten Cohen, nahe des Alexanderplatzes, wo sich die jungen Dichter des Nordsternbundes eine Zeitlang trafen, war auch Kleist

Karl Leopold von Köckeritz.
Pastell von Wilhelm Ternite, 1811

manchmal anwesend, ohne daß jemand ahnte, daß sich in dem liebenswürdigen jungen Mann, der die romantischen Schwärmereien der an Tieck und Novalis orientierten Literaten anteilnehmend verfolgte, ein sie alle übertreffendes Genie verbarg.

Seiner Freundin Marie war es wahrscheinlich zu danken, daß ihm schon vor der Entscheidung des Königs eine Berufsperspektive eröffnet wurde, die anzunehmen er aber zögerte; denn sie hätte ihn erneut von Preußen entfernt. Maries älterer Bruder, Peter von Gualtieri, in Kleists Militärjahren Major und Flügeladjutant Friedrich Wilhelms II., ein geistreicher, wohl auch etwas skurriler Plauderer, der jahrelang in Rahels Salon durch Originalität, Witz und Streitlust geglänzt hatte, war inzwischen in den diplomatischen Dienst getreten und sollte jetzt Preußen in Spanien vertreten. Kleist, der sich schon als Leutnant seines Wohlwollens erfreut hatte, aus ihm aber nicht recht schlau wurde, sollte ihn nach Spanien begleiten, um sich dort zum Attaché der Gesandtschaft auszubilden. Aber als klar war, daß der König sein Gesuch bewilligen würde, ließ er Gualtieri, dessen Leben schon wenige Monate später – wahrscheinlich durch Selbstmord – enden sollte, allein nach Spanien reisen und wartete auf das Angebot zu einem Posten im Inland, das ihn am Ende des Jahres tatsächlich erreichte und ihn zur Einarbeitung einige Monate in das Departement für Finanzen verbannte, das seit 1787 im sogenannten Donnerschen Palais, dem heutigen Palais am Festungsgraben, seinen Sitz hatte und ihn als Preußisches Finanzministerium bis in die Hitlerjahre hinein dort behielt.

Vorgesehen war er für einen Posten in den fränkischen Gebieten, wurde aber, um die Verwaltungspraxis einer Provinz kennenzulernen und bei Christian Jakob Kraus, dem wichtigsten Finanz- und Staatswissenschaftler Preußens, Vorlesungen zu hören, im Mai 1805 nach Königsberg beordert, wo er anfangs für die neuen Aufgaben Interesse zeigte, sich aber in einem Brief an Massenbach, der sich beim Minister Hardenberg für ihn eingesetzt hatte, auch schon fragte, ob denn die »Tätigkeit im Felde der Staatswirtschaft wirklich« sein Beruf sein könnte, eine Frage, »über die jedoch mein Herz jetzt keine Stimme mehr hat«.

Sein wahrer Beruf aber war die Dichtung, und da er dieser nicht entsagen konnte, während er sich ein Jahr lang den Zwang eines pflichttreuen Beamten auferlegte, hielten Körper und Geist die ständige Doppelbelastung nicht lange aus. Chronische Krankheiten veranlaßten ihn, im Juni 1806 seinen ihm wohlwollenden Vorgesetzten, den Geheimen Oberfinanzrat Freiherrn von Stein zu Altenstein,

Als Poesie gut

brieflich um seine Entlassung zu bitten. »Ein Gram, über den ich nicht Meister zu werden vermag, zerrüttet meine Gesundheit. Ich sitze wie an einem Abgrund, das Gemüt immer starr über die Tiefe geneigt, in welcher die Hoffnung meines Lebens untergegangen ist.« Zwei Monate später aber bekannte er Rühle von Lilienstern, einem

Karl Freiherr von Stein zum Altenstein.
Lithographie von Emil Krafft, 1826

seiner engsten Freunde aus den Potsdamer Militärjahren, daß er sein Leben nun der Literatur widmen werde. »Wäre ich zu etwas anderem brauchbar, so würde ich es von Herzen gern ergreifen: ich dichte bloß, weil ich es nicht lassen kann. Du weißt, daß ich meine Karriere wieder verlassen habe. Altenstein, der nicht weiß, wie das zusammenhängt, hat mir zwar Urlaub angeboten, und ich habe ihn angenommen, doch bloß um mich sanfter aus der Affaire zu ziehen.« Von nun an wolle er sich von seinen dramatischen Arbeiten ernähren; könne er doch, so phantasiert er, alle drei bis vier Monate ein Trauer- oder ein Lustspiel schreiben; Göttlicheres als die Kunst gäbe es nicht, auch nichts Leichteres, »und doch: warum ist es so schwer?«.

Das Jahr seines erneuten beruflichen Scheiterns wurde für ihn also das der endgültigen Entscheidung für die Dichtung, und in dieser Hinsicht war es auch gleich ein ertragreiches Jahr. Den »Zerbrochenen Krug« konnte er in Königsberg beenden, am »Amphitryon« weiterarbeiten, wahrscheinlich auch die »Penthesilea« beginnen, mit dem für seinen Freund Rühle geschriebenen Aufsatz »Über die allmähliche Verfertigung der Gedanken beim Reden« sich als Essayist versuchen und als Erzähler gleich mit einem Meisterwerk beginnen, mit dem »Erdbeben in Chili«, das bei seiner ersten Veröffentlichung »Jeronimo und Josephe« hieß. Diese Novelle, in der eine Naturkatastrophe alle menschlichen Verhältnisse verändert, wurde etwa zu der Zeit geschrieben, als Preußen die Katastrophe von Jena erlitt. Etwa zur gleichen Zeit vollendete sich Kleists Entwicklung zum politischen Autor, die sich schon vorher angebahnt hatte. Leider ging mit ihr auch das Anwachsen seines krankhaft anmutenden Hasses auf die Franzosen einher.

Als 1805 Napoleons Truppen auf ihrem Marsch gegen die Österreicher unter Mißachtung der Neutralität Preußens dessen fränkische Territorien durchquerten, Preußen seine Armee gegen sie in Marsch setzte, dann aber, nach der ersten Niederlage der Österreicher, zum Entsetzen der Patrioten doch wieder die Verständigung mit Napoleon suchte, schrieb Kleist einen Brief an den Freund Rühle, der von der Radikalität seines antinapoleonischen Fanatismus zeugt. Er verurteilt das Zaudern des Königs, das zum Untergang führen werde, prophezeit den »Umsturz« der alten Ordnung in Deutschland und fragt sich, »warum sich nicht einer findet, der diesem bösen Geiste der Welt [Napoleon] die Kugel durch den Kopf jagt«. Auf die Provokation Napoleons hätte, so meint er, mit einer Revolution von oben reagiert werden sollen. »Warum hat der König nicht gleich«, schrieb er an Rühle, »bei Gelegenheit des Durchbruchs der Franzosen durch

Als Poesie gut

das Fränkische seine Stände zusammenberufen, warum ihnen nicht in einer rührenden Rede (der bloße Schmerz hätte ihn rührend gemacht) seine Lage eröffnet? Wenn er es bloß ihrem eignen Ehrgefühl anheimgestellt hätte, ob sie von einem gemißhandelten König regieret sein wollen oder nicht, würde sich nicht etwas von Nationalgeist in ihnen geregt haben? Und wenn sich diese Regung gezeigt hätte, wäre dies nicht die Gelegenheit gewesen, ihnen zu erklären, daß es hier gar nicht auf einen gemeinen Krieg ankomme? Es gelte Sein oder Nichtsein; und wenn er seine Armee nicht um 300 000 Mann vermehren könne, so bliebe ihm nichts übrig als bloß ehrenvoll zu sterben. Meinst Du nicht, daß eine solche Erschaffung hätte zustandekommen können? Wenn er alle seine goldnen und silbernen Geschirre hätte prägen lassen, seine Kammernherrn und seine Pferde abgeschafft hätte, seine ganze Familie ihm darin gefolgt wäre und er nach diesem Beispiel gefragt hätte, was die Nation zu tun willens sei? Ich weiß nicht, wie gut oder schlecht es ihm jetzt von seinen silbernen Tellern schmecken mag.«

Drei Jahre später, als das kleiner und ärmer gewordene Preußen unter Besatzung und Kontributionen zu leiden hatte und das alte Reich nicht mehr existierte, kamen in Kleists herrlicher und zugleich gräßlicher »Hermannsschlacht« solche Gedanken in radikalerer Form wieder. Hermann will sich mit den deutschen Fürsten nur unter der Bedingung verbünden, daß sie sich dazu bereit erklären, Hab und Gut für die Freiheit zu opfern.

»Kurz, wollt ihr, wie ich schon einmal euch sagte,
Zusammenraffen Weib und Kind
Und auf der Weser rechtes Ufer bringen,
Geschirre, goldn' und silberne, die ihr
Besitzet, schmelzen, Perlen und Juwelen
Verkaufen oder sie verpfänden,
Verheeren eure Fluren, eure Herden
Erschlagen, eure Plätze niederbrennen,
So bin ich euer Mann.«

Sommerliche Schlittenfahrt

Am 11. Juni 1806, als am Gendarmenmarkt zum erstenmal die mit Spannung erwartete »Weihe der Kraft« von Zacharias Werner aufgeführt wurde, erreichte die seit einem Jahr andauernde politische Krise, die in die Katastrophe münden sollte, eine neue Etappe: England, das Preußen, den Verpflichtungen des erzwungenen Bündnisses mit Frankreich folgend, durch die Besetzung Hannovers und die Schließung der Häfen für englische Schiffe herausgefordert hatte, erklärte Preußen den Krieg. Bald danach waren alle preußischen Schiffe vernichtet, und der Seehandel kam zum Erliegen, so daß schon vor der später verhängten Kontinentalsperre die wirtschaftliche Not Preußens begann.

Die unentschlossene Neutralitätspolitik des Königs und seiner Kabinettsregierung, die zur verlustreichen und demütigenden Abhängigkeit von Napoleon geführt hatte, trieb Minister, Prinzen und Generäle in Opposition zum König und erregte einen allgemeinen Unwillen, der mit einem Anwachsen der antinapoleonischen Stimmung verbunden war. Die Gründung des Rheinbundes, im Juli, und die Abdankung Franz' II. als römisch-deutscher Kaiser, am 6. August, die Napoleons Machtstellung in Deutschland gefestigt hatten, förderten in Preußen das nationale Empfinden, als läge nach der Unterwerfung der süddeutschen Länder nun die Verantwortung für Deutschland hier. Bei Kleist, Schleiermacher und Fichte verstärkten sich die patriotischen Töne, und Armee und Bevölkerung erlebten eine bisher unbekannte Politisierung, die sich auch im Theater Luft machte, wenn das Bühnengeschehen Anlaß zu Widerspruch oder vaterländischem Beifall bot. Doch waren spontane Willensbekundungen in der Ordnung des Ständestaates nicht vorgesehen, sie sollten

Als Poesie gut

Zacharias Werner.
Lithographie von J. B. Sonderland nach einer
Zeichnung von E. T. A. Hoffmann

möglichst unterbunden werden, weshalb Iffland vor der Premiere der »Weihe der Kraft« auch Vorsorge traf. Er bat Polizei und Armee um Verstärkung der im Theater schon immer üblichen Wachen, daneben aber auch um einige »Polizeidiener in Zivilkleidung«, die auf der Galerie verteilt werden sollten, um bei eventuell notwendig werdender Arretierung von Unruhestiftern sofort zur Stelle zu sein. Neben den vulgären Radaumachern, vor denen vor allem Liebesszenen nie sicher waren, und den religiösen Fanatikern, die die Bühnendarstellung Luthers als eine Entweihung des Reformators ansahen, fürchtete er wohl auch die patriotisch Entflammten, die laut werden konnten, weil ihnen Luthers Auflehnung gegen die römische Kirchenherrschaft ein Gleichnis für Gegenwärtiges war. Denn die Auffassung, daß das protestantische Norddeutschland einen Kampf um die Freiheit des Glaubens gegen das katholisch-napoleonische Frankreich zu führen habe, war sehr verbreitet, und da das »Hier stehe ich, ich kann nicht anders« und »Ein feste Burg ist unser Gott« im Stück natürlich auch vorkamen, konnte das möglicherweise Anlaß zu politischen Kundgebungen sein.

Dem Autor, der bei seiner Ankunft in Berlin befürchtet hatte, daß der hier herrschende »Patriotismus wie Schnupfen« anstecken könne, hatten politische Absichten ferngelegen. Ihm war es nicht auf Vaterlandsliebe, sondern auf Frömmigkeit angekommen. Die politische Situation erst hatte den Stoff politisiert.

»Martin Luther oder die Weihe der Kraft, eine Tragödie« hieß die ein halbes Jahr nach der Erstaufführung bei Sander erschienene, mit fünf Kupfern und einer Notenbeilage versehene Buchausgabe, während die Aufführung, die dem kürzeren Text einer Bühnenfassung folgte, »Die Weihe der Kraft, ein Ritterschauspiel« hieß. Und Ritterliches gab es auf der Bühne, besonders in den Kostümen, tatsächlich. Selbst Luther, der, so die einhellige Meinung, von Iffland hervorragend gespielt wurde, konnte nicht nur in Mönchskutte und schwarzem Talar, sondern auch im Ritterkostüm auftreten. Doch verkörperte er nicht den untadeligen Glaubens- und Nationalhelden, sondern einen trotzigen Kraftmenschen, dessen Herkunft aus dem Bergmannsmilieu deutlich wird. Er muß erst durch Liebe geläutert werden, was schließlich der frommen Katharina von Bora gelingt. Deren Liebesgefühle, in denen sich Sinnliches und Religiöses in seltsamer Weise mischen, entspringen mystischen Quellen – was im aufgeklärten Berlin natürlich befremdete und Anlaß zum Karikieren und Parodieren

Als Poesie gut

Martin Luther,
oder
Die Weihe der Kraft.

Eine Tragödie,

vom

Verfasser der Söhne des Thales.

Es soll aber ein Bischoff unsträflich seyn, Eines Weibes Mann.
    1. Ep. Pauli an den Timotheus. Kap. 3, V. 2.

Berlin,
bei Johann Daniel Sander.
1807.

*Erstausgabe von Werners »Weihe der Kraft« mit
Stichen von Franz Ludwig Catel und Heinrich Anton Dähling*

gab. Die spektakulärste Reaktion auf das umstrittene Schauspiel war eine von Offizieren veranstaltete Maskerade, die an einem der ersten Augustabende die Berliner erschreckte, belustigte oder empörte – und sechzig Jahre später in Theodor Fontanes »Schach von Wuthenow« wiederkehrte, nicht als Beweis für die damalige Theaterbesessenheit der Berliner, sondern als Symptom des Verfalls.

Inspirieren lassen hatten sich die jungen Offiziere des Eliteregiments Gensdarmes besonders durch die zweite Szene des ersten Aktes, in der bei Aufhebung des Wittenberger Nonnenklosters die vom Zwang der Keuschheit befreiten Ordensschwestern ihren Liebhabern in die Arme sinken und nur die fromme, durch göttliche Fügung für Luther bestimmte Katharina von Bora im Kloster bleibt. Nach der Lebensbeschreibung des Karl von Nostitz, die auch Fontane als Quelle diente, deren Vulgäres er aber entschärfte, lag der Maskerade die Annahme zugrunde, daß die Nonnen, die nach ihrer Freilassung im bekannten Berliner Freudenhaus der Madame Etscher Arbeit gefunden haben, Besuch von Luther und seinem Käthchen bekommen und mit ihnen eine Schlittenfahrt durch die Stadt machen – ein »etwas roher Spaß«, wie Nostitz zugeben muß. »Ich ließ einen Schlitten auf niedrige Räder setzen und diese mit herabhängendem grauen Tuche bedecken. Vier rüstige Pferde konnten dies Fuhrwerk bequem ziehen. Jeder Teilnehmer stellte vier bis sechs Vorreiter, alle reich gekleidet, in Jacken mit Gold- und Silbertressen, wie solches bei großen Schlittenfahrten üblich ist«. Die als leichtfertige Frauen verkleideten Offiziere benutzten dabei ihre Paradepferde, nur der Leutnant von Zieten, der im Hauskleid der Madame Etscher posierte, ritt ein Kleinpferd, dem man Eselsohren aufgesteckt hatte, während der Dr. Luther, dessen Tracht man aus der Theatergarderobe entliehen hatte, auf dem Schlitten thronte und seine im Stück tatsächlich vorkommende Flöte bei sich hatte, die hier, wohl mit obszönen Hintergedanken, sehr lang geraten war. Der Regisseur des Spektakels aber, der ellenlange Leutnant von Nostitz, gab die zarte Katharina von Bora, die, auf der Pritsche reitend, in einer Hand eine Fackel, in der anderen die Hetzpeitsche hielt. Vom Gendarmenmarkt aus durch die

Als Poesie gut

Charlottenstraße erreichte der von Fackeln erhellte Zug die Straße Unter den Linden, wo sich ihm Ordnungshüter entgegenstellten, denen er in Nebenstraßen ausweichen konnte und dann noch lange »mit zunehmender Schnelligkeit« durch die Stadt jagte. Erst spät wurden in einer entlegenen Straße die Fackeln gelöscht. Einige Tage konnten die Übeltäter das stolze Bewußtsein, wieder einmal von sich reden gemacht zu haben, genießen, dann begann eine vom König befohlene Untersuchung der anstößigen Vorgänge, die zur Bestrafung nur der ranghöheren Offiziere durch Versetzung in die Provinz führte. Die jungen Leutnants, Nostitz unter ihnen, gingen straffrei aus.

Die Mobilmachung begann wenige Tage später, am 9. August. Beim Ausmarsch zeigte sich das Regiment Gensdarm siegessicher wie immer – um Ende Oktober gedemütigt zurückzukehren; es hatte bei Prenzlau kapituliert. Die Sieger ließen es, bevor sie es freigaben, noch einmal waffenlos und abgerissen durch Berlins Straßen marschieren, wo sie von den Zuschauern neben anderen höhnischen Zurufen auch »Dr. Luther läßt grüßen!« zu hören bekamen. Für das vornehme Regiment, dessen Tradition zurück bis zum Großen Kurfürsten reichte, war es ein trauriges Ende. Im Zuge der Militärreformen wurde es im nächsten Jahr aufgelöst.

Zacharias Werner, dessen Briefe keinen Hinweis auf den parodistischen Unfug der Offiziere enthalten, hatte sich bald nach der Uraufführung zu einem befreundeten Beamten auf das Gut Lindenberg bei Beeskow gerettet, um dem »Berliner Staube« und den Diskussionen um sein Stück zu entgehen. Dort hielt er sich fern von allem Gedruckten, lag, »so oft es die Nässe erlaubte, im Grase« und sann über das »ewige Thema« seiner Werke, nämlich »die Vergöttlichung des Menschen durch die Liebe« nach. Seinen Ruhm genoß er nach der Niederlage Preußens aber lieber woanders, erst in Weimar, dann in Coppet am Genfer See bei der Madame von Staël und schließlich im katholischen Wien. Hier konvertierte er, wurde Priester, wirkte als erfolgreicher, aber auch angefeindeter Kanzelredner und nahm mit der Schrift »Die Weihe der Unkraft« seine These von der Kraft der Liebe zugunsten der Kraft des Glaubens und der Bußfertigkeit zurück.

Vom Kriege

Das Vorwort zu dem bedeutendsten aller militärtheoretischen Werke beginnt mit den folgenden Sätzen: »Es wird mit Recht befremden, daß eine weibliche Hand es wagt, ein Werk von solchem Inhalt wie das vorliegende mit einer Vorrede zu begleiten. Für meine Freunde bedarf es hierüber keiner Erklärung, aber auch in den Augen derer, die mich nicht kennen, hoffe ich durch die einfache Erzählung dessen, was mich dazu veranlaßte, jeden Schein einer Anmaßung von mir zu entfernen.«
Zwölf Jahre sei der Verfasser, ihr Ehemann, mit dem Werk beschäftigt gewesen, so heißt es dann weiter, habe es fertigstellen, aber zu Lebzeiten nicht veröffentlichen wollen, die Herausgabe vielmehr ihr übertragen, und da in dieser »glückseligen Ehe« alles miteinander geteilt wurde, »nicht allein Freude und Leid, sondern auch jede Beschäftigung, jedes Interesse«, so könne sie es mit Hilfe treuer Freunde auch wagen, diesen Auftrag des Verstorbenen zu erfüllen. »War ich einundzwanzig Jahre lang hochbeglückt an der Hand eines solchen Mannes, so bin ich es, ungeachtet meines unersetzlichen Verlustes, auch noch heute durch den Schatz meiner Erinnerungen und meiner Hoffnungen, durch das reiche Vermächtnis von Teilnahme und Freundschaft, das ich dem geliebten Verstorbenen verdanke, und durch das erhebende Gefühl, seinen seltenen Wert so allgemein und so ehrenvoll anerkannt zu sehen.«
Datiert ist dieses Vorwort mit dem 30. Juni 1832. Als Ort ist das Marmor-Palais bei Potsdam angegeben, wo die Schreiberin nach dem Tode ihres Mannes als »Oberhofmeisterin Ihrer Königlichen Hoheit der Prinzessin Wilhelm« (das ist Marianne, geb. Prinzessin von Hessen-Homburg, die nach dem Tod ihrer Schwägerin, der Königin Lui-

se, teilweise deren Rolle in der Öffentlichkeit übernommen hatte und damit auch für alles Schöngeistige bei Hofe zuständig wurde) tätig war. Der Name der Frau, die das nachmals weltberühmte und noch immer aktuelle Werk »Vom Kriege« der Öffentlichkeit präsentierte, war Marie von Clausewitz, geborene Gräfin Brühl.

Marie von Clausewitz als Witwe.
Künstler unbekannt

Ihrer glücklichen, aber kinderlosen Ehe waren sieben Jahre des Wartens und der Ungewißheit vorausgegangen, in denen die Treue der Liebenden auf eine harte Probe gestellt worden war. Das Warten war den turbulenten Zeitläuften geschuldet, die Karl von Clausewitz immer wieder von ihr weggeführt hatten, die Ungewißheit darüber, ob eine Verbindung zwischen ihnen überhaupt möglich wäre, aber hatte in der Unterschiedlichkeit ihres Herkommens seinen Grund.

Marie war die Tochter eines Reichsgrafen, der eine hohe Stellung am Königlichen Hofe bekleidet hatte, Karl aber ein armer, mangelhaft gebildeter Leutnant von unsicherem Adel, der nur durch einen glücklichen Zufall in ihre Welt, nämlich die des Hofes, geraten war.

Marie Gräfin Brühl, 1779, ein Jahr vor Clausewitz geboren, war acht Jahre alt, als ihr Vater, der vorher im Dienste Sachsens in Petersburg und Warschau gelebt hatte, sein Amt als Erzieher des preußischen Kronprinzen antrat und mit Frau und drei Kindern das obere Stockwerk des Kronprinzenpalais bezog. Wenn sie auch dort, weil der Kronprinz volljährig wurde, nicht lange blieben, sondern wechselnde Wohnungen in der Friedrichstraße, in Charlottenburg, am Gendarmenmarkt und in Potsdam bezogen, so wuchs die sorgfältig erzogene und gebildete Marie doch von früh an in der Luft des Hofes auf. Durch ihre aus England stammende Mutter beherrschte sie neben dem üblichen Deutschen und Französischen auch das Englische, und durch Caroline von Berg, die Freundin der Königin Luise, mit deren Töchtern sie befreundet war, wurde sie früh schon mit der zeitgenössischen deutschen Literatur bekannt. Ihr Beruf, den sie vor und nach ihrer Ehe ausübte, war der einer Hofdame, in jungen Jahren bei der Witwe Friedrich Wilhelms II., im Alter, wie schon gesagt, bei der Prinzessin Marianne, die später Fouqué zu seiner hohen Herrin erwählte und der Kleist seinen »Prinzen von Homburg« gewidmet hat.

Clausewitz dagegen hatte in der Jugend so gut wie keine Bildung genossen, und seine Berechtigung, den adligen Namen zu führen, war zweifelhaft. Nach der Version seines Vaters waren die Vorfahren Adlige aus Oberschlesien namens von Clausnitz gewesen, die nach Verarmung im Dreißigjärigen Kriege bürgerliche Berufe ergriffen und auf den Adel verzichtet hatten, und erst er, der Vater, hatte sich auf das Von vor dem Namen wieder besonnen, als das für seine Karriere in der Armee Friedrichs des Großen nötig geworden war. Weiter als bis zum Sekondeleutnant hatte er es aber nicht bringen können, da er im Siebenjährigen Krieg schwer verwundet wurde und nach seinem Abschied als Invalidenversorgung die Stelle eines Akziseeinnehmers in Burg bei Magdeburg erhielt.

Als Poesie gut

Soweit die väterliche Sage, die Clausewitz möglicherweise glaubte, sie jedenfalls, auch Marie gegenüber, im Interesse seiner Offizierslaufbahn als wahr vertrat. In Wirklichkeit aber waren, wie man heute weiß, die Clausswitze oder Clauswitze eine ursprünglich in Schlesien beheimatete bürgerliche Familie. Karls Urgroßvater war Pfarrer

Karl von Clausewitz, um 1830.
Lithographie von F. Michaelis nach einem
Gemälde von Wilhelm Wach

in Sachsen, sein Großvater Theologieprofessor in Halle gewesen, und sein Vater, Friedrich Gabriel Clausswitz, der es in Kriegszeiten tatsächlich bis zum niedrigsten Offiziersrang gebracht hatte, war nach dem Krieg, als man die bürgerlichen Offiziere nicht mehr brauchte, entlassen und auf die schlecht bezahlte Stellung in Burg geschoben worden. Alle seine Söhne erscheinen in den Registern über Geburten und Taufen noch unter dem Namen Clausswitz, also ohne das Von.

Daß Karl und zwei seiner Brüder später unter dem Namen von Clausewitz als Gefreitenkorporale, also Offiziersanwärter, in die preußische Armee eintreten konnten, hatte wohl mehr als mit den Lockerungen der ständischen Regeln unter Friedrich Wilhelm II. mit familiären Beziehungen zu tun. Karls Großmutter hatte nach dem frühen Tod ihres Mannes, des Hallenser Professors, einen Offizier namens von Hundt geheiratet, der die Enkel seiner Frau, wenn sie dreizehn Jahre alt wurden, nacheinander im Militär unterbrachte, zwei von ihnen in dem von ihm kommandierten, in Neuruppin stationierten Infanterieregiment Nr. 34, dessen Chef Prinz Ferdinand, der jüngere Bruder Friedrichs des Großen war. Für den Akziseeinnehmer war das ein Segen, denn von seinen mageren Einkünften eine Familie mit fünf Kindern zu ernähren, war schwer.

Karl, der zweitjüngste der Söhne, 1780 in Burg geboren, mußte den Besuch der Stadtschule früh abbrechen, mit dreizehn Jahren Soldat werden und gleich in den Krieg ziehen, auf die Belagerungswälle von Mainz. Als »Sohn des Lagers«, der von »rohen Soldatenhaufen« und vom Zufall erzogen wurde, bezeichnete er sich später, und er erinnerte sich an seine ersten geistigen Regungen mit etwa fünfzehn Jahren, als er nach den Wirren und Ängsten des Krieges zum ersten Mal Momente der Selbstbesinnung hatte und dabei merkte, wie ungebildet er war. Als nach Abschluß des Friedens von Basel das Regiment in den vereinzelt stehenden Bauerngehöften bei Osnabrück seine Ruhequartiere hatte, begann er Bücher zu lesen, die ihm zufällig in die Hände fielen. Es waren Schriften der Illuminaten, das heißt der Erleuchteten, eines Freimaurerordens, der für die Verbreitung der Aufklärung zu wirken versuchte. »Da wurde mit einem Male«, so läßt er später Marie wissen, »die Eitelkeit des kleinen Soldaten zu einem äußerst philosophischen Ehrgeize.« Aus diesen Schriften wird er, trotz ihres geheimbündlerisch-okkulten Beiwerks, begriffen haben, daß das Ziel der Aufklärung, sich des eignen Verstandes ohne Leitung eines anderen bedienen zu können, nicht ohne geistige Anstrengung erreichbar war.

Als Poesie gut

Vor den Jahren, in denen Maries Wege die seinen gelegentlich kreuzten, lagen noch die Zeiten eines ereignislosen Garnisonslebens, das in Neuruppin sicher nicht so trist war wie in abgelegeneren polnischen und hinterpommerschen Garnisonsstädtchen, aber verglichen mit den Bildungs-, Unterhaltungs- und Kontaktmöglichkeiten, die Berlin und Potsdam den Offizieren boten, waren diese in Neuruppin doch begrenzt. Ein Brand hatte 1787 die Stadt völlig verwüstet. Mit staatlicher Hilfe war sie modern wieder aufgebaut worden, mit geraden und breiten Straßen, öffentlichen Plätzen, einem Exerzierplatz und einem imposanten Gymnasiumsbau. Als Clausewitz mit dem Regiment im Sommer 1795 wieder hier eintraf, war der Wiederaufbau bereits beendet. Die Soldaten wohnten hier in Kasernen, die höheren Offiziere in eignen Häusern, die subalternen in Privatquartieren, und abgesehen von den jährlichen Exerzier- und Manöverwochen, war es ein recht geruhsames, aber auch langweiliges Leben, das dem ehrgeizigen Secondeleutnant Gelegenheit zur Vervollkommnung seiner allgemeinen und militärischen Bildung bot. Doch war das Literaturangebot sicher bescheiden. Die Bücher des Gymnasiums, des Leseklubs und der Leihbüchereien werden für seine Zwecke nicht ausgereicht haben, und die Bibliothek des Prinzen Heinrich im nahen Rheinsberg, wo die Offiziere der Ruppiner Garnison oft Konzerte und Opernaufführungen besuchten, wird dem jungen Leutnant wohl kaum zugänglich gewesen sein. In seinem Bekenntnisbrief an Marie sagt er über diese seine autodidaktischen Jahre nur bescheiden, er sei seinen Kameraden in militärischem Ehrgeiz etwas voraus gewesen, und er habe eine stärkere Neigung zum Denken und zur Literatur gehabt. Vielleicht konnte er auch schon von den Versuchen einer Offiziersweiterbildung profitieren, die damals in Folge der Aufklärungsideen in einigen Regimentern, auch in dem seinen, begonnen wurden. Doch zu planmäßigen Studien konnte er erst in Berlin kommen, wo Scharnhorst in diesen Jahren mit der Reformierung der Offiziersausbildung begann.

Im Frühjahr 1801 war der auch aus einfachen Verhältnissen stammende Artillerieoffizier und Militärschriftsteller Scharnhorst aus hannoverschen in preußische Dienste übergetreten, und in klarer

Einschätzung der Lage, in der er sich in Berlin in leitender Stellung befinden würde, hatte er das Geadeltwerden zur Bedingung gemacht.

Seine Vorschläge zur Heeresreform, die er mitgebracht hatte, waren als zu radikal abgelehnt worden, aber die schon seit 1769 in der Burgstraße bestehende Ecole Militaire, die man 1791 in Militärakademie umbenannt hatte, konnte er in seinem Sinne zu einer für ganz Preußen wichtigen Offiziersbildungsstätte umgestalten, den Lehrkörper vergrößern und den Hörsaal für die etwa vierzig Teilnehmer der dreijährigen Lehrgänge 1802 an einen repräsentativeren Ort verlegen: in das Schlütersche Schloß.

Clausewitz hatte das Glück, in den ersten, im Oktober 1801 beginnenden Lehrgang aufgenommen zu werden und hier erstmalig systematisch lernen zu können, neben den militärischen Fächern auch Geschichte, Philosophie und Mathematik. Seine weitere intellektuelle Entwicklung wurde hier wohl besonders durch die Vorlesungen des Philosophen Kiesewetter gefördert, der sich die Popularisierung von Kants Philosophie zur Aufgabe gemacht hatte und bei den künftigen Stabsoffizieren Mathematik und Logik las. Die für das Leben des einundzwanzigjährigen Clausewitz entscheidende Begegnung aber war die mit Scharnhorst, der den in vieler Hinsicht unwissenden, aber hochintelligenten und ehrgeizigen Leutnant, der anfangs nur schwer den Vorlesungen folgen konnte und nahe daran war, aufzugeben, mit Zuspruch und Ratschlägen beistand und ihm der wichtigste Lehrer, nicht nur in den militärischen Fächern war. Aus diesem Lehrer-Schüler-Verhältnis entwickelte sich in den nächsten Jahren, trotz des großen Altersunterschiedes (Scharnhorst war damals schon siebenundvierzig), eine enge Freundschaft, die bis zu Scharnhorsts frühem Tod hielt.

Zur Ausnahmeerscheinung unter den Lehrgangsteilnehmern, die nun im Parterreraum 44 des Schlosses, mit Blick auf den Lustgarten, die Vorlesungen hörten, wurde Clausewitz nicht nur als hervorragender Schüler, der in diesen Jahren schon seine ersten kriegswissenschaftlichen Arbeiten verfaßte, sondern auch seiner Armut wegen, die es ihm unmöglich machte, an den Vergnügungen seiner Kameraden teilzunehmen. Studieneifer und Mittellosigkeit machten ihn also zum Einzelgänger. Um seinen Finanznöten aufzuhelfen, übernahm er gegen Bezahlung Wachdienste für Offiziere der Garnison. Ein junger Leutnant, den die Familie finanziell nicht unterstützen konnte, war seit jeher in Preußen arm dran.

Neben der Ausbildungsstätte für junge Offiziere war es auch die sogenannte »Militärische Gesellschaft«, die Clausewitz in diesen Jahren fachlich voranbrachte, eine freiwillige Vereinigung militärwissenschaftlich Interessierter, die Scharnhorst 1802 gegründet hatte, um durch sie seine Reformideen verbreiten zu können, und die dreieinhalb Jahre bestand. Auf ihren Zusammenkünften wurden Vorträge gehalten, schriftliche Arbeiten beurteilt und viel diskutiert. Ihre knapp zweihundert Mitglieder waren in der Mehrzahl Offiziere aller Dienstgrade, einige Beamte wie der Freiherr vom Stein darunter, und zwei königliche Prinzen: der berühmte Louis Ferdinand, der die ersten Tage des kommenden Krieges nicht überleben sollte, und sein jüngerer Bruder August, dem Scharnhorst seinen Schüler als Adjutanten empfahl. Nachdem Clausewitz 1804 den Lehrgang als Bester beendet hatte, brauchte er also nicht zum Regiment nach Neuruppin zurückzukehren, er konnte als Adjutant des Prinzen in Berlin bleiben, in der Hofgesellschaft verkehren und dort auf die Gräfin Brühl treffen, die das allmähliche Wachsen der Liebe zwischen den beiden später beschrieben hat.

1803, gegen Ende des Jahres, sah sie den dreiundzwanzigjährigen Clausewitz bei einem Souper im Schloß Bellevue zum ersten Mal. Sie war vierundzwanzig, galt nicht als Schönheit wie ihre jüngere Schwester Franziska, und seitdem diese im Mai des Jahres Marwitz geheiratet hatte, glaubte sie nicht mehr an ihr eigenenes Glück. Im Vorjahr war ihr Vater gestorben. Viele Monate hatte sie mit der Mutter in der Einsamkeit ihres Gutes Klein-Ziethen vertrauert, und erst an diesem November- oder Dezemberabend hatte sie sich der Hofgesellschaft wieder gezeigt. In der Freude, ihre Freundinnen wiedersehen zu können, war sie, als man ihr den Adjutanten des Prinzen August vorgestellt hatte, ganz gleichgültig geblieben. Er dagegen, noch

Vom Kriege

*Schloß Bellevue um 1830. Lithographie nach einer
Zeichnung von Johann Hubert Anton Forst*

ohne Bekannte und Freunde in der für ihn neuen Umgebung, spürte, als er ihr Gesicht sah, sofort die »verwandte Seele« und konnte kaum erwarten, sie bald wiederzusehen.

Die zweite Begegnung geschah schon, wie Marie sich erinnert, einige Tage danach. In Begleitung seines Adjutanten war Prinz August im Schloß Monbijou, dem Witwensitz der alten Königin Friederike, bei der Marie als Hofdame diente, zu Besuch gekommen. Der schlanke Leutnant, braunhaarig, von mittlerer Größe, der seiner aufrechten Körperhaltung wegen etwas steif wirkte und auch im Gespräch Hölzernes hatte, stand am Kamin des hufeneisenförmigen Saales und redete lange mit Karl Brühl, ihrem Vetter, der ihn später vor allen Damen als klugen Kopf lobte. Da tat es ihr leid, mit ihm nicht gesprochen zu haben. Und bei der dritten Begegnung, wieder im Schloß Bellevue, eröffnete sie mit der Frage, wie lange er schon ihren Vetter kenne, ihr erstes Gespräch.

Als Poesie gut

Als sich Prinz Wilhelm, der Bruder des Königs, im Januar 1804 mit der Prinzessin Marianne von Hessen-Homburg vermählte und viele Hoffeste gefeiert wurden, bei denen Prinz August anwesend sein mußte, hatte Marie nun Gelegenheit, häufiger mit dem Leutnant zu reden, nahm aber, um nicht enttäuscht zu werden, die Sache vorläufig noch leicht. Erst als ihre Freundinnen Luise und Charlotte von Berg ihr bestätigten, daß Clausewitz auffällig oft ihre Nähe suche oder doch nach ihr Ausschau halte, gab sie ihr Interesse an ihm auch sich selbst gegenüber zu. Sie genoß es, ihm in den Räumen des Prinzen Wilhelm, der im Berliner Schloß wohnte, an einer schmalen Tafel gegenüber zu sitzen oder in Bellevue mit ihm über »Werthers Leiden« zu reden, erschrak über sich, als sie ihn in der Oper unschicklicherweise zuerst grüßte, und sie war gerührt, aber auch verlegen, als er auf einem Ball, es war der 27. Februar, eine kurze Begegnung beim Tanzen zu der Bemerkung benutzte, daß er sehr unglücklich sei.

In der Nacht dieses Balles, der bis zum Morgen dauerte, wurde ihre Schwester Fanny von einer Tochter entbunden. Am 16. März starb die junge Mutter, und das Neugeborene, das auch Fanny genannt wurde, kam in die Obhut seiner Tante Marie und der Großmutter, die erneut ein Trauerjahr in Klein-Ziethen verbrachten. Erst zur Karnevalszeit des nächsten Jahres begann Maries Dienst bei der Königin Friederike wieder. Als diese krank wurde, kam Prinz August manchmal, um sich nach ihrem Befinden zu erkundigen, ließ aber den Adjutanten immer draußen im Vorzimmer, so daß Marie, die bei der Kranken wachte, ihn nicht sah. Einmal aber wurde er doch mit hineingebeten, und als sie ihn so unerwartet erblickte, versagte ihr für einige Sekunden die Stimme, und sie wußte nun endlich genau, wie es um sie stand.

Die nächste Begegnung, bei der Beisetzung der Königin, geschah ohne Worte und wurde für sie doch zum Ereignis. Sie hatte den Sarg in die Domgruft hinunterbegleiten müssen, und als sie inmitten der anderen Damen wieder heraufkam, stand er bei den Leuten, die vor der Portal warteten, erkannte sie trotz des Schleiers, und gegen alle Gepflogenheit grüßte er sie. Wenige Tage später begegnete sie ihm im Lustgarten, wo Prinz August sein Regiment besichtigte. Sie wollte ins

Vom Kriege

Schloß, um sich von den anderen Hofdamen der Gestorbenen zu verabschieden, weil sie mit ihrer Freundin Charlotte von Berg zu deren inzwischen verheirateten Schwester Luise, die jetzt Gräfin Voß hieß, für einige Monate aufs Land wollte. Clausewitz begleitete sie bis zur Schloßtreppe. Er war liebenswürdig wie immer, sie aber war durch die Erregung, die sie zu bekämpfen versuchte, kalt und unfreundlich, so daß sie hinterher fürchtete, er würde seine Bemühungen aufgeben. Doch auch im Herbst, als sie aus dem mecklenburgischen Giewitz zurückkehrte und ihm im Schloß Bellevue, beim Ausritt im Tiergarten und mehrmals auch im Theater begegnete, zeigte er weiterhin sein Interesse, ohne daß es aber zu einer deutlicheren Erklärung kam. Einmal, als sie gemeinsam aus dem Fenster einer Truppenparade zusahen, die anläßlich des Besuchs des Zaren stattfand, berührten sich für einen Augenblick ihre Hände. Ein andermal vesetzte er sie in Unruhe, als er im Theater von seinem Parkettplatz aus nicht einmal zu ihrer Loge hinaufblickte, und bei der Aufführung der »Jungfrau von Orleans« verletzte sie ihn in der Pause durch die scherzhafte Bemerkung: diese Jungfrau habe gleich zwei Verehrer, manch anderer aber sei einer schon fast zu viel.

Als im Herbst 1805 der Krieg drohte, die Truppen sich marschfertig machten und jede Begegnung mit Clausewitz für sie die letzte sein konnte, quälte es sie, daß das entscheidende Wort noch immer nicht gesprochen war. In den Tagen vor dem Ausmarsch kam er in die königliche Loge, um sich von ihr zu verabschieden, aber da zu viele Leute dabeistanden, blieb er freundlich-formell wie immer, und auch sie konnte nicht zeigen, wie ihr zumute war.

Am Vormittag des 3. Dezember aber war ihnen endlich das Glück beschieden, ihre Gefühle zeigen zu können. In der Hoffnung, Clausewitz irgendwo in der Stadt noch einmal zu treffen, begleitete Marie die Kinderfrau und die kleine Fanny zu einem Pelzladen an der Schloßfreiheit. Die kleine Nichte brauchte warme Stiefel, und Marie wußte, daß das Bataillon des Prinzen August in der Breiten Straße aufmarschiert war. Kaum war sie im Pelzladen, sah sie Clausewitz eintreten. Während die Kinderfrau und Fanny warme Schuhe anprobierten, konnte Marie in einer Ecke des Ladens unbemerkt mit Clausewitz reden. Sie konnte ihn mit der Bemerkung, er möge doch auch im Kriege seine hiesigen Freunde nicht ganz vergessen, zu einer Erklärung veranlassen, die sie glücklich machte, obwohl sie nur lautete: »Oh, wer sie einmal gesehen hat, der vergißt sie nie.« Der Ton, in dem er das sagte, während er ihr die Hand küßte, machte sie sicher, daß sie einander verstanden hatten und »der Bund der Seelen« damit geschlossen war.

Am 5. Dezember begann der Ausmarsch der Truppen. Frau von Heinitz, die Witwe des Ministers, der sich um Schadow und die Akademie verdient gemacht hatte, lud Marie ein, vom Fenster ihres am Wilhelmsplatz gelegenen Hauses das Schauspiel mit anzusehen. Außer ihr waren auch Caroline von Berg und die Frau vom Stein gekommen, doch Clausewitz ließ sich davon nicht abhalten, im Vorbeireiten zu ihr hinauf zu grüßen, vielleicht, wie sie denken mußte, zum letzten Mal.

Aber Preußens Kriegseintritt wurde aufgeschoben. Denn Napoleon siegte bei Austerlitz über Russen und Österreicher, und ein Vertrag wurde geschlossen, der, wie schon viele vor ihm, nicht lange halten sollte. Um sich weiterhin unbesiegbar zu dünken, blieben der ruhmreichen Armee Friedrichs des Großen nur noch zehn Monate Zeit.

Im Februar waren die Truppen wieder zu Hause, und Marie sah Clausewitz im Theater, aber immer in Gegenwart vieler Leute, so daß sie ihm mit einer Kälte begegnete, die teils vorgetäuscht war, teils aber auch ihren inzwischen aufgekommenen Zweifeln entsprach. Seit den Worten im Pelzladen fühlte sie sich ihm versprochen, aber der Gefühlsüberschwang dieses Abschieds, der der letzte hätte sein können, war ihr jetzt, da die Gefahren vorüber waren, peinlich, und in den Wochen seiner Abwesenheit war ihre Liebe in ein ernsteres Stadium getreten, das ihrem doch schon reifen Alter besser als die bisherige Schwärmerei entsprach. Sie hatte sich vor Augen gehalten, daß sie sich gegen alle Vernunft in dieses Abenteuer gestürzt hatte. Von der Persönlichkeit des Erwählten kannte sie nur die Außenseite, und was sie von seiner Herkunft und Besitzlosigkeit wußte, ließ eine

Heirat unmöglich erscheinen. Die Erlaubnis dazu würde von ihrer Familie nie zu bekommen sein. Manchmal glaubte sie auch, ihm Kälte zeigen zu müssen, um ihre innere Freiheit wiedergewinnen zu können, aber eine mehrwöchige Reise nach Dresden genügte, um ihr klarzumachen, daß sie schon unauflöslich an ihn gebunden war.

Als Clausewitz, inzwischen zum Stabskapitän befördert, Ende August 1806 erneut ausmarschierte und es diesmal mit dem Kriege ernst wurde, hatten die beiden sich inzwischen mit klareren Worten und mit dem Austausch von Ringen verlobt. Ihre lange Brautzeit bestand nur aus Trennungen, die durch die Schicksale Preußens verursacht wurden. Ihre Liebe lebten sie nun in Briefen, die über Friedrike, eine befreundete Hofdame, liefen, damit Maries Mutter davon nicht erfuhr. Durch Briefe erst lernten sie einander kennen. Er, ein Schiller-Verehrer, dem Goethe erst durch Marie nahegebracht wurde, schrieb, wie auch sie, in einer durch die klassische Literatur geschulten Sprache. Neben Persönlichem ist in diesem viele Jahre währenden Briefwechsel auch viel von Militärischem und Politischem die Rede. Es ist der Briefwechsel von gefühlsmäßig gleichgestimmten und geistig ebenbürtigen Menschen, die nie daran zweifeln, füreinander bestimmt zu sein.

Seine Briefe, die Patriotismus und soldatischen Ehrgeiz nie verhehlen, sie vielmehr immer mit seiner Liebe zusammendenken, sind meist von beachtlicher Länge. Der kürzeste wurde im »Kantonierungsquartier Tennstädt bei Weimar« am 12. Oktober 1806 unter dem Eindruck des Todes Prinz Louis Ferdinands geschrieben, zwei Tage vor der verhängnisvollen Schlacht bei Jena und Auerstedt.

»Die Nachrichten, welche Sie von dem Tode des Prinzen Louis und dem unglücklichen Gefecht haben werden, was diesen Tod veranlaßte, fordern mich auf, Ihnen, geliebte, teure Marie, jetzt noch ein paar Zeilen zu schreiben, ungeachtet die Nachricht von einer großen entscheidenden Schlacht diesem Briefe vielleicht zuvoreilt.

Der Tod des Prinzen hat fast der ganzen Armee Trauer gekostet; das Gefecht selbst ist ohne alle Folgen. Übermorgen oder in zwei bis drei Tagen wird es zur großen Schlacht kommen, der die ganze Armee mit Verlangen entgegensieht. Ich selbst freue mich auf diesen Tag, wie ich mich auf meinen Hochzeitstag freuen würde, wenn er mich so glücklich machte, segnend jener Hand verbunden zu werden, von der ich den Ring trage. Ich hoffe auf den Sieg. Lebe wohl, meine geliebte Marie, nie fühlte ich mich Dir so nahe wie in diesem Augenblicke, nie Deiner würdiger. Lebe wohl, auf ein glückliches Wiedersehen hier oder in einer anderen Welt. Ewig Dein Karl«

Der Kriegsgott am Klavier

Prinz Louis, dem man zur Unterscheidung von einem gleichnamigen Bruder des Königs den Namen seines Vaters angehängt hatte, ihn also Louis Ferdinand nannte, war der ältere Bruder des Prinzen August, von dem manchmal auch als August Ferdinand die Rede ist. In der Beurteilung Louis Ferdinands waren sich die Schwippschwäger F. A. L. von der Marwitz und Karl von Clausewitz, die sonst wenig miteinander zu tun haben wollten und innenpolitisch gegensätzliche Ansichten hatten, weitgehend einig. Beide lobten ihn überschwenglich und sparten daneben nicht mit Kritik. Clausewitz, der dem Prinzen bei Hofe begegnet war, ohne ihm näher zu kommen, zählte ihn zu den »wenigen Menschen, deren ganzem Wesen die Natur den Heldencharakter so deutlich aufgeprägt« habe. Er pries seine »unglaubliche Kühnheit«, seine »körperliche Schönheit« und seine Fähigkeit, sich das Vertrauen alter und junger Soldaten zu erwerben, mißbilligte aber seine militärische Unüberlegtheit und »Geistesarmut«, die am Verlust seines Lebens im ersten Gefecht des unglücklichen Krieges nicht schuldlos war. »Sein Tod war gewiß sein eignes Werk.«

Der auf seine eigne, nämlich parteiische Art immer ehrliche und kritische Marwitz sieht den Prinzen in seinen Erinnerungen, also dreißig Jahre nach dessen Tode, als einen Mann von »echt preußischer Gesinnung«, »groß und schön wie Apollo, geschickt in allen Leibesübungen, ein gewandter und dreister Reiter«, einer der besten Fechter und dabei »außerordentlich stark«. »Wenn er erschien in der sehr schönen und prächtigen Uniform seines Regiments, sei es zu Fuß, sei es zu Pferde (und nie auf einem andern als dem allerschönsten), so war es nicht anders, als wenn der Kriegsgott selbst sich sehen ließ.« Er habe aber auch in den Wissenschaften »mannigfaltige Kenntnisse«

besessen, habe komponiert und sei ein Klaviervirtuose gewesen, »wie es deren wenige gibt«. In den Feldzügen am Rhein habe er sich als zwanzigjähriger Oberst glänzend geschlagen. »Es lag etwas Außerordentliches in ihm, und es wäre etwas Außerordentliches aus ihm geworden«, wenn mit dem Frieden von Basel für ihn nicht das Nichtstun begonnen hätte und mit diesem die wechselnden Frauen, die Schulden und der Trunk. »Kurz, es war jammerschade um diesen Herrn. Er war geistig und körperlich begabt, wie man keinen je gesehen«, aber »durch die Zeitumstände« mußte er zugrunde gehen.

Anders als die beiden Militärs (und mit ihnen später die Autoren, die Dramen, Romane, Gedichte über ihn schrieben, man denke an Fontanes: »Sechs Fuß hoch aufgeschossen, / Ein Kriegsgott anzuschaun, / Der Liebling der Genossen, / Der Abgott schöner Frauen, / Blauäugig, blond, verwegen, / Und in der jungen Hand / Den alten Preußendegen – / Prinz Louis Ferdinand«), anders als diese also, aber nicht weniger enthusiastisch sah Rahel Levin den Kriegs- und Frauenhelden, der, frei von Standesdünkel, auch in den bürgerlichen Salons glänzte. In Rahel, die jede Originalität, die sich ihr aufschloß, zu schätzen wußte, hatte er in seinen letzten Lebensjahren eine Ratgeberin und Beichtmutter gefunden, die er in die Qualen und Wirrnisse seiner letzten leidenschaftlichen Liebe einweihen konnte, weil sie das bezaubernde Geschöpf, dem er verfallen war, auch mochte und es seines schlechten Rufes ungeachtet ihrer Freundschaft für würdig hielt. Rahel war stolz darauf, den berühmten und allseits geliebten Prinzen, den sie nicht als Idol der Armee und als Königliche Hoheit, sondern als Pianisten und Komponisten, vor allem aber als den leidenschaftlich Liebenden und Eifersüchtigen erlebte, näher als andere gekannt zu haben. Das wurde auch fünf Jahre nach dem Tode des Prinzen in einem Brief an Fouqué deutlich, in dem sie seitenlang über ihre Freundschaft zum Prinzen erzählt. Sie bezeichnet ihn dort als den »menschlichsten Menschen«, als einen Hochgeborenen, dem man auch Wahrheiten sagen durfte, und als einen Kunstverständigen, der es gelernt hatte, Goethe zu lieben – was bekanntlich das Höchste für sie war.

Der Kriegsgott am Klavier

Bei der Mobilmachung im Dezember 1805 war Louis Ferdinand nämlich in Jena mit Goethe zusammengekommen und hatte am nächsten Tag seiner Geliebten Folgendes mitgeteilt: »Ich habe nun Goethen wirklich kennengelernt; er ging gestern noch spät mit mir nach Hause und saß dann vor meinem Bette, wir tranken Champa-

*Prinz Louis Ferdinand. Zeichnung
von Karl Haller von Hallerstein, 1806*

gner und Punsch, und er sprach ganz vortrefflich! Endlich deboutonnierte [erschloß] sich seine Seele; er ließ seinem Geist freien Lauf; er sagte viel, ich lernte viel und fand ihn ganz natürlich und liebenswürdig. Grüß heute die Kleine [Rahel] von mir und sag ihr dies: dann bin ich ihr gewiß unter Brüdern dreitausend Taler mehr wert!«

Diese Briefpassage wußte Rahel fünf Jahre später noch wörtlich ziemlich genau wiederzugeben, um Fouqué gegenüber mit den Erfolgen ihrer Goethe-Erziehung prahlen zu können. »Ein großer Prinz, mein Freund, der Vetter meines Königs, der Neffe Friedrichs des Zweiten, der noch von Friedrich selbst gekannt war, mußte mir das schreiben; ohne daß ich je von Goethe mit ihm gesprochen hatte. Er mußte, der menschlichste Prinz seiner Zeit, in seinen eignen leibhaften Freunden dem größten Dichter huldigen. Dies schreib ich Ihnen aus Eitelkeit.« Sie habe dem Prinzen damals, so fährt sie fort, gleich geschrieben, daß er nun aber alle Werke Goethes lesen müsse, um ihn ganz verstehen zu können. »Jetzt sei er's werth, denn jetzt liebe er« ihn.

Die hier als Zwischenträgerin in Sachen Goethe dienende Freundin Rahels und Geliebte des Prinzen war die viel bewunderte, viel verachtete und nicht selten beneidete Pauline Wiesel, die sich zu ihren Lebzeiten bei den Männern, die sie begehrten und dabei Kosten nicht scheuten, großer Beliebtheit erfreute, im Rückblick von heute aber eher von Frauen ihres unabhängigen Denkens wegen bewundert wird. Da sie nicht der Konvention nach lebte, wird sie als eine Art Vorkämpferin der Frauenbefreiung betrachtet, und alles, was an ihr stört, wird entschuldigt, sogar die Rücksichtslosigkeit, mit der sie in ihren Briefen, die meist aus Klagen bestehen und ein eher unglückliches Wesen zeigen, die deutsche Sprache mißhandelte, die sie mündlich, allen Zeugnissen nach, glänzend, wenn auch immer in Berliner Mundart, zu gebrauchen verstand. Ihre Liebhaber, zu denen neben dem Prinzen, einem russischen Grafen und französischen Offizieren auch ein so bedeutender Intellektueller wie Gentz gehörte, priesen in höchsten Tönen ihren Witz und ihr Unterhaltungstalent. Der red- und schreibselige Brinckmann, der sich jahrelang, anscheinend erfolglos, um sie bemühte, hielt sie »für eins der geistreichsten Weiber«, obwohl sie »im strengsten Sinne des Wortes nichts gelernt« hatte. Er glaube nicht, daß sie jemals ein Buch gelesen habe, sie habe aber »viel gesehen, sich in allen Verhältnissen herumgetummelt und sich eine ganz eigne Filosofie erfunden«. Das eigne Denken betreffend könne man sie mit Rahel vergleichen, »nur daß diese mehr Kultur, Pauline dagegen mehr weibliche Grazie hat«.

Da ihre auffallende Schönheit bekannt war und von keinem bestritten wurde, behandelten die sie lobpreisenden Briefe meist ihre übrigen Vorzüge. »Sie ist eins der liebenswürdigsten Wesen, die je erschaffen wurden«, schrieb Friedrich Gentz, der auf seine kurze Liebschaft mit ihr in ihren jungen Jahren, die sich im Alter noch einmal erneuern sollte, mit »Wohlgefallen« und »Zufriedenheit« zurückblickte. »Ihre Fehler, die eine nichtnutzige Welt ihr so hoch anrechnet, verschwanden vor meinen Augen immer wie Staub vor dem unauslöschlichen Sonnenglanze ihrer inneren, persönlichen Trefflichkeit. Sie gehört unter die äußerst seltenen Personen, mit denen es (auch wenn man nicht verliebt in sie ist) gar keine Langeweile gibt. Ohne allen äußern Stoff würd ich mich mit Paulinen Jahrhunderte lang unterhalten. Dies sage ich nicht von drei Menschen in der Welt. Überdies gibt es keine große Eigenschaft, keinen Vorzug des Geistes oder des Herzens, keine Tugend, zu welcher dieses herrliche Mädchen – denn Mädchen for ever! – nicht mit der leichtesten Mühe erzogen werden könnte. Sie schwebt so nahe an allen Vollkommenheiten, daß ich nie habe begreifen können, warum sie sich nicht längst zu den höchsten Standpunkten und über die ganze gemeine Sphäre emporschwang. Sie kömmt mir immer wie eine verbannte Gottheit vor, die nächstens doch wieder in den Himmel aufgenommen und zu Jupiters Rechten gesetzt werden muß.«

Auch wenn Gentz behauptete, sie nie »im eigentlichen Verstande« geliebt zu haben, so ist doch anzunehmen, daß bei ihm, wie bei Brinckmann und anderen, das Urteil nicht frei von Einflüssen des Begehrens war. Henriette Mendelssohn dagegen, die nie Glück mit Männern hatte, wunderte sich darüber, daß Pauline »bei so wenigem Verstand als ihr zugeteilt ist« doch so anziehend auf Männer wirkte, und sie empfahl sie für Rahels Zirkel nur unter der Bedingung, daß nicht von »Philosophen und Dichtern« gesprochen wird. Rahel aber war von ihr, als sie sie endlich kennenlernte, sofort begeistert, sah aber in ihr nichts Griechisches wie Gentz und Brinckmann, sondern etwas typisch Berlinisches. Nur ein »eingefleischter Berliner« könne ihre Vorzüge richtig sehen.

Geborene Berlinerin war Pauline tatsächlich, konnte deshalb auch, was schon Karl Philipp Moritz an den Berlinern erbost hatte, das Mir und das Mich nie unterscheiden, was übrigens auch dem Prinzen schwerfiel, entschied sich aber in ihren Briefen, die weder Punkt noch Komma kennen und die Großschreibung wahllos gebrauchen, konsequent für das Mich. So heißt es zum Beispiel in einem der drei von ihr

Pauline Wiesel. Künstler unbekannt

erhaltenen Briefe an den Prinzen: »So viel geht mich Ab Louis – und denn erst kömt die Liebe – Nein Louis erst die Liebe und denn das Ubrige – bei mich Aber fäld keine Theilung vor ich Liebe nur dich Allein auf der Weld dich und Pauline [gemeint ist ihre Tochter] du haßt alles in mir getötet ich weiß nicht ob mich das Glücklich machen soll oder ob es nicht vielleicht besser währe es währe Anders nein Louis es kann nun mal nichts anders Seinn Vergiß mich nicht dein Versprechen mit denn Bilde auch nicht Schreibe mich viel doch

Der Kriegsgott am Klavier

nur wenn es dich So zumuhte ist« und so weiter, bis dann nach einem Absatz der ernstere Teil mit den Worten: »Schick Geld ich habe keinen Sus und bin Alles Schuldich« beginnt.

Sie kam aus wohlhabendem Hause, war, da ihre Eltern der französischen Kolonie entstammten, zweisprachig aufgewachsen, hatte aber, wie immer wieder betont wird, nichts gelernt. Selbst das für Mädchen besserer Kreise übliche Sticken, Klavierspielen oder Aquarellieren scheint man ihr nicht beigebracht zu haben. Doch schon als Kind konnte sie bei Geselligkeiten durch munteres Plaudern und Kokettieren die Männerherzen verzaubern, wie von Brinckmann, der in ihrer Familie verkehrte und ihr Erwachsenwerden mit Entzücken miterlebte, überliefert ist. Ihre Mutter, eine geborene Leveaux, hatte sechzehn Kinder geboren, von denen acht nur erwachsen wurden. Pauline, 1778 geboren, war die jüngste von ihnen. Sie war siebzehn, als ihr Vater starb.

Sie war eine geborene Cesar (manchmal auch César, Cäsar oder Zesar geschrieben). Ihr Vater, Carl Philipp mit Vornamen, hatte sich vom Sekretär des frankophilen Prinzen Heinrich bis zum Direktor der Königlichen Bank hinaufgearbeitet, konnte sich ein Haus Unter den Linden (auf der Südseite, etwa der heutigen Staatsbibliothek gegenüber) leisten und besaß eine stadtbekannte Sammlung italienischer, französischer und niederländischer Gemälde, die Nicolai in seiner »Beschreibung der Residenzstädte Berlin und Potsdam« von 1786 lobend erwähnt. Getauft wurden die Kinder in der Domkirche am Lustgarten, Taufpaten waren nur Leute aus besseren Kreisen, Mitglieder der königlichen Familie darunter, und auch die Gäste des Hauses, zu denen unter anderen der Freiherr vom Stein gehörte, der angeblich zeitweilig ein Liebesverhältnis mit einer älteren Schwester Paulines hatte, kamen vorwiegend aus der Welt der Finanzen und der Politik. Eine andere Schwester heiratete 1802 den verwitweten Obertribunalsrat Mayer, den ein Jahr zuvor Jean Paul zu seinem Schwiegervater erkoren hatte, und eine Tante Paulines, die Schwester ihrer Mutter, war die schöne Bankiersgattin Henriette von Crayen, die nach dem Tod ihres Mannes mit ihrer Tochter Victoire in der Behrenstraße einen Salon führte; sie diente Fontane später als Vorbild für die Frau von Carayon in seinem »Schach von Wuthenow«.

Pauline war fünfzehn, als ein Gast des Cesarschen Hauses, der Gesandte von Kurmainz Graf Hugo von Hatzfeld, ihr erster Liebhaber wurde, ihr die Heirat versprach, das Versprechen aber nicht halten konnte, weil er als katholischer Domherr zölibatär leben mußte. Der zweite war ein russischer Generalmajor, Graf Schuwaloff, dessen Berlin-Aufenthalt nur drei Wochen währte, dem sie aber später mehrfach wiederbegegnete, von ihm eine 1802 geborene Tochter, Pauline, oft Polle genannt, hatte und sich von ihm, der es bis zum Adjutanten des Zaren Alexander I. brachte, finanziell unterstützen ließ. Mit einundzwanzig heiratete sie den jungen Lebemann Wilhelm Wiesel, der mit Ludwig Tieck zusammen in Halle studiert hatte und danach, ohne einen Beruf zu ergreifen, vom Vermögen seines Vaters lebte, der durch Salzhandel reich geworden war. Ein glückliches Familienleben, wie Pauline es sich wohl gewünscht hatte, war mit ihm aber nicht möglich. Er reiste mit ihr umher, unter anderem nach Wien und Paris, gönnte sich und ihr andere Liebschaften und trennte sich dann von ihr, ohne sich scheiden zu lassen. Pauline war also noch verheiratet, als etwa zu Beginn des Jahres 1804 ihr aufsehenerregendes Liebesverhältnis mit Prinz Louis Ferdinand begann.

Aber auch der Prinz war gebunden, wenn auch nur gefühlsmäßig und moralisch. Seit Jahren hatte er ein festes Verhältnis mit Henriette Fromme, genannt Jettchen, der Tochter eines Hutfabrikanten, die ihm 1803 einen Sohn, Ludwig, und 1804 eine Tochter, Blanche, geboren hatte, die nach seinem Tode in den Adelsstand erhoben wurden unter dem Namen von Wildenbruch. Ihretwegen hatte er gerade, seiner ständigen hohen Schulden ungeachtet, in der Friedrichstraße, südlich der Weidendammer Brücke, dort wo später der Admiralspalast erbaut wurde, ein Haus gemietet, das erst 1803 von Schinkel, als sein zweites Werk nach dem Pomona-Tempel, erbaut worden war. Er war also, als ihn die Leidenschaft für Pauline erfaßte, in der Rolle eines fremdgehenden, von Gewissensbissen geplagten Ehemanns und Familienvaters, und er benahm sich auch als ein solcher, indem

Der Kriegsgott am Klavier

er, um Frau und Kinder nicht unschuldig leiden zu lassen, die neue Liebe zu verbergen versuchte, was bei seiner hervorragenden Stellung in dem Beziehungsgeflecht der Berliner Gesellschaft natürlich nicht möglich war. Henriette, die fünf Jahre jünger war als Pauline und in deren Kreisen bisher nicht verkehrt hatte, versuchte nun erfolgreich während der langen Abwesenheit des Prinzen, der in diesen Jahren nach Italien und Österreich reiste, wo er zum zweiten Mal Beethoven begegnete, mit ihrer Nebenbuhlerin bekanntzuwerden, und die immer gutmütige Pauline, die sicher auch neugierig war und von den zwei kleinen Kindern gerührt wurde, ging auf das Freundschaftsangebot ein. Bald bekam sie nun auch die Briefe des Prinzen an Henriette zu lesen, in denen er diese durch Versicherung seiner weiterhin zärtlichen Liebe zu beruhigen versuchte. Pauline war empört darüber, wollte das Doppelspiel nicht mehr mitmachen und schrieb böse Briefe, in denen sich ihre oft gerühmte Offenherzigkeit auch dem Prinzen gegenüber bewährte. Während der vergeblichen Mobilmachung im Dezember 1805, als sie sich von dem in Zwickau weilenden Prinzen verraten glaubte, schrieb sie sogar einen richtigen Abschiedsbrief, diesmal in französischer Sprache, in dem es am Ende heißt: »Ich habe meine Entscheidung getroffen, ich bin absolut ruhig und getröstet. Adieu. Denken Sie nicht mehr an mich, ich verachte Sie absolut. Sie haben keinerlei Recht mehr auf mich, nicht einmal das der Freundschaft, denn Sie haben mich mißbraucht.«

Da auch der Prinz oft ärgerlich auf sie reagierte, weil sie ihr vergnügungssüchtiges Leben, zu dem immer eine Schar von Verehrern gehörte, in den langen Zeiten seiner Abwesenheit weiterführte und ihm Anlaß gab, Eifersuchtsqualen zu leiden, war das Liebesverhältnis, in dem Rahel manchmal den Schiedsrichter spielen sollte, für beide auch quälend und oft von der Gefahr des Zerbrechens nicht weit entfernt. Daß es hielt bis zum Tode des Prinzen, ist wohl in erster Linie der gegenseitigen sexuellen Anziehungskraft geschuldet, die auch aus seinen langen, oft wie im Fieber geschriebenen Briefen, die in damals ungewöhnlicher Weise das Sinnliche dieser Liebe betonen, ersichtlich wird. »Dem Geiste nach«, so beschrieb Nostitz später dieses Verhältnis, standen sich hier zwei Menschen gegenüber, die unabhängig voneinander waren, aber »durch die Sinne waren sie einander untertan«.

Von seinen politischen Sorgen und Aktivitäten, die ihn in diesen Jahren zunehmend beschäftigten, steht in den Briefen des Prinzen an Pauline und Henriette kein Wort. Dafür war im privaten Bereich seine Schwester Luise, die Frau des polnischen Fürsten Anton von Radziwill, zuständig. Sie stand ihm bei in allen Nöten, auch den finanziellen, war bei seinen Zerwürfnissen mit den Eltern als Vermittlerin tätig, teilte, wie auch ihr Mann, seine künstlerischen, vor allem musikalischen Interessen und war mit ihm auch in politischen Fragen einig: in seinem Haß auf Napoleon und in der Ablehnung der Friedenspolitik des Königs, die wegen ihres unentschlossenen Lavierens zwischen den kriegführenden europäischen Mächten viele Angriffsflächen bot.

Auch persönlich war das Verhältnis des vitalen, vielseitig-genialen, tatendurstigen Prinzen zu dem friedensliebenden, zurückhaltenden, öffentlichkeitsscheuen, wortkargen, sparsamen und familienseligen König, der, obwohl älter als er, sein Neffe war, immer schlecht gewesen. Charakterlich waren sie Gegensätze, und die Heldenpose, die der Prinz der Öffentlichkeit zeigte, mißfiel dem König genau so wie die Beliebtheit, die er im Volk und bei der Armee genoß. Die Neutralitätspolitik des Königs und seiner Kabinettsregierung hatte in Louis Ferdinand den aktivsten Gegner. Der Prinz sah in Napoleon den Hauptfeind Preußens und bemühte sich um ein antifranzösisches Bündnis mit Österreich, doch hielt ihn der König immer von der praktischen Politik fern. Der Prinz und seine sogenannte Kriegspartei am Hofe, zu der auch der Freiherr vom Stein, Scharnhorst und insgeheim auch die Königin gehörten, bekamen Auftrieb, als Preußen im Herbst 1805 seine Neutralitätspolitik aufgeben mußte, zuerst weil die Russen sich anschickten, ihre Truppen durch Schlesien marschieren zu lassen, um den Österreichern zu Hilfe zu kommen, dann aber, weil Napoleon seine Armee in Ansbach durch preußisches Gebiet ziehen ließ. Preußen suchte sein Heil in einem Bündnis mit Rußland. Am 3. November

Der Kriegsgott am Klavier

wurde in Potsdam mit einer pathetischen Geste am Grabe Friedrichs des Großen zwischen Friedrich Wilhelm III. und Zar Alexander das preußisch-russische Bündnis geschlossen. Die schon, ursprünglich gegen die Russen, mobilisierte Armee bewegte sich in Richtung Böhmen, um auf österreichisch-russischer Seite gegen Napoleon anzutreten, aber ehe es soweit kam, war der Krieg schon zu Ende. Napoleon siegte bei Austerlitz am 2. Dezember, worauf Österreich aufgab, und Preußen, wieder lavierend, sich auf einen ungünstigen Allianzvertrag mit Frankreich einließ, der ihm nicht nur den Verlust von Ansbach und Klewe brachte, sondern auch schon den Anlaß zum nächsten Krieg in sich barg. Es mußte sich nämlich durch die Sperrung der norddeutschen Häfen und die Besetzung Hannovers erst zum Feind Englands machen und einige Monate später, als bekannt wurde, daß Napoleon, ohne Preußen zu konsultieren, den Engländern die Rückgabe Hannovers angeboten hatte, seine erst kürzlich abgerüstete Armee wieder mobilisieren, als Drohgebärde, wie der König dachte, nach Louis Ferdinands und vieler anderer Offiziere Meinung aber als Auftakt zum Krieg. Dem als franzosenfreundlich geltenden Kabinettsminister Haugwitz, der sich von Napoleon hatte die Verträge diktieren lassen, wurden die Fenster eingeworfen. Offiziere des Regiments Gensdarmes wetzten auf den Stufen des französischen Gesandten ihre Säbel, und Louis Ferdinand inszenierte eine von dem Historiker Johannes von Müller verfaßte und von neun Persönlichkeiten unterschriebene Denkschrift für den König, in der, eingebettet in ehrerbietige Floskeln, die Abberufung der Kabinettsregierung und die Änderung der Neutralitätspolitik verlangt wurde. Auf den König mußte das fast wie Meuterei wirken, denn unterschrieben hatten, neben Louis Ferdinand und seinem Bruder August, die Brüder des Königs, Wilhelm und Heinrich, der Prinz von Oranien (er war des Königs Schwager), mehrere Generäle und der Minister vom Stein.

Der König reagierte ungnädig, zum Teil mit Strafversetzungen, befahl Louis Ferdinand, sich zur Truppe zu begeben, und weigerte sich, ihn zu empfangen, als er sich von ihm und der Königin, die der Prinz auf seiner Seite wußte, im Schloß Charlottenburg verabschieden wollte. Louis Ferdinand fuhr zu seiner Schwester und schrieb bei ihr, im Radziwillschen Palais in der Wilhelmstraße (das ab 1875 dem Reichskanzler als Amtssitz diente), einen Brief an die Königin Luise, der dieser am nächsten Tag über die Frau von Berg zugestellt wurde. In ihm versuchte er zu erklären, daß er die Denkschrift, die ihn in Ungnade gebracht habe, der gefährlichen Lage Preußens wegen habe verfassen müssen, und er schloß mit den Worten: »Ich werde mein Blut für den König und mein Vaterland vergießen, ohne jedoch einen Augenblick zu hoffen, es retten« zu können. Dann fuhr er nach Bellevue, um sich von den Eltern zu verabschieden, darauf in sein Stadthaus in der Friedrichstraße, wo Pauline und Henriette ihn erwarteten, und schließlich, um drei Uhr nachts, wieder in die Wilhelmstraße zur Schwester, von wo aus sich bald danach sein Reisewagen in Bewegung setzte. Am 6. September traf er in der Residenz der verbündeten Sachsen, in Dresden, ein.

Noch war unklar, ob es Krieg geben oder ob der König vor Napoleon wieder zurückweichen würde. Louis Ferdinand aber setzte dessen ungeachtet sein gewohntes Leben mit Festen und Frauen, Champagner und politischen Gesprächen, mit Klavierspielen und Komponieren fort. Für drei Tage kam Pauline nach Dresden, logierte aber, um Aufsehen zu vermeiden, unter falschem Namen in einem anderen Gasthof. Er konferierte mit Gentz, der aus Wien gekommen war, und er stritt sich mit Massenbach, der verhindern wollte, daß Louis Ferdinand die Avantgarde führte. Massenbach mißbilligte zwar die »epikuräische« Lebensweise des Prinzen, mußte jedoch anerkennen, daß er einer der wenigen Fürsten war, dem man die Wahrheit sagen konnte. »Er stieß denjenigen, der sie ihm sagte, nicht zurück.«

Nach einem mehrtägigen Ausflug zum Fürsten Lobkowitz nach Schloß Eisenberg, am Südhang des Erzgebirges, wo der Prinz noch einmal jagte und musizierte, verfügte er sich zu seiner Truppe, die sich auf dem Weg nach Thüringen befand. Einige Zeit befand sich das Hauptquartier der verbündeten Preußen und Sachsen in Jena, so daß nun die vielfachen Beziehungen, die zwischen Berlin und Weimar bestanden, zwei Jahre nach dem Berlin-Besuch Schillers zu einer

Der Kriegsgott am Klavier

besonderen, nämlich militärischen Art mutierten, die der Einquartierungsplagen wegen für Weimar und Jena wenig angenehm war. Zu den Weimarer Beamten, die mit dem preußischen Militär zu tun hatten, gehörte auch der Minister Goethe, der die Aufgabe eines Verpflegungkommissars hatte und sich deshalb oft unter den Offizieren bewegte, von denen er einige, wie Massenbach und den Prinzen, von den Rheinfeldzügen her kannte. Den Prinzen fand er wieder »nach seiner Art tüchtig und freundlich«, und über den Obristen und Generalstäbler, den er als »Heißkopf« bezeichnete, schrieb er in seine »Tag- und Jahreshefte«: »Auch bei ihm kam die Neigung zu schriftstellern der politischen Klugheit und militärischen Tätigkeit in den Weg.«

Das Auch, das Goethe hier benutzte, bezog sich auf die Tatsache, daß sich unter den Offizieren erstaunlich viele mit schriftstellerischem Ehrgeiz befanden, neben den oft schon erwähnten Scharnhorst, Clausewitz, Marwitz und Nostiz, auch die Kleist-Freunde Pfuel und Rühle, der Militärschriftsteller Valentini, der zum Halberstädter Gleim-Kreis gehörige Knesebeck aus Karwe, der unter Pseudonym schreibende Müffling und nicht zuletzt der zu den Reformern gehörende Ostpreuße Hermann von Boyen, der auch schon mit dreizehn Jahren hatte Soldat werden müssen, sein Wissen aber im Rahmen der Offiziersweiterbildung an der Königsberger Universität hatte erweitern können, unter anderem durch die Vorlesungen Kants. Boyen, Clausewitz und Rühle versuchten sich auch in Gedichten, die alle sehr nach Schiller klingen und damit zeigen, daß man ihn in Offizierskreisen las.

Da einige aus dieser Ansammlung uniformierter Autoren die Tage vor der bitteren Niederlage später in Memoiren beschrieben haben, lassen sich die Querelen in den Hauptquartieren besser rekonstruieren als die Metzelei auf den Schlachtfeldern, die auf beiden Seiten verlustreich war. Massenbach gibt in seinen Rechtfertigungsschriften, wenn auch besserwisserisch, umständlich und pathetisch wie immer, doch ein realistisches Bild der Unentschlossenheit, Zerstrittenheit und Planlosigkeit der zum Teil überalterten Führung. Resi-

Als Poesie gut

gnation und Pessimismus, die sich beim Prinzen heroisch, bei anderen zynisch verlautbarten, waren in ihr vorherrschend, und oft war nicht klar, wer wem über- oder untergeordnet war. Man hatte bei der Bestimmung der Kommandeure auf Dienstalter, Berühmtheit oder auch königliches Geblüt Rücksicht genommen und so, was Massenbach erboste, dem tollkühnen Prinzen die Avantgarde überlassen, bei der nicht Draufgängertum, sondern Vorsicht vonnöten war.

Auch Boyen beklagte den falschen Einsatz des Prinzen, dessen Tod bei dem ersten Gefecht des Krieges die Armee nun auch noch moralisch schwächte, mehr aber noch erbitterte ihn die Unentschlossenheit der Führung, die auch dem einfachen Soldaten nicht verborgen blieb. Manche der höheren Offiziere, deren Denken sich seit langem nur mit »kleinlichen Details des Exerzierens und des Gamaschendienstes« beschäftigt hatte, richteten, um ihre Ratlosigkeit zu bemänteln, ihre Aufmerksamkeit auch noch kurz vor der Schlacht auf solche Äußerlichkeiten. Während der Feind marschierte, organisierten sie noch Paraden, und der König persönlich mußte den Leutnant von Boyen in einer gefährlichen Situation noch rügen, weil sich bei ihm in tage- und nächtelangen Melderitten das Zopfband gelöst hatte, sein Haar also nicht der Vorschrift entsprach. »Ich mag es nicht leugnen«, bekennt Boyen in seiner vernünftig-umständlichen Manier, »daß dies, bei meiner Art, den Krieg anzusehen, eine unangenehme Empfindung bei mir hervorgebracht hat.«

Marwitz, wie immer hart in der Kritik, bestätigt alle diese Fehler und Schwächen, weiß aber auch von mangelnder Motivation bei Truppenoffizieren und Mannschaften zu berichten und gibt Beispiele schlechter Organisation. Während Napoleon seine Armee mit Bulletins und anfeuernden Reden über die Lage in seinem Sinne informierte, sprach Friedrich Wilhelm III. nicht einmal zu seinen Soldaten, von denen viele nicht wußten, worum es hier überhaupt ging. Während Napoleon sich durch viele Spione über die Bewegungen seiner Feinde informierte, war man preußischerseits oft nur auf Vermutungen angewiesen, und wenn diese sich als falsch herausstellten, so daß die Einheiten ihre Stellungen oder Marschrichtungen wechseln mußten, kam es zu chaotischen Zuständen auf den Straßen, da der Troß des Heeres, besonders durch die vielen Bagagewagen der Offiziere, recht unbeweglich war. Feldlazarette waren kaum vorhanden, und schlecht stand es mit dem Verpflegungswesen. Die Soldaten, die am 14. Oktober in die Schlacht geschickt wurden, hatten teilweise schon vier Tage lang nichts gegessen oder sich nur von Kartoffeln und Rüben, die sie von den Feldern gestohlen hatten, ernährt.

Seine Begegnung mit Goethe schildert Marwitz als Anekdote. Bei einem Festessen wird unglücklicherweise ein Hauptmann, der nicht weiß, »was der Kerl eigentlich geschrieben« hat, zum Tischnachbarn des Dichters, und als er verzweifelt nach einem Gesprächsstoff sucht, fällt ihm zum Glück dann doch noch die »Braut von Messina« ein.

Interessanter als diese abgegriffene Pointe sind dabei aber die Sätze, mit denen Marwitz die Anekdote eröffnet, weil in ihnen nämlich sein Standesdünkel, der selbst den Marwitz-Verehrer Fontane erboste, erkennbar wird. Wohlwollend schildert er Goethe als einen »großen, schönen Mann, der stets im gestickten Hofkleide, gepudert, mit einem Haarbeutel und Galanteriedegen, durchaus nur den Minister sehen ließ und die Würde seines Amtes gut repräsentierte«, um dann aber hinzufügen, »wenngleich der natürlich freie Anstand des Vornehmen sich vermissen ließ«.

Des Standesdünkels vieler Offiziere bewußt war sich aber auch Goethe, der in seinen »Tag- und Jahresheften« von einer »wunderlichen Szene«, die er in Jena mit Massenbach erlebte, erzählt. Dieser, ein fleißiger und flinker Schreiber, hatte ein »moralisches Manifest gegen Napoleon«, ursprünglich eine Rede, die er vor Offizieren in Dresden gehalten hatte, zum Druck gegeben, in dem Napoleon mit Attila und Dschingis-Khan verglichen und ein »blutrünstiger Tiger« genannt wurde, was Goethe »ebenso lächerlich als gefährlich« erschien. Da die Jenenser einen Sieg der Franzosen erwarteten und die Rache Napoleons fürchteten, baten sie Goethe, den schreibenden Obristen doch von seinem publizistischen Vorhaben abzubringen, und Goethe brach seinen Vorsatz, sich »nicht in öffentliche Händel zu mischen«, fand in dem Generalquartiermeister einen »beharrlichen

Als Poesie gut

Heldentod des Prinzen Louis Ferdinand von Preußen bei Saalfeld am 10. Oktober 1806.

So sah Richard Knötel 1896 den Tod des Prinzen Louis Ferdinand

Autor«, wurde deshalb zum ebenso »beharrlichen Bürger«, der auch heftig werden konnte und es schließlich erreichte, daß Massenbach, um den Drucker nicht zu gefährden, von seinem Vorhaben abließ und sogar »im besten Vernehmen« schied. Was Goethe wunderlich fand an dieser Szene, zeigt sich aber an der Bemerkung, mit der er sie schließt: »Ich erinnere mich noch, daß ein langer, stracker Preuße, dem Ansehen nach ein Adjutant, in unbewegter Stellung und unveränderten Gesichtszügen dabeistand und sich wohl über die Kühnheit eines Bürgers innerlich verwundern mochte.«

Das Unglück, das am 14. Oktober über Preußen hereinbrechen sollte, wurde also am 10. schon vorbereitet, als die von Louis Ferdinand geführte Vorhut bei Saalfeld auf eine weit überlegene Streitmacht des Feindes stieß. Am Abend des 9. wurde in Rudolstadt, auf

Der Kriegsgott am Klavier

*Karl Friedrich Schinkels Entwurf zum Denkmal
für den Prinzen Louis Ferdinand*

der Heidecksburg, noch gefeiert. Nostitz war vorausgeritten, um für den Prinzen Quartier zu machen, und Fürst Ludwig Friedrich II. von Schwarzburg-Rudolstadt hatte es sich nicht nehmen lassen, dem hohen Gast im Großen Saal des hoch über der Stadt gelegenen Barockschlosses (in dem am Abend des 10. schon der siegreiche Marschall Lannes speisen sollte) ein Essen zu geben. Danach konnten die Offiziere mit den Hofdamen tanzen, und der Prinz setzte sich zum letzten Mal ans Klavier. Er spielte Werke von Beethoven, der ihn einst mit den Worten, er spiele gar nicht königlich oder prinzlich, sondern wie ein tüchtiger Klavierspieler, in seiner knorrigen Art gelobt und ihm eins seiner Werke gewidmet hatte: das Konzert für Klavier und Orchester Nr. 3 in c-Moll.

Am Vormittag des 10. war Louis Ferdinand schon in Saalfeld, wo die Franzosen seine sächsisch-preußischen Truppen attackierten und sie mittags zum Rückzug zwangen, worauf der Prinz selber eingriff, einen Kavalleriegegenangriff versuchte und dabei von Säbelhieben eines französischen Husarenwachtmeisters getötet wurde. Seine Leiche, bis auf die Unterwäsche geplündert, wurde erst am nächsten Tage gefunden, nach Saalfeld gebracht und bis zu ihrer Beisetzung in der Fürstengruft in der Johanniskirche aufgebahrt. Erst 1811, nach dem Ende der französischen Besatzung, konnte sie nach Berlin überführt und in der Hohenzollerngruft des Doms beigesetzt werden. Das von Schinkel und Friedrich Tieck gestaltete Monument, das an der Stätte seines Todes 1823 errichtet wurde, stiftete seine Schwester Luise von Radziwill.

Pauline, der Louis Ferdinand am 2. Oktober in Jena den letzten seiner liebeglühenden Briefe geschrieben hatte, tröstete sich bald nach der preußischen Niederlage mit französischen Besatzungsoffizieren über den Tod des Prinzen hinweg.

Professorennöte

Noch im Sommer 1806 glaubte man in Halle, daß ein möglicher Krieg gegen Frankreich wie der vorige am Rhein stattfinden und die »engeren bürgerlichen Verhältnisse« nur unwesentlich verändern würde. Hatte doch in Friedrichs Feldzügen noch der Grundsatz gegolten, daß der Krieg ausschließlich Sache der Armeen war.

Auch Henrik Steffens, seit 1803 mit Reichardts Tochter Johanna, genannt Hanne, verheiratet, seit 1804 Professor für Naturphilosophie und Mineralogie an der Universität Halle, war der Meinung, daß der Krieg gegen Napoleon, der seit dem Vorjahr schon drohte, den Universitätsbetrieb kaum stören würde, selbst im Falle einer preußischen Niederlage nicht. Erst als der Herbst nahte, preußische Truppen durch Halle zogen und Vermutungen laut wurden, daß in Thüringen gekämpft werden könnte, fürchtete man um Ruhe und Ordnung und sah für sich selbst eine Gefahr. Zu den Generälen, die Steffens bei seinem Schwiegervater in Giebichenstein kennenlernte, konnte er kein Zutrauen gewinnen, weil sie ganz auf den Ruhm der Armee Friedrichs setzten und allen Ernstes der Meinung waren, die Franzosen würden schon beim Anblick der preußischen Vorposten Reißaus nehmen, weil ihnen noch der Schreck über die Niederlagen im Siebenjährigen Krieg in den Knochen saß. Daß die preußischen Soldaten, in denen Steffens nur »knechtische Mietlinge ohne nationales Interesse« sehen konnte, dem stärker motivierten Volksheer Napoleons unterlegen sein könnten, kam den alten Militärs nicht in den Sinn.

Des drohenden Krieges wegen waren viele Professoren und Studenten trotz der Semesterferien in Halle geblieben und lauerten nun auf die ersten Nachrichten von der erwarteten großen Schlacht. Die

Als Poesie gut

Meldung vom Tod Louis Ferdinands drückte die Stimmung nieder. Die Verzweiflung, die ihn, wie man glaubte, in den Tod getrieben hatte, ergriff nun auch die Hallenser. Danach aber kam eine Siegesmeldung, die alle in Freudentaumel versetzte, der sich noch steigerte, als ein einzelner gefangener Franzose durch die Stadt geführt und als Siegesbeweis betrachtet wurde. Bald danach aber, am 15. Oktober, schlug der Jubel in Furcht und Hoffnungslosigkeit um.

Am 16. Oktober konnte Steffens, der am Stadtrand wohnte, die nach einem kurzen Gefecht anrückenden französischen Truppen beobachten, und da er sich im Stadtzentrum sicherer wähnte, eilten er und seine Frau, den gerade erst entwöhnten Säugling im Arm, durch menschenleere Straßen, in denen Türen und Fensterläden verschlossen waren, zum Marktplatz, wo sie sich, während schon Schüsse fielen, durch das Gewirr von Soldaten, Kanonen und Munitionswagen der fliehenden Preußen drängten. Ihr Ziel war der Freund und Kollege Schleiermacher, der mit seiner Halbschwester Nanny, einer Tochter seines Vaters aus zweiter Ehe, die ihm den Haushalt führte (und später Ernst Moritz Arndt heiraten sollte), in der Merkerstraße, Ecke Leipziger Straße seine Mietwohnung hatte. Während den Flüchtenden die verriegelte Tür geöffnet wurde, liefen schon die ersten »kleinen wilden Männer der Bernadotteschen Avantgarde« durch die Straße, den flüchtenden Preußen nach. Bald danach begannen die Plünderungen. Bei Schleiermacher wurden Uhren, Münzen, Silberlöffel und Oberhemden gestohlen. Das sei zwar »fatal« gewesen, kann man in Schleiermachers Briefen lesen, »aber doch nicht so arg, wie man sich dergleichen vorgestellt« habe. Geld habe er nicht viel bessessen, und die Uhr, die er bei Vorlesungen gebraucht habe, könne er jetzt vermissen, da Napoleon die Studenten aus Halle vertrieben habe und die Zukunft der Universität ungewiß sei.

Ärger war es in Giebichenstein zugegangen, wo Reichardts Anwesen völlig ausgeplündert und halb zerstört wurde, doch im Gegensatz zu den umlaufenden Gerüchten, die noch lange von Greueltaten und Vergewaltigungen wissen wollten, ging es mit den chaotischen Zuständen schon am nächsten Tage zu Ende, als disziplinierte Trup-

Was ich erlebte.

Aus der Erinnerung niedergeschrieben

von

Henrich Steffens.

Erster Band.

Breslau,
im Verlage bei Josef Max und Komp.
1 8 4 0.

Titelblatt des 1. Bandes der zehnbändigen
Erinnerungen von Henrich Steffens

pen die Stadt besetzten, deren »Zucht«, laut Steffens, zu rühmen war. Nun aber begann die Plage der Einquartierungen, die nicht nur Unbequemlichkeiten brachten, sondern auch Geld kosteten, das die Professoren nicht hatten; denn sowohl die geringen Gehälter, die ihnen die Regierung zahlte, als auch die Studiengelder der Studenten blieben aus. Um eine Miete zu sparen und besser wirtschaften zu können, zogen Schleiermacher und seine Schwester nun in die kleinere, von Plünderungen verschonte Wohnung von Steffens. »Meine Frau mit ihrem Kinde und Schleiermachers Schwester bewohnten eine enge Kammer«, erzählt Steffens. Er schlief in einer ähnlichen Kammer mit Schleiermacher zusammen, und in einer gemeinschaftlichen Stube »verfolgte jeder seine Studien. Wir lebten in der größten Dürftigkeit, sahen wenige Menschen, verließen fast nie das Haus, und als das Geld völlig ausging, verkaufte ich mein Silberzeug.«

Aber lange konnten sie auch davon nicht leben, und da Steffens' dänische Freunde ihm eine Anstellung in Kopenhagen in Aussicht stellten, verließ er schweren Herzens mit Frau und Kind seine Wahlheimat Preußen, bat sich aber korrekterweise beim preußischen Minister die Beurlaubung aus. Schleiermacher dagegen, der sich ganz in seine schriftstellerischen Arbeiten vertiefte und von Honoraren notdürftig leben konnte, wollte lieber von »Kartoffeln und Salz« leben, als seinen Posten verlassen, bevor von preußischer Seite über die Zukunft der Universität entschieden war. Der Lehrtätigkeit, die seine Leidenschaft war und ihm besonders jetzt zur Stärkung der geistigen Widerstandskraft nötig dünkte, brauchte er nicht ganz zu entsagen, da einige seiner Studenten heimlich in Halle geblieben waren und andere, wie Varnhagen, zurückkamen und sich jeden Freitag bei ihm trafen, um weiterhin von Platon und Plotin zu hören, in Christlicher Glaubenslehre unterwiesen zu werden und über die Zukunft Preußens und Deutschlands zu reden. Noch tobte in Ostpreußen der Krieg.

Über Schleiermachers politisches Denken ist aus Varnhagens weitschweifigen Erinnerungen nur zu erfahren, daß er »stärkste Wünsche und Hoffnungen für Preußen« hegte und die Lage mit »Umsicht und

Billigkeit« beurteilen konnte. Genaueres aber steht in Schleiermachers vielen Briefen, die er in diesen Wochen an Henriette Herz und andere Freunde und Bekannte schrieb. »Lieber Freund«, so ließ er seinen Verleger Georg Reimer wissen, »laß' uns so lange, bis alles entschieden ist, dem Gange der Weltbegebenheiten ruhig zusehen, vor allen Dingen aber nicht Deutschland aufgeben. Es ist der Kern von Europa, und sein Wesen kann unmöglich vernichtet werden. Alles Politische aber, was bis jetzt bestand, war, im Großen und Ganzen angesehen, ein unhaltbares Ding, wie leerer Schein, die Trennung des Einzelnen vom Staat und der Gebildeten von der Masse viel zu groß, als daß Staat und Masse hätten etwas sein können. Dieser Schein muß verschwinden, und nur auf seinen Trümmern kann die Wahrheit sich erheben. Eine allgemeine Regeneration ist notwendig und wird sich aus diesen Begebenheiten entwickeln. Wie? Das kann man jetzt noch nicht sehen, aber wir wollen dabeisein und mit angreifen, sobald der Gang der Dinge uns aufruft oder mit sich fortreißt. Keiner aber und am wenigsten derjenige, welcher in das Leben der Wissenschaft auf irgendeine Weise verflochten ist, soll daran denken Deutschland zu verlassen.« Und in einem Brief an Friedrich von Raumer heißt es: »Um ein neues Deutschland zu haben, muß wohl das alte noch viel weiter zertrümmert werden. Außerdem, daß ich ein Deutscher bin, habe ich wirklich aus vielen Gründen die Schwachheit ein Preuße zu sein. Aber freilich geht meine Leidenschaft auf eine Idee von Preußen, welche vielleicht in der Erscheinung die wenigsten erkennen. Ob sich nun diese Idee nach der gegenwärtigen Krisis besser herausarbeiten wird, stehe dahin, viel Gutes erscheint mir fast unvermeidlich.«

Bis zum Sommer 1807 hielt Schleiermacher auf seinem Posten in Halle aus. Als aber klar wurde, daß Preußen alle Gebiete westlich der Elbe verlieren und Halle zum Königreich Westfalen gehören würde, konnte ihn auch die Hoffnung, sein Lehramt hier wieder ausüben zu können, nicht halten. Einer Regierung von Napoleons Gnaden zu dienen, war ihm zuwider. Er wollte, »so lange es einen gibt, unter einem deutschen Fürsten leben« und nicht in die Lage kommen, von der Kanzel für den König Jerôme, den Bruder Napoleons, beten zu müssen. Er ging also zurück nach Berlin.

Viel ist darüber gemutmaßt worden, was Napoleon zur Vertreibung der Studenten aus Halle veranlaßt hatte. Steffens vermutet, er habe von der ihm feindlichen Stimmung an der Universität erfahren, habe eine heimliche Bewaffnung der jungen Leute befürchtet und sich darüber geärgert, daß die Studenten seinen Einzug mit Schweigen begleiteten. Auch soll einer von ihnen ihn mit Monsieur angesprochen haben, statt mit Majestät. Schleiermacher dagegen wußte vom Hörensagen, daß die Studenten beim Einzug Napoleons dem König von Preußen ein Vivat, dem Kaiser aber ein Pereat ausgebracht hätten, das sie »während seines Hierseins, als seine Truppen auf dem Markt ihr Vive l'Empereur riefen, wiederholt haben sollen, was freilich toll genug wäre«. Und Varnhagen, der die Semesterferien in Berlin verbrachte, erfuhr von einem der aus Halle Vertriebenen, daß angetrunkene Studenten das Pereat nachts vor dem kaiserlichen Quartier ausgebracht hatten und Napoleon »ohnehin gegen die studierende deutsche Jugend ungünstig eingenommen« gewesen sei.

Mit der Bedrohung der Existenz Preußens verstärkte sich ein Patriotismus, dem auch Schleiermacher in seinen Hallenser Predigten Ausdruck gab. Er verwahrte sich dabei zum Beispiel gegen die Beschuldigungen, daß »Vaterlandsliebe kurzsichtig« und »parteiisch« mache und »Vorurteile gegen andere Völker« nähre, so daß man diesen »geringschätzig begegne«, indem er ausführte, daß nur jener, der sein eignes Volk achte und liebe, Verständnis für die Liebe und Treue anderer Völker haben könne. Als Beitrag zur »großen Sache der Menschheit« habe jedes Volk seinen »eigentümlichen Beruf«.

Franzosen-Billigkeit

Da nach der verlorenen Schlacht bei Jena die preußischen Truppen auf ihrer Flucht nach Nordosten Berlin nicht berührten, war es unheimlich für die auf den Feind wartenden Berliner, daß sich keiner der eignen Soldaten, die einige Wochen zuvor siegesgewiß ausgerückt waren, mehr sehen ließ. Sie waren wie vom Erdboden verschluckt. Tagelang hatte es keine amtlichen Nachrichten über den Ausgang der Schlacht gegeben. Gerüchte wollten von einem Siege wissen, bis dann am 17. Oktober der neuigkeitshungrigen Menge, die sich in der Behrenstraße vor dem Amtssitz des Gouverneurs der Stadt, Graf von der Schulenburg-Kehnert, schon seit Tagen immer wieder versammelt hatte, die Proklamation vorgesetzt wurde, von deren vier Sätzen einer später zum Geflügelten Wort und zum Romantitel werden sollte: »Der König hat eine Battaille verloren. Jetzt ist Ruhe erste Bürgerpflicht. Ich fordere die Einwohner Berlins dazu auf. Der König und seine Brüder leben.«

Der Gouverneur war einer der ersten, die einpackten und anspannten. Mit ihm flüchteten die Reste der Garnison einschließlich der Kadetten, manche Mitglieder der königlichen Familie, Höflinge, höhere Beamte und der Publizist Garlieb Merkel, der sich seiner antinapoleonischen Artikel wegen nach der Hinrichtung des Nürnberger Buchhändlers Palm gefährdet glaubte. Auch Fichte, der eigentlich eine Professur in Erlangen hatte antreten sollen, hielt es für ratsam, im Wagen des Leibarztes Hufeland, der dem König nach Ostpreußen folgen mußte, die Stadt zu verlassen. Frau und Kind ließ er zur Bewachung der Wohnung zurück. Man wählte die Straßen nach Norden und Osten, auf denen den Flüchtenden Bewohner des platten Landes entgegenkamen, die in die Stadt eilten, weil es dort sicherer schien.

Als Poesie gut

Aber die Franzosen ließen noch eine Woche lang auf sich warten. Erst am 24. Oktober passierten sie die südlichen und westlichen Tore, teils in abgerissenen Uniformen, mit schiefsitzenden Hüten und wilden Bärten, bei deren Anblick die Berliner sich fragten, wie diese wilden Gesellen die schmucken Preußen hatten besiegen können, teils aber auch in straffen Kolonnen, in farbenprächtigen Uniformen, mit Trommeln und Pfeifen und einem Tambourmajor an der Spitze, der seinen prächtig geschmückten Stab durch die Luft wirbeln ließ. Die Tagebücher, Briefe und Memoiren, die über diesen Einzug in die von Angst gelähmte Stadt berichten, widersprechen sich zwar in einigen Einzelheiten, indem sie zum Beispiel die vereinzelt vorkommenden Plünderungen aufbauschen oder verharmlosen, geben aber doch alle den Eindruck wieder, daß die Angst vor erwarteten Greueltaten beim Anblick dieser Soldaten schnell wich. Der Hallesche Student Varnhagen, der die Semesterferien in Berlin verbrachte, schreibt in seinen Erinnerungen: »Man atmete auf als man statt wilder, racheschnaubender Plünderer wohlgeordnete Soldaten fand, die man schon durch Französischreden völlig zu entwaffnen schien, und deren Offiziere sich größtenteils durch höfliche Manieren auszeichneten. Diesen ersten günstigen Eindruck löschten auch spätere rohe Auftritte nicht wieder aus.« Rahel Levin, deren Freundeskreis sich durch die kriegerischen Ereignisse fast aufgelöst hatte, empfing nun französische Offiziere, die sie von Paris her kannte. Und ihrem Bruder Ludwig wußte sie im November zu berichten, daß in Berlin »Ruhe und Ordnung« herrsche und die Behandlung durch die Sieger eine »gütige« sei.

Die Ängste der Berliner wurden nun abgelöst durch die Sorgen, die die lästigen Einquartierungen allen bereiteten. Die geräumigsten Zimmer, die weichsten Betten, die besten Weine und die teuersten Gerichte wurden häufig von den Siegern gefordert, doch wird in den Schilderungen manchmal auch die Bescheidenheit und Dankbarkeit der Soldaten gerühmt. Der Musikkritiker und Schriftsteller Ludwig Rellstab, der die Zeit der Besatzung als Kind erlebte, konnte sich zwar auch an feindliche Gefühle gegen die Fremden erinnern, aber diese galten nur »dem Feinde als Ganzes«, mit einzelnen von ihnen konnte man auch befreundet sein. Besonders galt das für die gemeinen Soldaten, die bei der Familie einquartiert waren. »Meine Mutter, die das Französische ganz geläufig beherrschte, vermittelte leicht ein Verhältnis freundlichen und wohlwollenden Verständnisses. Fast immer hatten wir es mit bescheidenen Leuten zu tun. Nur zwei der jüngeren Offiziere zeigten das trotzige, gewaltsame Benehmen des Feindes. Von den gemeinen Soldaten wurde kein Unfug irgendeiner Art begangen. Sie waren höchst beglückt, daß man ihre Sprache mit ihnen redete und sie sich ausschwatzen konnten. Dabei gaben sie denn auch bald ihre innersten Gesinnungen kund. Sie seufzten und klagten über die ewige Mühsal des Krieges und hatten nicht die mindeste Lust, ihre Kräfte und ihr Leben fortwährend den ehrsüchtigen Zwecken des Kaisers zu widmen.«

Wie die Stadt unter Napoleons Herrschaft verwaltet wurde, kann man in einem Brief Zelters vom November 1808 nachlesen, in welchem auf Goethes Frage, ob der Freund denn noch immer mit »öffentlichen Geschäften« belastet sei, ausführlich geantwortet wird. Der Kaiser, heißt es da, habe den alten Magistrat sofort nach seinem Einzug entlassen, ihn aber noch 2000 Bürger in die Petrikirche einladen lassen, aus deren Reihen 60 der Besten gewählt wurden, die wiederum sieben Bürger ihres Vertrauens zu wählen hatten, die nun das »Comité Administratif« als oberste Stadtbehörde zu wählen hatten. »Unter diese sieben Bürger, welche aus vier Kaufleuten, einem Fabrikanten und zwei Handwerkern bestehen, gehöre nun ich. Dieses Comité der Sieben ward nun aufs Rathaus berufen, um seinen Präsidenten zu wählen; auch diese Wahl fiel auf mich, welches ich jedoch sogleich ablehnte und den Buchhändler Delagarde dazu vorschlug, weil ich der französichen Sprache nicht vollkommen mächtig bin. Das Comité ward nun auf dem Schlosse nebst dem bisherigen Ministerio und allen Königl. Dikasterien [Behörden] vereidet. Der Eid bestand in der Auflage, die franz. Armee gehörig zu verpflegen und keinen Briefwechsel mit den Feinden der franz. Monarchie zu unterhalten.« Er hoffe, schließt Zelter, »wenn auch nicht mit Dank, so doch rein aus der Sache« herauszukommen, denn sie belaste ihn sehr.

Als Poesie gut

Da der Hof und viele der wohlhabenden Leute geflüchtet waren, die Beamtengehälter ausblieben, das Wirtschaftsleben stagnierte, ganze Armeen verpflegt und Kontributionen gezahlt werden mußten, wuchs das Elend und mit diesem der Haß. Als Napoleon am Nachmittag des 27. Oktober hoch zu Roß in Berlin einzog und dabei als erster die pathetische Wirkung der Kulisse des Brandenburger Tors erprobte, soll es, wie Varnhagen berichtet, aus den Zuschauerreihen auch einige Vivatrufe gegeben haben. Denn Bewunderer des Siegers von Austerlitz und Jena gab es auch in Berlin. Unter ihnen waren, wie Klöden feststellte, viele Juden, weil diese nämlich, was Klöden vergißt zu sagen, vom Kaiser das Ende aller Diskriminierung erwarten konnten. Doch wurde durch das sich ausbreitende Elend die Schar der Franzosenfreunde von Tag zu Tag geringer, und der Haß auf den Unterdrücker, der in der Kriegslyrik Kleists scheußliche Formen annehmen sollte, breitete sich aus. Zu den von Napoleons Eroberungen entfachten nationalistischen Gefühlen kam dabei auch der Haß der Royalisten wegen der Ermordung des Herzogs von Enghien, die noch nicht lange zurücklag, und für jene, die, wie Varnhagen, »der französischen Freiheit anhingen«, war Napoleons Kaiserkrönung Ablehnungsgrund. Klöden, der sich in den armen Volksschichten bewegte, weiß von Tätlichkeiten gegen Franzosenfreunde zu berichten. Der Herausgeber der Zeitung »Neuer Telegraph«, der diese zum Sprachrohr der Sieger gemacht hatte, mußte später Berlin mit den Besatzungstruppen zusammen verlassen, weil er seines Lebens nicht sicher war. Nur »die Frauen«, wie Klöden bemerkt haben wollte, »gaben sich den Franzosen mit einer Leichtigkeit hin, die selbst diese erstaunte. Es war leider nicht nur der Abschaum des Geschlechts, sondern auch gar viele, denen man Besseres zugetraut hatte, und das geschah nicht nur in Berlin, sondern verhältnismäßig sogar noch mehr auf dem Lande.«

Dort aber, auf dem Lande, wo Ausschreitungen der durchziehenden Truppen eher verborgen blieben, ging es in vielen Fällen den Leuten schlechter. Sowohl die flüchtenden Preußen als auch ihre Verfolger brauchten Nahrung für ihre Soldaten und Futter für ihre Pferde; sie fraßen oft ganze Landstriche kahl. So hatte zum Beispiel der Landrat des Kreises Ruppin, ein von Zieten, aus Wustrau am 10. November 1806 zu berichten, daß die durch den Kreis fliehenden Preußen »ganz ausgehungert und nicht eben in dem ordnungsvollsten Zustand« waren, daß oft hundert von ihnen mit vierzig Pferden auf einem Bauernhof lagen und, wenn die Bauern nicht das Letzte hergeben wollten, sich auch selbst bedienten. Sie glaubten sich zu Forderungen berechtigt, weil ihr Befehlshaber befohlen hatte, daß »der Soldat gut verpflegt werde, d. h. wenigstens des Morgens ein Butterbrot und ein Glas Branntwein, des Mittags ein halbes Pfund Fleisch und eine Portion Zugemüse, des Abends ein Butterbrot und ein Glas Branntwein erhalten soll«. Da anschließend gleich die Franzosen kamen, die auch Vieh schlachteten und viele Pferde mitnahmen, sah es mit der Zukunft mancher Dörfer sehr traurig aus.

Auch in Friedersdorf, am Rande des Oderbruchs, wo kurz vor dem Kriege ein Brand die Wirtschaftsgebäude vernichtet hatte, war viel geplündert worden. Den kostbaren Inhalt des Weinkellers zum Beispiel hatten die Franzosen auf Wagen gepackt und mit den besten Pferden entführt. Der Gutsherr, F. A. L. von der Marwitz, hatte das nicht miterleben müssen, er war wieder, wie schon bei der Mobilisierung 1805, in die Armee eingetreten und hatte seinen in Halle studierenden jüngeren Bruder Alexander, einen Freund Varnhagens, mit der Verwaltung des Gutes betraut. Es war dies eine schwierige Aufgabe, denn wenn auch bald wieder Ordnung herrschte, so ging doch das Ausplündern weiter, und zwar durch die Eintreibung der Kontributionsgelder, die nur durch Schuldenmachen aufgebracht werden konnten. Erstaunlicherweise bewährte sich der neunzehnjährige Alexander von der Marwitz, der sich für Philosophie mehr als für Landwirtschaft interessierte und wenige Jahre später einen klugen Briefwechsel mit Rahel führen sollte, bei dieser Aufgabe glänzend. Selbst sein Bruder, der die Gelehrten verachtete und Alexanders Umgang mit ihnen mißbilligte, mußte das zugeben und ihn loben, wie er es auch später in der Grabschrift für Alexander tat. Stolz auf diesen hochintelligenten und vielbewunderten Bruder ist auch an manchen Stellen der Memoiren spüren. Aber dort versteigt er sich auch, möglicherweise an das Schicksal Heinrich von Kleists denkend, zu der Behauptung: da Alexanders Ausscheren aus den für Adlige vorgezeichneten Bahnen ihm bald das Leben verleidet hätte, müsse man es als ein Gottesgeschenk betrachten, daß er »in seinem siebenundzwanzigsten Jahre für das Vaterland« gefallen sei.

Die ausgewogenste Darstellung der Ereignisse und Gefühle im Berlin jener Oktobertage hat wohl Varnhagen in seinen »Denkwürdigkeiten« geliefert. Sein nüchterner Blick hing auch damit zusammen, daß er als Sohn eines mit der Französischen Revolution sympathisierenden Arztes seine Kindheit an wechselnden Orten im Rheinland, im Elsaß und in Hamburg verbracht hatte, viel gesehen und erlebt hatte, jüdischen Familien viel zu verdanken hatte und also nicht, wie sein Freund Marwitz, Standestraditionen oder, wie sein Lehrer Schleiermacher, Preußen und seinem König gefühlsmäßig verpflichtet war. Er hatte auch Arzt werden wollen, war aber durch seine Begeisterung für die Romantische Schule mit jungen Dichtern wie Chamisso zusammengekommen, hatte auch selbst gedichtet, so daß sein Interesse am Medizinstudium langsam erkaltet war. Bei der Schilderung der Besetzung Berlins gibt er zu, die Haßgefühle vieler Berliner gegen Napoleon geteilt zu haben, von Bewunderung des Siegers aber nicht frei gewesen zu sein. Während er den Einzug des Kaisers durchs Brandenburger Tor nicht mit ansehen konnte, weil »Schmerz und Trauer zu groß« in ihm waren, als daß er den Gehaßten hätte »angaffen« wollen, war er, wie folgende Ausführungen verraten, von dessen militärischer Macht doch fasziniert. »Mein Weg führte mich täglich [...] durch den sogenannten Lustgarten. Als ich am 27. Oktober abends wie gewöhnlich diesen Weg nahm, setzte mich ein neues Schauspiel, das sich hier unerwartet darbot, in das wundervollste Staunen. Der ganze Mittelraum des bis dahin sorgsam geschonten Rasens und selbst der Straßenplatz nach dem Schlosse hin war bedeckt mit unzähligen hellflammenden Wachtfeuern, um welche her die kaiserliche Garde in tausend Gruppen munterer Fröhlichkeit und Geschäftigkeit sich bewegte. Die mächtigen Feuer be-

leuchteten taghell die prächtigsten, schönsten Leute, die blanksten
Waffen und Kriegsgeräte, die reichsten, buntesten Uniformen, in deren sich tausendfältig wiederholenden Rot, Blau und Weiß die volle
Macht der französischen Nationalfarben die Augen traf. Ungefähr
10 000 Mann waren in diesem lodernden Biwak in Bewegung, den
das matter beschienene Schloß, wo der Kaiser seine Wohnung hatte,
düster begrenzte. Einen großen Eindruck gewährte der Überblick des
Ganzen, und wenn man das Einzelne untersuchte, denn man konnte
frei hindurchgehen und jede Neugier befriedigen, so mehrte sich nur
die Bewunderung. Jeder Soldat schien an Ausstattung, Benehmen,
Wohlbehagen und Gewicht ein Offizier, jeder ein Gebieter, ein Held.
Sie sangen, tanzten und schmausten bis tief in die Nacht hinein, dazwischen rückten kleine Abteilungen in strengster kriegerischer Haltung mit Trommeln und Musik zum Dienst aus und ein. Es war ein
einziger Anblick, wie ich nie wieder einen gehabt; ich verweilte stundenlang und konnte mich kaum losreißen.«

Und später heißt es: »In Napoleon sah ich zwar mit allem Hasse den Unterdrücker der französischen Freiheit und den Feind der
deutschen Bildung, allein ich gewann es doch über mich, ihn auch
in seinen großen Eigenschaften zu würdigen, und wenn ich zu wiederholtenmalen im Lustgarten ungesucht ihn selbst inmitten seiner
Generale vor den Truppen sah und das ganze Schauspiel mit Muße
betrachtete und auf mich wirken ließ, so konnte ich wohl begreifen,
daß die Seinigen auf den stets erneuten Ruhm- und Siegeszügen ihm
mit Begeisterung folgen mochten.«

Unerwähnt bleibt bei Varnhagen das Interesse, daß die Franzosen
an den Berliner Kunstwerken hatten, Schadow aber, damals nicht nur
Hofbildhauer, sondern auch Akademie-Vizedirektor, berichtet ausführlich davon. Er hatte die Akademie-Ausstellung von 1806, die an
»eigentlichen Kunstwerken« wenig zu bieten hatte, noch planmäßig
am 22. September, also kurz vor Beginn des Krieges, eröffnen können,
»mitten unter dem Geräusche der Waffen«, wie es in Anspielung auf
die im Gange befindliche Mobilmachung im Vorwort des Kataloges
hieß. Kunst gedeihe nur im Frieden, so heißt es da weiter, dieser aber

Als Poesie gut

sei Ziel des kommenden Krieges, und deshalb könne die Ausstellung für den Betrachter »Quelle reinsten Patriotismus« sein. Als Ende Oktober die Franzosen die Stadt besetzten, begannen sie wenige Tage später sich auch um die Kunstwerke zu kümmern, sowohl privat als auch offiziell. Besonders gefragt bei den Offizieren war der aus Tirol stammende, seit 1804 in Berlin arbeitende Leonhard Posch. Er, dessen Doppelporträt von Friedrich Wilhelm und Luise sehr bekannt wurde, verstand es nämlich hervorragend, Profilporträts in Wachs zu modellieren, und da seine handlichen Werke leicht zu verpacken und zu versenden waren, bekam er viele private Aufträge, die auch bezahlt wurden – woran die offiziellen Kunstinteressenten nicht dachten, von ihnen wurde nur requiriert. Große Kisten mit Gemälden und Skulpturen wurden aus den königlichen Schlössern getragen und mit der Aufschrift »Musée Napoléon« versehen. Eine Abordnung der Akademie, die beim Kaiser gegen den Raub protestieren wollte, wurde gar nicht erst vorgelassen. Am 2. November erfuhr Schadow von dem französischen Kunstkenner, den Napoleon mit dem Kunstraub beauftragt hatte, daß auch seine Quadriga zur Beute gehören würde. Ein Potsdamer Kupferschmied mußte sie abmontieren. Mit den Gemäldekisten zusammen wurde sie auf Schiffe verladen, die erst Monate später Paris erreichten. Acht Jahre lang stand nun das Tor wie nackt, ohne die Schadowsche Krönung, als eine Art Mahnmal da.

Mit den modernen Mitteln der Kriegführung wie Spionage und Propaganda wußte die französische Seite schon besser als die preußische umzugehen. Napoleons Bulletins verbanden geschickt Information mit Beeinflussung, seine Spione hielten ihn nicht nur über die Truppenbewegungen des Feindes, sondern auch über Volksstimmungen und Widerstandsabsichten auf dem laufenden, und seine Gespräche mit bedeutenden Persönlichkeiten aus den besetzten Ländern, wie später das mit Goethe zum Beispiel, waren erfolgreiche Versuche zur Beeinflussung der gebildeten Schichten. Im besetzten Berlin war man der Meinung, daß Spitzel in jedem Posthaus, in jeder Gaststätte säßen. Die französische Propaganda wurde durch die Zeitung »Der neue Telegraph« verbreitet, die von einem Mann, der sich den Decknamen Karl Julius Lange zugelegt hatte, herausgegeben wurde. Und Napoleon bekundete auch in Berlin sein kulturelles Interesse, indem er mit Johannes von Müller einen Mann, der ihm als wissenschaftliche Kapazität avisiert worden war, im Berliner Schloß, wo er im ersten Stock, mit Blick auf den Lustgarten, wohnte, zu einem Gespräch empfing.

Der heute kaum noch bekannte Johannes von Müller, von dem der Musiker Reichardt sagte, »er gliche einer Nachteule«, war ein Schweizer aus Schaffhausen, der seiner fünfbändigen Geschichte der Schweizer Eidgenossenschaft wegen bekannt geworden und geadelt worden war. Zu Lebzeiten galt er als der bedeutendste Historiker deutscher Sprache, weshalb auch seine von Schadow geschaffene Büste unter denen der großen Deutschen in der bayerischen Walhalla steht. Ihm hatte Schiller den Stoff zum »Wilhelm Tell« zu verdanken, weshalb er ihm im Stück durch Nennung seines Namens auch ein Denkmal setzte. (»Es ist gewiß«, sagt Stauffacher in der 1. Szene des 5. Aktes, »bei Bruck fiel König Albrecht durch Mörders Hand – ein glaubenswerter Mann, Johannes Müller, bracht' es von Schaffhausen.«) Doch auch als Politiker in Kurmainz und Österreich hatte er sich betätigt und dabei einen Patriotismus vertreten, der dem schon in Auflösung begriffenen Reiche galt. 1804 wurde er als Hofhistoriograph nach Berlin berufen und mit einem Sitz in der Akademie geehrt. Bei den alljährlich im Januar in der Akademie stattfindenden Gedenkfeiern anläßlich des Geburtstages Friedrichs den Großen hielt er 1805, 1806 und 1807 die Festreden, die letzte, die die Ehre hatte, von Goethe übersetzt zu werden, in Französisch. Sie schloß in Form einer Anrufung Friedrichs mit der auf Napoleon gezielten Versicherung, »daß der Sieg, die Größe, die Macht immer dem folgt, der dir am ähnlichsten ist. Du wirst sehen, daß die unveränderliche Verehrung deines Namens jene Franzosen, die du immer sehr liebtest, mit den Preußen, deren Ruhm du bist, in der Feier so ausgezeichneter Tugenden, wie sie dein Andenken zurückruft, vereinigen mußte.«

Der Redner, der wenige Jahre zuvor noch die Wiedererweckung des Reiches erhofft und wenige Wochen zuvor für ein gegen Napo-

Als Poesie gut

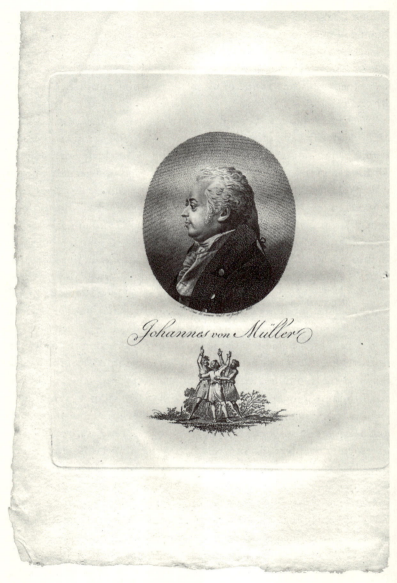

Johannes von Müller, 1805. Stich von Johann Michael Siegfried Lowe

leon gerichtetes Bündnis Preußens mit Österreich plädiert hatte, war durch das mehr als einstündige Gespräch, mit dem der Kaiser ihn ausgezeichnet hatte, völlig verwandelt, was zur Folge hatte, daß er wenig später in dem von Napoleon für seinen Bruder Jerôme geschaffenen Königreich Westfalen Minister wurde und die preußisch Gesinnten ihn einen Verräter nannten, während Goethe viel Verständnis für ihn aufbrachte, ihm durch die Übersetzung seiner Friedrich-Rede helfen wollte, ihn also nicht für opportunistisch, sondern für lernfähig hielt.

Müller selbst ließ brieflich verlauten, daß Napoleon ihn »durch sein Genie und seine unbefangene Güte« erobert habe« und ihm Preußen, an das er nutzlos seine Kräfte verschwendet habe, nun das »morschgewordene Alte« geworden sei.

Daß der prinzipientreue Marwitz, dem gelehrte Leute grundsätzlich unsichere Kantonisten schienen, ihn in seinen Memoiren grob und parteiisch als Widerling schilderte, hängt aber nicht nur mit Müllers Gesinnungswandel zusammen, sondern auch mit dessen Homosexualität. »Er war ein kleines, grundhäßliches Kerlchen mit einem Spitzbauche und kleinen Beinchen, mit einem dicken Kopf, immer glühend vom vielen Fressen und Saufen, mit Glotzaugen, die weit aus dem Kopf herausstanden und beständig rot unterlaufen waren, mit einer heiseren und krächzenden Stimme, der sich im Französischen geläufig, im Deutschen aber nur mit Mühe ausdrückte. [...] Es war viel von ihm zu lernen und daher sein Umgang, trotz der widerwärtigen Erscheinung, interessant. [...] Ich hatte seine Bekanntschaft durch meinen Bruder Alexander gemacht, der damals achtzehn Jahre alt in Halle studierte. Er war in den Ferien in Berlin und hatte alsbald Bekanntschafft mit Johannes Müller gemacht, für den er, wie die ganze Jugend, den höchsten Enthusiasmus hegte, wegen seines Wissens und jener politischen Aufsätze. Johannes Müller bewies ihm viel Freundschaft und Zuneigung. Plötzlich aber verwandelte sich meines Bruder Enthusiasmus in die tiefste Verachtung, die er nicht verhehlte...« – doch wird die Kenntnis der Ursache dafür dem Leser der einzigen so gut wie vollständigen Ausgabe der Erinnerungen, die 1908 von Friedrich Meusel ediert wurde, verwehrt. Drei Punkte mar-

Als Poesie gut

kieren die Lücke, die der Herausgeber in einer Fußnote so erklärt: »Die Ursache des Bruches zwischen Johannes von Müller und Alexander von der Marwitz, die auf des ersteren sittlichen Lebenswandel ein sehr übles Licht wirft, entzieht sich der Mitteilung.« Marwitz selbst aber war offensichtlich nicht so prüde, und auch in Briefen von Zeitgenossen wird die Sache mehrfach beim Namen, nämlich dem der griechischen Liebe, genannt.

Aber auch ein Napoleon-Verehrer wie Friedrich Buchholz, in dem man mit ziemlicher Sicherheit den Autor der anonym erschienenen »Gallerie preußischer Charaktere« vermutet, war mit dem wandlungsfähigen Historiker keineswegs einverstanden, und zwar nicht nur seiner Homosexualität wegen, die durch Vorzensur des Verlegers Sander in der »Gallerie« nur andeutend erwähnt wird, sondern mehr seiner moralischen Schwäche wegen, die man verachtenswert fand. Ein Publizist, der gestern noch vor der »Präpotenz Frankreichs« gewarnt und in Napoleon einen zweiten Attila gesehen hatte, heute aber den Kaiser ein Genie nannte und ihn mit Friedrich dem Großen gleichsetzte, war unglaubwürdig und beiden Seiten lächerlich oder verhaßt. Er war der Verräter und Überläufer, der vom Sieger zwar benutzt, aber nicht geachtet wurde – ein aktuelles Thema in jenen Jahren, von dem die mehrfach umgedichtete Anekdote handelt, die in der Kleistschen Fassung »Franzosen-Billigkeit, wert in Erz gegraben zu werden« überschrieben ist.

»Zu dem französischen General Hulin kam während des Krieges ein Bürger und gab behufs einer kriegsrechtlichen Beschlagnahmung zu des Feindes Besten eine Anzahl im Pontonhof liegender Stämme an. Der General, der sich eben anzog, sagte: ›Nein, mein Freund, diese Stämme können wir nicht nehmen.‹ – ›Warum nicht‹, fragte der Bürger. ›Es ist königliches Eigentum.‹ – ›Eben darum‹, sprach der General, indem er ihn flüchtig ansah. ›Der König von Preußen braucht dergleichen Stämme, um solche Schurken daran hängen zu lassen wie er.‹«

Schon drei Jahre vor Kleist, der die Anekdote im Oktober 1810 in seinen »Berliner Abendblättern« veröffentlichte, konnte man sie in

Franzosen-Billigkeit

Friedrich von Cöllns anonym erschienenen »Vertrauten Briefen über die inneren Verhältnisse am preußischen Hofe« in folgender Form lesen: »So — erzählt man — zeigte ein vom Könige ehedem ernährter Mensch königliches Holz an, das irgendwo verborgen war. Gut, — sagte der französische Beamte — aber der König von Preußen muß doch auch Holz behalten, um alle die undankbaren Schurken, welche ihn verraten, hängen zu lassen.«

Aber auch Johann Peter Hebel im deutschen Südwesten, griff die Geschichte später für seinen »Rheinischen Hausfreund« auf und nannte sie »Schlechter Lohn«.

»Als im letzten Krieg der Franzos nach Berlin kam, in die Residenzstadt des Königs von Preußen, da wurde unter anderm viel königliches Eigentum weggenommen und fortgeführt oder verkauft. Denn der Krieg bringt nichts, er holt. Was noch so gut verborgen war, wurde entdeckt und manches davon zur Beute gemacht, doch nicht alles. Ein großer Vorrat von königlichem Bauholz blieb lange unverraten und unversehrt. Doch kam zuletzt noch ein Spitzbube von des Königs eignen Untertanen, dachte: Da ist ein gutes Trinkgeld zu verdienen und zeigte dem französischen Kommandanten mit schmunzliger Miene und spitzbübischen Augen an, was für ein schönes Quantum von eichenen und tannenen Baumstämmen noch da und da beisammen liege, woraus manch Tausend Gulden zu lösen wäre. Aber der brave Kommandant gab schlechten Dank für die Verräterei und sagte: Laßt Ihr die schönen Baumstämme nur liegen, wo sie sind. Man muß dem Feind nicht sein Notwendigstes nehmen. Denn wenn Euer König wieder ins Land kommt, so braucht er Holz zu neuen Galgen für so ehrliche Untertanen, wie Ihr einer seid. — Das muß der Rheinländische Hausfreund loben und wollte gern aus seinem eignen Wald ein paar Stämmlein auch hergeben, wenn's fehlen sollte.«

In den Sümpfen der Ucker

Das vom Prinzen August kommandierte Grenadier-Bataillon, das auf der Flucht vor den nachrückenden Franzosen am 26. Oktober Alt Ruppin in einer Stärke von 600 Mann verlassen hatte, zählte, als es nach einem Gewaltmarsch ohne jede Verpflegung am Morgen des 28. die Gegend bei Prenzlau erreichte, nur noch 240 Soldaten; die anderen waren unterwegs vor Erschöpfung liegengeblieben oder auch desertiert. Das Bataillon hatte die Aufgabe, für die Armee des Fürsten Hohenlohe, die nach Stettin zu entkommen hoffte, die Nachhut, damals Arrieregarde genannt, zu bilden, doch war auf dem Marsch die Verbindung zum Gros der Truppe verlorengegangen, weshalb der Stabskapitän Clausewitz, der Adjutant des Prinzen, zur Erkundung nach Prenzlau vorausgeschickt wurde und dabei erkennen mußte, daß man von der Reiterei des Marschalls Murat schon umgangen war. Um dieser nicht in die Arme zu laufen, wurde versucht, nördlich an Prenzlau vorbei nach Pasewalk zu gelangen, aber nicht auf den vom Feind schon besetzten Wegen, sondern durch die Niederungswiesen der Ucker, wo es mehrfach gelang, die Reiterangriffe abzuwehren, bis man in Sümpfe geriet, in die die Kavallerie sich nicht wagen konnte.

»Aber nun«, so berichtete Clausewitz später, »wurde der Boden immer schwieriger, es kamen häufig sehr breite Gräben, die mit Wasser angefüllt und so tief waren, daß man bis unter die Arme hineinsank. In diesem schlimmen Boden blieben uns etwa hundert unserer Leute stecken, denen es an Kräften fehlte, sich aus dem Morast wieder herauszuarbeiten. Unsere sämtlichen Reitpferde hatten wir bereits zurücklassen müssen, nur der Prinz hatte noch ein schönes englisches Pferd von besonderer Kraft an der Hand durchbringen können; es war

In den Sümpfen der Ucker

dasselbe, worauf sein Bruder, der Prinz Louis Ferdinand, bei Saalfeld zusammengehauen worden war, und das Blut dieses kühnen Prinzen war noch am Sattel sichtbar. Allein während der starken Bewegungen, die das Tier machte, um sich aus dem Morast emporzuarbeiten, riß es sich vom Zügel los und sprang in die Ucker, in welcher es nun uns zur Seite hinunterschwamm.« Als die Reste der Einheit endlich wieder festeren Boden erreichten, kam auch die feindliche Kavallerie wieder näher, und da die Grenadiere beim Überqueren der Gräben ihre Gewehre als Stützen gebraucht hatten und das Wasser das Pulver in den Patronentaschen durchnäßt hatte, war eine ernsthafte Gegenwehr unmöglich geworden, so daß sie die Waffen niederlegten und sich ergaben. Dem Prinzen, den eine leichte Verwundung am Bein behinderte, wurden außer dem Degen auch der Stern des Schwarzen Adlerordens und die Uhr abgenommen, ihm aber bald darauf auf Befehl eines französischen Generals wiedergegeben. Auch sein kostbares Pferd, das die Franzosen eingefangen hatten, wurde ihm, wie Clausewitz sagt, wieder zurückgegeben – während Marwitz behauptet, er habe bei den Kapitulationsverhandlungen den Marschall Murat auf diesem Pferde gesehen.

Als der Prinz und Clausewitz nachmittags um vier in Prenzlau eintrafen, um dem Marschall Murat vorgeführt zu werden, war dieser gerade damit beschäftigt, seinem Kaiser in einem eigenhändigen Schreiben die Kapitulation der bei Prenzlau gestellten Armee Hohenlohe zu melden. Clausewitz, dem auffiel, wie unbeholfen der berühmte Kriegsheld mit der Feder umging, wurde dabei wohl daran erinnert, daß eine Karriere wie die des Marschalls in Preußen nicht möglich gewesen wäre. Denn Murat, der Sohn eines Gastwirts vom Lande, hatte es auf Grund seiner Fähigkeiten unter Napoleon zum erfolgreichen Heerführer bringen können; er hatte des Kaisers jüngere Schwester heiraten dürfen und war seit sechs Monaten zum Herrscher des neugegründeten Großherzogtums Berg gemacht worden. Auch König von Neapel von Napoleons Gnaden wurde er später noch.

Da das erste gefangene Mitglied der königlichen Familie Napoleon vorgeführt werden sollte, mußte der Prinz mit seinem Adjutanten, von einem französischen Stabsoffizier begleitet, noch am Abend die Kutsche besteigen. In Oranienburg wurden morgens die Pferde gewechselt, gegen Mittag waren sie in Berlin. »Unter widrigsten Gefühlen« wurde in den Straßen die Neugierde der Leute ertragen. Ziel war das Stadtschloß, wo Napoleon sich mit seinem Stab einquartiert hatte, und zwar in den Räumen Friedrich Wilhelms II., des verstorbenen Königs. Dessen Sohn und Nachfolger, Friedrich Wilhelm III., bewohnte bekanntlich sein Leben lang das relativ bescheidene Kronprinzenpalais.

Während Prinz August, der Verwundung wegen hinkend, einen Fuß mit einem Pantoffel bekleidet, sofort zu Napoleon geführt wurde, mußte Clausewitz in seiner abgerissenen, verdreckten Kleidung inmitten der prächtig uniformierten kaiserlichen Adjutanten warten. Doch dauerte das Gespräch nur fünf Minuten. Dann erfuhr er, wie gnädig der Kaiser über ihr Schicksal beschlossen hatte: Auf ihr Ehrenwort, in diesem Krieg nicht mehr gegen Frankreich zu fechten, wurden sie freigelassen. Dem Prinzen wurde gestattet, bei seinen Eltern, also im Schloß Bellevue, zu wohnen, aber er durfte Berlin nicht verlassen, und öffentliche Äußerungen waren ihm auch verboten. Sein Adjutant wurde in seine Garnison verwiesen, also nach Neuruppin.

Vermutlich hatte Napoleon diese Entscheidung in der Hoffnung auf ein nahes Ende des Krieges getroffen. Als die Kämpfe aber in Ostpreußen noch weiter tobten, wurde dem Prinzen und seinem Adjutanten etwa zur Weihnachtszeit der Zwangsaufenthalt in Frankreich befohlen. Am 30. Dezember reisten die beiden, vermutlich ohne jede Begleitung, in ihre privilegierte Gefangenschaft ab.

Clausewitz, pflichtbewußt, fleißig und ehrgeizig wie immer, hatte die acht Wochen der Ruhe nicht müßig verstreichen lassen, sondern im Rückblick auf das Erlebte sein kriegstheoretisches Denken, das ihn einmal zu seinem Werk von Weltgeltung befähigen sollte, geübt. So wie er in den Tagen und Wochen vor der Katastrophe von Jena die Vergnügungen seiner Offizierskameraden gemieden hatte, um seine kritischen Überlegungen zur Strategie der kommenden Schlacht schriftlich niederzulegen, so benutzte er die Ruppiner Ruhepause, um sich darüber klar zu werden, warum es zu dieser grandiosen Niederlage gekommen war. In seinen »Historischen Briefen über die großen Kriegsereignisse im Oktober 1806«, die anonym in drei Fortsetzungen von Januar bis April 1807 in der Zeitschrift »Minerva« erschienen, übte er scharfe Kritik an der veralteten Gliederung, Ausrüstung und Taktik des preußischen Heeres, fand sarkastische Worte für die Unfähigkeit der militärischen Führung, machte deutlich, daß die zahlenmäßige Überlegenheit der Franzosen und die Modernität ihrer Kriegführung eine Rolle gespielt hatten, war aber trotzdem der Meinung, daß die Genialität Napoleons und die Motivation seiner Soldaten entscheidend für die preußische Niederlage gewesen war.

Der Briefwechsel mit der geliebten Marie, den die Kämpfe und Rückzüge unterbrochen hatten, wurde in den erzwungenen Ruhewochen Ruppins wieder aufgenommen. Den letzten Brief hatte er ihr kurz vor der Schlacht geschrieben, so daß sie lange über sein Schicksal im ungewissen gewesen war. Sie war den Oktober über bei ihrer Freundin, der Gräfin Voß, geb. von Berg, im mecklenburgischen Giewitz gewesen, also nur einige Meilen von Prenzlau und den Ukkersümpfen entfernt. Nach wie vor wurden die Briefe, um sie vor der gräflichen Familie geheimzuhalten, über eine Freundin geleitet. Politisches, ohne welches auch seine Liebesbeteuerungen nicht auskamen, wurde der Briefzensur wegen häufig verschlüsselt, so daß beispielsweise sein optimistischer Blick in die Zukunft Preußens einem Krankenbericht gleicht. »Der Kranke«, so heißt es da, »für den wir so viel fürchten und so manches hoffen, liegt in einem Zustande, den ich, obgleich ein junger Anfänger in der Arzneikunde, doch immer bei einer gewissen Wendung der Krankheit vorausgesehen habe. Aber weit entfernt, ihn darum für unheilbar zu erklären, wie so viele tun, die in der edlen Kunst pfuschen, glaube ich vielmehr, daß dies der ordentliche Weg der Heilung sei.« Die Krisis werde die Kräfte freilegen, die die Gesundung bewirken werden. Er sei also besorgt, aber nicht verzweifelt, weil er die Mittel zur Heilung des Kranken kenne und außerdem wisse, daß sie, die Geliebte, an seiner Seite sei.

Als Poesie gut

Immer hängen seine Liebesgefühle mit den staatsbürgerlichen und soldatischen Verantwortungsgefühlen zusammen. So ist er bekümmert darüber, nicht als Sieger vor die Geliebte treten zu können; er findet Trost in dem Bewußtsein, sich keiner Verletzung militärischer Pflichten schuldig gemacht zu haben, und er kann deshalb hoffen, seiner »großmütigen Freundin« nicht unwert zu sein.

Auch der oben erwähnte Brief, der die Gräfin über seine bescheidene Herkunft, seine Armut und die Fragwürdigkeit seines Adels aufklärte und so das Vertrauensverhältnis vertiefte, wurde in diesen Wochen geschrieben. Und als er sich Ende des Jahres mit dem Prinzen August zusammen zur unbefristeten Internierung aufmachte, hatte er, wie uns die Erinnerungen Marie von Brühls verraten, in Berlin die Freude, die Geliebte noch einmal zu sehen. »Das traurige, aber für mich doch so wichtige Jahr 1806 endigte ich nicht heiter«, heißt es in ihren Aufzeichnungen, »denn am 30. Dezember reiste C. nach Frankreich, doch hatte ich noch den Trost, ihn an diesem Tage und dem vorhergehenden bei Friederike zu sehen. Dies Wiedersehen tat mir unbeschreiblich wohl. Die Gefahr hatte jede Spur von ängstlicher oder stolzer Zurückhaltung aus meinem Herzen verbannt und mich ganz empfinden lassen, was C. mir war. Mit der innigsten Liebe und der völligsten Hingebung schloß ich ihn an mein Herz.«

Auf hoher See

Als am 28. Oktober 1806 die Reste der vom Fürsten Hohenlohe-Ingelfingen kommandierten Armee vor einem weitaus schwächeren Gegner in der Gegend um Prenzlau kapitulierten, endete für den Obristen von Massenbach die militärische Karriere und es begann seine schriftstellerische, die, weil sie in erster Linie der Rechtfertigung seiner militärischen Entscheidungen diente, mit der ersten eng verbunden war. Geschrieben und veröffentlicht hatte er auch schon in den vergangenen zwei Jahrzehnten, aber nach Prenzlau wurde das Schriftstellern seine Hauptbeschäftigung, und er war dabei außerordentlich produktiv. Auch wenn seine zum Teil sehr dickleibigen Werke nicht »Rückerinnerungen«, »Memoiren« oder »Denkwürdigkeiten« im Titel führten, waren sie solche, Erinnerungen eines Augenzeugen, authentisch und fragwürdig, weil einseitig, manchmal ans Fiktive streifend, wenn er zum Beispiel weit zurückliegende Gespräche, wie das mit Friedrich dem Großen bei seinem Übertritt aus württembergische in preußische Dienste, wörtlich wiedergibt. Seine Berichte über die vielen Feldzüge, die er seit den Anfängen Friedrich Wilhelms II. meist als Generalstäbler mitgemacht hatte, mischen nicht nur Selbsterlebtes mit statistischen Materialien, sondern sind auch durchflochten mit politischen Erörterungen, die ihn als kritischen Geist ausweisen, als Selbst- und Querdenker, ein wenig zu red- und schreibselig, oft zu emphatisch, meist zu rechthaberisch, aber für Leser, die nicht vorzeitig vor der Fülle und Verworrenheit kapitulieren, immer anregend und interessant.

Massenbach war einer der zahlreichen Intellektuellen, die in dieser Epoche im Militär dienten, ein lebendiger Geist, der mit diesem gern prunkte und deshalb schlichteren Gemütern als Spinner und

Angeber galt. Im Offizierskorps hatte er wahrscheinlich mehr Feinde als Freunde. Obwohl er Preußen treu diente, in eine geachtete Familie, die von Gualtieri, eingeheiratet hatte und in Potsdam seßhaft wurde, blieb er für viele seiner in Preußen geborenen und begüterten Offizierskameraden der aus dem Südwesten gekommene Fremde, dem man mit Vorbehalten begegnete, die durch seine politischen Meinungen noch verstärkt wurden. Er tendierte nämlich immer zu einem preußisch-französischen Bündnis, bewunderte Napoleon nicht weniger als Friedrich und machte daraus kein Hehl. Äußerungen der Franzosenfeindschaft, wie sie in Preußen nach Napoleons Expansionserfolgen üblich wurden, sind bei ihm nicht zu finden, sieht man ab von der schon erwähnten Rede in Dresden, die in Jena zu drucken ihm Goethe ausgeredet hatte. Mit diesem Text, der mit den Worten anhebt: »Napoleon, ich liebte dich, ich bewunderte dich! Napoleon, ich hasse dich!«, in dem er sich nicht scheute, den französischen Kaiser mit Dschingis-Khan und Attila gleichzusetzen, hatte er wohl kurz vor der Schlacht bei Jena seine Treue zu Preußen bekunden zu müssen gemeint. Empfunden aber hat er diesen Haß nie. Er hat Napoleon immer bewundert, sein militärisches und politisches Genie gepriesen und in ihm ein »Werkzeug der Vorsehung« gesehen. Immer hat er Preußen zum Verbündeten oder auch Vasallen Napoleons machen wollen, um mit ihm zusammen Rußland und England niederringen zu können, die er für die wirklichen Feinde Preußens und des ganzen Kontinents hielt. So wie andere Napoleon dämonisierten, dämonisierte er Rußland, fürchtete »von jeher Rußlands Unterjochungsgeist«, glaubte, daß »tartarische Stämme unsere Gefilde mit Überströmungen bedrohen, denjenigen ähnlich, welche die Römerwelt vernichteten«, und predigte jahrelang die Befestigung der Ostgrenze. Von der Eroberung durch die mit den Engländern verbündeten »Iwane« konnte seiner Meinung nach der Kontinent nur bewahrt werden, wenn ein starker Mann ihn gewaltsam einigte. Ein anderer Franzosenfreund, der Publizist Friedrich Buchholz, mit dem Massenbach sich nach 1806 zeitweilig verbündete, ergänzte seine Theorie durch die Dämonisierung Englands als »Neuen Leviathan« (so sein Buchtitel von 1805). Am Schluß seiner »Historischen Denkwürdigkeiten zur Geschichte des Verfalls des preußischen Staats seit dem Jahre 1794« kommt Massenbach dann auch zu dem Ergebnis, daß Preußen nicht nur durch Unterschätzung der Französischen Revolution und Napoleons den Geist der Zeit nicht erkannt hatte, sondern daß es auch versäumt hatte, an der Seite des Stärkeren Eroberungen zu machen. »Weil wir den Mut nicht hatten«, so heißt es dann weiter, »einen Staat zu bilden, der sich von den Ufern der Düna und des Dnjeper bis an die Ufer der Weser erstreckte; weil wir die Kraft nicht in uns fühlten, unsere Adler auf dem Kamm der karpathischen Gebirge aufzupflanzen und mit Napoleon an der Bildsäule Peters des Großen und an dem Mausoleum Chathams [gemeint ist das Grab William Pitts d. J., Earl of Chatham, in Westminster Abbey] das Schicksal der Welt zu entscheiden: so verstieß uns das Schicksal. Es ist unsere Schuld, daß sein eiserner Arm uns zermalmt hat.«

Ohne Zweifel waren am 28. Oktober Massenbachs Ratschläge dafür entscheidend, daß sich die mehr als 10 000 preußischen Soldaten, die sich in Gewaltmärschen ohne Verpflegung in vierzehn Tagen von Thüringen bis in die Uckermark geschleppt hatten, auf den Wiesen und Feldern nahe Prenzlau dem Feind ergaben, und da sie noch nicht ganz verhungert waren und noch einige Schuß Munition besaßen, wurde diese Kapitulation, die einigen Hunderten oder Tausenden das Leben rettete, von Preußenverherrlichern und Preußenkritikern gleichermaßen unehrenhaft oder schmählich genannt. Massenbach, dessen politische Ansichten man kannte, wurde auch vorgeworfen, vorsätzlich Verrat begangen zu haben, doch angeklagt wurde er nicht. Hätte er es in seinen Rechtfertigungversuchen bei der Versicherung belassen, er habe geglaubt, mit dem preußischen Staat sei es zu Ende und es lohne nicht mehr, für ihn Blut zu vergießen, wäre das ehrenwert und glaubhaft gewesen, aber da er zusätzlich versicherte, er habe sich in der Lagebeurteilung getäuscht, sei von andern getäuscht worden und der eigentlich Schuldige sei nicht er, sondern Blücher gewesen, weil dieser mit seinen Reitern andere Fluchtwege gewählt habe, konnten andere Augenzeugen manche seiner Behauptungen widerlegen, und es blieb ein Makel an ihm hängen, so daß die preußischdeutsche Geschichtsschreibung ihn einseitig negativ zeichnete, bis er nach dem Zweiten Weltkrieg von dem im Preisen und Verdammen gleich gewaltsamen Arno Schmidt zum Urvater des Europagedankens gemacht wurde, was nicht weniger einseitig war.

Da Friedrich Wilhelm III. schon am 1. Dezember 1806 von Ortelsburg aus die Untersuchung dieser und anderer Kapitulationen anordnete und dazu eine »Immediat-Kommission« aus etwa zehn höheren Offizieren einsetzte, die die dazu anfallenden Akten noch bis 1812 zu wälzen hatten, sind wir durch Berichte anderer Augenzeugen über die Vorgänge dieses Oktobertages bis ins Detail informiert. Zeit- und ortsgenau ließe sich heute noch nachstellen, wo in den ukkermärkischen Weiten der Generalquartiermeister Massenbach dieses und jenes zum Kommandierenden sagte, wer wann wo welche Beobachtungen machte, wie und wo die Parlamentäre verhandelten und Marschall Murat sich mit Hohenlohe traf. Einer der bedeutendsten, genauesten und freilich auch parteiischsten Berichterstatter war F. A. L. von der Marwitz, Major im Stab des Fürsten Hohenlohe, also immer in Massenbachs Nähe, der nie mit ihm einverstanden gewesen war. Der konservative Altpreuße, pflicht- und standesbewußt wie nur einer, geschickt mit der Feder, ja, ein guter Erzähler, aber voller Vorurteile gegen Nichtpreußen und Gelehrte, ließ in seiner Zeugenaussage, wie auch später in seinen Memoiren, man möchte sagen natürlicherweise, an Massenbach kein gutes Haar.

Über die Kapitulationsbedingungen, die uns heute dazu verführen, ein Schrumpfen humaner Zivilisiertheit in den inzwischen verflossenen zweihundert Jahren zu konstatieren, kann man bei Marwitz Einzelheiten erfahren. »Die Offiziere«, so ist da zu lesen, »sollten sogleich auf ihr Ehrenwort entlassen werden und sich hinbegeben können, wo sie wollten. Die Gewehre sollten nicht gestreckt, sondern nur zusammengesetzt und von den Truppen verlassen werden. Die Offiziere sollten ihre Degen, Pferde und Bagage, die Gemeinen ihre Tornister und Mantelsäcke behalten dürfen. Die Regimenter sollten ihre Kassen und Stabswagen behalten. Die Garden und das Regiment König sollten en corps unbewaffnet mit ihren Ober- und Unteroffizieren zusammenbleiben, nach Potsdam marschieren und daselbst bis zum Frieden, wo sie dem Könige zurückgegeben werden sollten, in dem selben Zustande verbleiben.« Nur die einfachen Soldaten der nicht zur Garde gehörenden Regimenter mußten in die kurze Gefangenschaft gehen.

Marwitz selbst war schon frei nach wenigen Stunden. Sein Ehrenwort, in diesem Kriege nicht mehr gegen Frankreich zu kämpfen, war für ihn bindend, und doch fühlte er sich verpflichtet, dem König nach Ostpreußen zu folgen. Auch als Nichtkämpfer konnte er dienen, oder sein Ehrenwort konnte durch Austausch unwirksam werden. Aber zwischen ihm und dem König befanden sich die feindlichen Truppen, die sich rasch über die Oder in Richtung Kolberg und Danzig bewegten. Mit seinen Pflichten wäre es also durchaus vereinbar gewesen, sich vorerst auf sein Gut Friedersdorf, am Rande des Oderbruchs, zu begeben. Relativ schnell wäre es zu erreichen gewesen, und auch dort wurde er dringend gebraucht.

Im Jahre 1804 hatte er nach seiner Verlobung mit der geliebten Fanny den Dienst in den Streitkräften aufgekündigt und sich gleich nach der Hochzeit auf seine Besitzung zurückgezogen, deren Wirtschaft von Pächtern ruiniert worden war. Durch Anwendung neuer Landbaumethoden war er auch erfolgreich gewesen, und nach dem Tod Fannys hatte er, als Mittel gegen die Trauer, seine Anstrengungen noch verstärkt. Hilfreich waren ihm dabei zwei seiner Gutsnachbarn gewesen: die tüchtige Tochter des Generals von Lestwitz, geschiedene von Borcke, die unter dem Namen einer Frau von Friedland ihre Güter Kunersdorf und Alt Friedland zu Musterwirtschaften entwickelt hatte, und der 1803 aus Celle nach Preußen übersiedelte Arzt und Landwirtschaftswissenschaftler Albrecht Daniel Thaer. Dieser hatte das heruntergewirtschaftete Gut Möglin erworben, es durch Anwendung neuer Methoden, die er aus dem Studium der englischen Landwirtschaft gewonnen hatte, zu einem modernen Betrieb entwickelt, der 1806 dann Lehrbetrieb werden sollte – die erste landwirtschaftswissenschaftliche Akademie Preußens, Vorläufer der entsprechenden Fakultät der Berliner Universität.

Marwitz, der politisch Konservative, hätte mit den progressiven Wirtschaftsmethoden sein Ziel, das Gut schuldenfrei zu machen, erreichen können, wenn er sich nicht 1805, als zum erstenmal mobilgemacht wurde, und 1806, als es tatsächlich ernst wurde, verpflichtet gefühlt hätte, wieder zur Armee zu gehen. Sein jüngerer Bruder Alexander, Student in Halle und unerfahren in landwirtschaftlichen Fragen, mußte ihn in Friedersdorf nun vertreten, während er in der Armee Hohenlohes die Schlacht bei Jena mitmachte, wo ihm ein Pferd unter dem Leibe erschossen wurde, er aber unverwundet blieb. Sich nach seiner Freilassung in Prenzlau nach Friedersdorf zu begeben, um seine Gutsherrenpflichten wieder erfüllen zu können, wäre unehrenhaft für ihn nicht gewesen, doch zog er die Erfüllung seiner Offizierspflichten vor. Da noch zu viele Franzosen in der Uckermark waren, versteckte er sich für einige Wochen, erst bei den Schwerins im nahen Wolfshagen, dann in der Herzoglichen Residenz Neustrelitz, wo ihm Prinz Karl, der jüngere Halbbruder der Königin Luise, einen Brief an diese mitzunehmen bat. Am 23. November, als die Masse der feindlichen Truppen schon östlich der Oder war, trat er, den Brief an die Königin im Rockfutter, seine abenteuerliche Reise an.

Statt den Weg über das von den Franzosen besetzte Hinterpommern zu nehmen, wollte er es über Schwedisch-Vorpommern und die Ostsee versuchen. Sein erstes Ziel war die Festung Stralsund. Es war aber schwierig, dort hineinzukommen, da die schwedischen Behörden, um die Neutralität zu wahren, preußische Soldaten nicht über die scharf bewachte Grenze ließen, so daß er, um nicht zurückgeschickt zu werden, den waghalsigen Plan faßte, sich als Spion verdächtig zu machen, sich verhaften zu lassen und erst in der Festung seine wahre Identität preiszugeben. Hier hoffte er, vor höhere Offiziere geführt zu werden, auf deren adlige Solidarität er sich verlassen zu können glaubte. Doch war es dann mehr ein Zufall, der half.

In Ivenack riet ihm ein Graf Plessen, mit dessen Brüdern zusammen er gedient hatte, es über Demmin zu versuchen, das hart an der Grenze lag. Einem Arzt, an den ihn Graf Plessen verwiesen hatte, gelang es, ihm beim Magistrat von Demmin einen Paß zu verschaffen, der ihm bescheinigte, daß er aus dem Österreichischen komme und auf dem Weg nach Stralsund zu Verwandten sei. Dieses kurz vor der Grenze ausgestellte Papier war natürlich verdächtig, aber wie der Arzt glaubte, konnten die schwedische Posten Deutsches nicht lesen und würden von den mächtigen Stempeln beeindruckt sein. Und tatsächlich ließen die gleich hinter der Stadt stehenden Wachen den Reiter passieren, doch als er bei einbrechender Dunkelheit das Städtchen Grimmen erreichte und sich im Gasthof einquartierte, wurde er zum Ortskommandanten befohlen, dem er Lügen auftischte, die nicht geglaubt wurden, weshalb er am Morgen in strömendem Regen von Husaren nach Stralsund eskortiert und auf die Hauptwache gebracht wurde, wo man ihn gleich als verkappten Spion einem Oberst vorführte, dem er die Wahrheit über sich und seine Absichten sagte und damit zwar noch immer auf leichte Zweifel, aber auch auf Wohlwollen stieß. Die Entscheidung über sein Schicksal aber mußte der Generalgouverneur treffen, in dessen Haus, in das er geführt wurde, sich gerade eine feine Gesellschaft zum Essen traf. Unter den geputzten Damen und Herren, die sich um die mit viel Silber gedeckte Tafel versammelten, traf der völlig durchnäßte und verdreckte Marwitz auch den Gouverneur, einen Baron von Essen, der ihm sehr höflich begegnete und auch willens schien, ihm weiterzuhelfen, sich dazu aber ohne sichere Identitätsbeweise außerstande sah. Alles schien schon für ihn verloren, als er plötzlich unter den Gästen das bekannte Gesicht eines Mannes entdeckte, der augenblicklich auch ihn erkannte, ihn vor Freude über das unverhoffte Wiedersehen umarmte und die Wahrheit seiner Worte bestätigen konnte. Trotz seines wenig festlichen Äußeren wurde er nun zum Essen geladen, von dem ihm besonders das aus Heringssalat, Schinken, Lachs und dergleichen bestehende schwedische Vorgericht, zu dem Branntwein gereicht wurde, in Erinnerung blieb.

Der Mann, dem Marwitz die Rettung aus schwieriger Situation verdankte, war Gustav Brinckmann, den man in Berlin mit einem Von vor dem Namen kannte, obwohl er tatsächlich erst 1808 geadelt wurde, als er Berlin verließ, um nach London zu gehen. Mit einer Unterbrechung, die ihn nach Paris geführt hatte, war er schon seit

Als Poesie gut

Gustav von Brinckmann. Künstler unbekannt

Auf hoher See

1792 in der preußischen Hauptstadt als schwedischer Diplomat tätig gewesen, hatte hier mit fast allen Geistesgrößen Freundschaft geschlossen und war in bürgerlichen, adligen und höfischen Kreisen wie auch auf Schlössern des Adels, wie beispielsweise bei den Vossens in Groß Gievitz, immer gern gesehen. Ein Band Gedichte von ihm war 1804 bei Sander erschienen, und seine vielen Briefe sind eine wichtige Quelle für diese Zeit. Er gehörte nicht zu den Leuten, mit denen Marwitz freundschaftlich verkehrte, aber er hatte ihn oft am Hofe und in anderen Gesellschaften gesehen. Jetzt aber war er dankbar für diese Begegnung — was ihn aber nicht hinderte, ihn in seinen Memoiren, denen wir alle diese Einzelheiten verdanken, als »kleinen, schwächlichen Dichterling« zu beschreiben, »der sich mit allen poesieliebenden Frauenzimmern zu schaffen machte«, wobei Marwitz wohl besonders an Rahel dachte, deren geistigem Charme später auch sein geliebter jüngerer Bruder Alexander verfiel. Er setzte aber, wohl aus Dankbarkeit, hinzu, daß Brinckmann »Kenntnisse« (gemeint ist: Bildung) hatte und er ihn für einen »guten Menschen« hielt.

Brinckmann, der auch unterwegs war, um der Königlichen Familie nach Ostpreußen zu folgen, war Marwitz dann auch behilflich, ein Schiff zu finden, mit dem er nach Kolberg, Danzig oder Königsberg hätte segeln können. Aber des Krieges wegen war die Küstenschiffahrt ganz eingestellt. Brinckmann riet ihm, das Postschiff nach Schweden zu benutzen, sich von dort nach Kopenhagen oder Helsingör fahren zu lassen, wo sicher ein Schiff nach Pillau oder Memel zu finden war. Obwohl Marwitz nicht sicher wußte, ob dazu sein Geld reichen würde, kaufte er sich einen Platz auf der regelmäßig verkehrenden Postjacht, doch als diese sich zum Auslaufen fertig machte, kam ein widriger Wind auf, der sie noch vier Tage im Hafen hielt. Inzwischen wurde der Festungsbesatzung befohlen, einer möglichen Belagerung wegen alle Offiziersfrauen und Diplomaten nach Schweden zu bringen, wozu nun die Postjacht gebraucht wurde und Marwitz mit zwei anderen Passagieren auf einen schwerfälligen Schoner umsteigen mußte, der einen »schmierigen, ekligen Kerl« als Kapitän hatte und »Flunderan« (Flunder) hieß.

Als Poesie gut

Am 30. November konnten sie auslaufen, kamen aber, da der Kapitän das Schiff dreimal auf Sand setzte, bis zum Abend nur bis zur Westspitze von Rügen, wo man vor Anker ging. Verpflegung war nur für die Besatzung, nicht aber für die Passagiere vorhanden, so daß diese sich von Wasser und schwarzem Schiffszwieback ernähren mußten, der Knallen genannt wurde, im Geschmack dem Kommißbrot ähnelte, aber eine solche Härte hatte, daß zum Teilen eine Axt nötig war. Am 1. Dezember quälte das Schiff sich an Rügen entlang nach Norden, mußte bald aber Hiddensee gegenüber wieder ankern und konnte am Abend erst weitersegeln ins offene Meer. Ein Sturm kam auf, der alle seekrank machte. Als Marwitz am Morgen die stickige Kajüte verlassen konnte, sah er, daß der Sturm sie zurückgetrieben hatte, so daß die sandige Hügelkette von Hiddensee wieder sichtbar war. »Ich«, so erzählt Marwitz weiter, »aß Knallen und trank Wasser. Am 2. Dezember wiederholte sich genau das gleiche Manöver. Ich aß Knallen und trank Wasser. Den 3. Dezember blies der Wind den Tag und die Nacht hindurch aus Nordost, wir tanzten also fortwährend vor den Ankern. Ich aß Knallen und trank Wasser. Den 4. Dezember war derselbe Spaß, nur kam gegen Mittag Windstille. Ich aß Knallen und trank Wasser.« Doch nun gab es eine Abwechslung, und zwar durch die Postjacht, die alle diese Manöver mitgemacht hatte und nun eine Rebellion der Frauen erlebte, die lieber eine Belagerung in Stralsund aushalten wollten, als in Dreck und Kälte auf dem überfüllten Schiff seekrank zu sein. Da der Kapitän des Postschiffes nicht selbst zu entscheiden wagte, wurde ein Boot zurückgeschickt, um Order zu holen, und da der Schoner im Falle der Rückbeförderung der Frauenladung die Post nach Schweden mitnehmen sollte, hielt das Warten nun an.

In der Hoffnung, daß Brinckmann, den er bei den Frauen auf dem Postschiff vermutete, etwas Eßbares hatte, ließ sich Marwitz zum anderen Schiff übersetzen und fand den schöngeistigen Diplomaten im Kasten einer zweisitzigen Kutsche, die am Mastbaum befestigt war. »Er hatte das Lamentieren, Speien und Ächzen der vierzig Weiber nicht aushalten können und sich davor in diesen Affenkasten geflüchtet, worin er mit einer Nachtmütze auf dem Kopf saß. Ich setzte

Auf hoher See

mich zu ihm, fragte nach Lebensmitteln, und er war gleich sehr bereit, mir alles, was er hatte, zu geben. Er langte in die Wagentaschen, die alle voll waren, und holte heraus: Kuchen, Brezeln, Marzipan, eingemachte Früchte und den Teufel mit seiner Großmutter. Ich dachte, das Kerlchen war toll geworden, sich zu einer Seereise im Winter mit lauter Näschereien zu proviantieren. Er war aber, dies abgerechnet, ganz vernünftig. Ich probierte, nach meinem fünftägigen Knallenfraß ein Stück Kuchen zu verspeisen, konnte es aber des Hungers ungeachtet nicht herunterbringen.« Nun konnte Marwitz den Kapitän dazu bringen, ihn kurzzeitig an Land zu setzen, wo er ein paar Kartoffeln erstehen konnte und auch Salz und Butter dazu.

Das Boot aus Stralsund kam erst am Nachmittag des nächsten Tages wieder. Nun wurde die Nacht hindurch mit günstigen Winden gesegelt, so daß am Vormittag des 6. Dezember das schwedische Ystad erreicht wurde, wo Marwitz sofort zum Kommandanten eilte, der Rosencrantz hieß. Marwitz, der an dieser Stelle unbeabsichtigt etwas von seiner literarischen Bildung preisgibt, dachte im stillen, daß hier doch ein Güldenstern fehle, laut aber tischte er dem jungen Mann, der kein Französisch und nur wenig Deutsch konnte, radebrechend gewaltige Lügen auf. Er sei ein Kurier, der Depeschen vom preußischen zum schwedischen König zu bringen habe, und da er auch das Papier vorzeigen konnte, das ihm der General von Essen in Stralsund ausgestellt hatte, konnte er bald in einer Schnellpost nach Malmö sitzen, wo sich tatsächlich damals der schwedische König, Gustav IV. Adolf, befand. Auch hier fand Marwitz hilfreiche Standesgenossen, die ihm zur Überfahrt nach Kopenhagen rieten, wo vielleicht Schiffe lagen, deren Ziel Danzig oder Königsberg war. Sie rieten ihm aber auch zur Eile, da täglich Frost einsetzen und die Häfen einfrieren lassen konnte. Bei stürmischem Wetter konnte er am nächsten Morgen in einem kleinen offenen Boot den Sund überqueren. In Kopenhagen hörte er von einem im Hafen liegenden englischen Kriegsschiff, das nach notwendigen Reparaturen seine Fahrt nach Ostpreußen fortsetzen sollte. Ein Diplomat der englischen Gesandtschaft, den er von Berlin her kannte, bestätigte ihm diese Meldung und machte ihn mit den Offizieren des Schiffes, die in einem Hotel untergekommen waren, bekannt.

Nach Königsberg sollte das Kriegsschiff diplomatischer Aufgaben wegen segeln. Der britische General Lord Hely-Hutchinson, der sich im Kampf gegen Napoleon in Ägypten einen Namen gemacht hatte, reiste auf ihm zum preußischen König, um mit ihm über die Beendigung des Kriegszustandes zu verhandeln, der formal noch immer zwischen beiden Staaten bestand. Der Absicht, den preußischen Major mit an Bord zu nehmen, konnte Lord Hutchinson erst seine Zustimmung geben, als er erfahren hatte, daß Marwitz eine englische Schwiegermutter hatte und von guter Familie war. Am 11. Dezember wurden die Anker gelichtet, am 14. erreichte man die Halbinsel Hela, zögerte aber, in die Danziger Bucht einzulaufen, weil man nicht wußte, ob die Stadt nicht schon von den Franzosen erobert worden war. Ein Boot wurde ausgeschickt, um die Lage zu erkunden, und erst als man hörte, daß noch keine Franzosen gesehen worden waren, lief man am nächsten Morgen in den Danziger Hafen ein. Marwitz wurde vorausgeschickt, um den englischen Gast dem Kommandanten der Stadt anzumelden, und da er diesen, einen Generalleutnant von Manstein, dazu überreden konnte, ihn mit der Schnellpost weiterbefördern zu lassen, kehrte er nun an Bord nicht mehr zurück.

Für den Weg über Dirschau, Marienburg und Elbing nach Königsberg brauchte er sechsunddreißig Stunden, so daß er am Abend des 17. Dezember dort anlangte, sich am Morgen danach beim König meldete, der gerührt war über seine Treue, sich sogar zu den Worten »Nicht vergessen!« durchringen konnte, aber für ihn keine Verwendung hatte, da er durch Ehrenwort noch gebunden war. Sein nächster Gang galt der Königin Luise, der er den Brief ihres Halbbruders zu übergeben hatte. Da sie krank war, konnte er nur eine ihrer Hofdamen sprechen, die Gräfin Charlotte von Moltke, die später seine Frau werden und es nicht leicht mit ihm haben sollte. »So saß ich denn nun«, schließt er seine Fluchtgeschichte, »in völliger Untätigkeit in einer entfernten Provinz.«

In der Festung

Zwei Lebensentscheidungen, die sieben Jahre später das Entstehen des »Peter Schlemihl« ermöglichten, traf Adelbert von Chamisso im Jahr der preußischen Niederlage: Er beendete seine Militärlaufbahn, und er entschloß sich, ein Deutscher zu werden, letzteres vielleicht sogar in der Hoffnung, es ganz werden zu können, die nationale Doppelnatur also loszuwerden, vergeblich, wie sich herausstellen sollte. In einem seiner Altergedichte, gerichtet »An meinen alten Freund Peter Schlemihl«, heißt es 1834:

> »Mich traf, obgleich unschuldig wie das Kind,
> Der Hohn, den sie für deine Blöße hatten. –
> Ob wir einander denn so ähnlich sind?! –
> Sie schrien mir nach: Schlemihl, wo ist dein Schatten?
> Und zeigt ich den, so stellten sie sich blind
> Und konnten gar zu lachen nicht ermatten.
> Was hilft es denn! Man trägt es mit Geduld
> Und ist noch froh, fühlt man sich ohne Schuld.«

Wie der Leutnant von Chamisso sich 1806 nach acht Militärdienstjahren fühlte, versuchte er bei einer Nachtwache im April dieses Jahres in einem allegorischen Märchen mit dem ichbezogenen Titel »Adelberts Fabel« zu sagen, in dem der spätere Meister des »Schlemihl« mit Versatzstücken der gängigen Romantik Ohnmachtsgefühle, Freiheitsdurst und Liebessehnsucht noch sehr unsicher zu beschwören versucht. Deutlicher zeigt sich sein Seelenzustand in einem langen Brief an den Freund Karl Varnhagen, der im November geschrieben wurde, also erst nach der militärischen Niederlage, die für Chamisso jedoch auch Befreiung war. Beide Texte entstanden in Hameln, dem im Weserbergland gelegenen Städtchen des sagenhaften Rattenfängers, das von den Kurfürsten von Hannover im 18. Jahrhundert zu einer Festung ausgebaut worden war. Hier war das Berliner Infanterieregiment Nummer 19, genannt von Götz oder Götze, das

Adelbert von Chamisso, gezeichnet von E. T. A. Hoffmann

seine Garnison schon im Herbst 1805 verlassen und sich an der Besetzung Hannovers beteiligt hatte, nach ziellos scheinenden Märschen in Schnee und Kälte im Frühjahr zur Ruhe gekommen, als Teil der starken Festungsbesatzung, die genügend Munition und Verpflegung hatte, um auch eine längere Belagerung überstehen zu können, zu der es dann aber nicht kam. Denn als die Feinde Mitte November endlich kamen, folgten die Befehlshaber dem Beispiel der anderen Festungskommandanten und kapitulierten kampflos. Proteste, die sich in der Truppe dagegen erhoben, fruchteten nichts.

In der Festung

Obwohl der Leutnant von Chamisso nach heutigem Verständnis gute Gründe gehabt hätte, die Kapitulation zu begrüßen, gehörte er zu den Offizieren, die sie ablehnten, so behauptete er jedenfalls in dem am Tage nach der Kapitulation geschriebenen Brief. Er, der gebürtige Franzose, den der Gedanke, gegen seine Landsleute fechten zu müssen, immer gequält hatte, der wenige Wochen vorher den vergeblichen Versuch gemacht hatte, vom Militär freizukommen, und der im Falle von Kämpfen hätte gewärtig sein müssen, vom französischen Sieger als Vaterlandsverräter erschossen zu werden, war doch empört über die Übergabe. Nach seinem adligen und soldatischen Empfinden hatte hier nicht Vernunft, sondern Feigheit gesiegt.

Er war 1798 als Fähnrich in das Regiment eingetreten, hatte 1801 das Leutnantspatent erhalten und sich 1806, wenige Wochen vor Ausbruch des Krieges, weil er studieren wollte und das geistlose Einerlei des Garnisonsdienstes nicht mehr ertragen konnte, zum Abschied entschlossen, der ihm aber der Mobilisierung wegen verwehrt worden war. Da er sich für Literatur und Natur mehr als für Militärisches interessiert hatte, war er immer nur mit halber Seele Offizier gewesen. Die deutsche Sprache, die er dichtend schon halbwegs sicher zu handhaben wußte, bereitete ihm in der Aussprache noch Schwierigkeiten, so daß jeder seine Herkunft erkannte und mancher seiner Kameraden dem großgewachsenen, mageren, ihren trivialen Vergnügungen abgeneigten Franzosen mißtraute. Vielleicht fühlte er sich auch deshalb dazu verpflichtet, den unerbittlichen Kämpfer hervorzukehren, als am 20. November die Festung kapitulierte. Vielleicht aber waren es doch in erster Linie die verinnerlichten Ehrbegriffe des Adligen, die ihn in jene Verzweiflung stürzten, die der Brief an Varnhagen erkennen läßt.

Schloß Boncour in Lothringen, an das später eines seiner populärsten Gedichte erinnerte, war die Heimat seiner uradligen Familie, in der er 1781 auf den Namen Louis Charles Adelaide de Chamisso getauft worden war. Die Revolution vertrieb die königstreue Familie, erst nach Holland und in west- und süddeutsche Städte, bis sie sich die königliche Erlaubnis erwirkte, sich in Berlin niederzulassen, wo der Sechzehnjährige, nachdem er sich in der Porzellanmalerei versucht hatte, Page wurde, und zwar bei der Königin Friederike Louise, der vernachlässigten Gemahlin Friedrich Wilhelms II., die auch für seine Bildung sorgte, indem sie ihn zeitweilig am Unterricht des Französischen Gymnasiums teilnehmen ließ. Fast zwangsläufig wurde aus dem Pagen ein Fähnrich, später ein Leutnant, und zwar einer von jenen, die ihre freien Stunden nicht in Kneipen und Bordellen, sondern beim Lernen und Lesen oder in den Salons verbrachten, und da dort jedermann malte, musizierte, dichtete oder über Dichtungen diskutierte und die Freunde, die er fand, ehrgeizige Jungdichter waren, schwärmte auch er bald von Goethe, Tieck und Novalis und betätigte sich selbst auch in Poesie. Als Bonaparte Erster Konsul wurde und die Heimkehr der Emigranten erlaubte, waren seine Eltern und Geschwister bald wieder in Frankreich, während er, der sich inzwischen Adelbert nannte, auf einer Besuchsreise nach Paris erkennen mußte, daß er weder hier noch dort richtig zu Hause war. Dem adligen Leben, das die Eltern wieder zu führen versuchten, hatte er sich in Berlin durch seinen Umgang mit Bürgerlichen entfremdet. Neben einer Frau, die er unglücklich liebte, hatte er in Berlin die vertrauten Freunde und mit diesen zusammen die Hoffnung, bald ein bekannter deutscher Dichter zu sein. Schon hatten die Mitglieder des Nordsternbundes, die sich in jüdischen Häusern, bei Sophie Sander oder auch, wenn der Leutnant Wachtdienst hatte, in der Wachtstube am Brandenburger Tor trafen, ihre Absicht verwirklichen können, einen Almanach mit ihren Dichtungen herauszugeben, und wenn dieser auch kaum beachtet und von Merkel, dem Feind der Romantiker, böse verrissen wurde, so war mit ihm der erste Schritt zum Ruhm doch getan.

Das Schicksal des Almanachs, der der Farbe seines Umschlags wegen der Grüne oder Grünling genannt wurde, war auch Hauptthema der Briefe, die der Leutnant auf seinen im Oktober 1805 beginnenden Märschen durch Deutschland schrieb. Ihnen konnten die Freunde Varnhagen, Koreff, Hitzig und andere, die sich inzwischen nach Hamburg und Halle, nach Paris und Warschau zerstreut hatten, auch

In der Festung

einige Einzelheiten entnehmen, die ihnen später bei der Lektüre des »Peter Schemihl« wieder begegnen sollten, so das Rühmen seines treuen Burschen, der sowohl in der rauhen Wirklichkeit der strapaziösen Märsche als später auch in der Dichtung Bendel hieß.

Nicht unwichtig für die Entstehung des »Schlemihl« war in der Hamelner Zeit auch die Begegnung mit dem redlichen und begeisterungsfähigen Fouqué. Dieser war im Juli aus seiner komfortablen Dichterklause des havelländischen Schlosses Nennhausen zur Kur nach Bad Nenndorf gefahren, Chamisso war von Hameln aus hinübergeritten, und die beiden Nachfahren französischer Rittergeschlechter hatten nach stundenlangen Gesprächen eine Duzfreundschaft geschlossen, die bis ans Lebensende Bestand haben sollte, obwohl die literarische und politische Entwicklung der Freunde gegensätzlich verlief. Während Fouqué an seinem erträumten Mittelalter unverdrossen weiterdichtete und die veränderten Zeitläufte ihn nicht zur Untreue an seinen Vergangenheitsidealen verführen konnten, wurden Chamissos Dichtungen im Alter immer realitätsnäher und seine politischen Ansichten neigten zu zeitnaher Liberalität. 1806 aber konnte er noch von dem betont Adligen und Ritterlichen des Älteren schwärmen: Fouqué mache ihn wieder an die Werte des Adels glauben, schrieb er an Varnhagen, und er sei der »erste echte kräftige Soldat und Preuße«, dem er »in diesen Kartoffelfeldern« begegnen konnte. Später wird Fouqué erzählen, die Schatten-Idee des »Schlemihl« sei bei Gesprächen mit Chamisso in Nennhausen entstanden, er wird beim Erscheinen des unvergänglichen Pechvogels als dessen Herausgeber auftreten, und die Nachwelt wird ihm, dem »Undine«-Dichter, das gleiche Schicksal wie dem Freunde bereiten, nämlich nach hundert und zweihundert Jahren nur noch als der Verfasser einer kurzen, aber weltberühmten Erzählung bekannt zu sein.

Chamissos Briefe, in denen in den Monaten vor dem Kriege gefühlvolle, heitere oder auch ironische Töne vorherrschten, wurden im Oktober plötzlich ernst und nach der Übergabe Hamelns pathetisch. Die Kapitulation empört ihn, und statt sein Überleben zu würdigen, bedauert er, nicht im Kampfe gefallen zu sein. Der dichtende Leutnant, der wenige Wochen zuvor noch unter der Unfreiheit des militärischen Lebens gelitten und Abschiedsgesuche geschrieben hatte, nennt den Krieg nun »ein Herrliches« und spricht von der Übergabe als Schande, die auch seine persönliche Ehre verletzt.

»Ein neuer Schimpf haftet auf dem deutschen Namen«, so beginnt der Brief an Varnhagen vom 22. November, »es ist vollbracht das Schmähliche, die Stadt ist über.« Und dann ist von »Niedrigkeit« und »Schamröte« die Rede, und das nicht nur auf die Generäle bezogen, sondern auch auf sich selbst. Denn auch der Unschuldige, der das Schändliche habe mitmachen müssen, sei dadurch befleckt worden. Bewundernd ist von kampfbereiten Soldaten bis hin zum jüngsten Rekruten und »Tambourjungen« die Rede, von rebellierenden Offizierskameraden, die an die Stelle des feigen Kommandanten treten wollten, dann aber doch der »gewohnten Subordination« unterlagen, von zwei Brüdern, die, statt die Schmach zu ertragen, sich nach der Verkündung des Kapitulationsbeschlusses gegenseitig erschossen und nicht zuletzt auch von dem eignen Versuch, die versammelten Offiziere dazu zu bringen, sich einen anderen, kampfbereiten Kommandanten zu wählen. Aber da nichts den Verrat aufhalten konnte, rebellierten nun die Mannschaften in anderer Weise, indem sie nämlich die Magazine erbrachen, die Läden der Stadt plünderten, sich betranken und sinnlos umherschossen. Die einmarschierenden feindlichen Truppen fanden ein Chaos vor.

Am Ende des langen Briefes ist dann aber doch noch von der Sorge um ihn selbst die Rede, um das »kümmerliche« Eigne, um die künftige Richtung seiner Lebensbahn. Er ist, wie die Übergabebedingungen es vorschrieben, auf Ehrenwort entlassen und mit einem Paß versehen worden. Die Uniform will er nicht mehr tragen, sondern erneut um seinen Abschied ersuchen, der ihm 1808 dann auch nachträglich bewilligt wird. Er will nach Frankreich, um sich dort einige Zeit »zu verbergen«, sich dann aber wieder bei den Freunden einfinden. »Denn ein Deutscher, aber ein freier Deutscher bin ich in meinem Herzen und bleib' es auf immerdar.«

Kriegsregeln

Achim von Arnim, fünfundzwanzigjährig, aber schon berühmt durch den ersten Band der Volksliedersammlung »Des Knaben Wunderhorn«, den er mit seinem Freund Clemens Brentano zusammen 1805 herausgegeben hatte, war gerade in Göttingen, als sich im Oktober 1806 preußische Truppen auf ihrem Marsch nach Thüringen hier einquartierten und der General Blücher die auf dem Marktplatz angetretenen Soldaten in strömendem Regen zu anständigem Benehmen in den Quartieren ermahnte – sicher nicht ohne Grund. Arnim war so beeindruckt von dieser Rede, daß er Blücher einen »Kriegsheiligen« nannte, sich seine Worte sofort notierte, unter dem Titel »Kriegsregeln« in Versen setzte, die er später auch in seinen »Wintergarten« aufnehmen sollte und dabei zu den »Dieben, den Räsonneurs und den Säufern«, denen der General ins Gewissen geredet hatte, auch noch den Deserteur gesellte, der noch verabscheuungswürdiger sei als der Dieb. »Ein braver Kerl«, so heißt es dann in Arnims Versen, »auch wo er fremd, hat er geschworen, / So hat er auch mit ganzer Seel' den Dienst erkoren, / Die Fahne ist sein Stolz, die Kriegstat seine Lust, / Er tut sie, weil er will, nicht eben weil er muß.«

Die patriotischen Gefühle, die Napoleon durch seine Eroberungen in Deutschland in den Deutschen geweckt hatte, waren auch in Achim von Arnim so rege geworden, daß sein Freund Clemens Brentano, der im gerade geschaffenen Rheinbund lebte, ihn schon brieflich anflehen mußte, doch »der unsichtbaren Kirche der Kunst angehörig« zu bleiben und nicht etwa unter die Soldaten zu gehen. »O, sei keiner, der untergeht«, schrieb er ihm, »keiner, der siegt, sei ein Mensch hoch über der Zeit und falle nicht in diesem elenden Streit.« Aber Arnim hatte sich schon entschieden. Seinem Vaterland

Als Poesie gut

sei er Dank schuldig, hieß es in seiner Antwort, aber diesen dadurch zu entrichten, daß er Soldat würde, wäre zwar »das Einfachste, aber wahrscheinlich auch das Nutzloseste bei meiner Unkenntnis und Ungewohntheit in tausend notwendigen Dingen«. Wirken wolle er nicht mit Waffen, sondern mit Worten, schon habe er Flugblätter mit Kriegsliedern (zum Teil waren diese dem »Wunderhorn« entnommen) an die Soldaten der Blücherschen Truppe verteilt. Auch habe er vor, eine Wochenzeitung zu gründen, der er nach dem letzten der noch freien deutschen Staaten den Namen »Der Preuße, ein Volksblatt« zu geben gedenke, sie später aber, nach der Befreiung, »Der Deutsche« nennen werde. In der Vorankündigung dieses Blattes, aus dem dann aber nie etwas wurde, wird vom Schriftsteller gefordert, in Notzeiten die »Trommel zu rühren« fürs Vaterland.

Arnims solide Schulbildung war wie die anderer Generationsgefährten aufklärerisch und weltbürgerlich orientiert gewesen, und er hatte wie viele der Jungen gegen ihre rationalistische Einseitigkeit opponiert. Unter dem Einfluß Tiecks und der Schlegels war er zum Dichter und Goethe-Verehrer geworden, doch wirkten in ihm die Einflüsse seiner Herkunft aus einer der wichtigsten märkischen Adelsfamilien nicht weniger stark. Im Arnimschen Palais am Pariser Platz, der damals Karree genannt wurde (dort, wo heute die Glaswände der Akademie der Künste die bauliche Geschlossenheit des Platzes durchbrechen), wurde er 1781 geboren, war also, als Friedrich der Große starb, fünf Jahre alt. In seinen Kinderjahren wurde dem Palais gegenüber das Brandenburger Tor errichtet. Mit zwölf Jahren konnte er in den Reihen der Edelknaben die Hochzeit Luises mit dem Kronprinzen erleben. Vertraut war er mit dem Leben auf märkischen Gütern, denn drei davon besaß die Familie: Bärwalde und Wiepersdorf am Rande des Fläming und Zernikow in der Uckermark. Man hatte die Mittel, um ihn nach glänzend bestandenem Abitur am Joachimthalschen Gymnasium und dem Abschluß seiner Studien an den Universitäten von Halle und Göttingen mit seinem Bruder zusammen auf eine Bildungsreise zu schicken, auf der er neben Süddeutschland, der Schweiz und Italien auch Frankreich und England sah. Vorwiegend bewegte er sich danach in künstlerischen und bildungsbürgerlichen Kreisen, wie in dem von Tiecks Schwager Reichardt, der schon viele junge Künstler gefördert hatte. Doch blieb er sich dabei seiner adligen Privilegien und Verpflichtungen immer bewußt.

Diese nötigten ihn dann auch nach der Katastrophe von Jena, seinem geflüchteten König nach Ostpreußen zu folgen, obwohl sein Herz ihn nach Süden, an Rhein, Main und Neckar, zu den Geschwistern Brentano und zur Weiterarbeit an der Sammlung der Volkslieder zog. Schon Anfang Dezember konnte er über Prenzlau und Danzig die ostpreußische Hauptstadt erreichen. Wie Marwitz hoffte er, sich in der Umgebung des Königs nützlich machen zu können, wurde aber wie dieser enttäuscht. Mit seinen politischen Aufsätzen, die ihn als Reformwilligen mit eignen Ideen zeigen, fand er noch weniger Resonanz als Marwitz mit seinen militärischen Denkschriften. Der noch immer tobende Krieg ließ trotz russischer Hilfe wenig Hoffnung auf ein siegreiches Ende, und auch die »beruhigende Überzeugung, daß an dem meisten, das wir untergehen sehen, nichts, gar nichts verloren« wäre, minderte Arnims Resignation kaum. Die Bekanntschaften, die er in Königsberg machte, im Kreise Max von Schenkendorfs beispielsweise, konnten ihm die vertrauten Brentanos in keiner Weise ersetzen, und das Mädchen, in das er sich bald nach seiner Ankunft verliebte, zeigte auch nach Monaten noch keine Neigung, ihn wiederzulieben; sie blieb eiskalt. Von ihr und von seinem Gärtchen, das ihn im Frühjahr erfreute, ist in seinen Briefen an die Geschwister Brentano mehr als vom Krieg und seinem Umgang mit bedeutenden Leuten die Rede. Und auch von den verschiedenartigen Reformideen, die in den engen und schlechten Quartieren Königsbergs in diesen Wochen und Monaten eifrig diskutiert wurden, erfährt man so gut wie nichts.

Neben Mitgliedern der königlichen Familie, der Höfe, der Regierung und der militärischen Stäbe waren auch wohlhabende Bürger und Leute der Kunst dem König nach Ostpreußen gefolgt. So konnte Arnim hier auf den Musiker Reichardt treffen, der antinapoleonischer Schriften wegen eine Verfolgung durch die Franzosen zu fürchten

Als Poesie gut

hatte und der nun die Stadt, in der er einst, noch unter Friedrich dem Großen, seine Karriere als Kapellmeister begonnen hatte, als Flüchtling wiedersah. Fichte war mit Hufeland, dem Leibarzt der Königin, zusammen gekommen und hielt an der Universität Vorlesungen über seine »Wissenschaftslehre«. Max von Schenkendorf, in Tilsit geboren, ein noch wenig bekannter junger Dichter, der 1803 als neunzehnjähriger Jurastudent mit einem Artikel in Merkels »Freimütigem« die Rettung der Marienburg initiiert hatte, machte in diesen Monaten wahr, was Arnim nur vorgeschwebt hatte, die Gründung einer politischen Zeitschrift nämlich, die unter dem Titel »Vesta« und dem tarnenden Untertitel »Für Freunde der Kunst und Wissenschaft« in patriotischem Sinne wirken wollte. Sie begann ihr kurzes Leben im Frühjahr 1807, und neben Arnim veröffentlichte auch Fichte in ihr.

Heinrich von Kleist war in seiner Königsberger Zeit als Beamter wieder gescheitert, sein dichterisches Werk aber hatte er, trotz dauernden Kränkelns, um bedeutende Teile vermehrt. Wie über andere Abschnitte seines kurzen Lebens sind wir auch über diesen nur bruchstückhaft unterrichtet, da nur wenige seiner Briefe erhalten blieben und die Aussagen Dritter oft fragwürdig sind. Der Krieg, der auch den Postverkehr störte, erfüllte ihn mit Sorgen um das Schicksal der Freunde. Weder von Pfuel und Rühle, die wieder Soldat waren, noch von Marie von Kleist hatte er Nachricht, und erst Anfang Dezember erreichte ihn ein Brief seiner Schwester Ulrike, der er am 6. Dezember von der Besserung seines körperlichen Befindens berichten kann. Seine Gesundung scheint ihm eine Folge der Katastrophe, und er behauptet, daß das »allgemeine Unglück die Menschen« erziehe, sie »weiser und wärmer und ... großherziger« mache. Und da ein ähnlich formulierter Gedanke auch im »Erdbeben in Chili« vorkommt, kann man vermuten, daß diese meisterhafte Katastrophennovelle in der Zeit der preußischen Katastrophe entstand.

Im selben Brief wird von ihm die Königin Luise gepriesen, an die er, wie er schreibt, »nicht ohne Rührung denken« könne. Sie zöge aus diesem Kriege, »den sie einen unglücklichen« nenne, einen »größeren Gewinn, als aus einem ganzen Leben voll Frieden und Freuden«.

Sie, »deren Seele noch vor kurzem mit nichts beschäftigt schien, als wie sie beim Tanzen oder beim Reiten gefalle«, entwickle nun »einen wahrhaft königlichen Charakter«. Sie überblicke den »ganzen großen Gegenstand, auf den es jetzt« ankomme, versammle »alle unsere großen Männer, die der König vernachlässigt und von denen

Achim von Arnim.
Gemälde von Peter Eduard Ströhling, 1804

uns doch nur allein Rettung kommen kann, um sich; ja sie ist es, die das, was noch nicht zusammengestürzt ist, hält«. Kleists Sonet auf die Königin, das schönste all der vielen Luisen-Gedichte, das er ihr am 10. März 1810, ihrem letzten Geburtstag, selbst überreichen wird, scheint hier gedanklich schon vorbereitet worden zu sein.

Da die Königin erst drei Tage nach diesem Brief in Königsberg eintraf, gründeten sich Kleists Bemerkungen nicht, wie es scheint, auf eigne Beobachtungen, sondern auf Erzählungen anderer, wahrscheinlich auf die seines ihm wohlwollenden Vorgesetzten, des Freiherrn von Altenstein. Dieser gehörte selbst zu den großen Männern, die Kleist hier meinte, nämlich zu den Reformern um Hardenberg, Scharnhorst und Stein. Während der König ihr Selbstbewußtsein und ihre geistige Überlegenheit schlecht vertragen konnte, war Luise vertrauter mit ihnen und trat deshalb oft als Vermittlerin auf. Sie war tatsächlich, wie Kleist meinte, im Unglück gewachsen und sah die Notwendigkeit von Reformen eher als der stets zögernde König ein.

An den Reformdiskussionen beteiligt waren auch Marwitz und Arnim, dieser mit Vorschlägen zur Bildung von Freikorps, die im Rücken der Feinde aktiv werden sollten, jener durch kühne Pläne des Staatsumbaus. Die Ständeordnung wollte Arnim nicht abschaffen, sondern erneuern, den Geburtsadel durch einen Verdienstadel ersetzen, in den jeder aufgenommen werden sollte, der sich als Krieger, Künstler, Handwerker oder Wissenschaftler hervorgetan hatte. Zusammen mit Nostitz, der sich ebenfalls in Königsberg eingefunden hatte, machte sich Arnim aber auch über Freikorpseinsätze in den besetzten Gebieten Gedanken. Er entwarf sogar schon einen Aufruf an die »edlen Märker und Pommern, die Lieblinge unseres unsterblichen Friedrich«, in dem diese aufgefordert werden sollten, »unter den Fahnen eines freien Korps« den Aufstand gegen den Tyrannen zu wagen, der als »giftige Schlange« und »ärgster Feind der Welt« bezeichnet wird.

Hemmend auf die Reformbestrebungen wirkten die Streitereien, die Stein, der Finanzminister, mit dem uneinsichtigen, zögernden König hatte. Sie endeten in den ersten Tagen des neuen Jahres mit Steins Entlassung. Auch ging, da man bei weiterem Vorrücken der französischen Truppen auch Königsberg gefährdet glaubte, in den ersten Januartagen die Flucht der königlichen Familie weiter, obwohl die Königin schwer erkrankt war. In Sturm, Schnee und Kälte flüchtete man über die Kurische Nehrung nach Memel, in den letzten noch unbesetzten Zipfel der Monarchie.

Aber auch Heinrich von Kleist verließ im Januar 1807 Königsberg wieder, jedoch in die entgegengesetzte Richtung und in der Begleitung von Ernst von Pfuel. Sein vertrauter Freund aus den Potsdamer Jahren, mit dem zusammen er auch die verunglückte Frankreich-Reise gemacht hatte, war als Adjutant des Generals von Schmettau an der Niederlage in Thüringen beteiligt gewesen, hatte sich nach dem Tod seines Chefs nach Nennhausen zu den Fouqués durchschlagen können, sich dann dem Blücherschen Korps angeschlossen, das bei Lübeck kapitulieren mußte, war auf Ehrenwort freigekommen und hatte irgendwann im Dezember Königsberg über die Ostsee erreicht. Nun wagte er mit Kleist und zwei anderen entlassenen Offizieren zusammen die gefährliche Reise durch die feindlichen Linien in Richtung Berlin. Ziel dieser Unternehmung, die geheimnisumwittert ist wie manches in Kleists Leben, war angeblich Dresden, das, da Sachsen inzwischen dem Rheinbund angehörte, feindliches Ausland war. Pfuel, der die Fouqués in Nennhausen noch einmal besuchen wollte, trennte sich kurz vor Berlin von Kleist und den beiden anderen und konnte so deren Schicksal entgehen. In Berlin nämlich wurden die drei von den Besatzungsbehörden verhaftet, nicht als Kriegs-, sondern als Strafgefangene behandelt und unter Bewachung nach Frankreich geschickt. Über Marburg, Mainz, Straßburg und Besançon ging es nach dem Fort de Joux am Rande des französischen Jura, wo sie Anfang März eintrafen und bis zum Friedensschluß bleiben sollten. Sie wurden der Spionage verdächtigt — und da sich auch Kleist-Forscher das Rätsel dieser und anderer Reisen des Dichters dadurch zu erklären versuchen, daß sie ihm Kundschaftertätigkeit oder ähnliches unterstellen, wurde er diesen Verdacht bis heute nicht los.

Beweise oder auch nur Indizien dafür gibt es keine als die, daß er die Gründe für seine Reisen in den schriftlichen Äußerungen, die uns bekannt sind, verschweigt. In seinen Briefen aus den Monaten der Internierung behauptete er selbstverständlich immer, daß die Anklage auf einem Mißverständnis beruhe, und an den »verehrungswürdigen Freund« Wieland schrieb er nach Weimar, die Anklage sei ganz und gar unsinnig, denn er habe sich nie in den »Streit der Welt« eingemischt.

Als Poesie gut

Die Gefangenschaft ertrug er erstaunlich gelassen. Schon auf dem Wege dorthin schrieb er an seine Schwester Ulrike, er könne »diese Gewalttat« leichter als seine Gefährten verschmerzen, da es ihm doch nur auf seine »literarischen Projekte« ankomme, die er in der Gefangenschaft ebensogut ausführen könne als anderswo. Und an Wieland, den er darum bittet, seine in Königsberg entstandenen Werke einer Durchsicht zu würdigen, schreibt er, daß er völlig zufrieden wäre, wenn er, wie zu erwarten, das Gefängnis mit einem Zimmer vertauschen könne. Dann bestünde doch die Veränderung seines Lebens nur darin, daß er »nunmehr in Joux, statt in Dresden oder Weimar dichte; und wenn es gute Verse« würden, störten ihn die übrigen Umstände nicht.

Zensur mit tödlichem Ausgang

Wie in jedem Krieg waren auch in diesem die wahren Verlierer die Toten. Sie waren zahlreich auf beiden Seiten, und neben Soldaten und Offizieren gehörten zu ihnen vereinzelt auch Zivilisten, unter ihnen auch ein Schriftsteller, der kurzzeitig Aufsehen erregt hatte, dann aber unter Umständen, die nie geklärt werden konnten, als Zensuropfer irgendwo in den Weiten des Ostens starb. Heute ist er fast nur noch Fontane-Lesern geläufig, die ihn aus der Novelle »Schach von Wuthenow« als scharfzüngigen Preußenkritiker kennen, nichts aber davon erfahren, daß der damals Fünfzigjährige ein abenteuerliches Leben hinter sich hatte, mit dem es wenige Monate nach der Novellenhandlung zu Ende war.

Er hieß Dietrich Adam Heinrich Freiherr von Bülow, nannte sich als Schriftsteller teils Dietrich, teils Heinrich von Bülow, oder er blieb als »ehemaliger preußischer Offizier« anonym. Seine Lebensgeschichte, die nur in Bruchstücken bekannt ist, hat mit der des zwanzig Jahre jüngeren Heinrich von Kleist manche Ähnlichkeiten, denn beider Leben waren bestimmt von Fluchtversuchen, die um der individuellen Selbstbestimmung willen unternommen wurden, aber scheitern mußten, weil sie das, was sie verlassen wollten, in Form von Pflichtgefühlen in ihrem Selbst immer mitschleppten, so daß sie auch außerhalb des beengenden und schützenden Geheges ihres Standes das Glück nicht fanden, und so das Ergebnis eines jeden Ausbruchs die Heimkehr war. Auch der Drang, das Größte zu leisten, war beiden gemeinsam, nur war Bülows Ehrgeiz nicht auf die Literatur gerichtet. Das Bücherschreiben war ihm nur Mittel zum Zweck.

Bülow kam aus der Altmark, aus dem Dorf Falkenberg in der Wische, zwischen Werben an der Elbe und Seehausen gelegen, wo er

Als Poesie gut

1757 als vierter von fünf Söhnen eines reichbegüterten Landadligen zur Welt gekommen war. Sein Vater, als Sohn eines preußischen Diplomaten in Stockholm geboren und mit dem seltenen Vornamen Arweg behaftet, war Offizier gewesen, hatte aber schon nach dem ersten Schlesischen Krieg seinen Abschied genommen, um sich um die Bewirtschaftung der ererbten Güter kümmern zu können und Zeit für seine Liebhabereien zu haben, die haargenau die seines Königs waren, nämlich das Musizieren, Komponieren, Philosophieren und die Beschäftigung mit der französischen Literatur. Er machte auch Verse in französischer Sprache und ließ sie drucken, bis er plötzlich den verehrten Voltaire beiseite legte und sich in Swedenborgs Schriften vertiefte, vom Aufklärer also zum Mystiker wurde, wie das ähnlich dann auch am preußischen Hofe geschah.

Daß vier seiner fünf Söhne das eintönige Militärleben, zu dem sie alle bestimmt wurden, nicht lange aushielten, ist sicher auf die geistig-künstlerische Atmosphäre ihrer Kindheit zurückzuführen. Nur einer von ihnen, der zweite, der die Vornamen Friedrich Wilhelm führte, blieb lebenslang in Kriegsdiensten und brachte es in ihnen durch siegreiche Schlachten in den Befreiungskriegen, die Berlin vor erneuter Besetzung bewahrten, nicht nur bis zum General und zur Standeserhöhung als Graf von Dennewitz, sondern nach seinem Tode 1816 auch zu einem von Rauch gefertigten Marmorstandbild, das heute wieder, wenn auch an falscher Stelle, Unter den Linden steht. Daß der Kriegsmann seine freien Stunden am Fortepiano verbrachte und sich im Komponieren von Motetten und Messen versuchte, ist wohl dem Einfluß seines Vaters zuzuschreiben, charakterisiert aber auch seine der Kunst zugewandte Zeit.

Die Geradlinigkeit und Geduld, die dazu gehörte, in Friedenszeiten die lange Leiter der Offizierskarriere zu erklimmen, hatte Dietrich Heinrich, der jüngere Bruder, nicht. Ihn, den geistig Überlegenen und bis zur Anmaßung Selbstbewußten, charakterisiert ein Ausspruch über den militärisch erfolgreichen Bruder, den Varnhagen überliefert hat: Friedrich Wilhelm, der damals schon den Majors-Rang erreicht hatte, sei der Dümmste der Bülows gewesen, rage aber unter den preußischen Stabsoffizieren als der Klügste hervor.

Dietrich Heinrich also, der sich zum Generalstäbler befähigt glaubte, hielt es, kaum daß er nach dem Besuch der Ecole Militaire das Offizierspatent in der Tasche hatte, im Dienst bei der Truppe nicht lange

Friedrich Wilhelm Graf Bülow von Dennewitz.
Stich von Robert Trossin

aus. Nachdem ihn auch ein Wechsel von der Infanterie, dem damals in Berlin stationierten Regiment Nr. 46, von Thiele, zum Dragoner-Regiment Nr. 12, von Reitzenstein, das im sogenannten Südpreußen, also in Polen, lag, nicht befriedigt hatte, nahm er seinen Abschied aus preußischen Diensten, um sich mit dem ältesten seiner Brüder zusammen in den Niederlanden Ruhm zu erwerben. In Brabant kämpfte er an der Seite der Aufständischen gegen die Österrreicher,

Als Poesie gut

versuchte nach dem Mißlingen der Erhebung vergeblich, im altmärkischen Tangermünde eine Schauspielertruppe zu gründen, erlag den Verlockungen, die die junge Republik der Vereinigten Staaten auf freiheitsdurstige Geister ausübte, und schiffte sich im September 1791, wieder mit den Bruder zusammen, in Hamburg nach Amerika ein. Auf Fußwanderungen wurde die Neue Welt von ihnen erkundet. Angeblich lebten sie in der Wildnis zeitweilig als Jäger, in Pennsylvania als Prediger, entschlossen sich dann aber ins Handelsgeschäft einzusteigen, weshalb sie 1792 aus Philadelphia nach Europa zurückkehrten, das Erbe, das ihnen nach dem Tod des Vaters zugefallen war, zum Einkauf von böhmischen Glaswaren benutzten, mit diesen 1795 ein Schiff beluden, nach Amerika zurücksegelten – und bei diesem Geschäft ihr gesamtes Vermögen verloren, weil die Marktlücke, die auch andere Kaufleute entdeckt hatten, inzwischen keine mehr war. Während der ältere Bruder, der in Brabant geheiratet hatte, sich nach der Rückkehr auf das Gut eines der anderen Brüder flüchtete, bemühte sich Dietrich Heinrich, der schon in Zeitschriftenbeiträgen sein kriegswissenschaftliches Wissen unter Beweis gestellt hatte, im preußischen Generalstab oder im diplomatischen Dienst unterzukommen, was sich aber als vergeblich erwies. Bei seiner Glückssuche in Großbritannien lernte er die Londoner Schuldgefängnisse kennen, und da er unbekannt bleibender Gründe wegen aus Frankreich ausgewiesen wurde, versuchte er in Preußen als Schriftsteller zu leben, was ihm auch mit finanzieller Hilfe seines älteren Bruders, des späteren Dennewitz, bald gelingen konnte, weil er flott und interessant schreiben konnte und sich als ein unabhängiger Denker und scharfer Polemiker mit dem Mut zum Unkonventionellen bewies.

Sein erstes Buch galt nicht seinem Hauptthema, dem Militärischen, mit dem er sich schon in Zeitschriftenaufsätzen beschäftigt hatte, sondern der Bilanz seiner amerikanischen Erfahrungen, die er unter dem Titel »Der Freistaat von Nordamerika in seinem neuesten Zustand« 1797 in Berlin bei Unger erscheinen ließ. Statt einer Reisebeschreibung bot er den Lesern darin eine politische Analyse mit viel Polemik gegen alle Autoren, die Amerika positiver beurteilt hatten als er. Er beschimpft sie als »Amerikomanen« und unterstellte ihnen eigennützige Lügen, um die Deutschen zur Auswanderung zu verführen, vor der Bülow entschieden warnt. Weder vom Klima und der Güte der Böden noch von der amerikanischen Verfassung wußte er Gutes zu berichten, und statt der staatsbürgerlichen Tugenden, die einer weitverbreiteten Vorstellung zufolge durch Republiken gefördert würden, war er nur einem krassen Egoismus begegnet, der dort das Zusammenleben der Menschen beherrscht. Auch das Militär hatte er miserabel gefunden, und er glaubte sicher zu wissen, daß die Vereinigten Staaten von den Engländern oder Franzosen leicht zurückzuerobern wären, am besten von Kanada aus.

Polemisch und rechthaberisch waren auch Bülows kriegswissenschaftliche Werke, und das Selbstbewußtsein, das sich in ihnen zeigte, legt die Vermutung nahe, daß er sich eigentlich zum Feldherrn geboren sah. Er wurde viel angefeindet, aber als Militärschriftsteller doch ernstgenommen, auch von Clausewitz später, der ihn bei mancher kritischen Betrachtung seiner kriegstheoretischen Vorgänger erwähnt. Bülow war nicht nur ein guter Kenner der in diesen Jahren sich häufenden Fachliteratur und ein scharfer Beobachter der ringsumher tobenden Kriege, sondern auch ein unabhängig Urteilender, der den Mut hatte, veraltete Ansichten, auch wenn sie durch Traditionen geheiligt waren, veraltet zu nennen. Und die Fachleute mußten anerkennen, daß sein »Geist des neuern Kriegssystems«, wie er sein Hauptwerk von 1799, das ihn berühmt machte, nannte, tatsächlich von neuem Geist erfüllt war.

Als Neuerer in strategischen und taktischen Fragen, deren Unterscheidung er angeblich als erster zu definieren versuchte (was Clausewitz dann später freilich präziser und kürzer konnte), mußte er zwangsläufig zum Kritiker des in alten Formen erstarrten preußischen Heeres und dessen überalterter Führung werden, und als solcher sah er wohl auch, wie unter anderen auch Fontane behauptet, die Katastrophe von Jena voraus.

Zu der Rolle des Frondeurs, die er in den Berliner Salons vor 1806 wohl mit Freuden spielte, gehörte auch seine Napoleon-Verehrung,

Als Poesie gut

Geist
des neuern Kriegssystems
hergeleitet

aus dem

Grundsatze einer Basis der Operationen

auch

für Laien in der Kriegskunst

faßlich vorgetragen

von

einem ehemaligen Preußischen Offizier.

Zweite verbesserte und sehr vermehrte Auflage.

Hamburg,
bei Benjamin Gottlieb Hofmann.
1805.

Titelblatt des Hauptwerkes von Dietrich Heinrich von Bülow

die sich bei ihm nicht wie bei vielen preußischen Offizieren nach 1804 in Haß verkehrte, sondern sich vielmehr durch die Siege, die sein Held auf deutschem und mährischem Boden erringen konnte, verstärkten, so daß er in dem Buch, das ihm zum Verhängnis werden sollte, behaupten konnte, es sei unsinnig, dem genialen Feldherrn widerstehen zu wollen, denn dieser sei von der Vorsehung zum Universalkaiser bestimmt.

Aber nicht Bülows unbeirrbare Napoleon-Verehrung und auch nicht die selbstherrliche Ironie, mit der er dem preußischen König herablassend riet, sich in die französische »Oberherrschaft« zu fügen, waren es, die ihn ins Unglück stürzten, sondern die Verachtung, mit der er über den Zaren und dessen Generäle urteilte, deren Dummheit nach seiner Meinung Grund für ihre Niederlage bei Austerlitz gewesen war. Wie wir von seinem ersten Biographen, dem unterhaltsamen Vielschreiber Julius von Voß, wissen, hatte Bülow dieses zweibändige Werk mit dem Titel »Der Feldzug von 1805« erst dem Berliner Verlag von Ungers Erben angeboten, dem aber das Imprimatur verweigert worden war. Der Gesandte des Zarenreiches, ein Herr Alopäus, hatte gegen die Veröffentlichung Einspruch erhoben, und da man es sich kurz vor dem drohenden Krieg mit Frankreich mit dem russischen Bundesgenossen nicht verderben wollte, verhinderte die sonst in diesen Jahren ziemlich liberale Zensurbehörde das Erscheinen des Werkes in Preußen, worauf es wenig später anonym und ohne Verlagsangabe in Leipzig herauskam und etwa zwei Wochen lang in den Berliner Buchhandlungen zu kaufen war. Dann aber erfolgte der Russen wegen die Konfiszierung, und die Polizei wurde beauftragt, den Anonymus, den jeder kannte, zu arretieren, doch wurde dieser Auftrag weder geheimgehalten noch zügig ausgeführt. Man zögerte vielmehr acht Tage, in denen Bülow von allen Seiten zu einer Reise nach Dresden oder Hamburg geraten wurde, er aber fühlte sich als der Kapitän, der das bald sinkende Schiff nicht verlassen dürfe, und blieb in Berlin. In einer Nacht im September rissen ihn die Häscher aus den Armen einer sehr jungen und hübschen Geliebten, die, wie Voß berichtet, im Gegensatz zu ihm, der die Würde wahrte, viele Tränen vergoß. In der Hausvogtei sperrte man Bülow in ein Einzelzimmer, das sich ein lange hier einsitzender französischer Schuldenmacher hatte wohnlich einrichten und ausmalen lassen. Er durfte Besuche empfangen und sich neben Büchern auch die Mahlzeiten seiner Wahl kommen lassen, die zu bezahlen sich wieder einmal sein militärisch erfolgreicher Bruder verpflichtet hatte. Daß zu den täglichen Bedürfnissen des Gefangenen auch Champagner und Austern gehörten, hatte der Wohltäter allerdings nicht geahnt.

Da eines Tages in der Hausvogtei zwei Ärzte erschienen, die den Untersuchungsgefangenen auf seinen Geisteszustand überprüfen sollten, ist anzunehmen, daß die preußischen Behörden, vielleicht sogar der König persönlich, die peinliche Angelegenheit ohne Prozeß oder Auslieferung durch eine Unzurechnungsfähigkeitserklärung erledigen wollten. Aber Bülow, der vielleicht den Ernst seiner Lage unterschätzte oder dieses würdelose Spiel nicht mitmachen wollte, gab den Ärzten nur Beweise seiner Intelligenz.

Julius von Voß, der übrigens wie Bülow schon in jungen Jahren eine Offizierslaufbahn zugunsten der Schriftstellerei aufgegeben hatte, schrieb seinen Text über Bülows Leben schon zu der Zeit seiner Arretierung und schloß sie leider mit dieser auch ab. Der ausführliche Titel seines 1807 angeblich in Köln anonym erschienenen Büchleins lautete dementsprechend: »Heinrich von Bülow, nach seinem Talentreichtum sowohl als seiner sonderbaren Hyper-Genialität und seinen Lebensabenteuern geschildert, nebst authentischer Nachricht über die Verhaftung dieses merkwürdigen Mannes und den Gang seines Kriminalprozesses«, und war wohl zur Verteidigung Bülows gedacht. Der Autor, der den Gefangenen offensichtlich auch im Gefängnis besucht hatte, schließt seinen Bericht mit der Erwartung, daß ein Prozeß zwar stattfinden, aber mit der Begnadigung durch Friedrich Wilhelm III., den »humansten Monarchen Europas«, enden werde, doch irrte er sich.

Denn durch die Katastrophe von Jena, die Bülow angeblich mit der Bemerkung quittierte, das käme davon, wenn auf ihn nicht gehört werde, kam der Prozeß nicht zustande, weil die Justizbehörden mit ihrem Häftling die Flucht ergriffen, ihn noch einige Wochen in Kolberg gefangen hielten, wo er noch Pläne zur Rettung Preußens entwerfen konnte, und ihn dann, bevor die berühmte Belagerung einsetzte, weiter nach Osten schickten, wo seine Spur sich im Chaos der Rückzüge und Kämpfe verlor. Die sich widersprechenden Gerüchte besagen, daß er in Königsberg die Freiheit erlangt und dort irgendwie den Tod gefunden habe, daß er an die Russen ausgeliefert wurde und die Strapazen des Transports nicht überlebte, oder aber daß er auf dem Weg nach Sibirien in Riga starb.

Fontanes Kunstfigur namens Bülow aber hatte keines dieser möglichen Schicksale der historischen Person zu erleiden. Er durfte nach Preußens Niederlage aus Königsberg einen der beiden schlußwortartigen Briefe schreiben, mit denen Schach von Wuthenows Liebes- und Sterbensgeschichte so kunstvoll endet, daß die Beurteilung dieser Vorgänge in der Schwebe bleibt.

Ende und Anfang

Einzelheiten über das Gespräch, das die Königin Luise kurz vor Abschluß des Friedensvertrages am 6. Juli 1807 in Tilsit mit Napoleon führte, sind nur durch Dritte überliefert. Die eigenhändigen Aufzeichnungen Luises brechen merkwürdigerweise nach einer ausführlichen Schilderung der Vorgeschichte mit dem Eintreffen des Kaisers ab. »Kaum war ich angekommen«, so lauten die letzten überlieferten Sätze Luises, »da traf der Kaiser der Franzosen ein mit alle dem Pomp und dem ganzen Gefolge, das ihn immer umgibt, wenn er sich öffentlich zeigt. Er trat in den Salon ein, und ich sagte ihm, ich empfände es stark, daß er sich die Mühe gäbe zu kommen. Er war recht verlegen; ich aber, erfüllt von der großen Idee meiner Pflicht, war es nicht ...« Was hier folgte oder folgen sollte, wurde entweder nie geschrieben oder es ging verloren. Doch ist auch nicht auszuschließen, daß später irgenwann unterschlagen wurde, was der Legendenbildung nicht recht entsprach.

So beruhen also alle uns bekannten Berichte über das Gespräch unter vier Augen auf mündlichen Äußerungen Luises. Was diese ihren Hofdamen erzählte, wurde irgendwann später von der Gräfin Sophie von Schwerin aufgeschrieben, während Luise von Radziwill, die in Memel in unmittelbarer Nähe der Königin lebte, ihr Wissen darüber von ihr selber bezog. Das aber trifft auch auf die wohl sicherste Quelle, auf die Aufzeichnungen Gustav von Brinckmanns, zu. Der mit aller Welt bekannte schreibfreudige schwedische Gesandte, der wie Marwitz den nach Ostpreußen geflohenen königlichen Hof auf dem Umweg über Schweden erreicht hatte, war von Luise am 10. Juli von ihrem Gespräch mit Napoleon unterrichtet worden und hatte das Gehörte sofort danach in Dialogform aufgeschrieben. Dem Worte nach

Ende und Anfang

ist das natürlich nicht ernstzunehmen, aber inhaltlich stimmt es mit der viel kürzeren Wiedergabe, die Luise von Radziwill aufschrieb, ungefähr überein.

Der ganz und gar unpreußische Gedanke, den Charme der Königin als letztes Mittel für das Wohl des Staats einzusetzen, war ursprünglich nicht von Hardenberg gekommen, aber dieser geschickteste und erfahrenste der preußischen Politiker, der auf Verlangen Napoleons am Tage zuvor vom König hatte entlassen werden müssen, hatte ihn aufgegriffen und die Königin in die Rolle, die er für die wirksamste hielt, eingewiesen, in die Rolle der Frau und Mutter nämlich, die an Mitleid und Großmut des Siegers appelliert. Es war die Rolle, die Luise, dem Verständnis des Zeitalters entsprechend, sich immer zu spielen bemüht hatte, obwohl ihr darüber hinausgehender Einfluß in den Krisenzeiten gewachsen war. Ihrer Schönheit, Güte und Tugend wegen war sie über die preußischen Grenzen hinaus berühmt gewesen. Um diesen Nimbus zu zerstören, war ihre politische Einflußnahme durch Napoleons Kriegspropaganda stark übertrieben worden. Die Königin war in seinen Bulletins zum kriegslüsternen, politisierenden, für die Zeitgenossen also abstoßenden, weil unweiblichen Weib gemacht worden, was eine schwere Kränkung für sie gewesen war. Ihrem Beleidiger nun als Bittstellerin gegenübertreten zu müssen, war für sie eine tiefe Demütigung, die sie nur aus vaterländischem Pflichtgefühl auf sich nahm.

Daß das Gespräch der Königin mit dem Kaiser, das zu keinem Ergebnis führte, das Thema der Rolle der Frau in der Politik immer wieder berührte, war in der widersprüchlichen Haltung Luises begründet, die immer wieder betonte, mit Politik nichts zu tun zu haben, dabei aber Politik machte, indem sie zum Wohle des männlich dominierten Preußen ihren weiblichen Charme einem Manne gegenüber einsetzte, der bekanntlich Frauenschönheit gegenüber aufgeschlossen war. Daß sie von diesem Widerspruch wußte, beweisen ihre, nach Brinckmann, ersten Sätze, in denen sie, nachdem der Kaiser ein Kompliment angebracht hatte, sagte: »Ich lerne Ew. Majestät in einem für mich höchst peinlichen Augenblick kennen. Ich sollte viel-

457

Als Poesie gut

*So sah Woldemar Friedrich 1896 das Treffen
der Königin Luise mit Napoleon*

leicht Bedenken tragen, zu Ihnen über die Interessen meines Landes zu sprechen. Sie haben mich einst angeklagt, mich zuviel in Politik zu mischen, obgleich ich wirklich nicht glaube, diesen Vorwurf je verdient zu haben«, worauf Napoleon freundlich ausweichend entgegnete: »Seien Sie ganz überzeugt, Majestät, daß ich niemals das alles geglaubt habe, was man während unserer politischen Zwistigkeiten so indiskret verbreitet hat.«

Hardenbergs Taktik folgend, ließ sich die Königin weder in Modefragen verwickeln, die Napoleon anzuschneiden versuchte, indem er ihr herrliches Kleid lobte, noch ließ sie sich auf die Erörterung der prekären Kriegsschuldfrage ein. Sie betonte immer wieder, daß sie von »den großen politischen Kombinationen« nichts verstehe, sich aber als Gattin, Mutter und Landesmutter verpflichtet glaube, den Sieger darum zu bitten, doch wenigstens Magdeburg und die linksel-

Ende und Anfang

bischen Landesteile, die schon seit jeher zu Preußen gehört hatten, nicht abzutrennen. Sein Sieg brächte ihm »doppelte Ehre«, wenn er statt Rache zu üben, sich die Dankbarkeit des Unterlegenen erwerbe. An sein Herz zu appellieren, stünde ihr als Frau wohl zu. Offensichtlich spielte Luise ihre Rolle vortrefflich, und da ihre vielgepriesene Erscheinung, in der sich Schönheit und Anmut mit Geist und Güte verbanden, wohl auch auf Napoleon wirkte, glaubte sie schon in seinem Gesicht etwas von freundlichem Verständnis lesen zu können, da trat unverhofft ihr Gatte ins Zimmer — gerade noch rechtzeitig, um ein Nachgeben seinerseits zu verhindern, wie Napoleon später geäußert haben soll.

Als drei Tage später der Friedensvertrag unterzeichnet wurde, blieb es also bei den harten Bedingungen, die Preußen etwa um die Hälfte seiner Bewohner und Territorien beraubten, es durch hohe Kontributionen in Armut stürzten und es bis zur Zahlung der Schulden zu einem besetzten Land machten, das zwar nicht dem Rheinbund beitreten mußte, aber doch an Napoleon gebunden war. Preußen stand am Tiefpunkt seiner Geschichte, der ihm aber, wie sich erweisen sollte, die Chance zu einem Neubeginn bot. Um weiterleben zu können, mußte sich vieles in Staat und Gesellschaft ändern. Die Not erzwang die Reform.

Zum Gewinn der Niederlage gehörte, daß die reformfeindlichen Kräfte in Regierung, Armee und Verwaltung durch ihr Versagen an Einfluß verloren hatten und nun die Reformer zum Zuge kamen, um nachzuholen, was in zwei Jahrzehnten versäumt worden war. Die Wahlpreußen Hardenberg, Scharnhorst und Stein, die aus Hannover und Hessen kamen, waren dabei die führenden Köpfe, die teilweise ihre Reformpläne schon vorliegen hatten, als der König sie an entscheidende Stellen berief. Was nun begann, war eine Modernisierung von Staat und Gesellschaft, die man nachträglich treffend als Revolution von oben bezeichnet hat. Um Preußen auf friedliche Weise auf den Stand der Modernisierung zu bringen, den Frankreich durch die Revolution erreicht hatte, wurde der Umsturz überkommener Verhältnisse durch staatliche Verordnungen erzielt. Freilich mußte dabei das Vermeiden von Blutvergießen mit Kompromissen bezahlt werden, die die Veränderungen verlangsamten oder auch unvollendet ließen. Teilweise wurde das, was die Reformer gewollt hatten, erst Jahrzehnte später erreicht.

Johann Gottlieb Fichte.
Zeichnung von Friedrich Bury

Vorarbeit hatten die Philosophen, Wissenschaftler und Dichter geleistet. Die Reformer waren durch die Schule Kants und Fichtes, Goethes und Schillers, des Nationalökonomen Adam Smith und des Landwirtschaftswissenschaftlers Thaer gegangen, so daß bei ihren Versuchen, die wirtschaftliche, finanzielle und militärische Misere des Landes zu beheben, auch deren Ideale wirksam wurden, in deren Mittelpunkt die Liberalisierung der Wirtschaft und die Freiheit und Würde des Individuums stand. Alle Reformen zielten auf die Beseitigung von Zwängen, die die Entfaltung des einzelnen und der

Wirtschaft beengten. So wie der Bauer von den Zwängen der Gutsherrschaft, sollte der Handwerker von denen der Zünfte befreit werden, und dem Adligen sollte jeder Beruf offenstehen. Juden sollten Gleichberechtigung genießen. Die strenge Trennung zwischen Stadt und Land sollte nicht mehr gelten, Bürgerliche sollten Rittergüter erwerben dürfen, und die Städte und Gemeinden sollten sich selbst verwalten. Der Adel sollte seine Steuerprivilegien verlieren und nicht mehr alle Offizierstellen beanspruchen dürfen. Die Wehrpflicht sollte für jedermann gelten und der Soldat nicht mehr geprügelt werden. Aus dem Untertan sollte also ein Staatsbürger werden, der sich für den Staat mit verantwortlich fühlt.

In den kommenden Jahren, in denen das machtlos gewordene Preußen sich außenpolitisch Napoleon anpassen mußte, arbeitete es im Innern intensiv an seiner Gesundung, indem es nach Verordnungen über die Bauernbefreiung, die Gewerbefreiheit und die Städteordnung noch mehrere andere Reformgesetze erließ. Um die verlorene Universität in Halle zu ersetzen, wurde eine in Berlin gegründet, die bald als die modernste Deutschlands galt. Obwohl die Ergebnisse der Reformen oft nicht die erwarteten waren und die beharrenden Kräfte, besonders unter dem Landadel, noch so mächtig waren, daß sie die Reformen verlangsamen oder teilweise verhindern konnten, hatte sich Preußen doch entscheidend verändert, als es sechs Jahre nach dem Frieden von Tilsit wieder gegen Napoleon antrat, mit größeren Chancen als 1806. Es hatte nicht nur starke Verbündete und besser motivierte Soldaten, sondern auch einen modernisierten Staat, der dem französischen ebenbürtig geworden war.

Mit den demokratischen Elementen, die die Reformen in die preußische Monarchie brachten, wuchs im Volk auch der Patriotismus, der sich jedoch, besonders in den gebildeten, also den tonangebenden Schichten mehr und mehr auf ganz Deutschland bezog. Das Aufblühen der deutschen Kunst und Literatur in den letzten Jahrzehnten hatte, während das Reich dahinsiechte und 1806 zu bestehen aufhörte, ein Zusammengehörigkeitsgefühl der Deutschen entstehen lassen, das erst nur auf der Gemeinsamkeit von Kultur und Sprache beruhte, später aber nach und nach politischer wurde, als durch die Französischen Revolution das Nationale besondere Bedeutung erlangte und ganz Deutschland unter Napoleons Herrschaft geriet. Das Bestreben, die Fremdherrschaft loszuwerden, schuf eine deutsche Schicksalsgemeinschaft, die auch auf politische Einheit zielte und teilweise dabei in einen übersteigerten Nationalismus geriet. Besonders in Preußen trug die Befreiungsbewegung, die sich nach 1807 untergründig anfing zu regen, von Anfang an überpreußische, nationale Züge. Fichtes berühmte Berliner Reden waren nicht nur an die Preußen gerichtet, sondern an die deutsche Nation.

Eigentlich hatte der Philosoph, der im Juni 1807 sein Exil in Ostpreußen mit dem in Kopenhagen vertauscht hatte, erst nach dem Abzug der Besatzungstruppen nach Berlin zurückkehren wollen, aber als man ihn an der Planung zur Universitätsgründung beteiligen wollte, zögerte er nicht länger und ließ sich von einem Frachtschiff, das widriger Winde wegen sehr lange für die Überfahrt brauchte, in die Heimat zurückbringen. Im September war er wieder in Berlin. Mit seiner Frau und dem Sohn Hermann wohnte er nun bis zu seinem frühen Tode in der Friedrichstraße, nahe der Weidendammer Brücke, hatte es also nicht weit bis zum Akademiegebäude Unter den Linden, wo er im Winter 1804/05 schon seine Privatvorlesungen über »Die Grundzüge des gegenwärtigen Zeitalters« gehalten hatte, auf die er sich nun, im Winter 1807/08, in seinen »Reden an die deutsche Nation« bezog. Hatte er in den »Grundzügen« behauptet, daß die Aufklärung, statt die Vernunft zum Wohle der Allgemeinheit herrschen zu lassen, die Selbstsucht des Individuums etabliert und die Sittenlehre zu einer Lehre des persönlichen Wohlbefindens degradiert hatte, so sollten die »Reden« nun die Wege zu einem wahren Reich der Vernunft weisen, dessen Verwirklichung den Deutschen vorbehalten sei.

Zu den Zuhörern, die während der insgesamt vierzehn Reden den sogenannten Uhrensaal im Obergeschoß des Akademiegebäudes füllten, gehörten Rahel und ihr jüngerer Bruder, der Dichter Ludwig Robert, der einer der treuesten Anhänger Fichtes war. Aber auch für andere war das öffentliche Auftreten des Philosophen unter den

Augen der Besatzung der Bewunderung wert. Die Erschießung des Buchhändlers Palm, der die antinapoleonische Flugschrift »Deutschland in seiner tiefsten Erniedrigung« verbreitet hatte, war noch in aller Erinnerung, und daß Agenten unter den Zuhörern saßen, war auch dem Redner klar. »Ich weiß recht gut, was ich wage«, schrieb er am 2. Januar 1808 an den Minister Beyme, mit dem er ständig wegen der Universitätsplanung korrespondierte. »Ich weiß, daß ebenso wie Palm ein Blei mich töten kann; aber dies ist es nicht, was ich fürchte, und für den Zweck, den ich habe, würde ich gern auch sterben.«

Von der tiefsten Erniedrigung Deutschlands sprach auch er, aber nicht als politischer Pamphletist, sondern als Philosoph und Pädagoge, teilweise wissenschaftlich-umständlich, nicht jedem eingängig, in anderen Teilen aber rhetorisch brillant. Er vermied den direkten Bezug auf die gegenwärtige Lage Preußens, die die Zuhörer aber mitdachten, wenn er die deutsche Nation in den Mittelpunkt seiner Überlegungen stellte, ohne diese genau abzugrenzen; alles, was Deutsch spricht, war wohl damit gemeint. Da er mehr metapolitisch als politisch argumentierte, brauchte er Napoleon nicht beim Namen zu nennen, und auch die besiegten oder willfährigen deutschen Fürsten wurden kaum einer Erwähnung für wert befunden, die Rede war immer nur von den Deutschen, also vom Volk. Diesem, das durch die Fremden armgemacht und gedemütigt wurde, wollte er Hoffnung einflößen, es an seine staatsbürgerlichen Pflichten erinnern, ohne aber einen bewaffneten Widerstandskampf in Erwägung zu ziehen. Er setzte auf Erziehung, und er wollte das Selbstgefühl der Deutschen stärken, weshalb er ihnen umständlich und scheinwissenschaftlich-exakt einzureden versuchte, was leider später Schule machen sollte: Sie, die jetzt machtlosen Deutschen, seien eigentlich ein vom Schicksal begünstigtes, zu Höherem berufenes Volk.

Der Redner, der in jüngeren Jahren republikanisch und kosmopolitisch gedacht und die Französische Revolution verteidigt hatte, war zu der Überzeugung gekommen, daß nur die Nation seine radikalen politischen Ideen verwirklichen könnte, doch war er insofern derselbe geblieben, als er noch immer auf das Heil der Welt zielte, zu deren

Nutzen die Deutschen mit dem guten Beispiel eines von Vernunft und Menschlichkeit gelenkten Staates vorangehen müßten, damit die anderen, nicht so begabten Nationen ihnen nachfolgen könnten. Mit der Besonderheit der Deutschen war also nicht etwa ihr Anspruch auf Herrschaft über andere Völker gemeint.

Doch begründete er die Eliterolle der Deutschen nicht, wie man es hundert Jahre später versuchte, mit den Vorzügen ihrer germanischen Herkunft, er verwarf diese These sogar ausdrücklich, weil die Germanen, die bei ihm Germanier heißen, sich in Deutschland mit anderen Völkern, besonders den Slawen, vielfach vermischt hätten. Er führte dagegen die Sprache der Deutschen als Grund für ihre Auserwähltheit an. Denn während die anderen germanischen Sprachen sich mit der toten Sprache der Römer vermischt und dadurch an Vitalität und Ursprünglichkeit verloren hätten, sei die deutsche trotz aller Veränderungen, die sie durchgemacht habe, ursprünglich und damit lebendig geblieben, und da Kultur und Geistesbildung auf Sprache beruhe, sei Deutschland zum Höchsten berufen, was sich gegenwärtig schon in der Philosophie, besonders natürlich in seiner, zeige und sich künftig auch in der von dieser bestimmten Politik zeigen werde, wenn der Vernunftsstaat der Deutschen als Beispiel für alle geschaffen sei. Dazu aber sei vor allem Vaterlandsliebe vonnöten, die mehr sei als Anhänglichkeit an Verfassungen und Gesetze; denn mit diesen könnten auch fremde Herrscher die Deutschen beglücken und ihnen damit Wohlstand und Sicherheit bieten, nicht aber jenes Höhere, nämlich die Freiheit, in Deutschland ein Deutscher zu sein. Schon die Römer seien deshalb an den alten Deutschen, den Germaniern, gescheitert, die es abgelehnt hatten, ihre Freiheit in den Wäldern gegen das Wohlleben in der bequemeren Zivilisation zu vertauschen. In dieser Passage der Rede, in der auch Anspielungen auf die vom Eroberer bestochenen deutschen Fürsten nicht fehlen, könnte man meinen, Kleists wenige Monate später entstehende »Hermannsschlacht« werde hier schon interpretiert.

Um aber die Deutschen, so argumentiert Fichte weiter, aus der gegenwärtigen Epoche der Selbstsucht herauszuführen und sie fähig

Ende und Anfang

zu machen, der Welt das Beispiel eines Vernunftsstaates zu geben, sei eine Nationalerziehung nach den Methoden Pestalozzis nötig, die allen jungen Menschen zuteil werden müsse, unabhängig von Rang, Stand und Geschlecht. Um die Kinder vor den schlechten Einflüssen der Eltern und der ganzen verderbten, durch die Stände gespaltenen Gesellschaft zu schützen, müßten sie von der Familie und deren Umfeld getrennt und in gesonderten Einrichtungen erzogen werden, wenn nötig zwangsweise, wie der Staat die Rekruten ja auch zum Eintritt in die Armee zwinge — die er, nachdem eine Generation die Nationalerziehung durchlaufen hätte, gar nicht mehr benötigen würde, weil er an diesen neuen Menschen ein »Heer hätte, wie es noch keine Zeit gesehen. Jeder Einzelne ist zu jedem möglichen Gebrauche seiner körperlichen Kraft vollkommen geübt und begreift sie auf der Stelle; er ist zur Ertragung jeder Anstrengung und Mühseligkeit gewöhnt; in seinem Gemüte lebt die Liebe des Ganzen, des Staates und Vaterlandes, dessen Mitglied er ist, und vernichtet jede selbstische Regung. Der Staat kann sie rufen und unter die Waffen stellen, so bald er will, und er kann sicher sein, daß kein Feind sie schlägt.«

Um die Zöglinge in dieser Weise für das Vaterland brauchbar zu machen, müsse in ihnen durch die Nationalerziehung die Freiheit des Willens nicht ausgebildet, sondern »gänzlich vernichtet« werden, so daß jede Entscheidung, vor die sie gestellt werden, nur zum Guten ausschlagen kann. Dem Erzieher wird von Fichte geraten, den Zögling so nach den moralischen und politischen Notwendigkeiten zu bilden, »daß er gar nicht anders wollen könne, als du willst, daß er wolle«. Nur so, mit diesen totalitären Methoden, könne der beispielhafte deutsche Vernunftsstaat mit seinen vagen demokratischen und sozialistischen Elementen errichtet werden, zum eignen Nutzen und zu dem der Welt. Denn zur Rettung des Ganzen seien die Deutschen berufen, weshalb der Redner den im Akademiesaal sitzenden Leuten, die er als Stellvertreter der ganzen Nation betrachtete, zum Schluß auch noch einschärfte, daß aus Mangel an Qualitäten kein anderes Volk der Erde den Deutschen die schwere Aufgabe abnehmen könne, weshalb dann auch seine letzte Beschwörung, in diesem Sinnne aktiv

Als Poesie gut

zu werden, lautete: »Wenn ihr versinkt, so versinkt die ganze Menschheit mit, ohne Hoffnung einer einstigen Wiederherstellung« — was sich glücklicherweise als falsche Prophezeiung erwies.

Diese Vermischung von demokratischen und nationalistischen Gedankengängen bildete sich in den nächsten Jahren, als sich mit den Befreiungskriegen auch Hoffnungen auf innere Freiheiten verbanden, noch stärker aus. Im späteren 19. Jahrhundert konnten Teile der »Reden« von Nationalisten, andere Teile von Sozialisten bejubelt werden, die dann beide im 20. Jahrhundert mit katastrophalen Folgen versuchten, aus Utopie Realität werden zu lassen — woraus dann hoffentlich das 21. Jahrhundert, in dem es nicht mehr die Deutschen sind, die ihre Art zu leben für die wahre und weltbeglückende halten, seine Lehren zieht. Zu diesen Lehren muß aber auch die Erkenntnis gehören, daß in der bisherigen Geschichte Nation und Demokratie immer eng verbunden waren, so daß man Gefahr für die Demokratie wittern sollte, wenn es, wie manche wünschen und schon bald erreicht zu haben meinen, mit den Nationen zu Ende geht.

Als Fichte im Sommer 1807 aus dem Exil zurückkehrte, während das Königspaar und der Hof noch in Königsberg blieben, war, wie Rahel klagte, Berlin von ihren Salonbesuchern, also von Künstlern, Schriftstellern, Publizisten, Offizieren und Diplomaten weitgehend entblößt. Noch am Ort waren die Alten, wie Nicolai in der Brüderstraße, der die Zeit seiner Bedeutung schon überlebt hatte, Schadow, der der allgemeinen Armut wegen unter Auftragsmangel zu leiden hatte, und Zelter, der nach wie vor Goethe mit seinen brieflichen Berichten über die großen und kleinen Kulturereignisse Berlins unterhielt. Schleiermacher war nach Berlin zurückgekommen, weil nach dem Tilsiter Frieden Halle zum Königreich Westfalen gehörte; er wurde bald Pastor an der Dreifaltigkeitskirche, wo er patriotische Predigten hielt. Hufeland, als Leibarzt an die königliche Familie gebunden, machte sich noch in Königsberg nützlich, während seine Frau inzwischen Trost bei einem seiner Kollegen gefunden hatte. Alexander von Humboldt, der seine großen Reisen hinter sich hatte und deren Ergebnisse in seinen weltberühmt werdenden Werken verarbeitete, war vorwiegend in Paris tätig, während sein Bruder Wilhelm noch als preußischer Gesandter in Rom lebte und erst im Herbst 1808 nach Berlin zurückkehrte, wo er als Kultusminister sein bildungspolitisches Reformwerk begann. Auch Rauch hatte das Glück, die preußischen Elendsjahre in Rom verbringen zu können, wo sich auch Friedrich Tieck durchhungerte und seine Schwester Sophie, auf ihre Scheidung von Bernhardi wartend, auf Kosten Schlegels lebte, während ihr Bruder Ludwig, kurz bevor die Franzosen kamen, wieder in das ländliche Ziebingen zurückgekehrt war. Schinkel nutzte die Zeit der Besetzung, in der nicht gebaut wurde, zur Weiterführung seines malerischen Werkes. E. T. A. Hoffmann, der seine Beamtenstellung in Warschau verloren hatte, versuchte erneut als Künstler in Berlin sein Auskommen zu finden, scheiterte aber nach einem Hungerjahr wieder und ging als Musikdirektor an das Theater in Bamberg. Chamisso hatte nach dem Ende des Krieges Frankreich wieder verlassen, hatte sich mit Varnhagen bei den Fouqués in Nennhausen getroffen, eine Fußwanderung mit dem Freund nach Hamburg unternommen und war dann, während Varnhagen sein Studium in Tübingen fortsetzte, nach Berlin zurückgekommen, wo er sich aber unwohl fühlte, weil der Franzosenhaß in der Bevölkerung ständig wuchs. Der Salon der Sophie Sander, den Zacharias Werner zeitweilig noch belebt hatte, war durch die Ehekrise und den finanziellen Ruin des Verlags zum Erliegen gekommen. Henriette Herz hatte sich zeitweilig zu ihrer auf der Insel Rügen verheirateten Schwester zurückgezogen. Und Rahel Levin, dauernd kränkelnd, trauerte vergangenen Zeiten nach.

»Einige sehr artige Franzosen« aus der Besatzungsbürokratie, die sich bald nach dem Einmarsch der Sieger bei ihr eingefunden hatten, konnten ihr die vertrauten Gesprächspartner nicht ersetzen, und mit ihrer Einquartierung, einem sehr empfindlichen Südfranzosen, den sowohl ihre »Deutschheit« als auch ihr »Geist« beunruhigten, ging sie vorsichtig »wie ein Löwenwächter« um. Das Französische, deren Kenntnis sie in dieser Zeit zu vervollkommnen versuchte, bezeichnete sie auch mal als das »Europäische«, so daß man vermuten könnte, sie habe, wie auch zum Beispiel Jean Paul, zeitweilig an eine Vereini-

Als Poesie gut

gung Europas durch Napoleon geglaubt. Sie verehrte aber auch, wie ihr dichtender Bruder, Fichte und besuchte eifrig seine patriotischen »Reden« in der Akademie. Ihr Briefwechsel mit den alten Freunden war, der Zensur wegen, fast eingeschlafen. »Ich getraute mir den gleichgültigsten Brief nicht zu schreiben, und jedes freundschaftliche Wort stockte mir im Herzen«, heißt es in einem Brief an Brinckmann. »Der einzige Gedanke, daß die Briefe gelesen würden, machte es mir unmöglich zu schreiben. ... Bei meinem Teetisch, wie Sie es nennen, sitze ich nur mit Wörterbüchern. Tee wird gar nicht mehr bei mir gemacht. ... So ist alles anders! Nie war ich so allein. Absolut.«

Für Kleist und Clausewitz hatte der Tilsiter Frieden die Befreiung aus den Gefangenschaft in Frankreich zur Folge, doch im besetzten Berlin blieb keiner von ihnen. Kleist ließ sich in Dresden nieder, und Clausewitz, der seinen Prinzen noch einige Monate zur Frau von Staël nach Coppet hatte begleiten müssen, wo die schöne Madame Recamier dem Prinzen den Kopf verdreht hatte, eilte, nachdem er in Berlin seine Marie wiedergesehen hatte, voller Reformeifer zu seinem Lehrer und Freund Scharnhorst nach Königsberg. »Der König«, schrieb er in einer bei ihm äußerst seltenen ironischen Wendung, »ist sehr gnädig gegen mich gewesen, d. h. er hat zwei oder drei Worte zu mir gesagt.« Lange mußte er noch warten, bis er von der ihm immer verhaßter werdenden Adjutantenstellung beim Prinzen August entbunden wurde und einen Posten im Generalstab erhielt. Seine Verlobung mit der Gräfin Brühl, die noch immer geheimgehalten wurde, konnte zu einer Heirat noch nicht werden, da die Brautmutter noch immer ihre Zustimmung verweigerte und sein Gehalt zur Familiengründung nicht reichte. »Denn ich habe kein anderes Besitztum als ich an der Seite trage, den Degen«, schrieb er der Braut. Die außenpolitische Entwicklung, die Preußen gezwungenermaßen zum Verbündeten Napoleon machte, vergrößerte seine Verbitterung und sollte später dazu führen, daß er aus Protest dagegen den preußischen Dienst verließ. »Ein Mann ohne Vaterland, entsetzlicher Gedanke«, hatte er schon aus Frankreich an die Braut geschrieben. »Sein Leben ist der Faden eines aufgelösten Gewebes, der zu nichts mehr taugt.«

Ende und Anfang

Kleist, dessen brennender Ehrgeiz sich mit dem von Clausewitz messen konnte, traf in Dresden wieder mit seinen Freunden Pfuel und Rühle zusammen und erlebte mit ihnen und Adam Müller gemeinsam die hoffnungsvollste und produktivste Zeit seines kurzen Lebens, in der er mit der »Hermannsschlacht« und manchen seiner Gedichte zum politischen Dichter in des Wortes genauester und gräßlichster Bedeutung wurde, genial nämlich und in Liebe und Haß extrem. In Zeiten der Unterdrückung schrieb er, müsse der Dichter sich »mit seinem ganzen Gewicht, so schwer oder leicht es sein mag, in die Waage der Zeit werfen«. Und das tat er, ohne aber jemals das Glück einer Wirkung erleben zu können, da er kaum Gelegenheit zur Veröffentlichung fand. Auch ihn hatten die nationalen Tendenzen der Zeit ergriffen und waren, wie alles bei ihm, sofort auf die Spitze getrieben worden. Doch hatte er Preußen dabei nicht vergessen. »Niemals«, schrieb er nach seiner Übersiedlung nach Dresden, »wohin ich mich auch, durch die Umstände gedrängt, wenden muß, wird mein Herz ein anderes Vaterland wählen, als das, worin ich geboren bin.«

Ende des ersten Teils

Zitatennachweis

Ende und Anfang

Ewiglebenden	Gleim, o. P.
den Menschen, welcher	Trenck: Trauerrede, S. 3
Mein Geist ward tief erschüttert	Massenbach: Rückerinnerung, S. 284–285
Als Poesie gut	Lange, S. 260
die Sicherheit der Throne	wie zuvor, S. 260–261

Krieg und Frieden

Ça ira	Goethe: Kampagne, S. 254
wachsende Teilnahme	Fouqué: Lebensgeschichte, S. 195:
Prinzipienkriege	Boyen, Bd. 1, S. 101
An die Franzosen –	Tschirsch, Bd, 1, S. 53–54
daß auch in Berlin	Klöden, S. 26 und 71
verdammte Aristokratie!	Wieneke, S. 279–280
wir die Zeit, die wir	Kleist, Bd. 6, S. 12
Wir hatten damals das Rauben	Marwitz, S. 74
Erklärung im Namen Seiner	Erklärung, S. 5–6
Von hier und heute ...	Goethe: Kampagne, S. 117
Kommt also hin nach Frankreich	Laukhard, S. 249–250
oft sogar Kartell unter	Laukhard, S. 314–315
Heldenjüngling ... seligen Taumel	Fouqué: Lebensgeschichte, S. 197–198

Zitatennachweis

Vom Lehrjungen zum Meister

zeichnete er kleine Pferde	Schadow: Aufsätze S. 2
in ihrem Fauteuil	Schadow: Kunstwerke, Bd. S. 12
Nach Gips zeichnen	Schadow: Aufsätze, S. 3
ein artiges Kind	Schadow: Kunstwerke, S. 22
schon im fünfzehnten Jahr	Schadow: Aufsätze, S. 9
in stiller Verlegenheit	Schadow: Kunstwerke, S. 22
wie sprachlos stum	Schadow: Aufsätze, S. 13–14
Aufwartung zu machen	Schadow: Kunstwerke, S. 25
Was soll ich alter Mann	Fontane: Spreeland, S. 343

Das Tor

Die deutsche Muse	Schiller: Gedichte, S. 496
Da nun der Endzweck	Maaß, S. 20
schönste der ganzen Welt	Laabs, S. 10
Wiederholung anerkannter	Schadow: Kunstwerke, Bd. 1, S. 35

Die Prinzessinnen

angenehmste der deutschen	Schadow: Kunstwerke, Bd. 1, S. 38
der jetzt unter allen Bildhauern	Krenzlin, S. 141
nach der Natur	Schadow: Kunstwerke, Bd. 1, S. 40
schönste und beglückendste	Kataloge, Bd. 1, 1795
den vielen schwachen	Schadow: Kunstwerke, Bd. 1, S. 40
Mir fatal	Mackowsky, S. 355
Bildungsanstalt der jungen	Novalis, S. 497

Ein Soldat, was sonst

Da war mir, als ob	Marwitz, Bd. 1, S. 51
Die Flügeltüren gingen zu	wie zuvor, S. 28

Als Poesie gut

Ein Monument der Tyrannei

Gnädigsten Tante	Kleist, dtv, Bd. 6, S. 5
Gebe uns der Himmel	wie zuvor, S. 12
Soldatenstand ... von Herzen	wie zuvor, S. 19
Die größten Wunder militärischer	wie zuvor, S. 19–20
mehr Student als Soldat	wie zuvor, S. 20
Meine Absicht ist	wie zuvor, S. 23
einzigen Freundes, der mich durch	Sembdner: Nachruhm, S. 111–112
Wie angenehm ist es	Luise, S. 228
Möge Gott mich davor bewahren	wie zuvor, S. 228
Konnexionen bei Hofe	Kleist, dtv, Bd. 6, S. 22
Nachdem Sr. Königliche Majestät	wie zuvor, S. 26
schriftstellerische Fach bilden	wie zuvor, S. 129

Zither und Schwert

echt preußische Entschlossenheit	Sembdner: Lebensspuren, S. 23
Lied eines deutschen Knaben	Fouqué: Halbjahrhundert, S. 9
KampfesUngeduld	wie zuvor, S. 21
wunderschöne Witwe	Fouqué: Lebensgeschichte, S. 244
Zögling Hülsens	Lohner, S. 121
dem Meister und seinen Freunden	Fouqué: Halbjahrhundert, S. 42–43
Wohl tat'st Du, Freund	Fouqué: Lebensgeschichte, S. 246

Sokrates im Havelland

aus allen Verhältnissen herausgerissen	Schleiermacher: Briefwechsel, Bd. 3, S. 362
jene schönen Abende	Krämer, S. 320
Es ward uns gestern	Fouqué: Zwei Handschriften, S. 5
Winken der himmlischen Mächte	Körner, Bd. 1, S. 54
innerstes Wesen	wie zuvor, S. 59–60
Er hatte eine Reise von 50	Tilitzki: Hülsen, S. 126–127

Zitatennachweis

Gegen Ende des vorigen Monats	Körner, Bd. 2, S. 77–78
eisernen, vierkantigen Gestalt	Tilitzki: Hülsen, S. 120

Der Singemeister

langer und hagerer Uhrgehäusemacher	Zelter, S. 19
Ich kannte eigentlich diese Frau	wie zuvor, S. 193
sanftes Wesen	wie zuvor, S. 197
angenehmer Kinder	wie zuvor, S. 191
berühmten Musikus	wie zuvor, S. XVII

Die Dachstube

Du sahst, wie still ich war	Rahel: Werke, Bd. 8, S. 98
Ich werde nie wieder die erste	wie zuvor, Bd. 8, S. 102–103
Die Jahre, die Du weg bist	wie zuvor, Bd. 8, S. 117–118
einen gepackten Reisewagen.	wie zuvor, Bd. 1, S. 196
Ich bin unansehnlicher	wie zuvor, Bd. 8, S. 123
Ja, sagte er	wie zuvor, Bd. 2, S. 53–54

Vertraute Briefe

Ja; ich würde es für ein Märchen	F. Schlegel: Lucinde, S. 19
höheren Kunstsinn der Wollust	wie zuvor, S. 30
Dithyrambische Fantasie über die	wie zuvor, S. 18
wenn wir die Rollen vertauschen	wie zuvor, S. 21
langen Sklaverei	Wieneke, S. 287
äußerst sparsam, aber mit gutem	wie zuvor, S. 287
Was die Lucinde betrifft	wie zuvor, S. 294
da habe ich unaussprechlich gelacht	Schleiermacher als Mensch, S. 147
aufgeklärte Achtzehnjahrhunderter	Jean Paul: Werke, Bd. 3, S. 950
Meine Freundin lebt glücklicherweise	F. Schlegel: Briefe an, S. 335

Als Poesie gut

rückwärts gekehrten Propheten	Athenaeum, Bd. 1, S. 212
was er brauchte und wünschte	wie zuvor, S. 231
progressive Universalpoesie	wie zuvor, S. 23
Französischen Revolution, Fichtes	wie zuvor, S. 248
Chiffernsprache	wie zuvor, Bd. 2, S. 1077

Waldeinsamkeit

Wichtigkeiten unwichtig	Wackenroder, Bd. 2, S. 86
Rausch und Taumel	wie zuvor, S. 28
manchen Tag wie ein Esel	wie zuvor, S. 131
Aber ich schwöre es Dir	wie zuvor, S. 131
Zauberdruck Deiner Hand	wie zuvor, S. 131
Aber genug,Tieck	wie zuvor, S. 46
Um des Himmels Willen	wie zuvor, S. 34
entehrend	wie zuvor, S. 24
Früh am Morgen fuhren wir	wie zuvor, S. 156
Am Freitag vor Pfingsten	wie zuvor, S. 254
gar possierlich mit	wie zuvor, S. 269
Mir wars als sollte ich	wie zuvor, S. 167
höchster Andacht	wie zuvor, S. 204
Wenn du unter die Komödianten	Köpke, S. 131
in denen der Sinn für das Schöne	Tieck: William Lovell, S. 7
seinem ätherischen Enthusiasmus	Wackenroder, Bd. 1, S. 144
Den vortrefflichen Sternbald	Seidel: Schiller/Goethe, Bd. 2, S. 141
Tieck, für dieses eine Wort	Köpke, S. 106
niemals mit dem militärischen	wie zuvor, S. 62

Erfahrungsseelenkunde

Er ist nicht mehr	Klischnig, S. 9
Ob er gleich Vater	Moritz, Bd. 1, S. 91
immer traurig und einsam	wie zuvor, S. 93
Hochgelahrten, Lieben	wie zuvor, S. 916

	Zitatennachweis
Es tut mir leid	Fontius, S. 70
griechische Liebe	Klischnig, S. 109
Goethe, ... ich brauche	wie zuvor, S. 121
ein reiner, trefflicher Mann	Goethe, Bd. 14, S. 307
der gute Moritz	wie zuvor, S. 311
Wärter, Beichtvater und Vertrauter	Arnhold, S. 63–64
in Jamben zu übersetzen	Goethe, Bd. 14, S. 321
Abgötterei	Arnhold, S. 65
Moritz tritt an das Faß	Schmitz, S. 72
Armen Moritz	Xenien, S. 37
unruhigen Geist mit	Allgemeine deutsche Encyplopädie, Bd. 9, S. 734
Buchhändler-Börse	Jean Paul: Briefe, Bd. 1, S. 354
Der Verleger ist der hiesige	Jean Paul: Briefe an ihn, Bd. 1, S. 261–262

Kinder der Aufklärung

Meine Ehe darf ich ...	Fürst, S. 28
hohem Wuchse	Fürst, S. 29–30
klein und häßlich	Schmitz, S. 24
Geist der neuen Zeit	Schmitz, S. 67
revolutionären Luft	Schmitz, S. 66
damals in Berlin	Schmitz, S. 68
männlichen Geist	Fürst, S. 7
linguistischer Neugier	Fürst, S. 38
des sich selbst bis ins Unendliche	Rahel: Werke, Bd. 9, S. 81
kronendumm, gewichtdumm	Rahel: Werke, Bd. 9, S. 62–63
Einen Fehler haben Sie	Rahel: Andenken, Bd. 3, S. 436
Junonische Riesin	Börne/Herz, S. 12–13
wenig zur Politik hinneige	Schmitz, S. 153
erwärmt, gehoben, elektrisiert	Schmitz, S. 153
ritterliche Held der Pyramiden	Schmitz, S. 161
an Stelle der erwärmenden	Schmitz, S. 153

Als Poesie gut

Seelenfreundschaft

eine sehr hochgewachsene und damals	Schmitz, S. 90
Widerwillen gegen	Schleiermacher: Briefwechsel, Bd. 2, S. 371
Die Berliner Elegants und	wie zuvor, S. 306
kränkliche, ältliche, grämliche Frau	wie zuvor, S. 370
zu Tee und Abendessen	wie zuvor, S. 67
seltene Erscheinung	wie zuvor, S. XXXI
Es fehlte auch nicht an Leuten	Schmitz, S. 92
Er ist ein junger Mann	Schleiermacher: Briefwechsel, Bd. 2, S. 177–178
Das zarte Gefühl und der feine Sinn	wie zuvor, S. 220
Die Weiblichkeit dieser Frau	wie zuvor, S. XXXI
daß er kein rechtes Interesse	wie zuvor, S. XXXVII
Idee zu einem Katechismus	Athenaeum, Bd. 1, S. 110–111
dessen Umgebung noch wüst	Schmitz, S. 88
Das Leben ist ein Traum	Börne/Herz, S. 56
Ihr faltenreiches Gesicht	Börne: Berliner Briefe, S. 55

Thronwechsel

friedlichen Glück	Radziwill, S. 113
Übereilt gehandelt damals …	Bringmann, S. 122
Die silberne Hochzeit	Tschirch, Bd. 1, S. 249
Meine Geduld ist erschöpft	Adler, S. 17
Ach Himmel, welch ein	Hoffmann: Briefwechsel, Bd. 1, S. 131
Ich habe sehr mißfällig	Eylert, Bd. 3, S. 113
Von allem, was Fesseln	Arnold, S. 6–7
Der König will mit seiner Gemahlin	Sander, Bd. 2, S. 19
Lieber Fritz, du wirst	Tschirch, Bd. 1, S. 298
Die reine Vernunft sei	wie zuvor, Bd. 1, S. 297

Zitatennachweis

Ein edler König ist	Hartmann, S. 439–440
König sein soll, welcher	Novalis, S. 486
Der echte König	wie zuvor, S. 494
erquickender	wie zuvor, S. 498
so das gewöhnliche Leben	wie zuvor, S. 497
Loge der sittlichen Grazien	wie zuvor, S. 497
Wer den Ewigen Frieden	wie zuvor, S. 502
verdrießlich	wie zuvor, S. 621
Ein Fürst ohne Familiengeist	wie zuvor, S. 505

Lehrer und Schüler

Getümmel der Geschäfte	Gilly: Essays, S.144
Ich habe eine Bekanntschaft	Wackenroder, Bd. 2, S.131
Außerdem teilte man	Gilly: Ausstellung, S. 234
eine Naturwiederholung	Schadow: Kunstwerke, Bd. 1, S. 58
Hier ruht	Oncken, S. 103

Der Lakai der Königin

am 26. Januar mittags um 1 Uhr	Rauch, S. 87–88
Mein lieber Etats-Minister	Eggers, S. 26
intellektuellen und artistischen	Rauch, S. 73

Die Maske

Wir sprachen über Musik	Schnapp, S. 53
Ausdrückliche Ihrer Majestät	Hoffmann: Briefwechsel, Bd. 1, S. 150

Bildungsreise

So unfreundlich trat mir das Land	Steffens, S. 115
Dürftigkeit der Gegennd	wie zuvor, S. 104
Armselige	wie zuvor, S. 105

Als Poesie gut

eine Art von geheimem Grauen	wie zuvor, S. 121
zu einer widerlichen Art von Zerstreuung	wie zuvor, S. 122
reputierlicheren	Schurig, S. 214
honetten Freudenschwestern	wie zuvor, S. 215
Bosischen Tanzsaal in der Neustadt	wie zuvor, S. 216
den griechischen Geschmack	wie zuvor, S. 225

Königlicher Landaufenthalt

Ihre Durchlaucht der Herzog	Macco, S. 42
gütlich tun und sich nichts	wie zuvor, S. 43
Züge von der unbeschreiblichsten	wie zuvor, S. 44

Garnisonsleben

ponceaurothe Aufklappen	Stammliste, S. 78
auf der Klappe 7 Schleifen	wie zuvor, S. 34–35
dunkelblaue Chemisets	wie zuvor, S. 180
hellziegelrothe Aufschlägen	wie zuvor, S. 171
Lesegesellschaft	Schmidt: Fouqué, S. 598
gleich einem Ritter	Nostitz, S. 29
Sind Sie von Familie?	wie zuvor, S. 32
einen guten Zuschuß	wie zuvor, S. 33
entschiedene Abneigung	wie zuvor, S. 33
kecken Auftreten gegen	wie zuvor, S. 49
Regiment von jungen	wie zuvor, S. 36
anticipativ	wie zuvor, S. 34
Die verhängsvolle Bekanntschaft	wie zuvor, S. 45
zweiter Ordnung	wie zuvor, S. 46
stillen Reiz der Unterhaltung	wie zuvor, S. 47
entschiedene Abneigung	wie zuvor, S. 47
mehr nachdenkend	wie zuvor, S. 46
den verderblichen Händen	wie zuvor, S. 46

sentimental Erhabene	wie zuvor, S. 51
erbebte bei dem Gedanken	wie zuvor, S. 87
es wurden Kerzen	wie zuvor, S. 88
Gefühl der Dankbarkeit	wie zuvor, S. 89
nach langem Umherirren	wie zuvor, S. 89–90

Goethe-Verehrung

Anstatt göttlich sag'	Rahel: Werke, Bd. 7/II., S. 70
Er kann bei der ersten	Eckermann, S. 70
Maurer und Musiker Zelter	Schlegel: Briefwechsel mit Schiller, S. 69
etwas gegolten habe	wie zuvor, S. 69
Je länger ich hier bin	wie zuvor, S. 72
Der echte Götheanismus	Arnhold, S. 225–226
lebende und glühende	Fouqué: Göthe, S. 5
Erfüllung eines seligen Traums	wie zuvor, S. 7
Die rechte Höh' der Kunst	Schadow u. d. Kunst s. Zeit, S. 144
Alles Echte, es mag	Schmitz: Prügeley, S. 248
Am Ende ist der jetzige	Jean Paul: Briefe, Bd. 4, S. 12

Einfalt und Natur

heimliche Liebe	Storm, S. V
Sich freuen wie ein Stint	Büchmann, S. 213
reich, originell, individuell	Arnim/Brentano, Bd. 1, S. 271–272
Du, dem die süßesten Freuden	Schmidt: Calender, S. 6a
Vorläufer ... der Krieg am Rhein	wie zuvor, S. Vorbericht, unpaginiert
der Dichtkunst gewidmeten Jahren	wie zuvor, S. II
Der Leser empfängt	wie zuvor, S. III
F. W. A. Schmidt, Feldprediger	wie zuvor, S. IV
Abschied von Berlin	Schmidt: Einfalt, S. 23
sauren Fleiß	Schmidt: Calender, S. 159
Natur, die für ihn	Goethe/Zelter, Bd. 1, S. 665

Als Poesie gut

Gewiß, wenn man Sandgruppen	Allgemeine Literaturzeitung, Jena, 5. Dez. 1797
Namen eines Dichters	Berlinisches Archiv der Zeit und ihres Geschmacks. Berlin: Maurer, Bd. 1, Heft 3, S. 220
Wie schön die Fensterscheiben	Schmidt: Einfalt, S. 56
Diktion, Versbau, Bilderwahl	Schmidt: Calender, S. I
Nüchternheit die Seele ergreift	Tieck: Kritische Schriften, Bd. 1, S. 124
Wenn Amseln und Grasmücken	Neuer Teutscher Merkur. Weimar, Leipzig 1796, Bd. 1, Stück 4, S. 449
Sagt mir nichts von gutem Boden	Schmidt: Einfalt, S. 195
Schmidt von Werneuchen ist der wahre	Goethe: Maximen, S. 61

Von Teetisch zu Teetisch

von den vier Jahreszeiten	Jean Paul: Werke, Bd. 4, S. 1056
Tränen der Freude und	Luise: Briefe, S. 182–183
Den vier schönen und edeln	Jean Paul: Werke. Bd. 3, S 10
Sanssouci, den 29. Mai	Luise: Briefe, S. 162
da ihr zum Herrschen der Thron	Jean Paul: Briefe, Bd. 3, S. 340
Ich sprach und aß in Sanssouci	wie zuvor, S. 341–342
langweiligen Nicolai	wie zuvor, S. 347
einem Pack Gelehrter	wie zuvor, S. 345
Mädgen aus hohen und mittlern	wie zuvor, S. 347
Ich besuchte keinen Gelehrtenklub	wie zuvor, S. 345
Er hat keine besondere Notiz	Jean Pauls Persönlichkeit, S. 61
Köstlich – seidene Stühle	Jean Paul: Briefe, Bd. 3, S. 345
Wäre ich Königin, so	Hartung, S. 198
Im Tiergarten blieb ich bei	Jean Paul: Briefe, Bd. 3, S. 346–347
damit Sie sehen, wie ich	Müller: E. T. A. Hoffmann, S. 94
Jean Paul ist hier	Rahel: Werke, Bd. 1, S. 201
Er hat überaus etwas Beruhigendes	wie zuvor, S. 203

Zitatennachweis

Zauberpalast des Lebens	Jean Paul: Werke, Bd. 4, S. 1038
Kraftgenies hingegen sind	wie zuvor, S. 1060
Treppe zum Ehebette	Jean Paul: Briefe, Bd. 3, S. 369
architektonischen Universum	wie zuvor, S. 341
Der Adel vermengt sich	wie zuvor, Bd. 4, S. 41
Juwel Fassung	wie zuvor, Bd. 3, S. 341
Sandwüste	Jean Pauls Persönlichkeit, S. 67
schriftstellerische Spinnmaschine	Jean Paul: Briefe, Bd. 4, S. 3
Einzige! endlich hat mein Herz	wie zuvor, S. 15
Ich trete jetzt zu dem Manne	wie zuvor, S. 17
armer Pfarrsohn aus dem	wie zuvor, S. 68
liebend und geliebt von Teetisch zu	wie zuvor, S. 7
Die Ehe hat mich so recht	wie zuvor, S. 79

Von Liebe und Tod

höchst bescheidentlich	Marwitz, S. 186
herzinniglichen Küssen	wie zuvor, S. 193
Ach, lieber Herr	wie zuvor, S. 1

Das Selbstbildnis

Flachsmännchen	Ahlefeld, S. 221
Die Ähnlichkeit ist so groß	Rahel: Werke, Bd. 8, S. 5
Den 6. Dezember	Koch, S. 28
gänzlicher Absonderung	Ahlefeld, S. 35

Coffee und Toback

Als ich um meine Frau anhielt	Heim, S. 270
Heute hab ich 3 Kinder	wie zuvor, S. 115
berühmte und berüchtigte Hurenwirtin	wie zuvor, S. 105
zu sehr zerstreue	wie zuvor, S. 127

Als Poesie gut

Es ist doch recht schön	wie zuvor, S. 77
am 4. bei Frau von Berg	Keßler, S. 62
das Bett das Nest einer Menge	Kant, S. 20
Mittel der Abwehrung mancher	wie zuvor, S. 22
frohes Siegesmahl	Adami, S. 205

Minnelieder

Mondbeglänze Zaubernacht	Günzel, S. 210
Etwas Ruchloses	Holtei, Bd. 4, S. 65–66
in welchem die Liebe zum Schönen	Tieck: Minnelieder, S. 10–11
König der Romantik	Günzel, S. 462
göttlichen Musik	Schleiermacher als Mensch, S. 104
göttlichen Kirchenmusikfräulein	Brentano: Leben, S. 327
Dies soll den Schwestern meine Grüße	Tieck: Gedichte, Bd. 2, S. 3
echte Humanität und Urbanität	Tieck: Gesammelte Novellen, Bd. 7, S. 7–9
Sie hat sich liebenswürdig erboten	Rahel: Werke, Bd. 5, S. 142

Das Andenken der Väter

wirklich großen einfachen Stil	Gilly: Essays, S. 118
Unvorsichtigkeiten	wie zuvor, S. 120
allen Überbleibseln gotischer Baukunst	Schenkendorf, S. XII–XIV
Freiheit, die ich meine	wie zuvor, S. 4
Muttersprache, Mutterlaut	wie zuvor, S. 84
sogenannte Kenner	Eichendorff, Bd. 10, S. 111

Ein Gast aus Frankreich

Mich hat sie gedrückt	Goethe: Elternhaus, S. 811–814
seltene Frau	Goethe/Zelter: Bd. 1, S. 62–63
Mit dieser seltenen Frau	wie zuvor, Bd. 1, S. 68
Die Königin ist reizend	Solovieff, S. 197
die berühmte, oder eigentlich berüchtigte	Marwitz, Bd. 1, S. 194–195
lebendigere und geistreichere Unterhaltung	Schmitz, S. 117–118
keine horchende Seele	Rahel: Werke, Bd. 2, S. 542
ohne Sinne, ohne Musik	wie zuvor, Bd. 2, S. 218
Ich habe hier einen Mann getroffen	Solovieff, S. 198, 202
in ihrer überwältigenden Lebhaftigkeit	Schmitz, S. 120
Es ist traurig	Schiller, Bd, 32, S. 129
Sie haben den Wunsch ausgesprochen	Pange, S. 110

Schiller in Berlin

der namentlich höchst vorsichtig	Schmitz, S. 126
ganz kleinen freundschaftlichen Mittagsmahl	Schiller, Bd. 40/1, S. 206
gefährliche Frau	Friedrich Wilhelm III., S. 19–20
Eine gänzliche Erschöpfung	Schiller, Bd. 32, S. 130
grazios und von dem verbindlichsten	wie zuvor, Bd. 30, S. 80
in Enthusiasmus versetzt	wie zuvor, Bd. 34, S. 50
mehrere Monate des Jahres	wie zuvor, Bd. 32, S. 143–144

Als Poesie gut

Sophie und ihre Söhne

Hausgenossen teuren Familienzirkel	Schlegel, A. W.: Briefe, Bd. 1, S. 177, 183
so ganz ohne Rückhalt hingegeben	Körner, Bd. 1, S. 10
heißester Sehnsucht	wie zuvor, Bd. 1, S. 11
rohe Freuden	wie zuvor, Bd. 1, S. 15
lieben lieben Wilhelm	wie zuvor, Bd. 1, S. 14–15
Noch den letzten Kampf zu tragen	wie zuvor, Bd. 1, S. 35
August Wilhelm Schlegel an Felix	wie zuvor, Bd. 1, S. 195–196
Damit nicht Knorring wieder	wie zuvor, Bd, 1, S. 130
kein Hehl darauß haben, welche	wie zuvor, Bd. 1, S. 207, 209
Rudolpf von Hapsburg	wie zuvor, Bd. 1, S. 371
aus den Hefen des Pöbels	wie zuvor, Bd. 1, S. 364–365
Empfehlung sehr am Herzen	Fichte: Briefwechsel, Bd. 5, S. 334–335
Hochverehrtesten Herrn Professor	wie zuvor, Bd. 5, S. 345

Die Sanders

Sorgenlos und fröhlich	Rahel/Ludwig Robert, S. 644
ernsthaften Liebeshandel	Varnhagen: Denkwürdigkeiten, Bd. 1, S. 381
sanfte, reizende Perfidie	wie zuvor, S. 383
bösen Geklatsche	wie zuvor, S. 391
Unternehmen gewiß gutgehen	Sander, Bd. 2, S. 235
anstößigen Umstand	wie zuvor, Bd. 3, S. 231
Heiligen	Werner: Briefe, Bd. 2, S. 4
Schöpfer meines Glücks	wie zuvor, Bd. 1, S. 453

Die Luisenburg

Die Königin trat in die Salontür	Immermann, S. 32
göttlich, ein wahres Eden	Luise, S. 247

Wir erleben hier schöne Tage	wie zuvor S. 248–249
sichere Ruh ... Luise, Du	Jäger, S. 16
froh gestimmt beim Wiederlesen	Jean Paul, II. Bd. 3, S. 266
Eben damals grub der Krieg	wie zuvor, S. 266–267

Der Freimütige

Als vor sieben Monaten	Kleßmann: Deutschland, S. 88
Thé spirituell	Merkel, S. 301–302
Schlegelsche Clique	wie zuvor, S. 305
Täglich argumentiert im Moniteur	Tschirch, Bd. 2, S. 209
Leuchtkugel, um das Terrain	Merkel, Böttiger, S. 137
politisch-historische Blatt	wie zuvor, S. 139

Bittsteller Kleist

in einer recht herzlichen Art	Kleist, Bd. 6, S. 261
Gemütskrankheit	wie zuvor, S. 259
Tätigkeit im Felde der Staatswirtschaft	Kleist, Bd. 7, S. 7
Ein Gram, über den ich nicht Meister	wie zuvor, S. 18
Wäre ich zu etwas anderem brauchbar	wie zuvor, S. 24
Umsturz aller Verhältnisse	wie zuvor, S. 16
Kurz, wollt ihr, wie ich	Kleist, Bd. 3, S. 134

Sommerliche Schlittenfahrt

Polizeidiener in Zivilkleidung	Werner: Briefe, Bd. 2, S. 415
Patriotismus wie Schnupfen	wie zuvor, Bd. 1, S. 470
etwas roher Spaß	Nostitz, S. 75
mit zunehmender Schnelligkeit	wie zuvor, S. 77
Dr. Luther läßt grüßen	Schwerin, Bd. 1, S. 153
Berliner Staube	Werner: Briefe, Bd. 2, S. 52

Als Poesie gut

Vom Kriege

Es wird mit Recht befremden	Clausewitz, S. 173
glückseligen Ehe	wie zuvor, S. 174
Oberhofmeisterin Ihrer Königlichen	wie zuvor, S. 178
Sohn des Lagers	Linnebach, S. 83
Da wurde mit einem Male	wie zuvor, S. 128
verwandte Seele	wie zuvor, S. 129
Kantonierungsquartier Tennstädt	wie zuvor, S. 67

Der Kriegsgott am Klavier

wenigen Menschen, deren	Schwartz, Bd. 2, S. 465
Geistesarmut	Clausewitz: Vom Kriege, S. 311
Sein Tod war gewiß	Schwartz, Bd. 2, S. 465
echt preußischer Gesinnung	Marwitz, Bd. 1, S. 288–290
Sechs Fuß hoch aufgeschossen	Fontane: Balladen, S. 224
menschlichsten Menschen	Rahel: Werke, Bd. 1, S. 556
Ich habe nun Goethen	Wiesel, S. 85
Ein großer Prinz, mein Freund	Rahel: Werke, Bd. 1, S. 558
für eins der geistreichsten Weiber	Wiesel, S. 174
Sie ist eins der liebenswürdigsten	wie zuvor, S. 175–176
im eigentlichen Verstande	wie zuvor, S. 175
bei so wenigem Verstand	wie zuvor, S. 171
Philosophen und Dichtern	wie zuvor. S. 172
eingefleischter Berliner	wie zuvor, S. 201
So viel geht mich Ab	wie zuvor, S. 128–129
Ich habe meine Entscheidung	wie zuvor, S. 77 und 270
Dem Geiste nach	wie zuvor, S. 225
Ich werde mein Blut für den König	Radziwill, S. 165
epikuräische ... Er stieß denjenigen	Kleßmann, S. 228
Auch bei ihm Heißkopf	Goethe: Berl. Ausg. Bd. 16, S. 188
kleinlichen Details	Boyen, Bd. 1, S. 128
Ich mag es nicht leugnen	wie zuvor, S. 132

was der Kerl eigentlich geschrieben	Marwitz: Nachlaß, Bd. 2, S. 11
wunderlichen Szene ... nicht in öffentliche	Goethe, Berl. Ausg., Bd. 16, S. 188–189
blutrünstiger Tiger	Massenbach: Denkwürdigkeiten, S. 845

Professorennöte

engeren bürgerlichen Verhältnisse	Steffens, S. 188
knechtische Mietlinge	wie zuvor, S. 189
kleinen wilden Männer	wie zuvor, S. 194
fatal ... aber doch nicht	Schleiermacher als Mensch, S. 69
Zucht	Steffens, S. 197
Meine Frau mit ihrem Kinde	wie zuvor, S. 201–202
Kartoffeln und Salz	Schleiermacher als Mensch, S. 84
stärkste Wünsche und Hoffnungen	Varnhagen, Bd. 1, S. 416
Lieber Freund	Schleiermacher als Mensch, S. 72
Um ein neues Deutschland	wie zuvor, S. 87–88
So lange es einen gibt	wie zuvor, S. 96
Während seines Hierseins	wie zuvor, S. 77
Ohnehin gegen die studierende	Varnhagen, Bd. 1, S. 390
Vaterlandsliebe kurzsichtig	Spies, S. 18–19

Franzosen-Billigkeit

Der König hat eine Battaille	Köhler, nach S. 32
Man atmete auf als man	Varnhagen, Bd. 1, S. 392
Ruhe und Ordnung	Rahel/Ludwig Robert, S. 70
dem Feinde als Ganzes ... Meine Mutter	Köhler, S. 40–41
öffentliche Geschäfte	Goethe/Zelter, Bd. 1, S. 201
Comité Administratif	wie zuvor, Bd. 1, S. 202–203
die der französischen Freiheit anhingen	Varnhagen, Bd. 1, S. 393

Als Poesie gut

die Frauen gaben sich den Franzosen	Klöden, S. 280–281
ganz ausgehungert und nicht eben	Schoeps, S. 349–350
in seinem siebenundzwanzigsten Jahre	Marwitz, Bd. 1, S. 456
Schmerz und Trauer zu groß	Varnhagen, Bd. 1, S. 392
Mein Weg führte mich	wie zuvor, S. 393–394
In Napoleon sah ich	wie zuvor, S. 406
eigentlichen Kunstwerken	Schadow: Kunstwerke, Bd. 1, S. 72
mitten unter dem Geräusche	Kataloge, Bd. 1, 1806, S. X–XXII.
er gliche einer Nachteule	Oehlenschläger, S. 29
daß der Sieg, die Größe	Goethe, Berliner Ausg. Bd. 22, S. 48
durch sein Genie und seine	Kleßmenn, S. 232–233
Er war ein kleines, grundhäßliches	Marwitz, Bd. 1, S, 291–292
Präpotenz Frankreichs	Buchholz, S. 736
Zu dem französischen General Hulin	Kleist, Bd. 5, S. 7
So – erzählt man – zeigte ein vom Könige	Cölln, S. 218
Als im letzten Krieg der Franzos	Hebel, S. 129

In den Sümpfen der Ucker

Aber nun wurde der Boden	Clausewitz: Nachrichten, S. 143–144
Unter widrigsten Gefühlen	wie zuvor, S. 145
Der Kranke, für den wir so viel	Schwartz, Bd. 1, S. 229
großmütigen Freundin	wie zuvor, S. 229
Das traurige, aber für mich doch	wie zuvor, Bd. 1, S. 200

Auf hoher See

Napoleon, ich liebte dich	Massenbach: Denkwürdigkeiten, S. 845
Werkzeug der Vorsehung	wie zuvor, S. 131

von jeher Rußlands	wie zuvor, S. 51
tartarische Stämme	wie zuvor, S. 50
Iwane	wie zuvor, S. 51
Weil wir den Mut nicht	wie zuvor, S. 482
Die Offiziere sollten	Achtzehnhundertsechs, S. 237
kleinen schwächlichen	Marwitz, Bd. 1, S. 337
schmierigen, ekligen Kerl	wie zuvor, S. 339
Ich aß Knallen	wie zuvor, S. 341
Er hatte das Lamentieren	wie zuvor, S. 342
Nicht vergessen	wie zuvor, S. 361
So saß ich denn nun	wie zuvor, S. 36

In der Festung

Mich traf, obgleich unschuldig	Chamisso: Werke, Bd. 2, S. 21
ein Herrrliches	Chamisso: Leben, S. 189
Ein neuer Schimpf haftet	wie zuvor, S. 185
Tambourjungen	wie zuvor, S. 189
kümmerliche Eigne	wie zuvor, S. 198

Kriegsregeln

Kriegsheiligen	Arnim/Brentano, Bd. 1, S. 428
Kriegsregeln	Arnim/Steig, Bd. 3, S. 375–379
der unsichtbaren Kirche	Arnim/Brentano, Bd. 1, S. 421
das Einfachste, aber	wie zuvor, S. 423
Trommel zu rühren	wie zuvor, S. 427
beruhigende Überzeugung	wie zuvor, Bd. 2, S. 442
allgemeine Unglück	Kleist: Briefe, S. 366
nicht ohne Rührung denken	wie zuvor, S. 367
edlen Märker und Pommern	Arnim: Schriften, S. 211–212
Streit der Welt	Kleist: Briefe, S. 371
nunmehr in Joux, statt	wie zuvor, S. 372

Als Poesie gut

Zensur mit tödlichem Ausgang

Amerikomanen	Bülow: Freistaat, S. 287
Oberherrschaft	Bülow: Feldzug, S. 160
humansten Monarchen	Voß, S. 114

Ende und Anfang

Kaum war ich angekommen	Luise, S. 377–378
Ich lerne Ew. Majestät in einem	Lonke, S. 229–230
den großen politischen Kombinationen	wie zuvor, S. 231
Ich weiß recht gut, was ich wage	Fichte: Briefwechsel, Bd. 2, S. 500
Heer hätte, wie es noch kein Zeit	Fichte: Reden, S. 163–164
gänzlich vernichtet	wie zuvor, S. 24
daß er gar nicht anders wollen könne	wie zuvor, S. 25
Wenn ihr versinkt, so versinkt	wie zuvor, S. 225–226
Einige sehr artige Franzosen	Rahel Varnhagen/Ludwig Robert, S. 75
»Deutschheit« Geist	Rahel Varnhagen: Werke, Bd. 1, S. 328–329
»Europäische«	Rahel Levin/Ludwig Robert, S. 75
Ich getraute mir den gleichgültigsten	Rahel Varnhagen: Werke, Bd. 1, S. 328
Der König ist sehr gnädig	Schwartz, Bd. 1, S. 303
denn ich habe kein anderes Besitztum	wie zuvor, S. 291
Ein Mann ohne Vaterland	wie zuvor, S. 280
mit seinem ganzen Gewicht	Kleist, Bd. 7, S. 74
Niemals, wohin ich mich	wie zuvor, S. 55

Abbildungsnachweis

Ahlefeld: S. 277. – Bruyn, de: Rahels erste Liebe: S. 95. – E. T. A. Hoffmann, Bd. 4: S. 208, Bd. 8: 360. – Fischer: S. 434. – Friedrich Wilhelm II. und die Künste: S. 20, 40. – Gilly: Essays: 298, 300. – Heim: S. 281. – Hensel: S. 93, 215. – Hohenzollern-Jahrbuch 1908: 221. – Hohenzollern-Jahrbuch 1910: S. 9. – Hohenzollern-Jahrbuch 1911: S. 11. – Kantzenbach: S. 170. – Kleßmann: Prinz: S. 255, 373, 381, 395. – Körner, Bd. 1: S. 325, 326. – Maaz: S. 134, 273, 275. – Mackowsky: Bildwerke: S. 36, 46, 49, 285. – Marwitz, Bd. 2: S. 54. – Merkel: Briefe: S. 347. – Nicolai: Beschreibung: S. 118. – Nicolai: Essays: S. 110, 114. – Oncken: S. 199. – Privatarchiv; S. 16, 58, 68, 70, 77, 81, 82, 132, 138, 140, 145, 196, 246, 259, 268, 289, 290, 292, 317, 343, 362, 399, 412, 452. – Rave: S. 147, 443, 460. – Rietdorf: S. 195. – Röchling: 394, 458. – Schadow und die Kunst: S. 162. – Schadow: Zeichnungen, Bd. 1: S. 25, 28, 158, 188, 235, 316. – Schmitz: Herz: S. 160. – Schmitz: Prügeley: S. 239. – Scholke: S. 242, 257. – Schuster: S. 180. – Schwartz, Bd. 2: S. 366, Bd. 2: S. 368. – Siebert: Kleist: S. 60, 354, 356. – Simson: 204. – Varnhagen: Bülow: S. 449. – Werner: Briefe, Bd. 2: S. 305, 336. – Wieneke: S. 108. – Wiesel: S. 384, 428. – Zeller: S. 314. – Zelter: S. 85, 87.

Bibliographie

Achtzehnhundertsechs. Das preußische Offizierskorps und die Untersuchung der Kriegsereignisse. Hrsg. vom Großen Generalstabe. Berlin: Mittler 1906

Adami, Friedrich: Luise, Königin von Preußen. Gütersloh: Bertelsmann 1906

Adler, Max (Hrsg.): Memoiren der Gräfin Lichtenau. Ein Sittenbild vom Hofe der Hohenzollern. Dresden: Reissner o. J.

Ahlefeld, Charlotte von: Briefe an Christian Friedrich Tieck. Hrsg. von James Trainer. Bern: Peter Lang 1999

Allgemeine deutsche Real-Enzyklopädie für die gebildeten Stände. Conversations-Lexikon. 9. Aufl. in 15 Bdn. Leipzig: Brockhaus 1846

Arnim, Achim von. 1781–1831. Ausstellung im Freien Deutschen Hochstift. Frankfurt/M.: Goethe-Museum 1981

Arnim, Achim von: Schriften. Hrsg. von Roswitha Burwick u. and. Frankfurt/M.: Deutscher Klassiker Verlag 1992. (A. v. A.: Werke. Bd. 6.)

Arnim, Achim von: Werke. Hrsg. von Reinhold Steig. Bd. 1–3. Leipzig: Insel 1911

Arnim, Achim von und Clemens Brentano: Freundschaftsbriefe. Bd. 1–2. Vollständige kritische Edition von Hartwig Schultz. Frankfurt/M.: Eichborn 1998

Arnhold, Erna: Goethes Berliner Beziehungen. Gotha: Klotz 1925

Arnold, Robert F. (Hrsg.): Fremdherrschaft und Befreiung. 1795–1815. Leipzig: Reclam 1932. (Deutsche Literatur in Entwicklungsreihen. Politische Dichtung, Bd. 2)

Athenaeum. Eine Zeitschrift von August Wilhelm Schlegel und Friedrich Schlegel. Bd. 1–2. Hrsg. von Bernhard Sorg. Dortmund: Harenberg 1989

Atzenbeck, Carl: Pauline Wiesel. Leipzig: Klinkhardt & Biermann 1925

Badstübner-Gröger, Sibylle: Karl Philipp Moritz in Berlin. In: Karl Philipp

Moritz und das 18. Jahrhundert. Hrsg. von M. Fontius und A. Klingenberg. Tübingen: Niemeyer 1995

Bailleu, Paul: Preußischer Wille. Gesammelte Aufsätze. Hrsg. von Melle Klinkenborn. Berlin: Haafen 1924

Barthel, Wolfgang: Heinrich von Kleist und Brandenburg. Frankfurt/O.: Kleist-Gedenkstätte 1994. (Frankfurter Buntbücher 13)

Behler, Ernst: Friedrich Schlegel. Mit Selbstzeugnissen und Bilddokumenten. Reinbek: Rowohlt 1966

Berlin zwischen 1789 und 1848. Facetten einer Epoche. Ausstellung der Akademie der Künste, 30. 8. bis 1. 11. 1981. Berlin: Frölich u. Kaufmann 1981

Beyme, Werner: Carl Friedrich von Beyme. Berlin: Stapp 1987 (Preußische Köpfe)

Bienert, Michael: Schiller in Berlin. Marbach/Neckar: Deutsche Schillergesellschaft 2004. (Marbacher Magazin 106)

Bienert, Michael: Schiller in Potsdam 1804. Frankfurt/O.: Kleist-Museum 2005. (Frankfurter Buntbücher 39)

Börne, Ludwig: Berliner Briefe. Hrsg. von Willi Jasper. Berlin: Philo 2000

Börne, Ludwig: Briefwechsel des jungen Börne und der Henriette Herz. Hrsg. von Ludwig Geiger. Oldenburg, Leipzig: Schultze 1905

Börsch-Supan, Helmut: Künstlerwanderungen nach Berlin. Vor Schinkel und danach. München: Deutscher Kunstverlag 2001

Bollert, Werner (Hrsg.): Sing-Akademie zu Berlin. Berlin: Rembrandt 1966

Boyen, Hermann von: Erinnerungen aus dem Leben des Generalfeldmarschalls. Hrsg. von Dorothea Schmidt. Bd. 1–2. Potsdam: Brandenburgisches Verlagshaus 1990

Bringmann, Wilhelm: Preußen unter Friedrich Wilhelm II. Frankfurt/M.: Lang 2001

Bruyn, Günter de: Gedanken zum Nachlaß Jean Paul. In: Beitr. aus der Deutschen Staatsbibliothek 5: 100 Jahre Handschriftenabteilung. Berlin: Dt. Staatsbibl. 1987

Bruyn, Günter de: Das Leben des Jean Paul Friedrich Richter. Halle: Mitteldt. Verl. 1975

Buchholz, Friedrich: Gallerie preußischer Charaktere. Frankfurt/M.: Zweitausendeins 1979. (Haidnische Alterthümer)

Büchel, Wolfgang: Karl Friedrich Schinkel. Reinbeck 1994 (Rowohlts Monographien)

Büchmann, Georg: Geflügelte Worte. 24. Auflage. Berlin: Haude & Spener 1910

Bülow, Dietrich Heinrich (anonym): Der Feldzug von 1805 militärisch-politisch betrachtet. Bd. 1–2. o. O. 1806

Bülow, Dietrich Heinrich: Der Freistaat von Nordamerika in seinem neuesten Zustand. Berlin: Unger 1797

Bülow, Dietrich Heinrich (anonym): Geist des neuern Kriegssystems ... von einem ehemaligen preußischen Offizier. 2. verb. Aufl. Hamburg: Hofmann 1805

Chamisso, Adelbert von: Leben und Briefe. Hrsg. von Julius Eduard Hitzig. Bd. 1–2. Leipzig: Weidmann 1842 (Chamissos Werke Bd. 5–6)

Chamisso, Adelbert: Sämtliche Werke in 2 Bdn. Hrsg. von Werner Feudel und Christel Laufer. München: Hanser 1982

Clausewitz, Karl von: Nachrichten über Preußen in seiner großen Katastrophe. Berlin: Mittler 1908 (Kriegsgeschichtliche Einzelschriften 10)

Clausewitz, Karl von: Vom Kriege. Hinterlassenes Werk. Bonn: Dümmler 1980

Cölln, Friedrich von: (anonym) Vertraute Briefe über die inneren Verhältnisse am Preußischen Hofe. Amsterdam, Cölln: Peter Hammer 1807

Demps, Laurenz, Geist, Jonas: Vom Mühlendamm zum Schloßplatz. Die Breite Straße in Berlin-Mitte. Berlin: Parthas 2001

Eckardt, Götz: »In stiller Begeisterung«. J. G. Schadow. Königin Luise in Zeichnungen und Bildwerken. Potsdam: Stiftung Schlösser und Gärten 1993

Eggers, Friedrich: Christian Daniel Rauch. Berlin: Duncker 1873

Eckermann, Johann Peter: Gespräche mit Goethe in den letzten Jahren seines Lebens. Berlin: Aufbau 1982

Eichendorff, Joseph von: Sämtliche Werke. Hist.-krit. Ausg. Hrsg. von Wilhelm Kosch und August Sauer. Bd. 1–18. Regensburg 1908 ff.

Erklärung im Namen seiner Königl. Majestät von Preußen der allgemeinen Reichsversammlung mitgeteilt in Betreff des zu Basel am 5. April geschlossenen Friedens. (Basel): 1795

Eylert, Rulemann Friedrich: Charakterzüge und historische Fragmente aus dem Leben Friedrich Wilhelms III. Bd. 1–3. Magdeburg 1843–1846
Feudel, Werner: Adelbert von Chamisso. Leben und Werk. Leipzig: Reclam 1971
Fichte, Johann Gottlieb: Briefwechsel 1801–1806. Hrsg. von Reinhard Lauth und Hans Gliwitzky. Stuttgart: Frommann 1982 (Gesamtausg., Briefe, Bd. 5)
Fichte, Johann Gottlieb: Briefwechsel. Hrsg. von Hans Schulz. Bd. 1–2. Leipzig: Haessel 1925
Fichte, Johann Gottlieb: Reden an die deutsche Nation. Hrsg. von M. Kronenberg. Stuttgart: Strecker und Schröder 1923
Fischer, Robert: Adelbert von Chamisso. Berlin: Klopp 1990
Fischer-Dieskau, Dietrich: Weil nicht alle Blütenträume reiften. J. F. Reichardt, Porträt und Selbstporträt. Stuttgart: DVA 1992
Flitner, W.: August Ludwig Hülsen und der Bund Freier Männer. Jena 1913
Fontane, Theodor: Balladen, Lieder, Sprüche, Gedichte. Hrsg. von Helmuth Nürnberger. München: Hanser 1995.
Fontane, Theodor: Wanderungen durch die Mark Brandenburg. Bd. 4: Spreeland. Berlin: Aufbau 1994
Fontius, Martin und Anneliese Klingenberg (Hrsg.): Karl Philipp Moritz und das 18. Jahrhundert. Tübingen: Niemeyer 1995
Fouqué, Friedrich de la Motte: Eines deutschen Schriftstellers Halb-Jahrhundert. Autobiographie. Nennhausen 1828. (Bremer Liebhaber Drucke 1930)
Fouqué, Friedrich de la Motte: Göthe und einer seiner Bewunderer. Ein Stück Lebensgeschichte. Berlin: Duncker 1840
Fouqué, Friedrich de la Motte: Lebensgeschichte, aufgezeichnet durch ihn selbst. Halle: Schwetschke 1840
Fouqué, Friedrich de la Motte: Zwei Handschriften. Hrsg. von Horst Häker. Frankfurt/O.: Kleist-Gedenk- und Forschungsstätten 2001 (Friedrich II., Flugschriften zu seinem Tode. Privatbindung ohne Titelblatt und Paginierung. Besitz des Verfassers.)
Friedrich II., König von Preußen und die deutsche Literatur des

18. Jahrhunderts. Texte und Dokumente. Hrsg. von Horst Steinmetz. Stuttgart: Reclam 1985

Friedrich Wilhelm II. und die Künste. Preußens Weg zum Klassizismus. Ausstellungskatalog. Berlin, Potsdam: Stiftung Preußische Schlösser und Gärten 1999

Friedrich Wilhelm III.: Vom Leben und Sterben der Königin Luise. Eigenhändige Aufzeichnungen ihres Gemahls. Leipzig: Köhler 1926

Frielinghaus, Martin (Hrsg.): Albrecht Daniel Thaer in Brandenburg und Berlin. Neuenhagen: Findling 2004

Fürst, Joseph (Hrsg.): Henriette Herz. Ihr Leben und ihre Erinnerungen. Berlin: Hertz 1850

Gedike, Friedrich: Über Berlin. Briefe von einem Fremden. Hrsg. von Harald Scholz. Berlin: Colloquium 1987

Gersdorff, Bernhard von: Ernst von Pfuel. Berlin: Stapp 1981. (Preußische Köpfe)

Gilly, Friedrich: Essays zur Architektur. Hrsg. von Fritz Neumeyer. Berlin: Ernst 1994

Gilly, Friedrich 1772–1800 und die Privatgesellschaft junger Architekten. Ausstellung des Berlin-Museums 1984. Berlin: Arenhövel 1984

Gleim, Johann Wilhelm Ludwig: An unsere Dichter. Berlin: Maurer 1786

Goethe, Johann Caspar, Cornelia, Catharina Elisabeth: Briefe aus dem Elternhaus. Hrsg. von Ernst Beutler. Zürich, Stuttgart: Artemis 1960

Goethe, Johann Wolfgang: Briefwechsel mit Zelter. Hrsg. von Edith Zehm und Sabine Schäfer. Bd. 1–3. München: Hanser 1998. (Goethe. Münchner Ausg. Bd. 20,1–3)

Goethe, Johann Wolfgang: Italienische Reise. Goethes Werke, Berliner Ausg., Bd. 14. Berlin: Aufbau 1978

Goethe, Johann Wolfgang: Kampagne in Frankreich. Goethes Werke, Berliner Ausg., Bd. 15. Berlin: Aufbau 1972

Goethe, Johann Wolfgang: Maximen und Refexionen aus dem Nachlaß. Berlin 1932. (Goethe: Sämtliche Werke, Propyläen-Ausg., Bd. 45)

Gruber, Hugo: Das Schindlersche Waisenhaus. In: Der Bär. Jg. 21 (1895), S. 232–234

Günzel, Klaus: König der Romantik. Das Leben des Dichters Ludwig Tieck in Briefen, Selbstzeugnissen und Berichten. Berlin: Nation 1981
Häker, Horst: Brennus in Preußen. Geschichte eines Mythos. In: Jahrbuch Stiftung Preußischer Kulturbesitz. Jg. XVIII, 1981, S. 299–317
Häker, Horst: Friedrich de la Motte Fouqué und Nennhausen. Franfurt/O.: Kleist-Museum 1995. (Frankfurter Buntbücher 14)
Hannesen, Hans Gerhard: Akademie der Künste in Berlin. Facetten einer 300jährigen Geschichte. Berlin: AdK 2005
Hartmann, Heinrich: Luise, Preußens große Königin. Hersching: Pawlak 1988
Hartung, Ernst: Jean Paul. Ein Lebensroman in Briefen. Ebenhausen: Langewiesche 1925. (Die Bücher der Rose)
Haym, Rudolf: Die romantische Schule. Ein Beitrag zur Geschichte des deutschen Geistes. Berlin: Gaertner 1870
Hebel, Johann Peter: Werke. Berlin: Aufbau 1969 (Bibliothek deutscher Klassiker)
Heim, Ernst Ludwig: Tagebücher und Erinnerungen. Hrsg. von Wolfram Körner. Leipzig: Koehler & Amelang 1989
Hensel, Wilhelm: Preußische Bildnisse. Berlin: Nationalgalerie 1981
Hertz, Deborah: Die jüdischen Salons im alten Berlin. 1780–1806. München: dtv 1995
Hess, Nina: Der Schwan. Das Leben der Pauline Wiesel. Berlin: Weidler 1994
Hoffmann, E. T. A.: Briefwechsel. Hrsg. von Friedrich Schnapp. Bd. 1–3. München: Winkler 1967–1969
Hoffmann, E. T. A.: Sämtliche Werke. Hist.-krit. Ausg. hrsg. von C. G. von Massen. Bd. 4 und 8. München: Georg Müller 1910
Holtei, Karl von: Briefe an Ludwig Tieck. Bd. 1–4. Breslau: Trewendt 1864
Huch, Ricarda: Blütezeit der Romantik. 2. Auflage. Leipzig: Haessel 1905
Ibbeken, Rudolf: Preußen 1807–1813. Köln, Berlin: Grote 1970
Immermann, Karl: Memorabilien. München: Winkler 1966
Jäger, Elisabeth: Die Königin Luise von Preußen und die Luisenburg. Wunsiedel: Eigenverlag 2000
Janetzki, Ulrich (Hrsg.): Henriette Herz. Berliner Salon. Erinnerungen und Portraits. Berlin. Ullstein 1984

Jean Paul: Sämtliche Werke. Hist.-krit. Ausg. Abt. 3: Briefe. Bd. 1–9.
Abt. 4. Briefe an Jean Paul. Bd. 1–2. Berlin: Akademie-Verlag
1956–2003
Jean Paul: Werke. Hrsg. von Norbert Miller. Bd. 1–6. München: Hanser
1966
Jean Pauls Persönlichkeit in Berichten der Zeitgenossen. Hrsg. von Eduard
Berend. Berlin: Akademie-Verlag 1956
Kant, Immanuel: Von der Macht des Gemüts durch den bloßen Vorsatz
seiner krankhaften Gefühle Meister zu sein. Leipzig: Reclam o. J.
(Universalbibliothek)
Kantzenbach, Friedrich Wilhelm: Schleiermacher. Reinbek: Rowohlt 1967
(Rowohlts Monographien)
Kataloge der Berliner Akademie-Ausstellungen 1786–1850. Bearb. von
Helmut Börsch-Supan. Bd. 1–3. Berlin: Hessling 1971
Keßler, Georg Wilhelm: Der alte Heim. Leben und Wirken Ernst Ludwig
Heims. Leipzig: Brockhaus 1879
Kleist, Heinrich von: dtv-Gesamtausgabe. Hrsg. von Helmut Sembdner.
Bd. 1–7. München: dtv 1964
Kleist, Heinrich von: Briefe von und an H. v. K. Hrsg. von Klaus Müller
Salget und Stefan Ormanns. Frankfurt/M.: Deutscher Klassiker Verlag
1997. (Sämtl. Werke und Briefe. Bd. 4)
Kleßmann, Eckart (Hrsg.): Deutschland unter Napoleon in Augenzeugenberichten. Düsseldorf: Karl Rauch 1965
Kleßmann, Eckart: Prinz Louis Ferdinand von Preußen. München: List
1972
Klischnig, Karl Friedrich: Mein Freund Anton Reiser. Aus dem Leben des
Karl Philipp Moritz. Berlin: Gatza 1999
Klöden, Karl Friedrich: Von Berlin nach Berlin. Erinnerungen. Berlin:
Nation 1976
Koch, Herbert: Charlotte von Ahlefeld. Mainz: Heimatl. Verlagsges. 1977
Köhler, Ruth und Wolfgang Richter (Hrsg.): Berliner Leben 1806 bis 1847.
Berlin: Rütten & Loening 1954
Köpke, Rudolf: Ludwig Tieck. Erinnerungen aus dem Leben des Dichters.
Leipzig: Brockhaus 1855

Körner, Josef (Hrsg.): Krisenjahre der Romantik. Briefe aus dem Schlegelkreis. Bd. 1–3. Bern: Francke 1958–1969
Krämer, Ulrich: »... meine Philosophie ist kein Buch«. August Ludwig Hülsen. Frankfurt/M.: Lang 2001
Krenzlin, Ulrike: Johann Gottfried Schadow. Berlin: Bauwesen 1990
Laabs, Reiner: Das Brandenburger Tor. Berlin: Ullstein 1990
Lange, Fritz (Hrsg.): Neithardt von Gneisenau. Schriften von und über G. Berlin: Rütten & Loening 1954
Lasch, Agathe: Berlinisch. Eine Berlinische Sprachgeschichte. Darmstadt: Wissenschaftliche Buchgesellschaft 1967
Laukhard, Friedrich Christian: Leben und Schicksale von ihm selbst beschrieben. Leipzig: Koehler u. Amelang 1955
Lichtenau, Wilhelmine Gräfin von: Apologie der Gräfin Lichtenau gegen die Beschuldigungen mehrerer Schriftsteller. Von ihr selbst entworfen. Bd. 1–2. Leipzig: Heinsius 1808
Linnebach, Karl (Hrsg.): Karl und Marie von Clausewitz. Ein Lebensbild in Briefen und Tagebuchblättern. Berlin: Warneck 1925
Loch, Rudolf: Kleist. Eine Biographie. Göttingen: Wallstein 2003
Lohner, Edgar (Hrsg.): Ludwig Tieck u. die Brüder Schlegel. Briefe. München: Winkler 1972
Lüders, Else: Die Sanders. Leipzig: Klotz 1940
Luise, Königin von Preußen. Briefe und Aufzeichnungen. Hrsg. von Malve Gräfin Rothkirch. München: Deutscher Kunstverlag 1985
Maaß, Joachim: Akademie der Künste. Auf den Spuren einer Tradition. In: Akademie der Künste der DDR. Handbuch 1982–1986. Berlin: AdK 1988
Maaz, Bernhard: Christian Friedrich Tieck. Leben und Werk. Berlin: Mann 1995
Macco, Hermann Friedrich: Das 1800 von A. M. nach dem Leben gemalte Bildnis der Königin Luise. In: Hohenzollernjb., 12. Jg. Berlin: Giesecke & Devrient 1908
Mackowsky, Hans: Die Bildwerke Gottfried Schadows. Berlin: Kunstwissenschaft 1951
Mackowsky, Hans: Johann Gottfried Schadow. Jugend und Aufstieg. Berlin: Grote 1927

Marwitz, Friedrich August Ludwig von der: Aus dem Nachlasse. Bd. 1–2. Berlin: Mittler 1852

Marwitz, Friedrich August Ludwig von der: Ein märkischer Edelmann im Zeitalter der Befreiungskriege. Hrsg. von Friedrich Meusel. Bd. 1. Berlin: Mittler 1908

Massenbach, Christian von: Historische Denkwürdigkeiten zur Geschichte des Verfalls des preußischen Staates. Frankfurt/M.: Zweitausendeins 1979 (Haidnische Alterthümer)

Massenbach, Christian von: Rückerinnerungen an große Männer. Amsterdam: Kunst- u. Industrie-Comptoir 1808

Meier, Albert: Karl Philipp Moritz. Stuttgart: Reclam 2000

Meisner, Heinrich: Schleiermachers Lehrjahre. Berlin: de Gruyter 1934

Merkel, Garlieb Helwig: Briefe an Carl August Böttiger. Hrsg. von Bernd Maurach. Bern: Lang 1987

Merkel, Garlieb: Freimütiges aus den Schriften G. M.s. Hrsg. von Horst Adameck. Berlin: Rütten & Loening 1959

Moritz, Karl Philipp: Werke in 2 Bänden. Hrsg. von Heide Hollmer und Albert Meier. Frankfurt/M.: Deutscher Klassiker Verlag 1997

Müller, Hans von: E. T. A. Hoffmann und Jean Paul. 1. Heft.: Bis 1802. Köln: Gehly 1927

Naumann, Ursula: Charlotte von Kalb. Stuttgart: Metzler 1985

Nereé, Hans-Günther von: F. A. L. von der Marwitz, seine Vorfahren und seine Nachkommenschaft: Neustadt a. d. Aisch: Degener 1967

Neumann, Max: Menschen um Schinkel. Berlin: de Gruyter 1942

Nicolai, Friedrich: Beschreibung der Königlichen Residenzstädte Berlin und Potsdam. 3. Aufl.. Berlin: Nicolai 1786

Nicolai, Friedrich: Essays zum 250. Geburtstag. Hrsg. von Bernhard Fabian. Berlin: Nicolai 1983

Nicolai, Friedrich: Vertraute Briefe der Adelheid S. an ihre Freundin Julie S. Berlin, Stettin: Nicolai 1799

Nostitz, Karl von: Leben und Briefwechsel. Auch ein Lebensbild aus den Befreiungskriegen. Dresden, Leipzig: Arnold 1848

Novalis: Werke in 1 Band. Hrsg. von Hans-Joachim Mähl und Richard Samuel. München: Hanser 1984

Nowak, Kurt: Schleiermacher. Göttingen: Vandenhoeck & Ruprecht 2001
Oehlenschläger, Adam: Selbstbiographie. 2. Bändchen der Schriften. Breslau: Max 1829
Oncken, Alste: Friedrich Gilly. Berlin: Mann 1981
Osterkamp, Ernst (Hrsg.): Wechselwirkungen. Kunst und Wissenschaft in Berlin und Weimar im Zeichen Goethes. Bern, Berlin: Lang 2002
Pange, Pauline Gräfin de: August Wilhelm Schlegel und Frau von Staël. Eine schicksalhafte Begegnung. Nach unveröffentl. Briefen. Hamburg: Goverts 1940
Paret, Peter: Clausewitz und der Staat. Bonn: Dümmler 1993
Paulin, Roger: Ludwig Tieck. Stuttgart: Metzler 1987. (Sammlung Metzler)
Paulin, Roger: Ludwig Tieck. Eine literarische Biographie. München: Beck 1985
Radziwill, Fürstin Luise von: 45 Jahre aus meinem Leben. Braunschweig: Westermann 1912
Rauch, Christian Daniel: Familienbriefe 1796–1857. Hrsg. von Monika Peschken-Eilsberger. München: Dt. Kunstverl. 1989
Rave, Paul Ortwin: Das Jahrhundert Goethes. Köln: Parkland 1999
Reichardt, Johann Friedrich: Vertraute Briefe aus Paris 1792. Berlin: Nation 1980
Rietdorf, Alfred: Gilly. Berlin: Hugo 1940
Ritter, Gerhard: Stein. Eine politische Biographie. Stuttgart: DVA 1958
Röchling, C. und R. Knötel: Die Königin Luise in 50 Bildern. Berlin: Kittel 1896
Samuel, Richard: Heinrich von Kleists Teilnahme an den politischen Bewegungen der Jahre 1805–1809. Frankfurt/O.: Kleistgedenkstätte 1995
Sander, Johann Daniel: Briefe an Carl August Böttiger. Hrsg. von Bernd Maurach. Bd. 1–4. Bern: Lang 1990–93
Sangmeister, Dirk: Was ist der Tand von Ruhm. Johannes von Müller und die Gallerie Preußischer Charaktere. In: Bargfelder Bote 187, April 1994
Schadow, Johann Gottfried: Kunst-Werke und Kunst-Ansichten 1849. Aufsätze und Briefe. 2. Aufl. 1890. Eingel. von Helmut Börsch-Supan. Berlin: Seitz 1980

Schadow, Johann Gottfried: Kunstwerke und Kunstansichten. Komment. Neuausg. Hrsg. von Götz Eckardt. Bd. 1–3. Berlin: Henschel 1987

Schadow, Johann Gottfried: Die Zeichnungen. Hrsg. von Sibylle Badstübner-Gröger, Claudia Czok und Jutta von Simson. Bd. 1–3. Berlin: Verl. für Kunstwissenschaft 2006

Schadow, Johann Gottfried zum Geburtstag. 1764–1994. Berlin: Verein der Berliner Künstlerinnen und die Schadow-Gesellschaft 1994

Schadow, Johann Gottfried und die Kunst seiner Zeit. Hrsg. von Bernhard Maaz. Köln: DuMont 1994

Schäffer, C. und C. Hartmann: Die Königlichen Theater in Berlin. Statistischer Rückblick. Berlin: Berliner Verlagskontor 1886

Schenkendorf, Max von: Gedichte. Hrsg. von Edgar Groß. Berlin: Bong o. J.

Schiller, Friedrich: Sämtliche Werke. Bd. 1, Gedichte. Berlin: Aufbau 1980

Schiller, Friedrich: Werke. Nationalausgabe. Band 1–42. Weimar: Böhlau 1943–2000

Schlegel, August Wilhelm: Briefe von und an A. W. Sch. Hrsg. von Josef Körner. Bd. 1–2. Zürich: Amalthea 1930

Schlegel, August Wilhelm und Friedrich im Briefwechsel mit Schiller und Goethe. Hrsg. von Josef Körner und Ernst Wieneke. Leipzig: Insel (um 1926)

Schlegel, Caroline und Dorothea in Briefen. Hrsg. von Ernst Wieneke. Weimar: Kiepenheuer 1914

Schlegel, Friedrich: Briefe an seinen Bruder August Wilhelm. Hrsg. von Oskar F. Walzel. Berlin: Speyer 1890

Schlegel, Friedrich: Lucinde. In: Friedrich Schlegel: Dichtungen und Aufsätze. München: Hanser 1984

Schleiermacher, Friedrich: Kritische Gesamtausgabe. 5. Abt.: Briefwechsel. Bd. 1–5. Berlin: de Gruyter 1985–1999

Schleiermacher, Friedrich: Sch. als Mensch. Familien- und Freundesbriefe 1783–1804. Gotha: Perthes 1922

Schleiermacher, Friedrich: Vertraute Briefe über Friedrich Schlegels Lucinde. In: F. Sch.: Lucinde. Hrsg. von Ursula Naumann. München: Goldmann 1985

Schleiermacher, Friedrich: Versuch einer Theorie des geselligen Betragens. In: Rahel, Bd. 10, S. 253–279
Schmidt, Arno: Fouqué und einige seiner Zeitgenossen. Biographischer Versuch. Frankfurt/M.: Zweitausendeins 1975
Schmidt, Arno: Massenbach. Historische Revue. In: Tina oder über die Unsterblichkeit. Frankfurt/M.: S. Fischer 1966. (Fischer-Bücherei)
Schmidt, Friedrich Wilhelm August: Calender der Musen und Grazien für das Jahr 1796. Berlin: Haude und Spener 1795
Schmidt, Friedrich Wilhelm August: Einfalt und Natur. Hrsg. von Günter de Bruyn. Berlin: Morgen 1981. (Märkischer Dichtergarten)
Schmidt, Friedrich Wilhelm August: Musen und Grazien in der Mark. Hrsg. von Ludwig Geiger. Berlin: Paetel 1889. (Berliner Neudrucke)
Schmitz, Rainer (Hrsg.): Die ästhetische Prügeley. Streitschriften der antiromantischen Bewegung. Göttingen: Wallstein 1992
Schmitz, Rainer (Hrsg.): Henriette Herz in Erinnerungen, Briefen und Zeugnissen. Leipzig, Weimar: Kiepenheuer 1984
Schnapp, Friedrich: E. T. A. Hoffmann in Aufzeichnungen seiner Freunde und Bekannten. München: Winkler 1974
Schnitzler, Sonja (Hrsg.): Die Mätresse Wilhelmine. Spottschriften wider die schöne Gräfin Lichtenau. Berlin: Eulenspiegel 1989
Schoeps, Hans Joachim (Hrsg.): Aus den Jahren preußischer Not und Erneuerung. Tagebücher und Briefe der Gebrüder Gerlach. Berlin: Haude und Spener 1966
Schössler, Dietmar: Carl von Clausewitz. Reinbek: Rowohlt 1991 (Rowohlts Monographien)
Scholke, Horst: Der Freundschaftstempel im Gleimhaus in Halberstadt. Leipzig: Seemann 2000
Schrimpf, Hans Joachim: Karl Friedrich Moritz. Stuttgart: Metzler 1980
Schurig, Arthur (Hrsg.): Das galante Preußen gegen Ende des 18. Jahrhunderts. Berlin: Verlags-Gesellschaft Berlin 1910
Schuster, Georg: Königin Luise. Berlin: Schröder 1934
Schwartz, Karl: Leben des Generals Carl von Clausewitz und der Frau Marie von Clausewitz geb. Gräfin von Brühl. Bd. 1–2. Berlin: Dümmler 1878
Schweikert, Uwe: Jean-Paul-Chronik. München: Hanser 1975

Bibliographie

Schwerin, Sophie von: Ein Lebensbild. Hrsg. von Amalie von Romberg. Bd. 1–2. Leipzig: Eckardt 1909. (Werdandi-Werke)
Scurla, Herbert: Begegnungen mit Rahel. Der Salon der Rahel Levin. Berlin: Nation 1966
Seidel, Paul: Bildliche Darstellungen Friedrichs des Großen im Tode. In: Hohenzollern-Jb. 14, Jg. 1910. S. 237–244
Seidel, Siegfried (Hrsg.): Der Briefwechsel zwischen Schiller und Goethe. Bd. 1–3. Leipzig: Insel 1984
Sembdner, Helmut (Hrsg.): Heinrich von Kleists Lebensspuren. Dokumente und Berichte der Zeitgenossen. München: dtv 1996
Sembdner, Helmut (Hrsg.): Heinrich von Kleists Nachruhm. Eine Wirkungsgeschichte in Dokumenten. München: dtv 1997
Sembdner, Helmut: In Sachen Kleist. Beiträge zur Forschung. München: Hanser 1984
Siebert, Eberhard: Heinrich von Kleist im Bild. Frankfurt/M.: Insel 1980
Simson, Jutta von: Rauch. Berlin: Stopp 1997
Solovieff, Georges (Hrsg.): Madame de Staël. Kein Herz, das mehr geliebt hat. Eine Biographie in Briefen. Frankfurt/M.: S. Fischer 1971
Spies, Hans-Bernd (Hrsg.): Die Erhebung gegen Napoleon 1806–1815. Darmstadt: Wissenschaftl. Buchges. 1981.
Stamm-Kuhlmann, Thomas: König in Preußens großer Zeit. Friedrich Wilhelm III., der Melancholiker auf dem Thron. Berlin: Siedler 1992
Stammliste aller Regimenter und Corps der Königlich-Preußischen Armee. 5. Auflage. Berlin: Himburg 1798
Steffens, Henrich: Was ich erlebte. Hrsg. von Willy A. Koch. München: Winkler 1956
Stern, Carola: »Ich möchte mir Flügel wünschen«. Das Leben der Dorothea Schlegel. Reinbek: Rowohlt 1990
Storm, Theodor: Hausbuch aus deutschen Dichtern seit Claudius. Eine kritische Anthologie. Hamburg 1870
Strobel, Jochen: Romantik und »Adeligkeit«. Ludwig Tieck und die Rezeption der Frühromantik in Briefen von Alexander und Heinrich von Finckenstein. In: Internat. Jb. der Bettina-von-Arnim-Gesellschaft, Band 13/14. S. 37–63

Tieck, Friedrich: Briefwechsel mit Goethe. Hrsg. von Bernhard Maaz.
 Berlin: G.& H.-Verlag 1997
Tieck, Ludwig: Franz Sternbalds Wanderungen. Potsdam: Rütten und
 Loening (um 1940)
Tieck, Ludwig: Gedichte. Band 1–3. Dresden: Hilscher 1821–1823.
 (Reprint 1967)
Tieck, Ludwig: Gesammelte Novellen, Band 7. Breslau: Max 1842
Tieck, Ludwig: Kritische Schriften. Band 1. Leipzig: Brockhaus 1848
Tieck, Ludwig: Die männliche Mutter. Hrsg. von Günter de Bruyn.
 Berlin: Der Morgen 1983 (Märkischer Dichtergarten)
Tieck, Ludwig: Minnelieder aus dem schwäbischen Zeitalter. Berlin:
 Realschulbuchhandlung 1803 (Reprint Hildesheim: Olms 1966)
Tieck, Ludwig: William Lovell. Darmstadt: Agora 1961
Tilitzki, Christian: August Ludwig Hülsen. In: Jb. des Heimatvereins der
 Landschaft Angeln 1983. S. 118–130
Tilitzki, Christian: Briefe aus Seekamp. Ein Beitrag zur Biographie des
 Philosophen Johann Erich von Berger. In: Jb. der Heimatgemeinschaft
 Eckernförde, Jg. 44, 1986. S. 31–51
Trainer, James: Sophie an Ludwig Tieck – Neu identifizierte Briefe. In: Jb.
 der deutschen Schillergesellschaft, Jg. 24, 1980, S. 162–181
Trenck, Friedrich Freiherr von der: Trauerrede an dem Grabe Friedrichs
 des Großen. Wien (o. V.) 1786
Tschirsch, Otto: Geschichte der öffentlichen Meinung in Preußen vom Ba-
 seler Frieden bis zum Zusammenbruch des Staates. 1795–1806. Bd. 1–2.
 Weimar: Böhlau 1933
»... und abends im Verein«. Johann Gottfried Schadow und der Berlinische
 Künstler-Verein. 1814–1840. Ausstellung im Berlin-Museum. Berlin:
 Arenhövel 1983
Varnhagen von Ense, Karl August: Karl von Nostitz. In: Denkwürdigkeiten
 und vermischte Schriften. N. F. Bd. 2. Leipzig: Brockhaus 1842
Varnhagen von Ense, Karl August: Leben des Generals Grafen Bülow von
 Dennewitz. Berlin: Reimer 1853
Varnhagen von Ense, Karl August: Werke in 5 Bänden. Hrsg. von Konrad
 Feilchenfeld. Frankfurt/M.: Deutscher Klassikerverlag 1994

Varnhagen, Rahel: Briefwechsel mit Ludwig Robert. Hrsg. von Consolina Vigliero. München: Beck 2001

Varnhagen, Rahel: Rahel und Alexander von der Marwitz in ihren Briefen. Hrsg, von Heinrich Meisner. Gotha: Klotz 1925

Varnhagen, Rahel: Gesammelte Werke. Bd. 1—10. Hrsg. von Konrad Feilchenfeldt, Uwe Schweikert und Rahel E. Steiner. München: Matthes & Seitz 1983

Vehse, Eduard: Illustrierte Geschichte des preußischen Hofes. Bd. 1—2. Stuttgart: Franckh 1901

Voß, Julius von (anonym): Heinrich von Bülow. Köln: Peter Hammer 1807

Wackenroder, Wilhelm Heinrich: Sämtliche Werke und Briefe. Hist.-krit. Ausg. Bd. 1—2. Heidelberg: Winter 1991

Wahl, Hans (Hrsg.): Prinz Louis Ferdinand von Preußen. München: Einhorn 1925

Weniger, Erich: Goethe und die Generale der Freiheitskriege. Stuttgart: Metzler 1959

Werner, Friedrich Ludwig Zacharias: Briefe des Dichters. Hrsg. von Oswald Floeck. Bd. 1—2. München: Georg Müller 1914

Werner, Friedrich Ludwig Zacharias: Martin Luther oder Die Weihe der Kraft. Eine Tragödie. Berlin: Sander 1807

Wieneke, Ernst (Hrsg.): Caroline und Dorothea Schlegel in Briefen. Weimar: Kiepenheuer 1914

Wiesel, Pauline: Liebesgeschichten. Briefwechsel mit Brinckmann, Prinz Louis Ferdinand, Gentz und anderen. Hrsg. von Barbara Hahn, Birgit Bosolt und Ursula Isselstein. München: Beck 1998

Wolfes, Matthias: August Ludwig Hülsen. In: Biographisch-Bibliographisches Kirchen-Lexikon. Band XVII. Herzberg: Bautz 2000

Xenien 1796. Nach den Handschriften des Goethe- und Schiller-Archivs hrsg. von Erich Schmidt und Bernhard Suphan. Weimar: Böhlau 1893

Zeller, Bernhard: Friedrich Schiller. Eine Dokumentation in Bildern. Marbach: Schillernationalmuseum 1979

Zelter, Karl Friedrich: Darstellungen seines Lebens. Hrsg. von Johann-Wolfgang Schottländer. Weimar: Goethe-Gesellschaft 1931

Zeittafel

1786 Tod Friedrichs II. und Moses Mendelssohns
Wackenroder und Tieck im Friedrich-Werderschen Gymnasiums
1787 Goethes »Iphigenie« und Schillers »Don Carlos«
Baubeginn des Marmorpalais
1788 Joseph Freiherr von Eichendorff wird geboren
Goethes »Egmont« und Kants »Kritik der praktischen Vernunft«
Schadow wird Hofbildhauer
Woellners Religions-Edikt
1789 Beginn der Französischen Revolution
Goethes »Torquato Tasso«
Hülsen wird Fouqés Hauslehrer
Friedrich Tiecks Lehrzeit beim Bildhauer Bettkober (bis 1794)
1790 Karl Philipp Moritz »Anton Reiser«, 4. Band
1791 Erbauung des Brandenburger Tores durch Langhans
Schadows Grabmal des Grafen von der Mark
Fasch gründet die Berliner Singakademie
1792 Beginn der Koalitionskriege. Kanonade von Valmy
Beginn des Briefwechsels Tieck/Wackenroder
Heinrich von Kleist wird in Potsdam Soldat
1793 Heirat des preußischen Kronprinzenpaares
Hinrichtung König Ludwigs XVI. und Marie Antoinettes
Jean Pauls »Die unsichtbare Loge« (mit dem »Schulmeisterlein Wutz«)
    und Kants »Die Religion innerhalb der Grenzen der bloßen Vernunft«
Tieck und Wackenroder studieren in Erlangen und Göttingen
Kleist im Feldzug am Rhein
Karl Philipp Moritz stirbt
Clausewitz wird Soldat

Als Poesie gut

1794 Einführung des Allgemeinen Preußischen Landrechts
Fertigstellung von Schadows Quadriga für das Brandenburger Tor
Fouqué wird Soldat
Friedrich Tieck arbeitet bei Schadow
1795 Friedensschluß von Basel
Goethes »Wilhelm Meisters Lehrjahre«, Jean Pauls »Hesperus« und Voss' »Luise«
Schadows Prinzessinnengruppe in der Akademie-Ausstellung
Kleist in der Potsdamer Garnison (bis 1799)
1796 General Bonapartes Siege in Italien
Beginn der Liebesbeziehung Rahel Levins mit Graf Finckenstein
Henriette Herz und Schleiermacher lernen sich kennen
Jean Pauls »Siebenkäs« und Tiecks »William Lovell«
Chamisso wird Page am Königshof
1797 Tod Friedrich Wilhelms II.
Friedrich Schlegel in Berlin (bis 1799)
Goethes »Hermann und Dorothea«, »Xenien«, Tiecks »Volksmärchen«
Friedrich Tieck in Paris im Atelier Davids (bis 1801)
Schinkel wird Schüler Friedrich Gillys
Rauchs Anstellung als Lakai
1798 General Bonaparte in Ägypten
E. T. A. Hoffmanns erster Berlin-Aufenthalt. Chamisso wird Soldat
Tod Wackenroders
Tiecks »Sternbald«. Erstes Heft des »Athenäum«
1799 Napoleon Bonaparte wird erster Konsul
Friedrich Schlegels »Lucinde«, Nicolais »Vertraute Briefe« und Schleiermachers »Über die Religion«
Friedrich Schlegel, Dorothea Veit und Tieck in Jena
Sophie Tieck heiratet Bernhardi
Henrik Steffens kommt nach Preußen
Kleist erhält seinen Abschied und studiert in Frankfurt/Oder
Briefwechsel Zelter/Goethe beginnt
1800 Napoleon schlägt die Österreicher bei Marengo
Letztes Heft des »Athenaeum«

Schillers »Maria Stuart« und »Wallenstein«, Novalis' »Hymnen an die Nacht«, Schleiermachers »Monologe« und der 1. Band von Jean Pauls »Titan«
Tod Friedrich Gillys
Kleists Verlobung und Reise nach Würzburg
Arnim studiert in Göttingen und lernt Brentano kennen
Zelter wird Leiter der Singakademie
Fichte zieht nach Berlin

1801 Tod von Novalis und Chodowiecki
Schillers »Jungfrau von Orleans«. August Wilhelm Schlegels Shakespeare-Übersetzung in 8 Bänden beginnen zu erscheinen
Kleist in Paris. Jean Paul in Berlin. A. W. Schlegel in Berlin (bis 1804)
Scharnhorsts kommt nach Preußen, Clausewitz wird sein Schüler
Friedrich Tieck in Jena und Weimar (bis 1805)
Hufelands Übersiedlung nach Berlin
Schadow verteidigt sich gegen Goethes Kritik
Schinkels erste Bauten, darunter der Pomona-Tempel auf dem Pfingstberg

1802 Napoleon Bonaparte wird lebenslänglicher Konsul
Novalis' »Heinrich von Ofterdingen«
Fouqués Abschied vom Militär
Ludwig Tieck und Familie ziehen nach Ziebingen (bis 1819)
Kleist in der Schweiz und in Weimar. »Familie Schroffenstein«
Wilhelm von Humboldt wird preußischer Gesandter in Rom (bis 1808)

1803 Tod von Klopstock, Herder und Marcus Herz
Fouqué heiratet Karoline von Rochow und wird in Nennhausen seßhaft
Beginn der Liebe zwischen Ludwig Tieck und Henriette von Finkkenstein
Kleist irrt durch Frankreich und liegt krank in Mainz
Gründung des Nordsternbundes durch Varnhagen, Chamisso, Hitzig und andere
Clausewitz lernt Marie von Brühl kennen

Als Poesie gut

1804 Napoleon wird Kaiser
Frau von Staël in Berlin, Schiller in Berlin
Schillers »Wilhelm Tell« und Jean Pauls »Flegeljahre«
Kleist wieder in Berlin
Kants Tod
Sophie Tieck verläßt Bernhardi
Schleiermacher und Steffens weden Professoren in Halle
Rauch reist nach Italien
1805 Napoleon siegt bei Austerlitz
Tod Schillers
Die drei Geschwister Tieck in Rom
Kleist in Königsberg
Arnims und Brentanos »Des Knaben Wunderhorn«
1806 Gründung des Rheinbundes. Ende des Heiligen Römischen Reiches Deutscher Nation
Tod des Prinzen Louis Ferdinand
Napoleon siegt bei Jena und Auerstedt
Kleists »Zerbrochener Krug«
Thaer begründet Landwirtschaftsschule in Möglin
1807 Friedensschluß von Tilsit. Beginn der preußischen Reformen
Fouqués »Alethes von Lindenstein« und Kleists »Amphitryon«
Kleist und Clausewitz als Gefangene in Frankreich
Beginn von Fichtes »Reden an die deutsche Nation«
E. T. A. Hoffmanns zweiter Berlin-Aufenthalt
Schleiermacher wieder in Berlin

Namenregister

Achard, Franz Karl 215
Ahlefeldt, Charlotte von, geb. von Seebach 276 f
Ahlefeldt, Johann Rudolph von 276
Alberti, Amalie s. Tieck, Amalie
Alexander I., Zar von Rußland 346, 350, 375, 386, 389
Alopäus, Maximilian von 453
Altenstein, Karl Sigmund Franz Frhr. vom Stein zu 355 f, 444
Amalie, Prinzessin von Preußen 55, 159, 282
Arndt, Ernst Moritz 398
Arnim, Carl Otto Ludwig von 440
Arnim, Ludwig Achim von 38, 243, 293, 308, 439–446
Arnold, Johann 291
Attila 393, 422
August, Prinz von Preußen 282, 372–375, 379, 389, 416–420, 468

Bach, Carl Philipp Emanuel 85 f
Baruch, Juda Löw s. Börne, Ludwig
Basedow, Johannes Bernhard 148
Bauer, Heinrich 59 f
Becker (Justizrat) 283
Beethoven, Ludwig van 86, 387, 396
Benda, Juliana s. Reichardt, Juliana
Benedetti, Tommaso 208
Berg, Caroline von, geb. Haeseler 234 f, 264, 283, 318 f, 367, 376
Berg, Charlotte von 374 f, 390
Berg, Luise von s. Voß, Gräfin Luise
Berger, Johann Erich von 31, 77, 116
Bergraht, Gerhart 31
Bernhard, Esther, geb. Gad 259
Bernhardi, August Ferdinand 72, 120, 125, 131, 135, 198, 234, 240, 265, 278, 324, 326 f, 331 f, 457, 467
Bernhardi, Felix 328
Bernhardi, Sophie s. Tieck, Sophie
Bettkober, Sigismund 135, 273 f
Beyme, Carl Friedrich 320 f, 350, 463
Biester, Johann Erich 112, 169, 213, 348
Bischoffswerder, Hans Rudolf von 179
Bismarck, Otto von 42
Blücher, Gerhardt Leberecht von 439 f, 445

Blumenbach, Ferdinand 277
Boccaccio, Giovanni 293
Bock, Friedrich 9
Bodmer, Johann Jakob 115
Böhmer, Caroline s. Schlegel, Caroline
Börne, Ludwig 163, 177 f
Böttiger, Carl August 337 f, 351
Boldt, Friedrich 68, 281
Bollinger, Friedrich Wilhelm 116
Bonaparte s. Napoleon
Bora, Katharina von 361 ff
Bouman d. Ä., Johannes 126
Boyen, Hermann von 15, 391 f
Brack, Karoline 96
Breitkopf (Musikverleger) 210
Brennus 218
Brentano, Bettine 38, 441
Brentano, Clemens 38 f, 243, 276, 293 f, 439, 441
Brentano, Peter Anton 38
Briest, Karoline von s. Fouqué, Karoline
Briest, Philipp von 76, 78, 81
Brinckmann, Carl Gustav von 96, 100 f, 120, 172, 198, 234, 260, 304, 307, 319, 382 f, 427–430, 456, 468
Brühl, Carl Adolph Reichsgraf von 266, 269, 373
Brühl, Franziska Gräfin von s. Marwitz, Franziska von der
Brühl, Marie von s. Clausewitz, Marie von
Brühl, Sophie Gräfin von, geb. Gomm 269 f
Buchholz, Friedrich 338, 414, 422
Büchmann, Georg 241
Bülow, Arweg Frhr. von 448
Bülow, Dietrich Adam Heinrich Frhr. von 447–455
Bülow, Friedrich Wilhelm Graf von Dennewitz 448 ff
Bürger, Gottfried von 116, 248
Burgsdorff, Wilhelm von 93, 96, 100 f, 130, 135, 274, 289, 295, 318
Burke, Edmund 39, 187
Bury, Friedrich 460
Busch, Ferdinand 325 f

Calderon de la Barka, Pedro 73
Carl August, Herzog von Sachsen-Weimar 15, 70, 152, 219, 222, 224, 276
Carl, Prinz von Mecklenburg-Strelitz 148
Caroline Bonaparte 417
Catel, Franz Ludwig 362
Cervantes, Miguel de 73, 121, 291
Cesar, Carl Philipp 385
Cesar, Pauline s. Wiesel, Pauline
Chamisso, Adelbert von 38, 73, 223 f, 226, 308, 318, 339, 346, 348, 408, 433–438, 467
Charlotte, Herzogin von Hildburghausen 255
Chèzy, Helmina (Wilhelmine) von, geb. Klencke 259 f

Chodowiecki, Daniel 37, 41, 114, 116, 197, 246 f, 259
Clausewitz, Karl von 10, 21 f, 38, 223 f, 227, 267, 282, 345, 365, 368, 378, 391, 416 ff, 450, 468 f
Clausewitz, Marie von, geb. Gräfin Brühl 266 f, 365–378, 419 f, 468
Clausswitz, Friedrich Gabriel 368
Cölln, Friedrich von 415
Cohen, Ezechiel Benjamin 354
Crayen, Henriette von 385
Crayen, Victoire von 385
Custine, Adam Philipp 16

Dacheröden, Caroline von s. Humboldt, Caroline von
Dähling, Heinrich Anton 362
Dante Alighieri 73, 291
David, Jacques-Louis 275
Delagarde (Buchhändler) 405
Devidel, Marianne s. Schadow, Marianne
Doebbelin, Carl Theophil 133
Doerffer, Johann Ludwig 182, 207, 209 f
Doerffer, Minna 182, 207 f, 210 f
Dohna, Alexander Graf zu 172
Dorothea, Herzogin von Kurland 306
Dschingis-Khan 393, 422
Dürer, Albrecht 141

Eckermann, Johann Peter 233, 236
Eichendorff, Joseph Frhr. von 301

Elsner, von (General) 227
Engel, Johann Jakob 112, 133, 139, 169, 313, 348
Engelmann, Gottfried 336
Enghien, Herzog von 406
Enke, Wilhelmine (Minchen), verheiratete Ritz, spätere Gräfin Lichtenau 33, 35, 50, 91, 100, 132 f, 179–182, 209, 255
Essen, Hans Hendrik Graf von 427, 431
Etscher (Madame) 216, 363

Falk, Johann Daniel 238
Fasch, Karl Friedrich Christian 86, 92, 134
Faudel, von (Geheimrat) 283
Ferdinand, Prinz von Preußen 223, 230, 282 f, 369
Fichte, Hermann 462
Fichte, Johann Gottlieb 39, 75 f, 117, 120, 213, 234, 265, 286, 288, 307, 316, 321, 327, 332, 340, 359, 403, 442, 456, 460, 462, 464 ff, 468
Fichte, Johanna 456
Finckenstein, Alexander Graf Finck von 293 f
Finckenstein, Friedrich Ludwig Karl Graf Finck von 289 f, 293 f
Finckenstein, Graf Finck von (Familie) 71, 293 f, 296
Finckenstein, Heinrich Graf Finck von 293 f

Finckenstein, Henriette Gräfin
Finck von 135, 287, 290, 295 f,
322
Finckenstein, Karl Graf Finck von
91, 94 f, 97–105, 296
Finckenstein, Karl Wilhelm Graf
Finck von 30, 92
Finckenstein, Karoline Gräfin Finck
von 103
Fontane, Theodor 24, 34, 50, 198,
241, 337, 363, 380, 386, 393, 447,
451, 455
Fontano, Francesco s. Holbein,
Franz von
Forst, Johann Hubert Anton 373
Forster, Georg 21
Fouqué, Friedrich de la Motte
(Pseudonym Pellegrin) 7 f, 10,
15, 23, 38, 52 f, 66–74, 76 ff, 81 f,
202, 224, 226, 236 f, 308, 318, 321,
326, 348, 367, 380 f, 437, 445, 467
Fouqué, Heinrich August de la
Motte 67, 69, 77
Fouqué, Henry Auguste de la Motte
66, 69
Fouqué, Karoline, geb. von Briest,
verwitwete von Rochow 71 f, 76,
78 f, 81, 202
Franz II., Deutscher Kaiser 359
Frick, Friedrich 298, 300
Friedel, Peter 58
Friederike (Hofdame) 377, 420
Friederike, Königin von Preußen
197, 373, 436

Friederike, Prinzessin von Preußen 19 f, 32, 43–51, 89, 179
Friedland, Frau von s. Lestwitz, Helene Charlotte von
Friedrich I. 37
Friedrich II. (der Große) 7, 9 ff, 13 f, 24, 26, 30, 32 ff, 37, 44, 55, 57, 66 f, 86, 98, 115, 118, 120, 125 f, 130 f, 133, 139, 148 f, 159, 183, 189, 194, 214, 230, 244, 255, 266, 282, 290, 298, 312 f, 320, 346 f, 367, 369, 376, 382, 389, 397, 411, 414, 421 f, 440, 442
Friedrich III., Kurfürst 36
Friedrich Wilhelm I. 37, 41, 133, 244, 297
Friedrich Wilhelm II. 7, 9 f, 14, 19, 33, 35 ff, 39, 48 f, 54, 63, 67, 91 f, 96, 133, 179, 185, 194, 203, 218, 255 f, 274, 355, 367, 369, 418, 421, 436
Friedrich Wilhelm III. 10, 49 f, 54 f, 60, 92, 164, 179 f, 186 f, 189 f, 205, 209, 212, 218, 223, 227, 255, 265 f, 283, 310, 318 f, 341–344, 346, 352 f, 359, 389, 392, 410, 418, 424 f, 432, 454
Friedrich Wilhelm IV. 164, 344
Friedrich, Woldemar 458
Fromme, Henriette (Jettchen) 386 ff, 390
Fürst, Joseph 159, 164

Gedike, Friedrich 112, 129 f, 146, 196, 213
Genelli, Hans Christian 30, 32, 96, 104, 289
Genelli, Janus 30
Gentz, Friedrich 39, 187 f, 198, 200, 230, 236, 382 f, 390
Gentz, Heinrich 198 ff
Georg III., Kurfürst von Hannover 434
Gerhardt, Paul 130
Gerlach, von (Familie) 209, 283
Gilly, David 39, 197, 199, 220, 298
Gilly, Friedrich 39, 193–201, 298–301
Gilly, Minna 198
Gleim, Johann Wilhelm Ludwig 8, 37, 256, 391
Gluck, Christoph Willibald 294 f
Gneisenau, August Wilhelm Antonius Graf Neidhardt von 12, 38, 345
Görcke, Johann 283
Goethe, Catharina Elisabeth von 302
Goethe, Johann Wolfgang von 10, 14 f, 21 f, 30, 37, 84 f, 90, 96 f, 117, 119 f, 131, 133, 142, 147, 151 f, 154, 161, 163, 171, 213, 217 ff, 232–241, 248, 250 f, 253, 260, 272, 276, 282, 288, 297, 302 f, 308, 312, 316, 318, 334, 337 f, 348 f, 377, 380 ff, 391, 393 f, 405, 410, 413, 422, 436, 440, 460, 466
Gontard, Karl von 148
Gorki, Maxim 85
Gottsched, Johann Christoph 115
Graff, Anton 110, 114
Grahl, August 196
Grimm, Jakob 241
Gualtieri, Marie von s. Kleist, Marie von
Gualtieri, Peter von 63, 96, 355, 422
Gustav IV. Adolf, König von Schweden 431

Haeseler, Caroline s. Berg, Caroline von
Härtel (Musikverleger) 210
Haller von Hallerstein, Karl 381
Hardenberg, Georg Friedrich Philipp Frhr, von s. Novalis
Hardenberg, Karl August Fürst von 281, 283, 355, 444, 457 ff
Hastfer, Graf 259
Hatzfeld, Hugo Graf von 386
Haude und Spener (Verlag) 245
Haugwitz, Christian August 346, 389
Hebbel, Christian Friedrich 293
Hebel, Johann Peter 415
Hegel, Georg Wilhelm Friedrich 39
Heim, Charlotte 279 f
Heim, Ernst Ludwig 279–286
Heinitz, Freifrau von 376
Heinitz, Friedrich Anton Frhr. von 32 f, 37, 45, 48, 205

Heinrich, Prinz von Preußen 17, 184, 222, 370, 385, 389
Hely-Hutchinson, John, 2. Graf von Donoughmore 432
Hensel, Wilhelm 70, 93, 215
Hensler, Johanna, geb. Alberti 131
Hensler, Wilhelm 131
Herder, Johann Gottfried von 116, 152, 234, 288, 318
Herder, Karoline 262
Hertzberg, Ewald Friedrich Graf von 29, 281
Herz, Henriette, geb. de Lemos 28, 30, 111 ff, 153, 156–169, 171–178, 230, 233, 306 f, 309, 318, 467
Herz, Marcus 28, 30, 146, 160 ff, 171 f, 189
Himburg (Verleger) 233
Hippel, Theodor Gottlieb von 182, 208
Hitzig, Julius Eduard 436
Hoffmann, E. T. A. 38, 131, 182, 207, 308, 339, 360, 434, 467
Hohenlohe-Ingelfingen, Friedrich Ludwig Fürst von 416, 421–432
Holbein, Franz von (Pseudonym Francesco Fontano) 183, 208 ff
Holberg, Ludwig 218
Homer 74
Hoym, Graf 200
Hülsen, August Ludwig 72, 74–83, 120
Hülsen, Christian Gottfried 78, 80

Hülsen, Leopoldine Friederike Wilhelmine 81
Hülsen, Wilhelmine 80–83
Hufeland, Christoph Wilhelm 282, 284 ff, 316, 321, 403, 442, 466
Hufeland, Juliane, geb. Amelung 466
Hulin, Pierre Augustin 414
Humboldt, Alexander von 161, 274 f, 317, 466
Humboldt, Caroline von, geb. Dacheröden 163, 233
Humboldt, Wilhelm von 39, 96, 115, 161, 163, 198, 232 f, 274 ff, 302, 317, 332 f, 467
Hundt, Frau von 369
Hundt, von (General) 369

Iffland, August Wilhelm 39, 183, 209 ff, 217, 234, 288, 313, 315, 317, 321, 340, 360 f
Immermann, Karl 341
Itzenplitz, Amalie von s. Woellner, Amalie
Itzenplitz (Familie) 184
Itzig, Daniel 126

Jagemann, Ferdinand 317
Jean Paul s. Richter, Johann Paul Friedrich
Jenner, Edward 280
Jérôme Bonaparte, König von Westfalen 402, 413

Kant, Immanuel 19, 75, 117, 131, 146, 161, 171, 185, 189, 191 f, 285, 371, 391, 460
Karl, Großherzog von Mecklenburg-Strelitz 222
Karsch(in), Anna Luise, geb. Dürbach 8, 259
Kiesewetter, Johann Gottlieb Karl Christian 371
Klaproth, Martin Heinrich 283
Kleist, Ewald von 291
Kleist, Heinrich von 10, 18, 21, 38, 52 f, 57–66, 73, 78, 84, 153, 202, 223 f, 226 f, 237, 308, 321, 335, 345, 352–359, 367, 391, 406, 408, 414, 442–447, 464, 468 f
Kleist, Marie von, geb. Gualtieri 62 ff, 226, 353 ff, 422, 442
Kleist, Ulrike von 18, 58, 352, 442, 446
Klencke, Helmina s. Chézy, Helmina
Klischnig, Karl Friedrich 144, 146, 149 ff
Klöden, Karl Friedrich 17, 84, 406
Klopstock, Friedrich Gottlieb 116, 295
Knesebeck, Karl Friedrich von 15, 391
Knötel, Richard 394
Knorring, Baron Karl Gregor von 327, 330
Knorring, Sophie von s. Tieck, Sophie

Köckeritz, Karl Leopold von 220, 352 f
Köpke, Rudolf 133, 135, 143, 164
Körner, Josef 328
Koreff, David Ferdinand 436
Kotzebue, August von 181, 240, 313, 318, 348 f
Krafft, Emil 356
Kraus, Christian Jakob 355

Lafontaine, August 337 f
Lange, Karl Julius 411
Langhans, Carl Gotthard 39, 41, 197, 315
Lannes, Jean Herzog von Montebello 396
Laukhard, Friedrich Christian 21
Leibniz, Gottfried Wilhelm 76
Lemos, Henriette de s. Herz, Henriette
Lessing, Gotthold Ephraim 26, 108, 110, 112, 115, 118, 126, 133, 166, 181, 295, 312
Lestwitz, Hans Sigismund von 425
Lestwitz, Helene Charlotte (genannt Frau von Friedland) 425
Levezow, Konrad 199
Levin, Chaie 96
Levin, Ludwig (Pseudonym Ludwig Robert) 96, 166, 334 f, 404, 462
Levin, Markus (Bruder von Rahel) 96, 98
Levin, Markus (Vater von Rahel) 98
Levin, Moritz 96

Levin, Rahel s. Varnhagen von Ense, Rahel
Levin, Rose 96
Lichtenau, Gräfin s. Enke, Wilhelmine
Linckersdorf, Louise von 61
Lips, Heinrich 170
Lobkowitz, August Longin Fürst von 390
Löwe, Karl 85
Lottum, Carl Friedrich Heinrich von Wylich und, Graf von 283
Louis Ferdinand, Prinz von Preußen 47, 113, 164, 179, 225, 230 f, 306 f, 319, 337, 345, 372, 377, 379–396, 398, 417
Lowe, Johann Michael Siegfried 412
Luck, Ulrike von 78
Ludwig Friedrich II., Fürst von Schwarzburg-Rudolstadt 396
Ludwig, Prinz von Preußen 47
Ludwig XVI., König von Frankreich 17
Lütke, Ludwig Eduard 314
Luise, Königin von Preußen 12, 19 f, 32, 43–51, 55, 63 f, 89, 101, 131, 148, 159, 179, 187 ff, 191, 202, 211 f, 219–222, 226, 234, 255 f, 264, 283, 286, 304, 306, 318 ff, 337, 341–345, 365 ff, 389 f, 410, 426, 432, 440, 442 f, 456–459
Luther, Katharina s. Bora, Katharina von
Luther, Martin 340, 361, 363 f

Macco, Alexander 219–222
Manstein, von (Generalleutnant) 432
Marianne, geb. Prinzessin von Hessen-Homburg 365, 367, 374
Mark, Alexander Graf von der 33, 41, 45, 50, 181
Martini, Christian Ernst 59, 61, 64
Marwitz, Alexander von der 407 f, 413 f, 426, 429
Marwitz, Caroline Franziska (Fanny) von der, geb. Gräfin Brühl 266, 268 f, 306, 372, 374 f, 425
Marwitz, Charlotte von der, geb. Gräfin Moltke 64, 432
Marwitz, Friedrich August Ludwig von der 18, 38, 52–56, 224, 226, 266 f, 269 ff, 283, 306, 345, 372, 379, 391 ff, 407 f, 413, 417, 424–427, 429–432, 441, 444, 456
Massenbach, Christian von 8, 63, 320, 353, 355, 390–394, 421–425
Massow, Helene Auguste, geb. von Pannwitz 57
Massow, Valentin von 337
Matzdorf, Friederike 153 ff
Matzdorf, Karl August 153, 155, 256, 258 f
Maurer (Verleger) 233
Mayer (Geheimrat) 209, 262 f, 385
Mayer, Karoline 262 f, 265
Meil, Johann Wilhelm 30
Mello e Carvalho, Rosa Maria Bianca de 104

Mendelssohn, Dorothea (Brendel) s. Schlegel, Dorothea
Mendelssohn, Henriette 383
Mendelssohn, Moses 108, 112, 115, 146, 157, 166, 168, 170
Mendelssohn-Bartholdy, Felix 85
Merkel, Garlieb 240, 347–351, 403, 442
Meusel, Friedrich 413
Michaelis, F. 368
Moltke, Charlotte Gräfin von s. Marwitz, Charlotte von der
Montbart, Madame de s. Sydow, Josephine von
Moritz, Karl Philipp 144–155, 200, 205, 232 f, 312, 384
Mozart, Wolfgang Amadeus 207
Müffling, Friedrich Karl Ferdinand Frhr. von 391
Müller, Adam 38, 335, 469
Müller, Johannes von 230, 303, 321, 340, 389, 412 ff
Müller, Justus Conrad 216
Müller, Wilhelm 317
Murat, Joachim 416 f, 422, 424
Mylius (Verleger) 233

Napoleon I. Bonaparte, Kaiser von Frankreich 8, 23, 42, 101, 167, 178, 264, 274, 302, 307, 330, 333, 345 f, 349 f, 352, 357, 359, 376, 388 ff, 392 f, 397 f, 401 f, 405 f, 408–411, 413 f, 417 ff, 422 f, 432, 436, 439, 451, 453, 456–463, 468

Necker, Jacques 307 ff
Nicolai, Friedrich 106–117, 120, 129, 136 f, 139, 141, 169, 184, 213, 234, 236, 256, 297, 303, 312 f, 318, 348 f, 466
Nicolai, Otto 85
Nostitz, Caroline von 229 ff
Nostitz, Karl von 224, 226 ff, 230 f, 363 f, 387, 391, 396, 444
Novalis 51, 120, 190–193, 200, 213, 218, 239, 287, 339, 354, 436

Palm (Buchhändler) 346, 403, 463
Pestalozzi, Johann Heinrich 465
Peter der Große, Zar 423
Petrarca, Francesco 73
Pfenninger, Heinrich 257
Pfuel, Ernst von 61, 391, 442, 445, 469
Pitt, William d. J., Earl of Chatham 423
Platon 176, 400
Plessen, Graf von 426
Plotin 400
Porst, Johann 128
Posch, Leonhard 38, 410
Posern, Leopoldine von 77
Puttkamer (Familie) 283

Quantz, Johann Joachim 112
Quast, Ferdinand von 301

Raabe, Wilhelm 129
Radziwill, Fürst Anton von 282 f, 388

Radziwill, Fürstin Luise von   179, 282, 307, 388, 396, 456 f
Rambach, Friedrich   131, 135, 190
Ramler, Karl Wilhelm   112, 133, 139, 236, 313
Rauch, Agnes   206
Rauch, Christian Daniel   39, 85, 202–206, 448, 467
Rauch, Friedrich   203 ff
Rauch, Johann Georg   203
Rauch, Maria Elisabeth   203, 205
Raumer, Friedrich von   401
Recamier, Julie   468
Rehberg, Caroline   108
Rehberg, Friedrich   147
Reichardt, Johann Friedrich   90, 110, 131 ff, 135, 209, 213, 217 f, 233, 236, 247, 295, 324, 397 f, 411, 441
Reichardt, Juliana, geb. Benda   218
Reil, Johann Christian   178, 213, 282
Reimer, Georg   401
Reinhold, Karl Leonhard   75
Reitzenstein, von (Regiment)   449
Rellstab, Ludwig   404
Richter, Johann Carl   40
Richter, Johann Paul Friedrich   63, 117 ff, 125, 151, 154 f, 178, 209, 232, 240, 254–265, 288, 318, 320, 343 ff, 385, 467
Richter, Rosina   261
Righini, Vincento   91
Ritter, Karl   213

Ritz, Johann Friedrich   33, 204
Ritz, Madame s. Enke, Wilhelmine
Robert, Ludwig s. Levin, Ludwig
Rochow, Karoline von s. Fouqué, Karoline
Rode, Bernhardt   186, 197
Rose (Apotheker)   198
Rosenberg, Johann Georg   128
Rosencrantz (schwedischer Offizier)   431
Rühle von Lilienstern, Johann Jakob Otto August   61, 356 f, 391, 442, 469
Runge, Philipp Otto   202, 291 ff, 296

Sack, Friedrich Samuel Gottfried   168
Sack, Baron von (Kammerherr)   220
Sander, Johann Daniel   189, 233, 334–340, 361, 429
Sander, Sophie   112, 334–340, 436, 467
Savigny, Friedrich Carl von   39
Schadow, Anna Katharina, geb. Nille   25, 32
Schadow, Johann Gottfried   24–34, 36, 38 f, 41, 44–51, 84, 87, 112, 127, 158 ff, 162 f, 188, 192, 197, 199 f, 202, 205 f, 233, 235, 237–240, 245, 254, 274, 285, 316, 340, 376, 409 ff, 466
Schadow, Lotte   32

Schadow, Marianne, geb. Devidel 27 f, 163
Schadow, Ridolfo 30, 32
Schadow, Rudolf 32
Schadow, Wilhelm 34, 336
Scharnhorst, Gerhard von 38, 193, 226, 229, 345, 370 f, 388, 391, 444, 459, 468
Schelling, Friedrich Wilhelm Joseph von 21, 213, 288
Schenkendorf, Max (eigentl. Ferdinand) 299, 301, 441 f
Schilden, Baron von 206
Schiller, Charlotte 313 ff
Schiller, Friedrich 35, 90, 110, 117, 119, 142, 152 f, 213, 218, 226, 233 f, 236, 276, 299, 302, 309 f, 312–321, 338, 346, 348 f, 390 f, 411, 460
Schinkel, Karl Friedrich 38 f, 84 f, 114, 193–201, 233, 254, 273, 301, 395 f, 467
Schlegel, August Wilhelm 21, 39, 71 ff, 76, 78 ff, 82, 90, 109 f, 115, 117 f, 120, 122, 142, 169, 175, 189 f, 232 f, 237, 239, 276, 287 f, 291, 297, 303, 308–311, 317, 325–332, 338 f, 348 f, 440, 467
Schlegel, Caroline, geb. Böhmer 21, 118, 120, 175, 326
Schlegel, Charlotte 288
Schlegel, Dorothea, geb. Mendelssohn 17, 106, 108–111, 118 f, 157 f, 161, 163, 169

Schlegel, Friedrich 17, 39, 72, 76, 113, 106–122, 142, 163, 168 f, 172, 174 ff, 191 f, 213, 232 f, 239, 288, 291, 297, 303, 308, 317, 348 f, 440
Schleiermacher, Charlotte 168, 171, 173, 400
Schleiermacher, Friedrich 39, 74, 79, 109 ff, 115, 119 f, 163, 168–178, 213, 240, 257, 288, 294, 359, 398, 400 ff, 408, 466
Schleuen, Johann David d. Ä. 116
Schlichtegroll, Adolph Heinrich Friedrich 154
Schlüter, Andreas 188
Schmettau, Samuel Graf von 445
Schmidt, Arno 151, 226, 424
Schmidt, Friedrich Wilhelm August (genannt von Werneuchen) 183, 213, 236, 238, 241–253, 283
Schmidt, Henriette 247 f
Schnapp, Friedrich 211
Schröder, Johann Heinrich 95
Schrötter, Friedrich Leopold Frhr. von 301, 340
Schubart, Christian Friedrich Daniel 8
Schubitz (Madame) 216
Schulenburg-Kehnert, Friedrich Wilhelm Graf von der 403
Schulze, Wilhelmine 206
Schummel, Johann Gottlieb 181
Schuwaloff, Graf 386
Schwerin, Sophie Gräfin von 456

Seebach, Alexander Christoph August von 276
Seebach, Charlotte von s. Ahlefeld, Charlotte von
Seebach, Wilhelmine Ernestine von 276
Shakespeare, William 121, 133, 209, 291, 308, 312, 322, 331
Smith, Adam 460
Sokrates 80
Solger, Karl Wilhelm Ferdinand 293
Solms, Graf von 31
Sonderland, J. B. 360
Spalding, Georg Ludwig 306
Spener, Carl 245
Staël, Albertine de 302, 304, 313
Staël, August de 302, 313
Staël-Holstein, Anne Louise Germaine Baronin von, geb. Necker, genannt Madame de Staël 73, 302–311, 313, 317, 329, 364, 468
Steffens, Henrik (Henrich) 80, 212–218, 288, 397, 399
Steffens, Johanna (Hanne), geb. Reichardt 397
Stein, Heinrich Friedrich Karl Reichsfreiherr vom und zum 193, 234, 283, 318, 345, 372, 385, 388 f, 444, 459
Stein, Wilhelmine vom, geb. Gräfin Walmoden 376
Sterne, Lawrence 137, 209

Stolberg, Friedrich Leopold Graf von 67
Storm, Theodor 241
Ströhling, Peter Eduard 443
Stubenrauch (Familie) 209
Suarez, Karl Gottlieb 112
Suhrland, Rudolph 204
Sulzer, Johann Georg 112
Swedenborg, Emanuel 448
Sydow, Josephine von (Pseudonym Madame de Montbart) 258

Tassaert, Félicité 26, 30, 180
Tassaert, Jean-Joseph 26, 29 f
Tassaert, Jean-Pierre Antoine 26 f, 30, 32
Teller, Wilhelm Abraham 112
Ternite, Wilhelm 354
Thaer, Albrecht Daniel 425, 460
Theokrit 291
Therbusch, Dorothea 159
Theremin, Franz 335, 337
Therese, Fürstin von Thurn und Taxis 222
Thiele, von (Regiment) 449
Tieck, Agnes 322
Tieck, Amalie, geb. Alberti 135, 218, 287 f, 295 f, 322, 324
Tieck, Anna Sophie 127, 288, 322–333
Tieck, Dorothea 135, 288, 322
Tieck, Friedrich 39, 127, 129, 132, 134 ff, 238 ff, 272–278, 323, 330, 396, 467

Tieck, Johann Ludwig 130, 135, 272, 288, 322
Tieck, Ludwig 38, 66, 71, 79, 117, 120–143, 146, 164, 190, 198, 213, 217 f, 233 f, 249, 265, 272 ff, 287–297, 299, 312, 317, 322 ff, 330, 332, 337 f, 348, 354, 386, 436, 440 f, 467
Tieck, Sophie 73, 120, 123, 125, 127, 132, 136, 240, 273 f, 276, 278, 296, 309, 322, 324–327, 330, 333, 467
Tischbein, Wilhelm 114
Trenck, Friedrich Frhr. von der 8
Trippel, Alexander 30
Trossin, Robert 449

Unger, Friederike 169
Unger, Johann Friedrich 150, 169, 190, 233, 278, 338, 450, 453
Unzelmann, Friederike 96

Valentini, Georg Wilhelm Frhr. von 391
Varnhagen von Ense, Karl 73, 164, 274, 308, 324, 339, 348, 354, 400, 402, 404, 407 ff, 433–438, 448
Varnhagen von Ense, Rahel, geb. Levin 17, 39, 91–94, 96–102, 104 f, 112 f, 117, 132, 153, 158, 162, 164 ff, 169, 172, 230 ff, 237, 260, 274 f, 290, 296, 307, 318, 334 f, 355, 380–383, 387, 404, 407, 429, 462, 466 f
Veit, David 232

Veit, Dorothea s. Schlegel, Dorothea
Veit, Johannes 109
Veit, Philipp 109
Veit, Simon 109, 111, 157
Vieweg, Eduard 233
Vogel, Adolphine Henriette 335
Vogel, Heinrich 62
Voigt (Stuhlfabrikant) 280
Voltaire (eigentl. François-Marie Arouet) 80, 448
Voss (Verlagsbuchhandlung) 150, 153
Voß, Johann Heinrich 250, 276
Voß, Julius von 453 f
Voß, Luise Gräfin von, geb. von Berg 101, 103 f, 250, 374 f, 419 f
Voß, Sophie Maria Gräfin von 219

Waagen, Christian 296
Wach, Wilhelm 368
Wackenroder, Christoph Benjamin 86, 122, 125 f
Wackenroder, Wilhelm Heinrich 122 ff, 126, 130, 134 f, 141, 146, 198, 217 f, 274, 287 f, 294, 297, 299, 339
Wartensleben, Gustav Graf von 283
Weber, Anselm 91, 340
Weber, Carl Maria von 260
Weitsch, Friedrich Georg 19 f, 48, 195
Welck, Georg Ludwig Frhr. von 226

Werner, Zacharias 336, 339 f, 359 f, 362, 364, 467
Wibel, Christine von 80
Wichert, Ernst 202
Wichmann, Karl Friedrich 225
Wiechert, Ernst 202
Wieland, Christoph Martin 238, 250, 445
Wiesel, Pauline, geb. Cesar 97, 382 ff, 386 ff, 390, 396
Wiesel, Wilhelm 386
Wildenbruch, Blanche von 386
Wildenbruch, Ludwig von 386
Wilhelm, Prinz von Preußen 222, 374, 389
Wilhelmine, Markgräfin von Bayreuth 125
Woellner, Amalie, geb. Itzenplitz 184, 186
Woellner, Johann Christoph 35, 91, 112, 183–187, 212
Wolf, Friedrich August 74
Wolff, Christian 76

Zelter, Karl Friedrich 84–90, 112, 127, 129, 131, 232 ff, 248, 282 f, 303, 316, 405, 466
Zieten, Hans-Joachim von 238
Zieten, von (Landrat) 407
Zieten, von (Leutnant) 363